Detlef Krell

Harz

» Den Brocken zu besuchen, ohne vorher einige Anleitung bey der Hand zu haben, dasjenige, was das Auge siehet, mit Nutzen und Einsicht zu beschauen, heisset wenig mehr, als von einem erhabenen Stande einen trüben Blick auf die Erdkugel zu schicken. «

Johann Esajas Silberschlag (1721–1791): Geogenie oder Erklärung der mosaischen Erderschaffung nach physikalischen und mathematischen Grundsätzen

392h dk

Impressum

Detlef Krell
Reise Know-How Harz

erschienen im
Reise Know-How Verlag Peter Rump GmbH
Osnabrücker Str. 79, 33649 Bielefeld

4., neu bearbeitete und aktualisierte Auflage 2023

ISBN 978-3-8317-3716-1

Gestaltung und Bearbeitung
Umschlag: Peter Rump, der Verlag
Inhalt: Günter Pawlak, Wayan Rump, der Verlag
Fotonachweis auf S. 394
Karten: Thomas Buri, Ingenieurbüro B. Spachmüller
Lektorat: Andrea Hesse
Lektorat (Aktualisierung): André Pentzien

Druck und Bindung
Hinckel-Druck GmbH, Wertheim

Printed in Germany

Bibliografische Information der Deutschen Nationalbibliothek
Die Deutsche Nationalbibliothek verzeichnet diese Publikation in der Deutschen Nationalbibliografie; detaillierte bibliografische Daten sind im Internet über http://dnb.dnb.de abrufbar.

Anzeigenvertrieb
KV Kommunalverlag GmbH & Co. KG,
Alte Landstraße 23, 85521 Ottobrunn,
Tel. 089-928096-0, info@kommunal-verlag.de

Reise Know-How Bücher finden Sie in allen gut sortierten Buchhandlungen. Falls nicht, kann Ihre Buchhandlung unsere Bücher hier bestellen:
D: Prolit, prolit.de und alle Barsortimente
A: Freytag-Berndt und Artaria KG, freytagberndt.com
CH: AVA Verlagsauslieferung AG, ava.ch
B, LUX, NL: Willems Adventure, willemsadventure.nl
oder direkt über den Verlag: **www.reise-know-how.de**

Bildlegende Umschlag und Vorspann
Titelbild: Die Brockenbahn (www.stock.adobe.com ©marcus_hofmann)
Vordere Umschlagklappe: Steinerne Renne (dk)
S. 1: Eine Kiepenfrau am Harzer Hexen-Stieg bei Osterode (dk),
S. 2/3: Brockenplateau (dk)

Wir freuen uns über Kritik, Kommentare und Verbesserungsvorschläge, gern per E-Mail an info@reise-know-how.de.

Alle Informationen in diesem Buch sind vom Autor mit größter Sorgfalt gesammelt und vom Lektorat des Verlages gewissenhaft bearbeitet und überprüft worden.

Da inhaltliche und sachliche Fehler nicht ausgeschlossen werden können, erklärt der Verlag, dass alle Angaben im Sinne der Produkthaftung ohne Garantie erfolgen und dass Verlag wie Autor keinerlei Verantwortung und Haftung für inhaltliche und sachliche Fehler übernehmen.

Die Nennung von Firmen und ihren Produkten und ihre Reihenfolge sind als Beispiel ohne Wertung gegenüber anderen anzusehen. Qualitäts- und Quantitätsangaben sind rein subjektive Einschätzungen des Autors und dienen keinesfalls der Bewerbung von Firmen oder Produkten.

Die Information über und die Bereitstellung von digitalen Zusatzinhalten (z.B. Links, GPS-Tracks o.Ä.) ist eine freiwillige Zusatzleistung des Verlages, auf die kein Anspruch besteht und für deren Richtigkeit aufgrund der Veränderlichkeit solcher Informationen auch nicht gehaftet werden kann. Insbesondere behält sich der Verlag deshalb vor, die Bereitstellung und die Zugriffsmöglichkeit zeitlich zu befristen und den Zugriff hierauf auch vorfristig abzuschalten.

Detlef Krell

HARZ

Vorwort

Fichten, Fachwerk, Wasserfälle; das wären schon passende Bilder für eine Visitenkarte des Harzes. Der Fichtenwald, Erbe des Erzbergbaus, nährt neue Wildnis, davon kann sich jeder Wanderer überzeugen. Zur architektonischen Pracht der Harzstädte gehören farbenfrohe Verzierungen im Fachwerk: Sterne, Sonnen, Rosetten, die Schreckmasken in den Balkenköpfen. Das Prisma der Gassen, Tore, Dächer. Rähm und Knagge, Licht und Schatten. Romanische Apsis, gotischer Traum und das Erwachen der Renaissance. Die Wasserfälle im Harz sind nicht spektakulär, ihren Charme gewinnen sie aus der überraschenden Lage in den Wäldern, dem Gemurmel des Wassers im Granit. Die Bäche der Harzwälder heißen Selke, Söse und Schluftwasser, Bode, Ilse und Oker, so sehen sie auch aus. Sie fließen über Stein und Steg, Moos, Farn und Lichterspiel, tanzen über Kaskaden, strudeln, tosen, stieben und verweilen.

Bekannt ist der Harz für den Brocken mit seiner Glatze im unsteten Gewölk, den Rammelsberg als Schatzkammer der Kaiser, die Gräben und Teiche für die Bewässerung der Gruben. Goethe, der für diese Berge die Worte fand. Brahms die Noten. Heine, der sich beim Wandern den Witz bewahrte. Luther, der vom Mansfeldischen auszog, die Welt zu ändern. Die Hexen, geachtet, gemordet, verehrt.

Charakteristisch für den Harz sind die Granitklippen in der Waldeinsamkeit, Torfmoore, Blockhalden und die Fördergerüste der Erzgruben, romanische Klostermauern und Kirchtürme, standhafte Bergbauden. Wandernde Wölkchen im Wald, die Rauchsignale der Harzer Schmalspurbahnen.

Der Harz ist eine unvergleichliche Wanderregion im Dreiländereck Sachsen-Anhalt, Niedersachsen und Thüringen, eine lebendige Kulturlandschaft mit tausendjähriger Geschichte. In diesem Reiseführer werden die vom kulturellen Erbe geprägten Orte und eine Auswahl von Wander- und Ausflugszielen vorgestellt. Naturschönheiten, Fachwerkpracht, das Weltkulturerbe 1000-jähriger Bergbau- und Architekturgeschichte und die Erlebniswelten für die ganze Familie versprechen zu allen Jahreszeiten einen abwechslungsreichen Aufenthalt. Rund ein Zehntel des Harzes steht als Nationalpark unter höchstem Schutz.

277h-dk

Die Harzer Schmalspurbahn erreicht den Brocken – im Vordergrund die Teufelskanzel

Vom Hochharz führt die Reise nach Westen in die historischen Bergstädte des Oberharzes. Das für den Erzbergbau in drei Jahrhunderten geknüpfte Netz von Teichen, Gräben und Wasserläufen der Oberharzer Wasserwirtschaft gehört zum UNESCO-Weltkulturerbe und ist eine Landschaft für Wanderungen zu Fuß oder mit dem Fahrrad.

Goslar war Kaiserstadt. Das Stadtensemble von Romanik, Gotik und Fachwerk und das Erzbergwerk Rammelsberg bereichern das Weltkulturerbe.

Das Bodetal ist eines der anmutigsten Flusstäler Deutschlands. Vom Tal der Selke ist es nicht weit bis zur Romanik in Gernrode, dem Barock in Ballenstedt und den Märchen auf Burg Falkenstein. Sorge und Elend, Schnarcherklippen und Büchenberg sind ebenso Reiseziele wie die Höhlen in Rübeland und die Luftnummern an der Rappbodetalsperre.

Schauplatz deutscher Nationalgeschichte ist das nördliche Harzvorland, hier schimmern Perlen kleinstädtischer Fachwerkarchitektur. Kupferschieferbergbau und Reformation prägten das Mansfelder Land östlich des Gebirges.

Stolberg am Biosphärenreservat Karstlandschaft eröffnet die Reise durch den Südharz. Hier wurde *Thomas Müntzer* geboren, der vor fünf Jahrhunderten die letzte Schlacht des Großen Bauernkrieges anführte, gegenüber dem Kyffhäuser. Von Nordhausen aus, der Stadt des Doppelkorns, dampft die Harzquerbahn nach Wernigerode. Auf der Südseite des Gebirges liegen die Kurorte Bad Sachsa und Bad Lauterberg sowie die Mauern des hochgotischen Zisterzienserklosters Walkenried. Im Fachwerkstädtchen Osterode endet diese Harzreise; hier könnte sie auch beginnen, auf dem Harzer Hexen-Stieg, der quer durch den Harz nach Thale führt.

Detlef Krell

Inhalt

4 Unterharz 150

5 Nördliches Harzvorland 208

6 Mansfelder Land und östliches Harzvorland 264

Karten

Übersichtskarten

Stadtpläne und Lagepläne

Thematische Karte

Wandergebiete und -strecken

Wanderungen

Hinweise zur Benutzung

Nicht verpassen!

Die Highlights der Region erkennt man an der **gelben Hinterlegung.**

MEIN TIPP: ...

... steht für spezielle, subjektive Empfehlungen des Autors: abseits der Hauptpfade, persönlicher Geschmack.

Der Schmetterling ...

... zeigt an, wo man besonders gut Natur erleben kann oder Angebote im Bereich des nachhaltigen Tourismus findet.

Kinder-Tipps

Das Symbol kennzeichnet Sehenswürdigkeiten und Aktivitäten, an denen auch kleine Harz-Urlauber ihre Freude haben.

Verweise auf die Stadtpläne

1 Die farbigen Nummern in den „Praktischen Tipps" der Ortsbeschreibungen verweisen auf den jeweiligen **Karteneintrag.**

Updates nach Redaktionsschluss

Auf der Produktseite dieses Reiseführers in unserem Internetshop finden Sie zusätzliche Informationen und **wichtige Änderungen.**

Preiskategorien für Hotels

Beherbergungen aller Art sind in diesem Buch **mit Ziffern klassifiziert,** was aber nicht mit dem offiziellen Sterne-System identisch ist, sondern sich lediglich auf den Preis bezieht. Die Angaben beziehen sich dabei für Hotels und Pensionen stets auf die Unterbringung für **zwei Personen** in einem **Doppelzimmer** inklusive **Frühstück** in der **Hauptsaison.**

① bis 60 €
② 60–90 €
③ über 90 €

Preiskategorien für Restaurants

① Auswahl von Hauptgerichten bis 12 €
② Auswahl von Hauptgerichten bis 18 €
③ Auswahl von Hauptgerichten über 18 €

GPS-Koordinaten

Die GPS-Koordinaten in diesem Buch sind als geografische Koordinaten (Breite und Länge, Lat./Lon.) in Dezimalgrad angegeben, also beispielsweise so: **N 52.00017, E 8.49119.**

GPS GPS-Tracks

Für zahlreiche der im Buch vorgestellten Wanderungen stehen auf www.reise-know-how.de GPS-Tracks **im Format gpx zum kostenlosen Download** bereit. Sie finden die Daten auf der Produktseite dieses Titels.

Namentlich der Harz

Auffallend viele Ortsnamen im Harz und Gebirgsvorland enden auf -rode und erzählen damit Siedlungsgeschichte. Das gilt auch für weitere Namensformen, wobei die Sache oft nicht so einfach ist, wie sie scheint. Letztlich kann nur linguistische und historische Forschung Klarheit verschaffen. Hier genügen dazu einige Anmerkungen, in der Hoffnung, nicht von den sprichwörtlich „falschen Freunden" des Übersetzers hinter die Fichte geführt worden zu sein.

- **-rode:** für die Ansiedlung wurde Wald gerodet, was im Harz naturgemäß oft vorkam (Wernigerode, Harzgerode, Gernrode, Benzingerode, Hüttenrode …)
- **-burg:** der Ort ist im Umfeld einer Burg entstanden (Harzburg, Hornburg, Ilsenburg, Quedlinburg, Stapelburg, Treseburg)
- **-stein:** ebenfalls ein Bezug zu einer Burg oder einem Felsen (Falkenstein, Trautenstein, Benneckenstein …)
- **-brunn/-born:** Bezug auf eine Quelle (Friedrichsbrunn, Tettenborn)
- **-leben:** dazu gibt es verschiedene Erklärungsansätze; von verlehntem Gut, leiba = Hinterlassenschaft (Aschersleben, Ermsleben, Eisleben …)
- **-stedt/-stadt:** verweist auf eine Siedlung mit Marktrecht, im Sinne von Stätte (Hettstedt, Neinstedt, Neustadt)
- **-t(h)al:** verweist auf die Ortslage in einem Tal (Lautenthal)

Sonderbar **sprechende Namen** – wie Elend, Sorge, Tanne, Mägdesprung, Wildemann – werden in den Ortsbeschreibungen erläutert. **Bratwurst** und **Böser Hund** sind am Wurmberg zu finden, die Wegkreuzung **Schweinebraten** im Wald bei Bad Grund. Der **Milliardenweg** führt zur Achtermannshöhe. **Brockenkinder** ruhen am **Brockenbett.** Im Wald bei Ilsenburg liegt der gar nicht unschöne **Pissekenplatz.** Weitere Namen kann man auf Wanderungen und Fahrten durch die Harzlandschaft entdecken. Ja, und der **Harz?** Kommt wohl vom mittelhochdeutschen „hart", was als rauhes Bergland zu übersetzen ist.

388h dk

Drei Annen Hohne. Die Mutter und Tochter sowie eine Nichte des Grafen zu Stolberg-Wernigerode hießen Anna. 1770 gab er dem hiesigen Bergbau ihre Namen

Die Regionen im Überblick

SCHWANEBECK
Börde-
KROPPENSTEDT
GRÖNINGEN
EGELN
-Hakel
HALBERSTADT
HECKLINGEN
STASSFURT
Sachsen-
Bode
Concordia See
SEELAND
Königsauer See
QUEDLINBURG
GÜSTEN
14
ASCHERSLEBEN
FALKEN-
THALE
Hexentanzplatz
GERNRODE
Naturpark
Ramberg
BALLENSTEDT
Burg Falkenstein
-STEIN
ARNSTEIN
ALSLEBEN (Saale)
Naturpark
4
Selketal
Mansfelder
HETTSTEDT
GERBSTEDT
HARZGERODE
Harz
Bergland
Unteres
Saaletal
MANSFELD
Biosphären-
Stolberg
Süd-
Vorsperre Wipper
6
Helbra
LUTHERSTADT EISLEBEN
reservat
Südharz
Seegebiet
-harz
Karstlandschaft
Mansfelder
Süßer See
-Anhalt
Land
SANGERHAUSEN
38
38
Aue
Talsperre Kelbra
KELBRA (Kyffhäuser)
SCHRAPLAU
Naturpark
ALLSTEDT
Kyffhäuser Gebirge
QUERFURT
71
Kyffhäuser-
ARTERN /Unstrut
Saale-Unstrut-
-land
BAD FRANKENHAUSEN /Kyffhäuser
Ried
Kyffhäuser
Triasland

Die Regionen im Überblick

1 Rund um den Brocken | 28

Vom Kurort **Bad Harzburg (S. 31** und den Ferienorten **Ilsenburg (S. 40), Schierke (S. 67)** und **Braunlage (S. 69)** führen Wanderwege durch die von Granitklippen gespickten Wälder des Hochharzes bis auf den mit 1141 m höchsten Gipfel Norddeutschlands. Der Hochharz ist die anspruchsvollste und gleichwohl familienfreundliche Wanderregion im Nationalpark Harz, die von den Harzer Schmalspurbahnen und von Buslinien erschlossen wird.

2 Der Oberharz | 82

Über Jahrhunderte waren die sieben Bergstädte **Clausthal** und **Zellerfeld (S. 86), Bad Grund (S. 100), Wildemann (S. 104), Lautenthal (S. 107), Altenau (S. 110)** und **Sankt Andreasberg (S. 118)** mit dem Erzbergbau und der Verhüttung verbunden. Heute laden die einstmals Freien Bergstädte inmitten des Weltkulturerbes **Oberharzer Wasserwirtschaft (S. 95, 96)** zu Erlebnissen in der Natur, in den Besucherbergwerken und Museen sowie zum Wintersport ein.

> Eberesche, Fichte und Granit zeichnen die Visitenkarte des Hochharzes

3 Goslar | 130

Kaiserstadt und Weltkulturerbe: Die niedersächsische Kreisstadt Goslar ist ein lebendiges Denkmal tausendjähriger Kulturgeschichte und mit ihrem Kunstpreis Heimstatt der internationalen Moderne. Besucher aus der ganzen Welt treffen sich am vergoldeten Reichsadler auf **einem der feierlichsten Marktplätze Europas (S. 137),** um durch pittoreske Fachwerkgassen und entlang der beiden Stadtflüsschen, der **Gose** und der **Abzucht (S. 142),** zu flanieren, zur **Kaiserpfalz (S. 141)** emporzuschreiten sowie in das älteste noch bestehende Bergwerk der Welt, **Rammelsberg (S. 144),** einzufahren. In **Hahnenklee-Bockswiese (S. 145)** steht eine Stabkirche, ganz aus Holz und mit wunderbarer Musik.

4 Unterharz | 150

Östlich des Brockens liegen die Flusstäler der **Warmen und Kalten Bode (S. 190),** die sich zum Bodetal vereinen und eine ganz grandiose Felsszenerie geschaffen haben. **Rosstrappe** und **Hexentanzplatz (S. 158/159),** die **Rappbodetalsperre (S. 199),** die Besucherbergwerke in **Elbingerode (S. 195)** und die **Tropfsteinhöhlen in Rübeland (S. 197)** gehören zu den bekanntesten Reisezielen im Harz und bieten sich besonders für den Urlaub mit Kindern an. Durch das liebliche **Selketal (S. 169)** dampft die Schmalspurbahn. Die mittelalterliche **Burg Falkenstein (S. 182)** ist eines der beliebtesten Ausflugsziele und Fotomotive im Harz.

5 Nördliches Harzvorland | 208

Hornburg (S. 212), Wernigerode (S. 215), Halberstadt (S. 234) und **Quedlinburg (S. 247)** sind die Fachwerkstädte am Nordrand des Gebirges, und jede hat ihren einmaligen Charme. Die Altstadt von Quedlinburg gehört als eines der größten Flächendenkmale

Deutschlands zum Weltkulturerbe. Im kriegszerstörten Halberstadt wurde die verbliebene Altstadt hingebungsvoll restauriert. Der Halberstädter Domschatz gilt, wie der Quedlinburger, als eine der wertvollsten Sammlungen sakraler Kunst. Auf die verwinkelten Gassen von Wernigerode schaut ein märchenhaftes Schloss.

6 Mansfelder Land und östliches Harzvorland | 264

In **Lutherstadt Eisleben (S. 280)** wurde 1483 *Martin Luther* geboren, in **Mansfeld (S. 273)** ging der Reformator zur Schule. Die beiden Städte im Mansfelder Land, östlich des Harzes, erinnern in vielfältiger Weise an die Reformation. Noch längere Zeit ist das Land mit dem Kupferschieferbergbau verbunden, davon künden Besucherbergwerke und Halden – deren größte, die Schachthalde bei **Sangerhausen (S. 287),** ist höher als die Cheopspyramide.

7 Südharz und Kyffhäuser | 292

Stolberg (S. 297), die Geburtsstadt *Thomas Müntzers,* ist ein beschauliches Fachwerkstädtchen im südlichen Harz. **Nordhausen (S. 302),** die Stadt des Doppelkorns, markiert mit ihrem Dom und den Fachwerkwinkeln der nach dem Krieg verbliebenen Altstadt das südliche Tor zum Harz. Von hier dampft die Bahn quer durch das Gebirge nach Wernigerode. **Kloster Walkenried (S. 314)** war das intellektuelle Zentrum der Bergbaugeschichte des Harzes, jetzt ist es Museum. **Bad Sachsa (S. 318)** und **Bad Lauterberg (S. 320)** sind traditionsreiche Kurorte. Im beschaulichen **Osterode (S. 327)** beginnt oder endet der Harzer Hexen-Stieg, ein Fernwanderweg durch den Harz bis Thale am Bodetal.

114h dk

Wege durch den Harz

Er hat ja nicht unrecht, *Friedrich Gottschalck,* Publizist und Harzreisender des Jahres 1806: „Zu wenig Zeit sich zu einer Harzreise zu nehmen, taugt nicht. Unter 14 Tagen wird man den ganzen Harz nie mit Vortheil bereisen können.“ Das kleine Gebirge im südlichen Norddeutschland, gerade 80 km breit, kann seine Besucher gut und gern für längere Zeit fesseln. Doch auch wer die zwei Wochen gerade nicht für eine Harzreise freinehmen kann, wird bei kürzeren Besuchen den „Vortheil“ nicht missen.

Der Harz ist ein **Gebirge der kurzen Wege.** Man kann dort tagelang unterwegs sein, ohne dass es eintönig würde. Doch wird man ihn bereits auf einer **Tagestour** als abwechslungsreiche Landschaft erleben.

Vor einem **Kurzausflug** in den Harz steht die Frage, ob das Gebirge auf Wanderungen erlebt werden soll oder eher auf kulturhistorischen Exkursionen. Wer wenigstens zwei, drei Tage Zeit hat, kann beides miteinander verbinden. Als Wanderziel an erster Stelle steht natürlich der **Brocken** (1141 m), dessen kraftzehrende Besteigung sich mit einer Fahrt in der Schmalspurbahn verbinden lässt. Ebenso großartig sind die Wanderungen von Thale aus durch das wilde **Bodetal** bis Treseburg oder durch das Tal der **Oker** bei Goslar. Die traditionsreichen **Harzorte** Altenau, Sankt Andreasberg, Bad Harzburg, Ilsenburg, Schierke und Bad Sachsa liegen unmittelbar an Wanderwegen ins Gebirge und sind in vielfältiger Weise mit der Kulturgeschichte des

270h-dk

Harzes verbunden. Hochrangige **Architekturdenkmale** sind die historischen Stadtkerne von **Quedlinburg** und **Goslar.** In liebliche Fachwerkgassen voller Farben und Formen laden **Wernigerode, Halberstadt, Nordhausen, Stolberg** und **Osterode** ein; von diesen Städtchen aus lassen sich wiederum zahlreiche Wanderwege schnell mit dem Linienbus oder dem Auto erreichen. Einzigartige Attraktionen sind die authentischen Stätten erlebbaren **Erzbergbaus** besonders in den sieben historischen Bergstädten des Oberharzes und in Goslar. Der Wurmberg in Braunlage, die Erlebniswelt in Thale und die Rappbodetalsperre sind **Abenteuerspielplätze** für Jung und Alt.

Durch den Harz der Sonne entgegen

Ein verlässlicher Wegweiser durch das Gebirge ist der **Harzer Hexen-Stieg.** Dieser zertifizierte **Qualitätswanderweg** durchquert den Harz auf rund 100 km zwischen Südwest und Nordost. Wer vom Urlaubsort aus auch nur einzelne Etappen dieses Weges wandert, kann gewiss sein, einige der schönsten Gegenden des Harzes zu erleben. Für den gesamten Weg sollte man knapp eine Woche einplanen.

Der Sonne entgegen, beginnt die Tour im niedersächsischen **Osterode,** einer der kleinen malerischen Fachwerkstädte im Gebirgsvorland. Wie einst *Heinrich Heine,* verlässt man das Städtchen auf einer Bergstraße in den Wald. **Buntenbock** liegt still im Tal und ist vom Wanderweg aus hübsch anzuschauen. Die Bergstadt **Altenau** erwartet ihre Gäste mit Europas größtem **Kräuterpark** und des Harzes bestem Bier. **Torfhaus** ist Treffpunkt der Biker und am Informationszentrum des Nationalparks Ausgangsort für einen der Wanderwege zum Brocken. Hier gilt es, sich zu entscheiden: sofort, später oder erstmal nicht auf den höchsten Berg des Nordens? Die Antwort kann nur richtig sein, denn beide Wege, die nun als Harzer Hexen-Stieg zur Auswahl stehen, haben ihren Charme.

Für den Brocken spricht, natürlich, der Superlativ; wer möchte nicht wenigstens einmal ganz nach oben. Der Rundblick ist bei schönem Wetter atemberaubend, bei weniger schönem auch, aber aus anderen Gründen. Windgeschwindigkeiten werden dort oben erreicht, die man auf dem platten Land, selbst wenn es hüglig ist, wohl noch nicht erlebt hat. Immer wieder bietet der Brocken grandiose Naturerlebnisse, die jeden Gedanken an diesen Berg fesseln. Der Blick wird frei, auch bei Nebel.

Vom Brocken geht es weiter zu den **Klippen des Hochharzes** und an die Gleise der Harzer **Schmalspurbahnen.** In **Drei Annen Hohne** ist nun die Frage: weiter auf dem Hexen-Stieg oder auf einem der vielen anderen Wanderwege, in die Schmalspurbahn steigen oder erstmal eine Erbsensuppe löffeln, aus der Feldküche?

⊲ Bergarbeiterhaus in Altenau

Die südliche Umgehung des Brockens passiert den **Oderteich,** ein Relikt des Bergbaus, dann die großartige Waldlandschaft des Odertals und des **Rehberger Grabens,** der zum **Weltkulturerbe** Oberharzer Wasserwirtschaft gehört, die duftenden Bergwiesen bei **Sankt Andreasberg** und den vielbesuchten **Wurmberg bei Braunlage.** In **Elend** wird es lieblich. Die **Kalte Bode** hat sich hier ein malerisches Tal geschaffen, mittendrin ragen die **Schnarcherklippen** auf, denen schon *Goethe* gelauscht hat.

Die Wanderwege begegnen sich in **Königshütte,** wo gleich die nächste Entscheidung ansteht: nördlich an der **Rappbodetalsperre** vorbei, über **Rübeland** mit den beiden seit Jahrhunderten berühmten **Tropfsteinhöhlen,** oder südlich auf dem **Köhlerpfad** durch den Wald. Beide sind mit Erinnerungen an die Einsamkeit verbunden: die Höhlen tief im Berg, wenngleich für den Besucherverkehr längst erschlossen, das Handwerk tief im Wald, bewahrt in den Märchen oder in dem Sack **Harzer Holzkohle** als Souvenir.

In **Altenbrak** vereinen sich die Wege erneut, um nun der **Bode** zu folgen, wo sie wild und deshalb am schönsten ist. Wohin sonst wollte man jetzt noch wandern? Das **Bodetal** zwischen **Treseburg** und **Thale** ist eine der erlebenswertesten Gegenden des Harzes. So muss der Hexen-Stieg ausklingen, dass man sich gar nicht verabschieden mag.

Sieben und die eine – Bergstädte im Oberharz

Der historische **Silberbergbau** im Oberharz westlich des Brockens ist mit sieben ehemals Freien Bergstädten verbunden: Clausthal und Zellerfeld, Sankt Andreasberg, Altenau, Wildemann, Bad Grund und Lautenthal. Goslar trägt diesen Titel nicht, gehört aber dazu, die Stadt der Kaiser und Knappen.

393h dk

Clausthal und Zellerfeld gehen seit hundert Jahren gemeinsam als Doppelstadt, haben sich aber ihr charakteristisches Antlitz bewahrt. Auf der einen Seite des **Zellbachs** die muntere Universitätsstadt, auf der anderen die stille Bergarbeitersiedlung. An der **Technischen Universität Clausthal** sind 4000 Studenten eingeschrieben, hier gibt es Läden und Gasthäuser. Im schachbrettartigen **Zellerfeld** bewahrt das Oberharzer Bergwerksmuseum die Montangeschichte der Region. **Sankt Andreasberg** führt den Bergbau sogar in den Straßennamen, vor allem aber in der **Grube Samson,** einer der tiefsten der Welt mit der einzigen noch betriebenen **Drahtseilfahrkunst. Altenau** lässt Kräuter duften und bietet den kürzesten Weg von einer Bergstadt zum Brocken. In **Wildemann** und **Bad Grund** sind Bergbaugruben erhalten geblieben, die nun besucht werden können, der **19-Lachter-Stollen** und die **Schachtanlage Knesebeck.** Noch viel weiter in die Vergangenheit reicht der Blick im **HöhlenErlebnisZentrum Iberger Tropfsteinhöhle** in **Bad Grund:** Familiengeschichte bis in die Bronzezeit. Mit dem Erzkahn in den Berg fahren, das gibt es nur in **Lautenthal,** in der historischen Silbergrube **„Lautenthals Glück".**

Schon vor 1000 Jahren wurde im **Rammelsberg** am nördlichen Harzrand Erz gefördert. Hier lag die Schatzkammer der Kaiser. Heute gehören das **Besucherbergwerk** südlich von **Goslar** sowie die Stadt selbst zum **Weltkulturerbe.** 1988 rollte der letzte Hunt mit Erz aus dem Stollen. Goslar ist mit dem Bergbau aufgeblüht und bis heute ein großartiges Denkmal der Architektur und Kulturgeschichte.

Kaisertraum und Bürgerstolz

Quedlinburg, Halberstadt und Wernigerode bezeugen am nördlichen Harzrand deutsche Nationalgeschichte. Kulturinteressierten Reisenden sind wenigstens drei Tage in diesen drei nahe beieinander liegenden Städten zu empfehlen. Am **Finkenherd in Quedlinburg** stellte *Herzog Heinrich* den Vögeln nach, als ihm die Kaiserkrone angeboten wurde; so schön kann man die etwas kompliziertere Geschichte auch erzählen. Der Finkenherd heute ist wohl einer der bezauberndsten Plätze in einer europäischen Stadt. Gibt es den einen Ort, von dem aus sich Landschaft und Kulturgeschichte des Harzes mit nur einem Rundblick überschauen und begreifen lassen? Die Stiftsgärten auf dem Schlossberg, im Schatten der romanisch-gotischen Stiftskirche können dafür gelten. Über die verwinkelten Gassen der Fachwerkstadt und ihre Kirchtürme hinweg reicht die Sicht bis zur walddunklen Kante des Gebirges; die Mauern der Stiftskirche verbergen den Domschatz, aber auch die Spuren verbrecherischen Größenwahns in der deutschen Geschichte.

Halberstadts Dom gilt als einer der schönsten gotischen Kirchenbauten Deutschlands, ihm gegenüber in respektvoller Distanz des langgestreckten Domplatzes ragt eine romanische Basilika mit vier schlanken Türmen auf. In einem intimen Viertel reihen sich die Fachwerkhäuser des Halberstädter Bür-

◁ Der Spiegeltaler Wasserfall bei Zellerfeld ist ein beliebtes Ausflugs- und Wanderziel

gertums aneinander, zu dem auch eine rege **jüdische Gemeinde** gehörte. Zu besichtigen sind in Halberstadt der größte in einer Kirche ausgestellte Domschatz Deutschlands, ein Literaturmuseum der Aufklärung mit „Freundschaftstempel“, das Berend-Lehmann-Museum zur jüdischen Geschichte und Kultur und weitere erlebenswerte Stätten.

„Die bunte Stadt am Harz“ ist **Wernigerode,** treffendere Worte als diese von *Hermann Löns* sind noch nicht gefunden worden. In der Straßengalerie verspielt wirkender Bürgerhäuser floriert kleinstädtisches Treiben. Mehr noch als bei ihren Nachbarstädten sind in den Wernigeröder Fachwerkgassen unzählige kleine Läden, Cafés, Kneipen und Restaurants zu Hause.

Alle drei Städte liegen so nahe am Gebirge, dass sich kulturhistorische Besichtigungen und Tageswanderungen gut miteinander kombinieren lassen. Von Wernigerode aus fährt die **Harzquerbahn** auf Schmalspur bis nach **Nordhausen**, in **Quedlinburg** startet die **Selketalbahn,** Halberstadt ist der wichtigste Umsteigebahnhof auf Normalspur.

Wandern im Unterharz

Bode und Selke sind Lebensadern des waldreichen Unterharzes östlich des Brockens. An ihren Ufern und Nebenflüssen reihen sich wunderbare Landschaften und sehenswerte Orte. Zu den schönsten Wanderwegen im Harz gehört das bereits unter Harzer Hexen-Stieg vorgestellte Bodetal zwischen Thale und Treseburg. Wanderziele sind der **Königshütter Wasserfall** am Zusammenfluss von **Warmer und Kalter Bode,** die **Talsperre Wendefurth,** wo es geräucherte Forelle gibt, die Aussichtspunkte Rosstrappe und Hexentanzplatz hoch über dem Bodetal.

Ein im Vergleich mit dem klippenreichen Hochharz und dem wilden Bodetal eher liebliches Wandergebiet ist das **Tal der Selke.** Viele Wanderwege folgen den Ufern des munteren Flusses. Verlässliche Orientierung bietet der **Selketal-Stieg,** ein Wanderweg über rund 70 km zwischen Stiege und Quedlinburg, die sich in fünf Etappen aufteilen lassen. Sehr reizvoll ist es, Wanderetappen mit kürzeren Fahrten in der **Selketalbahn** zu kombinieren, so bei der Anreise von Quedlinburg nach Stiege. Sehenswerte Stationen – zu Fuß oder mit der Bahn – sind **Albrechtshaus** und **Güntersberge** im **Naturschutzgebiet Oberes Selketal, Straßberg** mit dem Besucherbergwerk **Grube Glasebach** sowie die einstigen Hüttenorte **Mägdesprung** und **Alexisbad** mit ihren besonders reizvollen Abschnitten des Flusstals. Während die Selketalbahn nach **Harzgerode** abbiegt, einen zentral gelegenen Ausgangsort für Wanderungen und Ausflüge mit Auto oder Linienbus, oder den Wald kurvenreich auf und ab Richtung Gernrode durchquert, folgt der Wanderweg weiter der Selke, die es sich nun zwischen Wiesen und Bäumen gemütlich eingerichtet hat. So erreicht man als Wanderer entspannt den steilen Aufstieg zum **Falkenstein,** der unerschütterlichen Burg. Sie sieht noch weitgehend so aus wie im Mittelalter, eine stolze Höhenburg über dem Wald.

[>] Halberstadt liegt an der Straße der Romanik. Hier die viertürmige Liebfrauenkirche (11./12. Jh.)

Mit dem Auto quer durch den Harz

Die „Route 66“ des Harzes ist die Bundesstraße 242, bekannt als **Harzhochstraße.** Sie verbindet über 124 km quer durch das Gebirge die Städte **Seesen** in Niedersachsen und **Mansfeld** in Sachsen-Anhalt. Dabei passiert sie alle Landschaftsbilder des Harzes, bedeutende Städte und Ausflugsorte: Bad Grund, Clausthal-Zellerfeld, den **Sperberhaier Damm** (Weltkulturerbe Oberharzer Wasserwirtschaft), die **Stieglitzecke** (828 m) als höchsten Punkt dieser Straße, den **Oderteich** (Weltkulturerbe Oberharzer Wasserwirtschaft), Braunlage, Sorge, Tanne, Hasselfelde, Trautenstein, Stiege, Güntersberge, Alexisbad, Harzgerode, schließlich das **Mansfelder Land.**

Mit kleinen Abzweigungen von dieser Route erreicht man Wildemann, Altenau, Sankt Andreasberg, Benneckenstein, Stolberg und das **Tal der Wippra.** Attraktiv, besonders für Biker, ist die kurven- und aussichtsreiche Bundesstraße 27 von Herzberg über Bad Lauterberg, den Oderstausee, Sankt Andreasberg, Braunlage, Elend, Elbingerode, Rübeland (Abzweig über die Rappbodetalsperre) und Blankenburg (Gesamtstrecke 62 km).

Als **Nord-Süd-Trasse** empfiehlt sich die Bundesstraße 4 von Bad Harzburg über Torfhaus, Oderteich, Braunlage, Hohegeiß, Netzkater, Ilfeld, Nordhausen (Gesamtstrecke 60 km).

Autofahrten zwischen zwei Orten im und am Harz dauern (bei normalem Verkehrsaufkommen) höchstens 90 Minuten.

394h dk

Harzer KulturWinter
Erste Februarhälfte: Zuhören, Anfassen, Mitmachen: Der Harzer KulturWinter vereint im gesamten Gebirge ein vielfältiges Kulturprogramm.

Harzer Schmalspurbahnen
Ganzjährig sind die Harzer Schmalspurbahnen unterwegs, quer durch den Harz, hinauf zum Brocken und entlang der Selke. Attraktionen sind Traditionszüge mit Reiseleitung, der Osterhasensonderzug, im Mai die Kulinarische Mondscheinfahrt im Selketal.

Wiesenblütenfest
Im Juni erblühen die Wiesenhänge um Sankt Andreasberg, das wird mit dem Wiesenblütenfest gefeiert. Das Vieh kann nach dem langen Winter endlich raus ins Freie. Es gibt Harzer Spezialitäten und Kultur.

Skilanglauf/Wandern
Januar / Februar: Skilanglauf oder einfach Wandern im Winterwald des Hochharzes.

Altstadtbummel
März / April / Mai: Mit den ersten wärmenden Sonnenstrahlen erwachen die Straßen und Plätze der Fachwerkstädte. Cafés öffnen, noch sind die historischen Gassen stiller, authentischer zu erleben als im Sommertrubel.

JAN FEB MÄR APR MAI JUN

Schlittschuhlaufen
Januar / Februar:
In Braunlage, Schierke, Bad Sachsa laden die Eisbahnen ein, Natureis gibt es in den Kurparks Hahnenklee und Hohegeiß sowie an der Sole-Therme in Bad Harzburg.

Walpurgisnacht
30. April: In der Walpurgisnacht zieht es die Hexen und allerlei magische Gestalten zum Hexentanzplatz Thale und an andere nicht ganz geheuere Orte.

Harzburger Musiktage
Juni: Die Harzburger Musiktage sind ein internationales Klassikfestival, mit weltbekannten Künstlern.

Osterfeuer
Ende März: Osterfeuer und stimmungsvolle Feste in vielen Harzorten feiern den Frühling.

Sonnenwende
Umsonst und draußen: Sonnenwende auf dem Brocken, einem der ortsnahen Gipfel oder am Ufer eines der Stauseen.

Schneeschuhwandern
Schneeschuhwandern in Hahnenklee.

HarzerKlosterSommer
Feste, Märkte und Konzerte in sechs einstigen Klöstern im Harz zeichnen den Harzer Kloster-Sommer zwischen Juni und September aus.

Schokoladen-festival in Wernigerode
Ende Oktober duftet die Fachwerkstadt nach Schokolade. Meister ihres Faches laden zu erlesenen Genüssen ein, auch in den Cafés und Restaurants warten süße Überraschungen.

Quedlinburger Musiksommer
Kirchenmusik und die Musikgeschichte des Harzes prägen diese Veranstaltung.

Musikfest Goslar
August / September: Kammermusik und Tango, Jazz und Chorlieder, Orchester und Solisten – die Welt der Musik, dargeboten durch Künstler von internationalem Rang sowie jungen Künstlern aus der Region.

Baden im Freien
Baden in der Bode oder im Freibad.

Laubfärbung
Sept.–Nov.: Die Wanderwege erscheinen in goldener Patina, die beste Zeit für ausgedehnte Wanderungen.

JUL | AUG | SEP | OKT | NOV | DEZ

Rocken am Brocken
1. Augustwochenende: Das Musikfestival mit dem schönsten Namen: „Rocken am Brocken in Elend bei Sorge". Da rocken nicht nur die Hexen, Wegweiser steht ja im Titel.

MordsHarz
September: Wer war der Mörder? Beim MordsHarz, dem internationalen Literaturfestival für Krimis und Thriller, wird an historischen Orten in den drei Ländern gelesen, über die sich der Harz erstreckt: Niedersachsen, Thüringen und Sachsen-Anhalt.

Weihnachtsmärkte
Weihnachtsmärkte in Quedlinburg, Wernigerode, Goslar, Bergparade in Bad Suderode.

Metal-Konzert
Juli: Seit 1993 und mit inzwischen 20.000 Besuchern feiert die Metal-Szene jährlich im Juli ihr Rockharz Open Air. Austragungsort ist der Flugplatz Ballenstedt. Ohne Flugzeuge.

LEGENDE
- Winter
- Frühjahr/Herbst
- Sommer

Fünf Klippen mit Fernblick

208h-dk

Teufelskanzel und Hexenaltar | 49

Goethe war hier und Millionen seitdem. Die markante Klippe auf dem Brockenareal liegt etwas abseits der Magistrale. Hierher sollte man mit Muße kommen, für Aufregung sorgt in der Regel schon das Wetter. Ein Naturdenkmal – nicht zum Klettern, nur zum Schauen (GPS N 51.797557, E 10.616337).

209h-dk

Leistenklippe | 64

Mit 901 m markiert sie den Höhepunkt des klippenreichen Hohnekamms im Hochharz unweit des Brockens. Zu ihr führen mehrere markierte Wanderwege, die letzten Schritte des Aufstiegs führen über Granitstufen und eine stabile Leiter. Am Ziel bietet sich ein grandioser Rundblick über den Hochharz und das nördliche Harzvorland (GPS N 51.781611, E 10.694333).

211h-dk

Taubenklippe | 66

Das ist kein Spaziergang. Von Ilsenburg geht es stetig bergan bis zu dieser etwas versteckt über dem Eckertal liegenden Felsformation. Sie bietet zwar keine Rundsicht, aber einen schönen Blick auf den Brocken über endlosem Wald. Hier sitzt man am besten zu zweit, viel mehr passen gar nicht auf den kantigen Gipfel (GPS N 51.862694, E 10.617833).

210h-dk

Kästeklippen | 116

Der Alte vom Berge hat die Ruhe weg, gelassen schaut er ins weite Tal der Oker. Das Granitplateau der Kästeklippen bietet viele sonnige Aussichts- und Rastplätze. Nur wenige Schritte auf dem bequemen Wanderpfad sind es bis zur Mausefalle und anderen bizarren Gebilden (GPS N 51.868333, E 10.483333).

212h-dk

Rosstrappe | 158

Es ist schwierig, diesen Ort zu verlassen. Immer wieder zieht er die Blicke in schier uferlose Waldwogen und in den gezackten Lauf der Bode ganz tief unten. Am besten kommt man hierher, wenn das Wetter zu schlecht ist für gute Selfies, dann kehrt die Stille zurück an diesen märchenhaften Felsen (GPS N 51.735000, E 11.017944).

Fünf Orte zum Träumen

Fensterkino in der Harzquerbahn | 56, 225

Einsteigen in der bunten Fachwerkstadt Wernigerode, am Fensterplatz mit offenen Augen durch tiefen Wald träumen, Fotohalt und Imbisspause in Drei Annen Hohne, dann setzt sich das zweieinhalbstündige Fensterkino fort bei der beschaulich kurvenreichen Fahrt über das Gebirgsplateau in den Südharz und nach Nordhausen.

280h-dk

Glockenklang in Hahnenklee | 145

Norwegische Holzkirchen standen Vorbild für die Stabkirche in Hahnenklee. Sie vereint auch zahlreiche Bilder der Seefahrt. Ein Wikingerschiff im Oberharz. Vor Gottesdiensten, sonnabends 15 Uhr und zu abendlichen Veranstaltungen erklingt das Carillon, ein bronzenes Turmglockenspiel mit einem Tonumfang von vier Oktaven. Dem Turmkonzert kann man von einer Bank am Wanderweg aus lauschen.

216h-dk

Im Maschinensaal des Carlswerkes | 175

Ist Schmieröl der Stoff, aus dem die Träume sind? Im Carlswerk an der Selke ruhen die Schraubenschlüssel. Werkzeugmaschinen, Ölgeruch und Urlaubskarten erzählen vom Alltag in einer verflossenen Zeit. Die einstige Maschinenfabrik, in der zuletzt Öfen und Kocher gefertigt wurden, ist ein authentischer Erinnerungsort der Industrie- und Kulturgeschichte des Selketals.

213h-dk

Burg Falkenstein | 182

Die besterhaltene mittelalterliche Höhenburg im Harz war Drehort von Märchenfilmen. Wer möchte nicht glauben, dass durch das Burgtor Prinzessin Aurinia mit ihrem treuen Pferd Falada geritten ist oder Joringel hier seine Jorinde suchte, Prinz Himmelblau die Fee Lupine. Die Bänke in der Vorburg sind ein authentischer Ort zum Vorlesen.

405h-dk

Blütenduft auf Quedlinburg | 247

Schlendern, sitzen, träumen. Der Weg durch die Quedlinburger Fachwerkaltstadt erzeugt beim Flaneur Bilder und Gedanken, die in den weitläufigen Stiftsgärten auf dem Schlossberg zur Ruhe kommen. Hier kann man auf einer Bank zwischen Blumen- und Kräuterbeeten im Schatten der Stiftskirche verweilen und ausruhen. Der Blick schweift über das Dächerprisma hinüber zum Harz.

217h-dk

Fünf Wanderungen für Langschläfer

219h-dk

Auf den Ilsestein | 57

Am Blochhauer in Ilsenburg begrüßen sich die Wanderer. Zunächst geht alle Welt freundlich der Ilse entgegen, in die schon Heine verliebt war, dann zweigt der Weg steil ab zu den Mühen der Berge. Beim Ilsestein duftet Erbsensuppe. Erst die Aussicht genießen. Der Brocken zum Hinüberlaufen nah. Die Paternosterklippe und das Gasthaus Plessenburg liegen deutlich näher. Rückfahrt mit dem Bus.

283h dk

Zu den Spiegeltaler Teichen | 94

Die einstige Bergstadt Zellerfeld verlässt man auf einem Feldweg über die Bockswieser Höhe, rechts aus der Ferne grüßt der Brocken. Am Waldrand liegen vier parallele Kunstgräben. Sie gehören zum Weltkulturerbe Oberharzer Wasserwirtschaft, ebenso die beiden Spiegeltaler Teiche. Am Wasserfall oder auf der Bank am Teichufer gibt es Frühstück aus dem Rucksack.

281h dk

Rehberger Graben und Odertal | 126

Wandern am Weltkulturerbe. In Sankt Andreasberg zum Rehberger Graben, der einst dem Bergbau diente und heute eine Etappe des Harzer Hexen-Stiegs begleitet. Vom Oderteich führt der Rückweg durch das Tal der klippengespickten Oder. Picknick am Goetheplatz, Einkehr im Rinderstall. Abschließend hält die Wanderrunde einige moderate Wege und einen sportlichen bereit.

218h-dk

Durch das Bodetal | 162

In Thale die Erlebniswelt durchlaufen, ran an die Bode und stetig bergan bis Treseburg. Immer nah am wilden Fluss. Die Etappe des Harzer Hexen-Stiegs ist eine der schönsten Wanderungen im Harz. An der Jungfernbrücke im Gasthaus frühstücken; beim Bodekessel laden Ruhebänke mit Aussicht ein, hier darf die Rast etwas länger dauern. Zurück mit dem Linienbus.

282h dk

An die Sösetalsperre | 331

Osterode, schrieb Heine, gucke aus den Wäldern hervor wie eine Moosrose. In der Fachwerkstadt an der Söse beginnt der Harzer Hexen-Stieg. Die ersten Kilometer auf dem Fernwanderweg zeigen überraschend malerische Ausblicke aus dichtem Wald. Gerastet wird in der Schutzhütte am Eselsplatz oder an der Mauer der Sösetalsperre. Zurück nach Osterode geht es wieder durch den Wald.

Fünf Viertel im Fachwerk

Frankenberg, Goslar | 143

Hier lebten die Bergleute aus dem Rammelsberg. Ein stiller Winkel der quirligen Welterbestadt, abseits hinter der Abzucht. Um den farbenfrohen Brunnen herum stehen schlichte Fachwerkhäuser, das einstige Hospital Kleines Heiliges Kreuz und die romanische Kirche. Ihre Glocken läuteten die Schicht ein und die Feiertage. Bis zum Erzbergwerk läuft man 20 Minuten.

223h-dk

Klint, Wernigerode | 219

Krumme Gassen, Schiefes Haus. Der Klint – das ist eine kleine Anhöhe – hinter dem schmucken Wernigeröder Rathaus ist das älteste Siedlungsgebiet der Stadt und wohl auch das malerischste. Das Harzmuseum zeigt Kunst im Harz und den Harz in der Kunst sowie Sammlungen zu Natur, Handwerk und Industrialisierung. Schön schräg ist das Schiefe Haus: erbaut als Mühle, geneigt zum Bache, nun Museum.

224h-dk

Rosenwinkel, Halberstadt | 241

Farbenfroh intim ist das Fachwerkviertel im Rosenwinkel der Domstadt Halberstadt und in den angrenzenden Gassen. Das Bauensemble und jedes Haus für sich sind eine Augenweide. Dagegen ist die Klaussynagoge ein schlichter barocker Klinkerbau, heute als Sitz der Moses-Mendelssohn-Akademie ein Lern- und Begegnungsort in jüdischer Tradition.

225h-dk

Münzenberg, Quedlinburg | 261

Hier lebten die Kesselflicker, Scherenschleifer und Bettelmusikanten, nachdem das Marienkloster verlassen worden war. Heute bezaubert der Münzenberg mit pittoresken Fachwerkgässchen und dem Panoramablick auf den Schlossberg mit der Stiftskirche. Vom sagenhaften Finkenherd zum verwinkelten Münzenberg sind es nur wenige Schritte durch 1000 Jahre deutsche Geschichte.

226h-dk

Barfüßerstraße, Nordhausen | 305

Die Flohburg war stets ein Ort der Begegnung, daher wohl der Name. Heute ist das gotische Fachwerkhaus ein modernes Museum zur Stadtgeschichte. Sehenswert sind auch das Torhaus des Barfüßerklosters, die Kirche St. Blasii mit ihren ungleichen Türmen und in der Nähe an der Wassertreppe die gotisch-stattliche Finkenburg.

227h-dk

191h-Harzer_Tourismusverband

1 Rund um den Brocken

» Goethe war hier zu Fuß unterwegs, Heine auch. Der höchste Berg Norddeutschlands und seine Umgebung sind ein Wanderparadies zu allen Jahreszeiten. Wer es weniger sportlich, dafür umso romantischer mag, setzt sich in die Schmalspurbahn und folgt den Dampfwölkchen ins Gebirge. Unzählige Granitklippen erwarten Wanderer, die Felsen erklimmen und Aussichten genießen wollen.

< Brockenbahn im Winter

Rund um den Brocken

0 2 km ©Reise Know-How Harz_K1 4/23

RUND UM DEN BROCKEN

Vom niedersächsischen Kurort Bad Harzburg ist es der Teufelsstieg, vom gemütlichen Ilsenburg in Sachsen-Anhalt der Heinrich-Heine-Wanderweg. Über jeweils rund 900 Höhenmeter führen sie Wanderer auf den Brocken, den höchsten Gipfel Norddeutschlands. Granitklippen bieten beeindruckende Anblicke und Aussichten. Ahrensklint und Brockenbett, Hohnekamm und Ottofelsen, Trudenstein und Taubenklippe sind einige der Wander- und Ausflugsziele von Drei Annen Hohne, Ilsenburg oder Schierke. Braunlage und Schierke locken als Wintersportzentren ins Gebirge. Auf dem Brocken um Hexenaltar und Teufelskanzel bittet die Unterwelt zum Tanz und die Natur zur Andacht.

NICHT VERPASSEN!

- **Vom Kloster Ilsenburg zum Kloster Drübeck** | 43
- Auf den Spuren des Dichters: der **Heinrich-Heine-Wanderweg** zum Brocken | 52
- Auf schmaler Spur: eine Fahrt mit der **Brockenbahn** von Drei Annen Hohne | 56
- **Mit Heine zum Ilsestein** | 57
- **Klippenwanderung ins Eckertal** | 66

Diese Tipps erkennt man an der gelben Markierung.

Bad Harzburg

In dem beschaulichen Kurort (24.000 Einwohner) am nordwestlichen Harzrand ist gut Bummeln und Erholen. Schattige Ladenstraßen, der Kurpark, die Kabinenseilbahn zum Großen Burgberg (483 m), Baumwipfelpfad, Baumschwebebahn und Ameisenzoo liegen nahe beieinander. Mehrere Wanderwege beginnen direkt in der Stadt. Im Süden grenzt Bad Harzburg mit dem Tal der Radau an den Nationalpark, bis zum Brocken sind es 13 km.

Stadtgeschichte

Die Geschichte Bad Harzburgs geht auf die **Gründung eines Stifts** im Jahr 916 zurück; legendär ist der Bau einer Kapelle bereits um das Jahr 780. In der Zeit zwischen 1066 und 1068 entstand unter *Heinrich IV.* die Harzburg, von der noch Ruinen der Grundmauern erhalten sind. Die Burg diente zur Sicherung der nahegelegenen Kaiserpfalz Goslar. Nach wechselvoller Geschichte verkam die stolze Kaiserburg im 15. Jh. zum Raubritternest. Nach dem Dreißigjährigen Krieg wurden die Ruinen der verfallenden Anlage weitgehend abgerissen.

Mitte des 19. Jh. hatte die am Fuße des Burgberges herangewachsene Neustadt bereits einen Namen als **Kur- und Badeort.** 1892 erhielt die Gemeinde den Namen Bad Harzburg.

In der Zeit der deutschen Teilung lag Bad Harzburg direkt am **Eisernen Vorhang.** Mehr als 300.000 DDR-Bürger überquerten nach dem Mauerfall am 12.

Bad Harzburg

November 1989 die Grenze zu einem Besuch des Westens in Gestalt des Harzkurortes.

Bad Harzburg gilt als **eines der attraktivsten Heilbäder Niedersachsens.** Reizvoll sind die Wanderwege im Westharz und bis zum Brocken, die von Bad Harzburg aus möglich sind.

Sehenswertes

Zwischen Bahnhofsvorplatz und Kurpark (Parkplatz Nordhäuser Straße) liegt die sympathische **Bummelallee** (Herzog-Wilhelm-Straße), die Fußgängern vorbehaltene Flanier- und Einkaufsmeile des Badeortes. Hier findet man unter Kastanien prächtige Villen, kleine Läden und schattige Cafégärten. Bänke und Liegewiesen am Bachufer laden im **Kurpark** zur Erholung ein. Im **HarzWaldHaus,** einem der Besucherzentren des Nationalparks Harz, gibt es das deutschlandweit größte **Formicarium,** also ein speziell für Ameisen eingerichtetes Terrarium, wo man die Tiere aus nächster Nähe in ihrem natürlichen Lebensraum beobachten kann.

HarzWaldHaus, Nordhäuser Straße 2e, Tel. (05322) 784337,www.harzwaldhaus.de. Di–So 10–17 Uhr, 5 €, bis 18 Jahre frei. Multimediale und interaktive Walderlebnisausstellung mit Formicarium (Ameisenzoo) und alles über den Luchs.

☐ Luftige Exkursion auf dem Baumwipfelpfad

284h dk

231h-dk

Die **Trink- und Wandelhalle** im Badepark, ein Wahrzeichen des Kurbades, wurde 1898 im damaligen Solebad Juliushall eröffnet. Hier werden zwei der insgesamt sieben Harzburger Quellwässer am Trinkbrunnen ausgegeben. An Sonnabenden um 10 Uhr beginnen an der Halle die Stadtführungen.

Mit der **Burgberg-Seilbahn,** deren Talstation am Kurpark liegt, gelangen die Fahrgäste in drei Minuten auf den **Großen Burgberg (483 m).** Dort sind die Rudimente der mittelalterlichen **Kaiserburg** und die Aussicht über die Kurstadt im Harzvorland sehenswert. Wer als Wanderer lieber am Boden bleibt, nimmt den Aufstieg über den Herzogweg (2 km).

Burgberg-Seilbahn, Tel. (05322) 75370, Sommerzeit 9.30–18 Uhr, Winterzeit 10–17 Uhr, Berg- und Talfahrt 5/2,50 €.

Direkt neben der Talstation befindet sich der Zugang (Brücke) zu einem barrierefreien Ausflugsziel für die ganze Familie. Der **Baumwipfelpfad** führt als Rundweg über ca. 1 km in 20 m Höhe durch den Wald im Kalten Tal. Er bietet eindrucksvolle Nähe zur Natur und Überraschungen: Glassteg und Abenteuerbrücke in 30 m Höhe, Klangbaum, 15 Stationen zum Thema Urknall und Informationen zur Tier-und Pflanzenwelt des Harzes. Dazu gehört auch ein Infopunkt zum Harzer Dinosaurier Europasaurus holgeri. An einer Felswand werden die Gesteinsschichten des Harzes erklärt.

Baumwipfelpfad, Zugang im Kurpark (Nordhäuser Str. 2b), www.baumwipfelpfad-harz.de, April–Okt. 9.30–18 Uhr, Nov.–März 10–16 Uhr, 8,50/7 € (Kinder ab 4 Jahre), Familienkarte ab 21,50 €, barrierefrei für Rollstuhl, Kinderwagen u.ä. Führungen können gebucht werden. Unter dem Titel „Wipfelglüh'n" werden abendliche Runden auf dem Pfad angeboten. Frei zugänglich und ebenso lehrreich wie unterhaltsam ist der **Baumwurzelpfad,** natürlich unterhalb der Wipfel.

Besondere Angebote: „Nachts in den Wipfeln" und „Sonnenaufgang in den Wipfeln erleben", Termine unter www.bad-harzburg.de sowie in der Touristeninformation, telefonische Anmeldung am Veranstaltungstag.

< Klettern im Hochseilpark Bad Harzburg

> Trink- und Wandelhalle in Bad Harzburg

BaumSchwebeBahn vom Burgberg zum Baumwipfelpfad. Im Gurt sitzend an einem Rohrsystem 1000 m mit 12 km/h durch die Landschaft schweben. April–Okt. 10–18 Uhr, Nov.–März 11.30–16 Uhr. 15 €, Familienkarte ab 39 €.

SKYROPE Hochseilpark, Im Kalten Tal, www.skyrope.de, April–Okt. Sa/So 11–17 Uhr, ab 15 €, Erlebnisparcours für Kinder (ab 120 cm) und Erwachsene. Wer lieber mal Klettern geht statt Wanderkilometer zu absolvieren, besucht den Hochseilgarten unterhalb des Baumwipfelpfades, der Zugang im Kurpark ist derselbe. Hier geht es professionell gesichert in 5 bis 10 m Höhe über allerlei Wackliges.

An der Bundesstraße B 4 Richtung Torfhaus, von der Talstation der Seilbahn 2,5 km, rauscht der **Radau-Wasserfall.** Man könnte hier sagen: die Radau macht Radau. Ihr Wasser wird einem 1859 zur Belebung des Fremdenverkehrs angelegten Wasserfall zugeführt und nach dem Absturz wieder dem Fluss zurückgegeben. Das sieht wohlgefällig aus, besonders im Winter, wenn das Wasser keinen Radau mehr macht, sondern formvollendet gefroren ist.

Wanderungen von Bad Harzburg

Mit dem Teufel zum Brocken

Vom Kurpark sowie vom Burgberg aus führen mehrere Wanderwege in den Nationalpark. Einer der attraktivsten, aber besonders strapaziösen ist wiederum der auf den Brocken, ein Teufelchen sein Markenzeichen. Der **Teufelsstieg** beginnt im Kurpark (290 m) und führt

312h dk

über 26 km bis Elend. Der Brocken liegt in der Mitte, bis dahin sind 950 Höhenmeter zu überwinden. Nach dem steilen Anstieg führt der Weg zur Waldgaststätte Molkenhaus (520 m), bis hierher kann man auch mit dem Bus 875 fahren (April–Okt.).

■ **Molkenhaus**②-③, Tel. (05322) 5536837, www.molkenhaus-harzburg.de, Do–Mo 11–18 Uhr. Historische Baude im Nationalpark, regionale Küche. Vom Kurpark bzw. Radau-Wasserfall jeweils rund 1 Stunde Fußweg, keine Anfahrt mit Auto. Skiloipe und Rodelbahn. GPS N 51.855642, E 10.572893.

Bergab geht's ins Eckertal und entlang des Baches durch den Wald bis zum **Eckerstausee** (545 m). Vom See wandert das Teufelchen zur **Scharfensteinklippe** (698 m), legt dort in der Rangerstation noch eine Rast mit herrlicher Aussicht ein, um dann stracks geradeaus die letzten 443 Höhenmeter zu absolvieren (ausführlicher „Ilsenburg, Heinrich-Heine-Wanderweg").

Besinnlich oder sportlich

Kleine Wanderungen zwischen 2 km und 6 km bieten die in erster Linie für Kurpatienten und für Gäste mit körperlichen Einschränkungen gedachten **Terrainkurwege.** Sie sind sehr gut ausgeschildert und passieren besonders erlebenswerte Stellen im nahe gelegenen Wald. Beliebt ist der Besinnungsweg (1,6 km) vom Burgberg aus um den Sachsenberg, er beginnt und endet an der St.-Antonius-Statue unweit der Burgruinen. Er folgt historischen Pfaden, die an den „Besinnungspunkten" erläutert werden.

Vienenburg: Eisenbahn und Edelkorn

Das kleine Städtchen Vienenburg (10.000 Einwohner), 9 km nördlich von Bad Harzburg an der Einmündung der Radau in die Oker gelegen, hat eines der **ältesten noch erhaltenen Bahnhofsgebäude in Deutschland.** In dem fast 900 Jahre alten **Kloster Wöltingerode** wird Korn edel gebrannt. Zwei gute Gründe, die 1306 erstmals beurkundete Stadt zu besuchen. Von Bad Harzburg oder Goslar sind es mit Auto oder Bahn nur Katzensprünge, von Berlin aus ist Vienenburg an Wochenenden mit der Bahn direkt zu erreichen.

Die Bahnreisenden passieren den 1840 erbauten Bahnhof, der zugleich **Museum** ist. In dem historischen Gebäude und auf den Freiflächen werden Eisenbahngeschichte und ihre Bedeutung erlebbar. Am 15. August 1875 machte Kaiser *Wilhelm I.* in Vienenburg Station, seitdem gibt es den „Kaisersaal", der heutzutage für Feiern genutzt wird.

■ **Eisenbahnmuseum Vienenburg,** Bahnhof, Tel. (05324) 1777, www.vienenburg-tourismus.de, Do–So 15–17 Uhr, 3/1,50 €. Originalanlagen und -gerätschaften sowie eine Modellanlage des Bahnhofs 1963.

Kloster Wöltingerode

Das Kloster Wöltingerode (2 km vom Bahnhof entfernt) wurde im Jahr 1174 von den Benediktinern gegründet und ab 1188 von den Zisterziensern weitergeführt. Seine beste Zeit erlebte es im 13. Jh., damals entstanden dort Buchma-

285h dk

lereien, die in der Herzog-August-Bibliothek Wolfenbüttel aufbewahrt werden. Infolge der Reformation wurde das Kloster Ende des 16. Jh. in ein evangelisches Frauenstift umgewandelt. 1630 wurde es den Jesuiten zugesprochen, das hielt jedoch lediglich zwei Jahre, dann wurde es wieder evangelisch, 1643 ging es an das Bistum Hildesheim, und 1676 zerstörte ein Feuer die leerstehende Anlage. Das Kloster wurde wieder aufgebaut und bestand bis zu seiner Auflösung per Dekret durch das napoleonische Königreich Westphalen im Jahr 1809. Von 1918 bis 1993 beherbergte es die Landfrauenschule des Reifensteiner Verbandes, einem der damals größten privaten Träger von Mädchen- und Frauenbildungsstätten.

Im Kloster befinden sich ein Hotel mit Restaurant und die **Klosterbrennerei,** die im Rahmen einer Führung besichtigt werden kann (mit Verkostung).

■ **Klosterbrennerei Wöltingerode,** Tel. (05324) 7724646, www.woeltingerode.de, Schnupperführung (1 Std., ohne Anmeldung) Di, Do, Sa, So, Fe 14 Uhr, 5 €. Weitere Führungen auf Anfrage.

Der Kloster-Erlebnisweg (1,5 km) verbindet die interessantesten Orte des Geländes. In der Parkanlage des Klosters kann man ein **Damwildgehege** besuchen. Die **Klosterkirche** ist eine romanische Basilika. In der Zeit der Gotik entstanden der Chor mit der Nonnenempore und im Barock der Westturm, ebenso die erhalten gebliebene Ausstattung.

Beliebt und stimmungsvoll ist der **Wöltingeroder Adventsmarkt,** der jeweils am ersten und zweiten Adventswochenende stattfindet.

Eisenbahngeschichte Bahnhof Vienenburg

Praktische Tipps

Anreise

- **Auto:** A 14, B 6.
- **Bahn:** Regionalexpress Braunschweig – Bad Harzburg – Hannover – Goslar – Bad Harzburg; Regionalbahn Goslar – Bad Harzburg.

Information

- **Touristeninformation Bad Harzburg,** Nordhäuser Straße 4, Tel. (05322) 75330, Mo–Fr 9.30–16.30 Uhr, Sa, So, Fe 9.30–14.30 Uhr, www.bad-harzburg.de.
- **Informationsstelle in der Wandelhalle des Kurparks,** Badepark, Mo–Fr 9.30–14 Uhr, Sa, So, Fe 9.30–13 Uhr. Jeden Sa 10 Uhr Stadtführung, Treffpunkt Wandelhalle.

Übernachtung

7 7 **Plumbohms Aussichtsreich**③, auf dem Großen Burgberg, Tel. (05322) 2706, www.plumbohms.de. Verkehrsfrei gelegenes Hotel und Restaurant auf dem Großen Burgberg mit großartiger Aussicht, erreichbar nur mit Seilbahn oder zu Fuß, Check in und -out im Plumbohms Hotel im Tal, Herzog-Julius-Str. 86, Tel. (05322) 3277, Gepäcktransfer. Restaurant mit Aussichtsterrasse, Hotelgäste können Freifahrten mit der Kabinenseilbahn in Anspruch nehmen.

4 **Hotel Haus Bismarck**②, Bad Harzburg, Bismarckstraße 39, Tel. (05322) 6227, www.haus-bismarck.de. Mitten im Kurort, Villa in Bäderarchitektur, komfortable Zimmer.

2 2 **Hotel Brauner Hirsch**②, Bad Harzburg, Herzog-Julius-Straße 52, Tel. (05322) 96620, www.hotel-badharzburg.de. Ältestes Hotel der Stadt, Fachwerkhaus und moderner Anbau im Zentrum, großzügige Zimmer, mit Restaurant geöffnet Do–Di 11.30–14 Uhr, 17.30–22 Uhr (Wild und Fisch).

5 **Naturfreundehaus Bündheim**, Bad Harzburg, Waldstraße 5, Tel. (05322) 4582, www.naturfreundehaus-buendheim.de. Vor allem für Jugendgruppen geeignet, aber auch Einzelreisende, Zwei- bis Fünf-Bett-Zimmer, Kinderspielplatz, Tischtennis, Billard, Grillplatz, hausinterner Ausschank, Angebote für Klassenfahrten; vom Bahnhof 2,5 km Fußweg.

1 **Kloster-Hotel Wöltingerode**③, Wöltingerode 3, Tel. (05324) 774460, www.klosterhotel-woeltingerode.de, Klosterkrug② tgl. 11–22 Uhr. Komfortable Zimmer im Klosterambiente.

- **WoMo-Stellplatz Sole-Therme,** Nordhäuser Straße 10, Tel. (05322) 75330 (Touristinformation), www.wohnmobilstellplatz-bad-harzburg.de, GPS N 51.868440, E 10.558400. Ganzjährig, 40–80 Plätze, zentral gelegen, 12 €.

Essen und Trinken

- **Hotelrestaurants** → „Übernachtung".

6 **Palmencafé**①, Bad Harzburg, Rudolf-Huch-Straße 21, Tel. (05322) 4805, www.palmen-cafe.de, Mi–So 11–18 Uhr. Kleines Restaurant im Pavillon der Wandelhalle, deutsche Küche.

MEIN TIPP: 10 **Marienteichbaude**②, An der B4, GPS N 51.836059 E 10.526912, Mi–So 11–21 Uhr, www.marienteichbaude.de. Am Wald gelegen, Wildspezialitäten. Fleisch aus einer Harzburger Landschlachterei. Wildfütterung (→ „Tierbeobachtung"). Spielplatz, Harzhofladen, Bus 820.

MEIN TIPP: 8 **Waldgasthaus Rabenklippen** ①, Tel. (05322) 2855, www.waldgasthaus-rabenklippe.de, Di–So 10–18 Uhr. Ausflugsgaststätte mit Brockenblick, erreichbar zu Fuß/mit Buslinie 875: Apr.–Okt. tgl. fünfmal ab Bad Harzburg Bahnhof; Gerichte von Wild aus dem Nationalpark.

9 **Waldgaststätte Radau-Wasserfall**③, Nordhäuser Straße 17 (B4), Tel. (05322) 2290, www.

radau-wasserfall.de, Mai–Okt. Do–Mo 10–18 Uhr. So alt wie der Wasserfall. Deutsche Küche, Pfälzer Wein, Harzer Bier. Doppelzimmer①.

■ **Bahnhofscafé Vienenburg**①, Tel. (05324) 774666, Di–So 11–18 Uhr. Kaffee, Kuchen und Mittagessen im ältesten erhaltenen Bahnhof Deutschlands genießen.

Tierbeobachtung

Luchsfütterung im Gehege an der Rabenklippe, ganzjährig Mi und Sa 14.30 Uhr, Informationen durch Nationalparkmitarbeiter. Eintritt frei. Rund 1 Stunde markierter Fußweg vom Kurpark bzw. von der Bergstation der Seilbahn, Bus 875 April–Okt.

Wildkatzengehege an der Marienteichbaude, Mi–So 11–18 Uhr, im Winter Sa/So 11–17 Uhr, 4/2 €. Bus 820. Wanderung ab Bad Harzburg Touristinformation auf dem Wildkatzenstieg 7,3 km. Wildkatzenfütterung tgl. 14 Uhr.

Weitere Museen

■ **Museum in der Remise,** Bad Harzburg, Forstwiese 5, Tel. (05322) 2206, 55373, www.harzklub-badharzburg.de, 1./3. So 14.30–16.30 Uhr, 2. Mi

Ob mit dem Teufelchen aus Bad Harzburg oder mit Heine aus Ilsenburg: die letzten Meter des Brockenaufstiegs

286h dk

10–12 Uhr mit Führung. Ausgrabungsfunde an der Burg *Heinrichs IV.*, historische Exponate aus der Stadt und Region, Eintritt frei.

Heimatmuseum Vienenburg, Schulstraße 24a, Tel. (05324) 2529, www.vienenburg-tourismus.de. Exponate zu Handel, Handwerk und Gewerbe in Vienenburg.

Einkaufen

3 **Edeka Krone,** Herzog-Wilhelm-Straße 68, Mo–Sa 8–19 Uhr, So 11–18 Uhr.

Sport und Spiel

Sole-Therme, Bad Harzburg, Nordhäuser Straße 2a, Tel. (05322) 75360, www.bad-harzburg.de/wellness-gesundheit/bad-harzburger-sole-therme, Mo–Sa 8–21 Uhr, So 8–19 Uhr, 7,50/ 5 €, mit Sauna 12/7,50 €. Natur-Sole, Außenbecken, Sauna-Erlebniswelt, FKK-Sonnendeck.

Freizeitpark Krodoland, Westerode, Fasanenstraße 21, Tel. (05322) 877332, www.krodoland.de, März bis Nov. tgl. 10–19 Uhr, Spielscheune ganzjährig geöffnet, Familienkarte 12 €. Reiten, Swin-Golf, Spielhaus mit Außenflächen, viele Feste.

Trink- und Wandelhalle, Brunnenausschank in der Wandelhalle, Badepark, Bad Harzburg, Mo–Fr 9.30–14 Uhr, Sa, So/Fe 9.30–13 Uhr.

Silberbornbad, Bad Harzburg, Herbrink 35, Tel. (05322) 75305, www.bad-harzburg.de, Mo 14–20 Uhr, Di–Fr 8–20 Uhr, Sa, So, Fe 8–19 Uhr. Baden mit Harzblick. Kombiniertes Hallen- und Freibad, Eltern-Kind-Becken. Tageskarte 7/4 €. Sauna. Linienbus 810 Goslar – Bad Harzburg.

Der Forellenteich von Ilsenburg

Ilsenburg

Das beschaulich am Nordrand des Harzes, im Tal der flinken Ilse gelegene Städtchen Ilsenburg (6500 Einwohner), mit seinem Forellenteich, den niedrigen holzverkleideten Häuschen mit Gärten in krummen Gassen und Fernblicken zu den Höhen des Harzes, verrät nicht sofort jedem etwas von seiner jahrhundertelangen Geschichte als **Zentrum der Eisengewinnung** und Gießerei. Schon 1545 wurde hier eine Eisenhütte mit zwei Hochöfen errichtet, und der Teich in der Ortsmitte diente als Wasserreservoir für den Antrieb des Hammerwerkes. In dem Park zwischen Teich und Schule ist darüber manches zu erfahren und die Reproduktion eines Gemäldes zu sehen: „Eisenwalzwerk Oberhammer" des Ilsenburger Malers *Robert Riefenstahl* (1823–1903). Für ihren Kunstguss war die Eisenhütten- und Gießereistadt weltbekannt. Daran erinnern das **Hütten- und Technikmuseum** im historischen Marienhof aus dem 19. Jh., zwischen Restaurants und Pensionen im Stadtzentrum, sowie gußeiserne Säulen, Brunnen und Tore im Stadtbild. Der Ilsenburger **Industrielehrpfad** veranschaulicht den Weg „Vom Erz zum Metall".

Hütten- und Technikmuseum, Marienhöfer Straße 9b, Tel. (039452) 807671, www.ilsenburg-tourismus.de, Hüttenindustrie, Kunstguss vom 16. bis zum 20. Jh., regionale Malerei des 19. Jh., nach Sanierung und Umbau Wiedereröffnung voraussichtlich 2023/24.

Ilsenburger Eisenpfad, rund 3 km markierter Weg durch die Stadt entlang der Ilse (Dennert-Tanne – → Exkurs „Wissen auf Tannen", S. 92 – mit Schlägel und Eisen sowie einem Wasserrad, 16 Stationen). Führungen zwischen 45 Min. und 2 Stunden über Touristinformation buchbar. Eisenhüttenpark im Industriepark am Veckenstedter Weg.

Ende des 19. Jh. wurde Ilsenburg von den Harzfreunden entdeckt. Hier erwarten exzellente Urlaubshäuser, preisgünstige Pensionen und Privatzimmer ihre Gäste. Die verkehrsberuhigte Altstadt ist mit ihren Sitzbänken am Forellenteich, dem weitläufigen Park mit Spielplatz und den malerischen Gassen ein einladendes Quartier zum Bummeln auch für Familien mit kleineren Kindern.

Für **Bahnreisende** zeichnet sich Ilsenburg, neben dem niedersächsischen Bad Harzburg, vor allen anderen Harzorten aus. Nirgendwo sonst kommt die Bahn dem Hochharz so nah wie hier, zum normalen Bahntarif.

Eine **Brockenwanderung,** mit Rückweg, ist vom Bahnhof Ilsenburg als Tagestour möglich. Und es ist eine der schönsten, das bestätigen wohl alle, die sich auf den Heinrich-Heine-Weg begeben haben und nicht verzagen, wenn sich der Wanderweg auf den letzten Kilometern doch sehr spürbar gen Himmel hebt. *Heine* ging diesen Weg talwärts, im September 1824, als er vom Brocken nach Ilsenburg abstieg ist (→ Exkurs „Der Harz in der Literatur", S. 73).

Ausgangsort für diese und viele weitere Wanderungen ist der **„Blochhauer"** im Ilsetal im Süden der Stadt (hinter der „Nagelschmiede"). Vom Bahnhof sind es 2 km. In der Nähe gibt es einen Parkplatz, einen Stellplatz für Campingwagen, einen Laden für Wanderausrüstung, Wanderkarten und Andenken, eine öffentliche Toilette – und die Haltestelle für den „Ilsetaler", die von Mai bis Oktober zwischen Wernigerode – Drei An-

005h dk

0 200 m
Zum Startpunkt des Ilsenburger Eisenpfades (Eisenhüttenpark, 800 m)
Bahnhof Ilsenburg
Karl-Marx-Straße
Harzburger Straße
Mahrholzberg
Vor dem Mahrholzberg
Friedenstraße
Teichstraße
J.-Heinrich-Str.
AugustStr.
Papenhecke
Hochofenstraße
Kitzsteinteich
Faktoreistraße
Bushaltestelle Ilsetaler
Ilsenstraße
Friedhof
Veckenstedter Weg
L85
Faktoreistr.
Suenbeck
Kroatenstraße
Harzburger straße
Wernigeröder Straße
Forellenteich
Marienhöfer Straße
Friedrichstraße
Eichstraße
Grüne Straße
Marktplatz
Hütten- und Technikmuseum
Kloster Drübeck, Wohnmobilpark Harzblick, Drübeck, Darlingerode
Ilse
Uferstraße
Hagenbergstr.
Buchbergstraße
Auf der See
Rudolf-Breitscheid-Straße
Pfarrstraße
Schloßstraße
Vogelsang
Marienkirche
Wilhelmstraße
Schickendamm
Freibad
Schloßstraße
Schloss
Kloster Ilsenburg
Punierstraße
Mühlenstraße
Wiesenstraße
Mönchsgraben
Blochhauer, Wandererparkplatz und Startpunkt für Wanderwege, Spielplatz
(350 m)
WoMo-Stellplatz und Wanderausrüster (2 km)
Übernachtung
1 Pension Stellwerk
3 Ferienwohnung Enigk
4 Hotel Ilsenburger Hof
5 Altstadt-Hotel
6 Kloster Drübeck
8 Hotel Zu den Rothen Forellen
Essen und Trinken
5 Altstadt-Hotel
6 Kloster Drübeck
7 Gemeindekrug
8 Landgasthaus Zu den Rothen Forellen
10 Nagelschmiede
Einkaufen
2 Einkaufszentrum
Aktivitäten
9 Erlebniswald Ilsetal

nen Hohne – Elbingerode verkehrende **Buslinie 274.**

Wer sich zum Brocken hin etwas Fußweg sparen möchte, fährt mit diesem Bus bis „Ilsetal Schutzhütte". Haltestellen gibt es u.a. vor dem Bahnhof, in der Faktoreistraße und Harzburger Straße.

Vom „Blochhauer" aus sind zahlreiche Wanderungen möglich, wie etwa der Heinrich-Heine-Weg zum Brocken (12 km), zum Waldgasthaus Plessenburg (8 km), zur Steinernen Renne (12 km) oder zu den Ilsefällen (6 km; Angaben jeweils für den Hinweg).

Vom Kloster Ilsenburg zum Kloster Drübeck

Eine Wanderung, eigentlich eher ein Spaziergang, führt auf familienfreundlichem Waldweg mit Rastplatz am Teich vom **Kloster Ilsenburg** zum **Kloster Drübeck.** Die 3 km kurze Tour ist eine Etappe auf dem Harzer Klosterwanderweg (→ gleichnamigen Wandertipp).

Das **Benediktinerkloster Ilsenburg** wurde im Jahr 1018 gegründet und gehörte zu den einflussreichsten im nördlichen Harz. Ein Kleinod romanischer Architektur ist die 1078–1087 erbaute Klosterkirche St. Peter und Paul.

Von der einst dreischiffigen **Basilika** mit ihrem mächtigen Doppelturm sind nach Umbauten im 12. und 16. Jahrhundert lediglich das Langhaus, ein Seitenschiff und der Chor erhalten, vom Querhaus nur die Vierung und der südliche

☑ Die romanische Kirche des Klosters Ilsenburg

395h dk

Wandertipp: Harzer Klosterwanderweg

GPS Zwischen Goslar im Nordwesten des Harzes und Quedlinburg im Vorland des Ostharzes verbindet der Harzer Klosterwanderweg auf 94 km mehrere Klöster und Klosterkirchen. Wanderungen auf diesem Weg (zum größten Teil auch für Fahrräder geeignet) bieten Begegnungen mit außergewöhnlicher **Architektur, Kunstwerken** aus mehreren Jahrhunderten sowie Stätten der **Besinnung und Einkehr** am Rande des Harzgebirges. Die Route ist mit einem Georgskreuz markiert (rot auf weiß); das Symbol verweist somit jeweils auf einen besonderen Ort der **Kulturgeschichte** des Harzes.

Information

- www.harzer-klosterwanderweg.de
- Tourist-Informationen Ilsenburg sowie der jeweiligen Standorte.

Stationen

- Klosterkirche Grauhof in Goslar, Gut Grauhof 2 (barocke Stiftskirche, bedeutende Barockorgel, Besichtigung So, Fe 15–17 Uhr).
- St. Jakobushaus in Goslar, Reußstraße 4 (katholische Akademie, Gründerzeitbau, bietet auch Übernachtungen für Wanderer, www.jakobushaus.de).
- Neuwerkkirche in Goslar, Rosentorstraße 27 (→ Goslar, www.neuwerkkirche-goslar.de).
- Kloster Wöltingerode, Wöltingerode 3 (→ Vienenburg).
- Kloster Ilsenburg, Schloßstraße 26 (→ Ilsenburg).
- Kloster Drübeck, Klostergarten 6 (→ Ilsenburg).
- Kloster Himmelpforte zwischen Darlingerode und Hasserode (zu Wernigerode, ehemaliges Augustinerkloster, Forellenteiche und Rudimente der Klostermauer, bis 18. Jh. Wallfahrtsort, GPS N 51.833655, E 10.743160).
- Kloster Michaelstein, Michaelstein 3 (→ Blankenburg).
- Bartholomäuskirche Blankenburg, Schloßberg 3 (romanisch-gotische Bergkirche mit bedeutender Orgel von 1932, Besichtigung tgl. 10–16 Uhr).
- Kloster Wendhusen in Thale, Wendhusenstraße 7 (→ Thale).
- Stiftskirche St. Cyriakus in Gernrode, Burgstraße 3 (→ Gernrode).
- Marienkloster in Quedlinburg (Reste der romanischen Klosteranlage auf dem Münzenberg, → Quedlinburg).

Zwischen Ostern und Advent gibt es mehrere Veranstaltungen, so den Grauhofer Orgelsommer, Kunsthandwerkermarkt Ilsenburg, Michaelsteiner Klosterfest, Advent im Stiftshof Gernrode und Konzerte in St. Bartholomäus. Jährlicher Höhepunkt ist der Harzer Klostersommer.

- www.harzerklostersommer.de

287h dk

233h-Stiftung Kloster Ilsenburg

Querhausarm. Die Nordseite der Basilika wurde während des **Bauernaufstandes** am 1. Mai 1525 zerstört. Dennoch kann man beim Betreten der Kirche noch immer die romanische Pracht dieses Bauwerkes erleben. Bemerkenswert sind der in Stufen um 1,40 m ansteigende Fußboden und der einfache Stützenwechsel Säule–Pfeiler–Säule. Die Säulen tragen schlichte romanische Kapitelle, die westlichste am Eingang zeigt an ihrer Basis eine Schreckmaske, die das Eindringen des Bösen in die Kirche verhindern sollte.

Kunsthistorisch einzigartig ist ein **Gipsfußboden mit Ritzzeichnungen** biblischer Motive aus dem 12. Jahrhundert. Der bis zum Kreuzgratgewölbe aufragende **barocke Hochaltar** aus Lindenholz wurde im Jahr 1706 errichtet. Sein filigranes Schnitzwerk präsentiert ein opulentes Bildprogramm vom Abendmahl bis zur Auferstehung.

⌃ Refektorium des Klosters Ilsenburg

‹ Klosterkirche Drübeck

Die Besichtigung der Kirche ist in der Regel an den Museumsbesuch gebunden. Der Exkurs durch die Geschichte des Klosters führt in den Kapitelsaal (Versammlungsraum) und das Refektorium (Speisesaal), welche bezaubernd maßvolle Innenräume der **Romanik** sind und zu den ältesten im Harz zählen. Im Dormitorium (Schlafsaal der Mönche) zeigt eine Galerie wechselnde Ausstellungen von Gegenwartskunst.

Kloster Ilsenburg ist nicht allein ein Ort besinnlichen Kunstgenusses, hier trifft man sich auch zu **Konzerten** und stimmungsvollen Festen. Gemeinsam mit dem **Kloster Drübeck** gehört es zu den **„Gartenträumen Sachsen-Anhalt"**, einem Netzwerk ausgewählter Parkanlagen mit jährlich neuem, abwechslungsreichem Programm (www.gartentraeume-sachsen-anhalt.de). Alljährlich an einem Juliwochenende öffnet der **Kunsthandwerkermarkt** seine Stände.

Die Sanierung des neoromanischen Schlosses am Westflügel der Klosteranlage ist noch nicht abgeschlossen, aber es lädt bereits ein kleines **Schlosscafé** ein.

Zwischen Schloss und Ilse erstreckt sich ein englischer **Landschaftspark** mit Fischteichen aus der Klosterzeit. Ein Fußweg rechts neben dem Haupteingang des Schlosses führt bequem direkt zum Fluss und in wenigen Minuten zum **Wanderertreffpunkt Blochhauer.**

- **Kloster Ilsenburg,** Schloßstraße 26 (15 Min. vom Bahnhof), Tel. (03945) 280155, www.kloster-ilsenburg.de, Mai–Okt. tgl. 9.30–17 Uhr, April tgl. 10–15 Uhr, 3/2 €, Führungen 5 €.

Die Doppeltürme des **Benediktinerinnenklosters Drübeck** sind weithin sichtbar. Schon in einer Urkunde Kaiser *Ottos I.* aus dem Jahr 960 wird das Nonnenkloster Drübeck erwähnt. Die Basilika wurde an der Wende des 10./11. Jh. erbaut. Sie vermittelt einen überwältigenden Raumeindruck. Aufmerksamkeit verdienen die fein figural gearbeiteten Säulenkapitelle, der **spätgotische Altar** und die vom Klosterhof aus zugängliche **Krypta** mit einem Grabmonument, das vermutlich für die im Jahr 900 verstorbene Klostergründerin *Äbtissin Adelbrin* geschaffen wurde.

288h dk

Nach den folgenschweren Eingriffen der Reformationszeit und des Bauernkrieges ging Ende des 17. Jh. das Kloster in den Besitz des Grafen *zu Stolberg-Wernigerode* über. Er ließ die Anlage sanieren und richtete ein Damenstift ein. Das Kloster Drübeck wird als Evangelisches Zentrum betrieben, mit Tagungsangeboten und Gästezimmern. Die Anlage mit Klosterkirche, Klosterhof, Äbtissinnengarten, Domänengarten, Wintergarten, Haus der Stille, Café und Klosterladen ist frei zugänglich. Ein Ort der Stille und des Blickes in die Geschichte. Das Kloster liegt mitten im Ort, von beiden Haltestellen der Buslinie 274 („Ilsetaler“) sind es rund 5 Min. Fußweg.

6 6 **Evangelisches Zentrum Kloster Drübeck②,** Klostergarten 6, Tel. (039452) 94300, www.kloster-druebeck.de, Klosterkirche tgl. 6.30–19 Uhr, Führungen April–Okt. Di–Sa 14 Uhr, So 11 und 14 Uhr, Nov.–März nach Vereinbarung, 3,50 €, Klostercafé Mi–So 11–17.30 Uhr. Gästezimmer, Buslinie 270 bis Drübeck West, 274 bis Drübeck Kloster, vom Kloster Ilsenburg 3 km.

Praktische Tipps

Anreise

- **Auto:** B 6.
- **Bahn:** Regionalexpress Magdeburg – Goslar, Halle/Saale – Goslar; Harzquerbahn, Brockenbahn.
- **Bus:** Regionalbuslinie 270 Wernigerode – Ilsenburg – Bad Harzburg („Ilsetaler“, Wernigerode – Drei Annen Hohne – Elbingerode, Di–Sa).

Information

■ **Touristeninformation Ilsenburg,** Marktplatz 1, Tel. (039452) 19433, www.ilsenburg-tourismus.de, Mo–Fr 9–16 Uhr, Sa 9–13 Uhr.

■ **Rangerstation an der Scharfensteinklippe,** Tel. (0160) 7148827, tgl. 10–16 Uhr (mit angeschlossenem Imbiss).

■ **Nationalparkhaus Ilsetal,** Ilsetal 5, Tel. (039452) 89494, tgl. 8.30–16.30 Uhr, Eintritt frei. Direkt am Wandererparkplatz, Ausstellung zum Ilsetal, Naturfilme, Ausgangspunkt für geführte Wanderungen, wechselnde Fotoausstellungen.

Übernachtung

4 Ilsenburger Hof②, Faktoreistraße 5, Tel. (039452) 9510, www.ilsenburger-hof.de. Ruhig gelegen in der Altstadt.

5 5 Altstadt-Hotel②, Wernigeröder Straße 1, Tel. (039452) 48990, www.altstadthotel-ilsenburg.de, tgl. 16–21 Uhr. Fachwerkhaus mit modernem Anbau, Biergarten, Liegewiese, Teich.

8 8 Hotel Zu den Rothen Forellen③, Markt 2, Tel. (039452) 9393, www.rotheforelle.de. Fünf-Sterne-Hotel, idyllisch am Forellenteich gelegen, Gourmetrestaurant Forellenstube, Seeterrasse.

MEIN TIPP: **3 Ferienwohnung Enigk**, Kastanienallee 10, Tel. (039452) 8272, www.ferienwohnung-enigk.de. Ruhig gelegene, preisgünstige Wohnung am Garten der Vermieter, kurzer Weg zur Bushaltestelle.

1 Pension Stellwerk②, Karl-Marx-Str. 1, im Bahnhof Ilsenburg, Tel. (039452) 487202, Buchung über www.booking.com. 4 großzügige Doppelzimmer und 1 Ferienwohnung (6 Pers.) im Bahnhof, Bistro, frei zugänglicher touristischer Infopunkt in der Bahnhofshalle mit Prospekten zum Mitnehmen.

■ **Wohnmobilstellplatz und Wanderausrüster,** Ilsenburg, Ilsetal 6, Tel. (0152) 53210757, www.wanderlust-ilsetal.de, GPS N 51.854733, E 10.670534. Direkt am Heinrich-Heine-Wanderweg/Nationalpark, 60 Plätze, WC, Duschen am Platz, Brötchenservice, 12 €.

■ **Wohnmobilpark Harzblick,** Darlingerode, Hinter den Gärten 11, Tel. (03943) 607133, www.wohnmobil-harz.de, GPS N 51.852813, E 10.736365. Kleiner Platz im Ort, 25 Plätze, 12 €.

Essen und Trinken

■ **Hotelrestaurants** → „Übernachtung".

10 Nagelschmiede②, Ilsetal 21, Tel. (039452) 48585, www.nagelschmiede-restaurant.de, tgl. 11.30–21.30 Uhr. Ruhig im Ilsetal gelegen, Biergarten, 14–17 Uhr Wandererkarte, sonntags Brunch.

7 Gemeindekrug②, Drübeck, Hauptstraße 7, Tel. (039452) 2435, www.gemeindekrug-drue beck.de, Fr–So 11.30–14.30, 17–21, Mo, Di 17–21 Uhr. Alles, was man von einem gut geführten Dorfkrug erwartet, auch Vegetarisches. Am Kloster.

Einkaufen

2 Lidl, Harzburger Straße 28–30, Mo–Sa 7–20 Uhr, dort auch Getränkemarkt.

Sport und Spiel

9 Erlebniswald Ilsetal, Rudolf-Breitscheid-Straße 20, Tel. (039452) 290015, www.erlebniswald-ilsetal.de, Mo–Fr 12–18 Uhr, Sa/So 10–18 Uhr (während der Ferien in Sachsen-Anhalt tgl. 10–18 Uhr, bei Unwetter geschlossen), 12–24 €. Klettern im Ilsetal. Parcours für unterschiedliche Greifhöhen. Parkplatz und Bushaltestelle.

◁ 1000 Jahre in Stein: Klosterkirche Drübeck

Der Brocken

Schroff, kahl und kalt ragt er aus dem Harzgebirge heraus, in Nebel gehüllt an 306 Tagen im Jahr; besungen, bedichtet, besucht; bebaut, betoniert und befreit; geliebt und vermessen, gepflegt und beschützt. Der Brocken (1141 m) ist der **höchste Berg Norddeutschlands,** eine Landmarke in der Kulturgeschichte. Kein anderer Gipfel benimmt sich wie seine 1000 m höheren alpinen Geschwister, keiner sonst wird so oft in der Literatur erwähnt und ist so vielgestaltig mit der Vermessung des Landes, mit dem Reisen und mit der deutschen Teilung verbunden.

„Der Brocken ist ein Deutscher", schrieb *Heinrich Heine* in der „Harzreise", deutsch in der Gründlichkeit des Riesenpanoramas, der Berg habe „so etwas Deutschruhiges, Verständiges, Tolerantes", gleichwohl aber auch „seine burschikosen, phantastischen Zeiten", dann werde er „wie wir übrigen, recht echtdeutsch romantisch verrückt".

An klaren Tagen reicht die **Sicht** bis zum Großen Inselsberg in Thüringen, zum Köterberg im Lipper Bergland und zum Petersberg bei Halle/Saale (jeweils rund 100 km). Die optimale Sicht soll bis 230 km betragen. 306 Nebeltage bedeutet nicht, dass man an diesen Tagen gar nichts sieht, sondern lediglich, dass im Laufe dieser Tage die Sichtweite schon mal unter 1 km fällt. Bei den rasanten Wetterwechseln dort oben ist es nicht selten, dass sich die Wolkensuppe zu grandioser Sicht oder einem sympathischen Süppchen auflöst.

Der im nahen Braunschweig gebürtige Mathematiker und Geodät **Carl Friedrich Gauß** (1777–1855) hat im Zuge der Vermessung des Königreiches Hannover zwischen 1818 und 1826 vom Brocken aus sein **„großes Dreieck"** Hoher Hagen – Brocken – Großer Inselsberg zur Bestimmung der Erdgestalt vermessen. Eine Gedenktafel auf dem Berg erinnert daran.

Auf dem Brocken herrschen aufgrund seiner exponierten Lage im Norden Deutschlands (300 km bis zur Nord- und Ostsee) **extreme klimatische Bedingungen,** die den Alpen in 1600 bis 2200 m Höhe und Nordskandinavien ähneln. Auf seinem Breitengrad ist der Brocken die höchste Erhebung zwischen dem Atlantik und dem Ural.

Der aus Granit bestehende Gipfel liegt als einziger Berg eines deutschen Mittelgebirges oberhalb der natürlichen Waldgrenze. In dieser **subalpinen Vegetationszone** gedeihen kleinwüchsige Fichten, Zwergstrauchheide und weitere seltene Pflanzen, wie die Kleine Alpen-Kuhschelle, die nur dort beheimateten Brockenhabichtskraut und Brockenanemone sowie Isländisches Moos und Rentierflechte.

Charakteristisch für den Brockengipfel sind die **Blockhalden aus Granit.** Die Blockfelder sind Lebensraum seltener Flechten und Moose und dürfen nicht betreten werden.

Schaurig schön ist das **Brockengespenst,** ein optischer Effekt, bei dem der Schatten des Beobachters auf eine dünne Nebelwand fällt, auf jeden Dunsttropfen einzeln. Durch die Luftbewegungen bewegt sich der überlebensgroße Schatten. Der Begriff „Brockengespenst" wurde von dem aus Aschersleben gebürtigen Theologen, Naturwissenschaftler, Wasserbauingenieur und Schulreformer *Johann Esaias Silberschlag* (1721–1791) geprägt, der das Naturphänomen im Brocken-Kapitel seiner „Geogenie oder Erklärung der mosaischen Erderschaffung nach physikalischen und mathematischen Grundsätzen" (1780) beschrieben und erläutert hat. Seitdem belegt das „Brockengespenst" seinen Platz in der internationalen meteorologischen Literatur. *Silberschlag* führt den Namen des Berges auf den germanischen Stamm der *Bructerer* zurück, der dort gesiedelt haben soll, bevor er in die Gegend zwischen Lippe und Rhein gezogen war. Plausibler ist jedoch die Ableitung vom niederdeutschen „broken" für den „zerbrochenen Berg", wie sie heute verbreitet ist.

Die 1999 auf dem Mittelberg (rund 100 km vom Brocken) gefundene **Himmelsscheibe von Nebra** (Landesmuseum für Vorgeschichte, Halle/Saale), die aus der Bronzezeit stammende älteste konkrete Himmelsdarstellung, lässt sich anhand der Sichtlinie zum Brocken und den auf der Scheibe angebrachten Horizontbögen exakt ausrichten.

In der **Mythologie** überliefert ist der Brocken als „Blocksberg", der Berg der Hexen. *Goethe* führte ihn in die Literatur ein, als er die „Walpurgisszene" im „Faust" auf den Blocksberg verortete. So sind „Teufelskanzel" und „Hexenaltar" die berühmtesten Klippen auf dem Brocken.

Um das Jahr 1460 soll der Berg **erstmals bestiegen** worden sein, 1736 wurde das **Wolkenhäuschen** als Unterschlupf errichtet, das erste Gasthaus öffnete 1800. Seit 1899 fährt die schmalspurige **Brockenbahn** zu einem der höchstgelegenen Bahnhöfe in Deutschland. Die erste **Wetterwarte** wurde 1895 in Betrieb genommen, die heutige gibt es seit 1939.

Am 17. April 1945 wurde das Brockenhotel bei einem Angriff der US-Luftwaffe zerstört. Bis 1947 war der Berg durch die Amerikaner besetzt. Ab 1948 konnten wieder Touristen auf den Gipfel, das Brockenhotel wurde 1955 wiedereröffnet. Mit der **deutschen Teilung** folgte das tragischste Kapitel in der Geschichte des deutschesten aller Berge. Der Brocken, wenige hundert Meter von der Staatsgrenze entfernt, wurde als **militärisches Sperrgebiet** abgeriegelt und für Überwachungs- und Spionagezwecke genutzt. Eine Abhöranlage des sowjetischen Militärgeheimdienstes, das westlichste Ohr Moskaus, stand neben einer Abhöranlage der DDR-Staatssicherheit. Nach dem Fall der deutsch-deutschen Grenze erzwangen am 3. Dezember 1989 tausende Demonstranten die **Öffnung des Gipfels.**

Seit 1990 gehört der Brocken zum **Nationalpark Harz.** Jährlich besuchen 1 Mio. Reisende den Gipfel, an sonnig-klaren Tagen bewegen sich schon mal Zehntausend auf dem weitläufigen Plateau. Die meisten erreichen den Gipfelsieg mit der Brockenbahn, aber auch die beiden steilen Wanderzugänge – der Hirtensteig und die Brockenstraße (jeweils als Abschluss mehrerer Aufstiegswege) – sind meist gut bevölkert. Alljährlich appelliert die Bergwacht an die Besucher, den Wanderweg zum Brockengipfel nicht zu unterschätzen und sich kritisch zu fragen, ob die eigene Kondition für die zu jeder Jahreszeit anstrengende Tour ausreicht.

⌃ Blick zum Brockengipfel

Praktische Tipps: Der Brocken

Orientierung

- **Höhe:** 1141,2 m.
- **GPS:** N 51.799477, E 10.615218.
- **Entfernung** nach Ilsenburg 8 km, Goslar 18 km, Wernigerode 13 km, Quedlinburg 36 km, Nordhausen 36 km. Berlin 205 km, Hamburg 199 km, Braunschweig 55 km. Weitere Entfernungsangaben bietet die Brockenuhr auf dem Gipfel. Dort die veraltete Höhenangabe 1142 m.
- **Webcam:** www.harztourist.de.
- **Briefkasten** am Bahnhof der Brockenbahn, Stempelkasten für Harzer Wandernadel am Brockenhaus, rechts vom Eingang.

Erste Hilfe

- **Notfall:** Tel. 112.

Aufstiegswege

- Zwischen **Torfhaus** (B 4, Linienbus 820 Bad Harzburg – Braunlage – Sankt Andreasberg) und **Drei Annen Hohne** (L 100, HSB, Linienbusse 264 Wernigerode Elbingerode – Drei Annen Hohne – Schierke Braunlage, 274 Wernigerode – Ilsenburg – Drei Annen Hohne – Elbingerode) führt der **Harzer Hexen-Stieg** als Auf-/Abstieg über den Brocken. Gesamtstrecke Torfhaus – Drei Annen Hohne 19,2 km, 350 m Aufstieg, 597 m Abstieg, 5:00 h.
- Folgende **Entfernungs- und Zeitangaben** beziehen sich nur auf den Aufstieg ohne Rast.
- Heinrich-Heine-Weg von **Ilsenburg,** 12 km, 850 Höhenmeter, 4:00 h (→ Vilsenburg). Hinweis für Bahnreisende: Vom Brockenplateau bis zum Bahnhof Ilsenburg läuft man auf dem Heinrich-Heine-Weg zügig 3 Stunden.
- Von **Schierke** durch das Eckerloch, 6 km, 500 Höhenmeter, 1:45 h (→ Schierke).
- Von **Drei Annen Hohne** über den Glashüttenweg zur Wegkreuzung Eiserner Handweiser / Gelber Brink (GPS N 51.790316, E 10.645596), weiter auf der Brockenstraße (alternativ Eckerloch), 12 km, 600 Höhenmeter, 4:00 h.
- Von **Bad Harzburg** auf dem Teufelsstieg, 13 km, 950 Höhenmeter, 4:00 h (→ Bad Harzburg).
- Von **Elend** auf dem Teufelsstieg, 10 km, 630 Höhenmeter, 3:00 h (ab Schierke durch das Eckerloch).
- Von **Torfhaus** auf dem Goethe-Weg, 9 km, 350 Höhenmeter, 2:30 h (→ Torfhaus).
- Von **Oderbrück** (B 4, Parkplatz, Linienbus 820) über Dreieckiger Pfahl (GPS N 51.781665, E 10.580387) und Eckersprung (GPS N 51.788145, E 10.585939), weiter auf dem Goetheweg, 7,8 km, 350 Höhenmeter, 2:30 h.
- Vom **Ehrenfriedhof** (B 4, Parkplatz, Linienbus 820) über die Schierker Straße zu den Wegkreuzungen Dreieckiger Pfahl und Eckersprung (siehe oben), 7,7 km, 350 Höhenmeter, 2:30 h.

Brockenbahn

- **Harzer Schmalspurbahn** (HSB). Von allen Stationen der HSB gelten für Fahrten zum Brocken einheitliche **Preise:** Erw./Kinder 6–14 J.: einfache Fahrt 35/21 €, Hin-/Rückfahrt 53/32 €. Tickets in den Bahnhöfen und online unter www.hsb-wr.de (Preise 2023). Für ausgewählte Verbindungen von Schierke, Drei Annen Hohne und Wernigerode gilt für Hin-/ Rückfahrt der günstigere **Nachmittagstarif. Fahrzeit** zum Brocken von Wernigerode 2:15 h, von Drei Annen Hohne 1:17 h, von Schierke 0:32 h, von Nordhausen 3:10 h. In Drei Annen Hohne jeweils längerer (Foto-)Aufenthalt.

Bei **Waldbrandwarnstufe 5** verkehren nur Dieselloks, bei 4 wird im Einzelnen entschieden.

Erlebenswert

- **Brockenhaus,** Nationalpark-Besucherzentrum, Tel. (039455) 50005, tgl. 9.30–17 Uhr, 7/4 €, Kinder 6–16 J. 3 €, Familienkarte 15 €. Ausstellungen zur Geologie, Natur, Kultur und Geschichte des Brockens. Dachterrasse, Cafeteria.
- **Brockengarten,** seit 1890 botanischer Garten, 1500 Pflanzenarten aus den Hochgebirgen, Mai–Okt. Mo–Fr 11.30, 14 Uhr Rundgänge mit dem Gärtner, Eintritt frei. Termine für Gruppen Tel. (03943) 550220.
- Mit dem **Ranger** um die Brockenkuppe, Rundweg 1,6 km, tgl. 12.15 Uhr, ca. 1 Std., nicht barrierefrei. Treffpunkt Bahnhof (Mai–Okt.), sonst Brockenhaus.
- **Teufelskanzel, Hexenaltar,** markante Klippen am Rundweg.

Verhaltensregeln

- Wetterfeste, auch wärmende **Kleidung,** Kopfbedeckung, feste Schuhe.
- Nichts aus der Natur entnehmen, keinen **Müll** liegenlassen.
- **Abgrenzungen** respektieren. Weite Flächen der Bergkuppe sind der Natur vorbehalten.
- Geduld. Das **Wetter** kann schlagartig schlechter werden – oder besser.
- **Rauchverbot:** ganzjährig.

Weitere Tipps

Anreise

- **Bahn:** Schmalspurbahnen Brockenbahn ab Drei Annen Hohne, dort Anschluss von/an Harzquerbahn.
- **Bus:** Regionalbusse bis Bad Harzburg, Drei Annen Hohne und Ilsenburg (beides „Ilsetaler"), Schierke, Torfhaus.

Information

- **Touristinformation** Wernigerode, www.wernigerode-tourismus.de.
- **Nationalpark Harz,** Infos im Brockenhaus, www.nationalpark-harz.de.

Übernachtung

1 **Brockenhotel**③, Tel. (039455) 120, www.brockenhotel.de, Doppelzimmer in der 3., 4. und 6. Etage 150/180 €, Mehrbettzimmer in der 2. Etage pro Person ab 55 €, Doppelzimmer im Nebengebäude 110 €.

Essen und Trinken

1 **Hexenklause im Brockenhotel**①, 7. Etage, tgl. ab 14.30 Uhr.

1 **Touristensaal im Brockenhotel**①, Erdgeschoss, Selbstbedienung, tgl. 10–18 Uhr.

- **Brockenwirt**①, Lokal mit Imbiss am Brockenbahnhof, Tel. (039455) 268, www.brockenwirt.de, tgl. 9/10–17/18 Uhr (orientiert am Fahrplan der HSB). Erbsensuppe mit Bockwurst. Selbstbedienung. Mit Außenplätzen.
- Mitgebrachten Proviant kann man witterungsgeschützt nur im **Wolkenhaus** verzehren, der ersten Schutzhütte auf dem Brocken (1736). Wenige Bänke am Rundwanderweg.
- → auch unter Bad Harzburg, Ilsenburg, Schierke, Braunlage.

Der Heinrich-Heine-Weg zum Brocken

- **Streckenwanderung**
- **Länge:** 11 km
- **Dauer:** 4:40h
- **Aufstieg:** 860 m

GPS „Es ist unbeschreibbar, mit welcher Fröhlichkeit, Naivetät und Anmut die Ilse sich hinunterstürzt über die abenteuerlich gebildeten Felsstücke, die sie in ihrem Laufe findet, so daß das Wasser hier wild emporzischt oder schäumend überläuft, dort aus allerlei Steinspalten, wie aus tollen Gießkannen, in reinen Bögen sich ergießt, und unten wieder über die kleinen Steine hintrippelt, wie ein munteres Mädchen“, schwärmt der entzückte *Heinrich Heine* in seiner **„Harzreise“**. „Ja, die Sage ist wahr, die Ilse ist eine Prinzessin, die lachend und blühend den Berg hinabläuft“, da träumt der junge Dichter sich gern hin: „Ich bin die Prinzessin Ilse / Und wohne im Ilsenstein; Komm mit nach meinem Schlosse / Wir wollen selig sein.“ So ist es auf dem Granitblock zum Gedenken an *Heine* zu lesen, der an den

290h dk

Ilsefällen steht, der malerischsten Stelle im wildromantischen Flusstal. Ein unwiderstehlicher früher Rastplatz auf der abwechslungsreichsten Wanderung zum Brockenplateau. 11 km sind für den Aufstieg zu absolvieren, 860 Höhenmeter, zuletzt auf dem bis zu 14 % steilen Hirtenstieg.

Unten klettert der schmale Weg noch schattig und moderat bergan, stets die gesprächige Ilse zur Seite. Die Wanderung **beginnt am „Blochhauer“,** und es gibt ausreichend Wegweiser.

Bald oberhalb der kaskadenförmigen Ilsefälle öffnet sich die Landschaft, der Wanderweg tritt aus dem engen Tal hinaus und verlässt den jungen Flusslauf, der weiter oben „Verdeckte Ilse“ heißt, denn ihre Kindheit unterhalb des Quellgebietes am Heinrichsberg, etwa zwischen 960 und 560 Höhenmeter, verbringt die Ilse weitgehend verborgen unter Granitblöcken.

Der Heinrich-Heine-Weg erreicht nach rund 5 km die **Bremer Hütte,** dabei belohnt er die Wanderer mit den ersten Fernblicken zum Brocken, und nach einem urwaldähnlichen Wegstück über Stock und Stein und weiteren 100 Höhenmetern die Schutzhütte an der Wegkreuzung **Stempelsbuche.**

Weiter geht es auf einem breiteren Weg, der **Hermannstraße,** bis zur **Hermannsklippe,** die eine schöne Aussicht auf das nördliche Harzvorland bietet. Der Wanderweg biegt nun ab auf den befestigten **Hirtenstieg,** und nun geht es zur Sache. Es folgen noch fast 400 Höhenmeter auf den letzten 3 km bis zum Ziel.

Ein Aussichtspunkt am Ende des ersten Drittels dieser letzten Wegstrecke sind die **Bismarckklippen.** Der Panoramablick erfasst den Eckerstausee, die Torfhaussiedlung und das gesamte nordwestliche Harzvorland.

Mit einem Schild versehen ist eine herbeigesehnte Etappe: 1000 Höhenmeter! Wer nun doch noch eine Rast einlegen möchte, findet am **Kleinen Brocken** einen einladenden Ort, auf 1018 m über dem Meer und das Ziel schon ganz nah vor Augen. Die Sitzbänke mit Tisch für das Picknick kann man sich für den Rückweg merken, auf dem Gipfel gibt es

291h dk

▷ Wilde Ilse

◁ An der Hermannsklippe begegnen sich Heines Weg und der des Teufels. Noch 400 Höhenmeter

dergleichen nämlich nicht, nur Restaurantplätze. Bald darauf überquert der Weg die Gleise der **Brockenbahn,** um daraufhin in die Zielkurve einzuschwenken. Ein paar Schritte noch, und: geschafft! Oben! 1141 m.

Für den **Rückweg** gibt es die Brockenbahn – etwa bis Drei Annen Hohne, und dort in den Bus („Ilsetaler" 274, Verkehrstage und -zeiten beachten) steigen, ebenso bis Schierke oder Wernigerode, dort in den Bus. Als Wanderung kommt in Frage, die gleiche Strecke zurückzulaufen oder eine nur wenig längere Variante zu wählen, die von der Wegbiegung an der Hermannsklippe geradeaus zur **Scharfensteinklippe** (1 km) führt. Dort ist eine Rangerstation des Nationalparks, die Imbiss anbietet (tgl. 10–16 Uhr). Weiter dem Wegweiser folgen zu den Unteren Ilsefällen und damit wieder zum Heine-Weg. Auch ist es möglich, nach **Schierke** zu laufen (→ Wanderung „Durch das Eckerloch auf den Brocken"). Von der Hermannsklippe bis **Bad Harzburg** sind es 9 km.

Wandern im Hochharz

Der **Hochharz rund um den Brocken** ist neben dem Oberharzer Wasserregal und den Flusstälern im Unterharz die spannendste und reizvollste Wanderregion des Gebirges. Sie zeichnet sich durch tiefe Wälder, bizarre Flussläufe und die schier unzähligen Klippen aus. Diese **Granitklippen** sind die **Edelsteine des Harzes,** ihrer Anmut wegen, die sie ihrer besonderen Härte zu verdanken haben. Von der Verwitterung weniger betroffen als ihre Umgebung, ragen sie als markante Gebilde aus dem Wald heraus. In ihrer Form erinnern sie an übereinandergestapelte Woll- oder Mehlsäcke, zuweilen an spielerisch aufgerichte-

Im Tal der Ilse

167h-dk

0 1 km ©Reise Know-How
Harz_29 4/23
Essen und Trinken
1 Brockenhotel
2 Raststätte Ilsestein
3 Waldgaststätte Plessenburg
4 Waldgaststätte Steinerne Renne
5 Kukkis Feldküche
Übernachtung
1 Brockenhotel
4 Hotel Steinerne Renne
1000
800
600
400 m
NIEDER-SACHSEN
SACHSEN-ANHALT
Ilsenburg
Kloster Drübeck
Drübeck
Altenrode
Darlingerode
Wernigerode
Hasserode
Steinerne Renne
Bäumlersklippe
Wildnis-Stieg
Wandererstartpunkt Blochhauer
Meineberg 545
Froschfelsen
Ilsestein
Paternosterklippen
Taubenklippe
GROSSES ZWISSELTAL
Eckerbach
Wegkreuzung Württemberger Bank
Eckerstausee
Ilse
Brenner Weg
566
Ilsefälle
608
Rangerstation Scharfenstein
Bremer Hütte
Ferdinandstein
644
Schindelstieg
Huysburger-Häu-Weg
575
Hermannsklippe
Wegkreuzung Stempelsbuche
Weiße Steine
566
Wolfsklippen (Aussichtsturm)
Holtemme
Steinerne Renne
Hippelhangweg
Bismarckklippe
Kl. Brocken 1018
Soldansweg
Hohe Wand
Großer Jägerkopf 725
Untere Zeterklippen 827
Molkenhausstern
Molkenhauschaussee
Oberer Hohneweg
Drängetal
Ecker
Obere Zeterklippen 930
Rennecken-berg
Victor-Scheffel-Weg
Höllenstieg
Brocken 1141
Brockenkinder
Hohnsteinklippen 656
Schwarze Schluftwasser
Märchenpfad
Am Brockenbett
Hohnekamm
Königsberg 1034
Glashüttenweg
Beerenstieg
Ottofelsen
Leistenklippe
Hohnehof
Spinne
Trudenstein
Glashüttenweg
Drei Annen Hohne
Sandbeek
Kalte Bode
Feuersteinklippen
Nationalparkhaus Schierke
Schierke
Schierke
ELENDSTAL
Speichersee Wurmberg
Wurmberg 971
Große Bode
Kleine Bode
Bärenbrücke
Gr. Klippe
Oberer Bodefall
Unterer Bodefall
Schnarcherklippen
Elend
Elend
Kalte Bode
Mandelholztalsperre
Sorge
Spielbach
Bremke
Braunlage
Heinrich-Heine-Weg von Ilsenburg zum Brocken
Teufelsstieg von Bad Harzburg über Brocken nach Elend
Harzer Hexen-Stieg, von Torfhaus bis zum Brocken auch Goetheweg
Eckerlochstieg von Schierke zum Brocken als Teil des Teufelsstiegs

te Burgen. Einige, wie die Oberen Zeterklippen, die Ahrensklint oder die Leistenklippe, können über Leitern bestiegen und als Aussichtspunkte erlebt werden, andere, wie die Feuersteinklippen und die Landmannklippe im Hohnekamm, lassen sich nur vom Fuße aus bewundern (→ Exkurs „Wollsackverwitterung", S. 115).

Von den zahlreichen **Wanderwegen in der Klippenlandschaft** zwischen Ilsenburg, Schierke und Brocken werden hier einige ausgewählte vorgestellt. Als Ausgangsorte bieten sich neben Ilsenburg auch **Schierke, Steinerne Renne** und **Drei Annen Hohne** an.

Drei Annen Hohne

Die Siedlung Drei Annen Hohne – die ihren Namen dem Bergbau des 18. Jh. verdankt – ist einer der vielfältigsten Ausgangspunkte für Ausflüge und Wanderungen in den Nationalpark Harz. Hier halten die **Brockenbahn** und die **Harzquerbahn** (Nordhausen – Wernigerode), die Buslinien 264 (Schierke, Elend, Braunlage, Elbingerode und Wernigerode), der „Ilsetaler" (Buslinie 274, Wernigerode, Ilsenburg), und es gibt einen großen Parkplatz. Eine **Wanderkarte** (1:25.000) ist für die vielen von hier aus möglichen Wanderungen in jedem

170h dk

☐ Wandergebiet S. 55

Fall **unverzichtbar,** denn die Markierungen vor Ort geben für längere Touren keine ausreichende Orientierung. Auf Wanderwegen sind es nach Elbingerode 4 km, nach Wernigerode über die Zillerbachtalsperre 9 km, zum Brocken 12 km und zur Steinernen Renne 5 km, bis Elend 4 km. Zwischen dem Bahnhof und dem Naturerlebniszentrum Hohnehof liegt der 1,2 km lange **Löwenzahn-Entdeckerpfad** für die ganze Familie.

Zwischen Bahngleis und Parkplatz lädt **Kukkis Feldküche** ein.

MEIN TIPP: **Hohnehof,** Besucherzentrum des Nationalparks mit Ausstellung, Café, Abenteuerspielplatz, Ausgangspunkt für Wanderungen und Spaziergänge, Führungen. Im Sommer benachbarter Weideplatz für Harzer Rotes Höhenvieh (eine Rinderart). Rund 900 m vom Bahnhof Drei Annen Hohne, Haltestelle Bus 264, 274. www.nationalpark-harz.de. Apr.–Okt. tgl. 10–17, Nov.–März tgl. 10–16 Uhr, Eintritt frei, barrierearm, rollstuhlgerechter Weg vom Großparkplatz Drei Annen Hohne.

MEIN TIPP: **Fensterkino in der Harzquerbahn:** Zwischen Wernigerode und Drei Annen Hohne fährt die Harzquerbahn auf ihrem landschaftlich wohl schönsten Streckenabschnitt (30 Min.). Aus dem Fenster oder vom Peron aus in den gemächlich vorbeiziehenden tiefen Wald zu schauen ist zu jeder Jahreszeit ein traumhaftes Erlebnis, das man nach dem längeren Halt in Drei Annen Hohne (Zeit für Fotos und Imbiss) gern auf der weiteren Strecke über Elend, Sorge, Benneckenstein in den Südharz bis Nordhausen fortsetzt.

MEIN TIPP: 5 **Kukkis Feldküche,** Drei Annen Hohne am Parkplatz und Schmalspurgleis, tgl. 10.45–18 Uhr bzw. bis Anbruch der Dunkelheit. Erbsensuppe mit Bockwurst für 5 €, Flaschenbier, Kaffee, Tee.

☒ Großes Kino auf dem Bahnhof Drei Annen Hohne

Mit Heine zum Ilsestein

- **Rundweg**
- **Länge:** 16 km
- **Dauer:** 6 h
- **Aufstieg:** 534 m

Blochhauer – Ilsestein 2,5 km (Raststätte) – Gasthaus Plessenburg 5 km – Wegkreuzung Insel 6 km – Ferdinandstein, Ilsetal, Ilsefälle 9 km – Ilsenburg 14 km

Diese Halbtagswanderung zu einer der bekanntesten Klippen in der Nähe von Ilsenburg eignet sich als **Einstieg in den Wanderurlaub,** oder auch, wenn die Zeit für längere Touren nicht reicht. Die besten Wandertage sind zwischen Mai und Oktober Dienstag bis Sonnabend (Verkehrstage der Buslinie 274, „Ilsetaler“).

Am Wanderstartpunkt **Blochhauer** überquert man die Ilse und folgt bachaufwärts dem **Hinweis zum Ilsestein** auf dem zunächst ufernahen, dann stetig ansteigenden Weg. Der Blick schweift über das tief eingeschnittene Tal hinweg zum gegenüberliegenden **Meineberg** (545 m), wo anstelle der skelettierten Nadelbäume bereits ein junger grüner Mischwald herangewachsen ist. Man hat hier Muße, über die nicht nur im Harz sehr kontrovers geführte Debatte zum **Umgang mit dem „Totholz“** nachzudenken. Hier wurde der Wald großflächig beräumt. Im heißen Sommer strahlt die Sonne nun ungehindert auf den Waldboden. Der Einspruch ist nicht von der Hand zu weisen, dass das ja gar nicht so tote Holz eben auch Schattenspender, Lebensraum für Tiere, Flechten und Pilze und letztlich Wasserspeicher und Humuslieferant

293h dk

ist. Eine Ressource für robusten Mischwald.

Nach 1 Stunde ist das erste Ziel erreicht. Am Zugang zum Ilsestein ist an Wochenenden und Feiertagen eine kleine einladende Raststätte geöffnet.

2 Raststätte Ilsestein, Fr–So 11–18 Uhr, Nov.–April bis 17 Uhr (Öffnungszeiten unverbindlich), Tel. (0151) 50540706. Alles, was Wanderer brauchen. Erbsensuppe, Fassbier, Kaffee, Waffeln der Wirtin. Beliebter Ausflugsort. Plätze im Freien und in einer kleinen Hütte.

Ein schmaler **Pfad** führt über Gesteinsbrocken und ausgewaschene Stufen sicher zur kleinen **Aussichtsplattform** und zum **eisernen Kreuz** auf dem Ilsestein. Vom Horizont grüßt der Brocken herüber, der Ausblick ins Tal nach Ilsenburg ist ebenfalls sehenswert.

Der **Ilsestein,** notierte *Heinrich Heine,* „ist ein ungeheurer Granitfelsen, der sich lang und keck aus der Tiefe erhebt". Mit seiner Nordseite schaut er weit über das Tal hinweg. „Auf der turmartigen Spitze des Felsens steht ein großes, eisernes Kreuz, und zur Not ist da noch Platz für vier Menschenfüße." Das Kreuz ließ Graf *Anton zu Stolberg-Wernigerode* am 18. Oktober 1814 zur Erinnerung an die in den Freiheitskriegen gegen *Napoleon* gefallenen Kameraden errichten.

Weiter geht es auf dem Wanderweg in Richtung Plessenburg. An einer scharfen Wegbiegung liegen rechts die markanten **Paternosterklippen** (522 m), sie bieten sich als weiterer Rastplatz mit Blick zum Brocken an. Der Sage nach sollen Nonnen hier ihr letztes Vaterunser (Paternoster) gebetet haben, bevor sie sich auf der Flucht vor Raubrittern in den Abgrund stürzten.

Wald im Wandel: Abgestorbene Fichten und junger Mischwald am Wanderweg zum Ilsestein

Die **Plessenburg** ist ein beliebtes Waldgasthaus, das nur auf Wanderwegen und mit dem „Ilsetaler" (Buslinie 274) erreicht werden kann.

3 Waldgaststätte Plessenburg①, Tel. (03943) 607535, www.plessenburg.de, Mai–Okt. Di–So 10–18 Uhr, Nov.–April Mi–So 10–17 Uhr. Im Wald gelegenes Ausflugslokal, nur auf Wanderwegen oder mit Bus „Ilsetaler" erreichbar. Großer Garten.

Von dort bieten sich mehrere Wanderwege an, der kürzeste nach Ilsenburg (5 km) führt durch das Ilsetal (Wegnummer 25E). Bis Drei Annen Hohne sind es 10 km, von dort bietet sich die Fahrt mit dem Bus 274 an.

Die große Runde aber führt vom Gasthaus zunächst auf dem **Schindelstieg** (grünes Kreuz, Wegnummer 55C) zur Wegkreuzung Insel, weiter zum **Ferdinandstein** (GPS N 51.82350, E 10.65211), einem kleineren Granitfelsen, an dem des letzten im Harz erlegten Wolfes (1798) gedacht wird. (Hinweis zur Orientierung: Den Berg dahinter findet man auf Wegweisern und Karten als Wolfsberg, auf einigen Karten aber als Pfortenberg.)

Die **Bremer Hütte** (GPS N 51.82867, E 10.63486) ist eine Wegkreuzung im Ilsetal, am Heinrich-Heine-Weg zum Brocken. Unweit der Hütte (Stempelstelle) überquert die Rote Brücke die Ilse, dort rauschen die **Oberen Ilsefälle,** und im Sommer bezaubert den Betrachter und die Insekten eine wunderbare Blumenwiese. Von nun an weist die Ilse den Weg; ihrem flinken Lauf folgend, erreicht man in 1,5 Stunden (ohne Rast) den Ausgangspunkt **Blochhauer.**

Zum Ottofelsen und zur Steinernen Renne

Vom Parkplatz und der Bus-/Kleinbahnstation Drei Annen Hohne geht es über das Bahngleis und die Straße in den nahen Wald, immer geradeaus auf dem **Oberen Hohneweg** (Markierung: grüner Punkt). Die benachbarte Ellenbogenchaussee ist nur Radfahrern zu empfehlen, sie ist für Wanderer zu monoton. Bald werden, hinter der Bushaltestelle **„Abzweig Karlshaus",** am Wegesrand große, weit gestreute Klippen sichtbar. Es sind die **Hohnsteinklippen,** in denen man mit etwas Umherklettern verschwiegene Rastplätze findet. Neben den Klippen führt der markierte Wanderweg in den Wald hinein, zum **Ottofelsen**

☐ Eine der markanten Paternosterklippen

292h dk

Zwischen Baum und Borke

Ips typographus. Der Buchdrucker. Auch als Achtzähniger Fichtenborkenkäfer bekannt und berüchtigt. Der dunkelbraune bis schwarze, 4 bis 4,5 mm lange Käfer aus der Unterfamilie der **Borkenkäfer** ist in den Fichtenwäldern zu Hause, wohl seitdem es diese gibt. Sein Revier sind die Rinden älterer und schwacher Bäume, die er mit einer raffinierten Strategie befällt. Dabei wird das von den Bäumen zur Abwehr der Angreifer abgesonderte Harz in einen Duftstoff umgewandelt, ein Angebot, das weitere Okkupanten beiderlei Geschlechts nicht ablehnen können. Früher oder später muss der Baum aufgeben, er ist nun vorbereitet für die Brut und die rasante Vermehrung der innerhalb weniger Wochen geschlechtsreifen Populationen.

Je trockener und wärmer das Wetter ab Mitte April ist, desto gefährdeter sind gesunde, aber unter Wassermangel akut leidende Fichtenbestände. Im natürlich gewachsenen Mischwald hat er seinen unbestreitbar ordnenden Platz, der kleine Typograph – der Name „Buchdrucker" kommt ja von den **Fraßmustern im Holz,** die an Lettern für den Buchdruck erinnern; ein Beleg dafür, dass dieses Käferchen den Menschen schon recht lange Zeit beschäftigt. Am besten geht es dem Borkenkäfer in Monokulturen. Dort entfaltet er mit Massenbefall seine destruktive Kraft. Das Ergebnis ist in mittleren Lagen des Harzes weitflächig nicht zu übersehen, zum Beispiel bei Ilsenburg, zwischen Bremer Hütte und Stempelsbuche am Heinrich-Heine-Wanderweg, bei Clausthal-Zellerfeld und Goslar.

Über Jahrhunderte war die schnellwüchsige **Fichte** der wichtigste **Nutzbaum** des Harzes. Holz wurde in großer Menge für den Bergbau benötigt, die Fichte deshalb bevorzugt kultiviert. Schon im 15. Jh. wurde über den Befall mit Borkenkäfern berichtet, aus dem 18. Jh. ist die **„Große Wurmtrocknis"** bekannt.

In seiner „Abhandlung über die Wurmtrocknis" (Leipzig 1787) beschreibt und analysiert der Göttinger Naturwissenschaftler *Johann Friedrich Gmelin* ausführlich diese **Naturkatastrophe** im Oberharz. Zunächst verteidigt er die systematische Naturbeobachtung, insbesondere die Insektenkunde, gegen die Diffamierung als „Tändelei", um dann eine sorgfältige Darstellung des Borkenkäfers auszuführen. *Gmelin* erinnert daran, dass 1473 „die Bergwerke wegen Dürre und Holzmangel, da es von Pfingsten bis Egidien (1. Sept.) nicht geregnet, stehen geblieben".

Natürliche Feinde des Borkenkäfers können den Massenbefall nicht verhindern. Einziger Ausweg aus dem Dilemma ist ein durch Artenvielfalt geprägter **Mischwald,** wie es ihn vor Jahrhunderten im Harz gegeben hat. Nationalparkverwaltung und Forstwirtschaft setzen in ihrer Strategie für dieses Ziel auf eine Kombination von einerseits Rodung und Beräumung stark befallener Flächen, was selbstverständlich den Einsatz schwerer Technik einschließt, und andererseits Selbstlauf im Inneren des Nationalparks. Hier sollen die absterbenden Fichten den Nährstoff bilden für das Heranwachsen von Laubbäumen. Neuer Wald auf totem Holz.

Entlang des einstigen Borkenkäferpfades am Meineberg bei Ilsenburg kann man schon sehen, wie die Natur sich selbst heilt. Der steile Wanderpfad heißt nun aus gutem Grund **Wildnis-Stieg.** Einstieg am Wohnmobilstellplatz Ilsetal, Wegweiser (GPS N 51.852819, E 10.668746) zu Bäumlers Klippe. Besonders gefährdete Bereiche in den Wäldern werden durch **Warnschilder** gekennzeichnet, die auf Gefahren durch umstürzende Bäume und herabfallende Äste hinweisen. Hier müssen Wanderer selbst entscheiden, ob sie diese Wege betreten. Bei stark windigem Wetter und nach längerem Regen muss davon dringend abgeraten werden.

(2 km). Die markante, 36 m hohe Granitklippe kann über eine steile Leiter bestiegen werden, sie bietet einen wunderbaren Rundblick.

Der Wanderweg führt weiter durch den Wald zur **Steinernen Renne,** einem der beliebtesten Ausflugsziele in dieser Harzregion. Abwechslungsreich ist das von der jungen Holtemme tief eingeschnittene Tal, mit Stromschnellen und Wasserfällen. Wie ein Schwalbennest am Felsen ragt das gleichnamige **Waldgasthaus** auf.

Mein Tipp: 4 4 **Waldgaststätte und Hotel Steinerne Renne**②, Steinerne Renne 67, Tel. (0151) 29809574, Mo–Do 11–17 Uhr, Fr–So 10–18, www.steinerne-renne.de. Historische Ausflugslokal mit Terrasse über der Holtemme. Von der Station Steinerne Renne der Schmalspurbahn bis zur Gaststätte 2,5 km, 230 m Anstieg.

Für den bequemen Abschluss der Wanderung bietet sich an Verkehrstagen des „Ilsetalers" der Weg über den Rennebogen zur Haltestelle **„Abzweig Bielstein"** (2,5 km) an. Wandern kann man von hier zum Beispiel nach Ilsenburg oder auf den Brocken (9 km).

Steinreiche Holtemme

Rund 2,5 km von der Waldgaststätte entfernt liegt der Bahnhof Steinerne Renne der **Harzquerbahn.** Dort gibt es auch einen Parkplatz (Weiterfahrt ist nur Hotelgästen erlaubt). Der **Wanderpfad** direkt am Ufer der wilden Holtemme führt auf

Gasthaus Steinerne Renne

294h dk

und ab über Steine und natürliche Stufen. Ein intensives Naturerlebnis am rauschenden Wasser. Allerdings ist Trittsicherheit nötig. Bequemer und auch für Kinderwagen geeignet ist der oberhalb verlaufende, geschotterte **Hippelhangweg.** Von diesem kann man das letzte Stück durch den Wald zur Gaststätte absteigen oder man wählt den kleinen, bequemeren Bogen zum Wanderweg, der von der Bushaltestelle Abzweig Steinerne Renne kommt. Dann hat man hinter der Gaststätte nur einige Stufen hinabzusteigen.

Am Bahnhof Steinerne Renne sind historische Steinbruch- und Steinschneidegeräte zu besichtigen. Das historische **Wasserkraftwerk** wurde 1899 erbaut und dient auch heute der Stromerzeugung. Von hier kann man bequem weiter entlang der Holtemme bis zum Wernigeroder Stadtteil **Hasserode** wandern, dort halten die Harzquerbahn und der Stadtbus Richtung Altstadt.

Übernachtung

- **Carlshaus,** exklusiv eingerichtetes Ferienhaus in einer ehemaligen Jagdhütte auf einer Waldlichtung im Hochharz (zu Wernigerode), Bus 274 Abzweig Karlshaus, 100 qm für 6 Personen, Hauptsaison 300 €, Nebensaison 250 €, Tel. (06045) 1251, www.carlshaus.de. Einsam im Wald und mitten im Wanderrevier. 2 km zum Gasthaus Steinerne Renne, 300 m zum Ottofelsen, GPS N 51.795343, E 10.711148.
- **Ferienwohnungen am grünen Quell**②, Steinerne Renne 74, Tel. (03943) 556555, www.amgruenenquell.de. Zwei großzügige Ferienwohnungen direkt am historischen Wasserkraftwerk und am Schmalspurbahnhof Steinerne Renne. Mitten im Wanderrevier.

Trudenstein und Ahrensklint

- **Streckenwanderung**
- **Länge:** 18 km
- **Dauer:** 6 h
- **Aufstiege:** 391 m
- **Abstiege:** 655 m

Drei Annen Hohne – Hohnehof – Trudenstein 2,6 km – Spinne 3,4 km – Ahrensklint 5,2 km – Eiserner Handweiser 8 km – Bremer Hütte 13 km – Blochhauer 18 km

GPS Wie schon bei der vorigen Wanderung, werden zunächst in Drei Annen Hohne Gleis und Straße überschritten. Vom Naturerlebniszentrum Hohnehof aus erreicht der Harzer Hexen-Stieg (Kirchstieg, Glashüttenweg) stetig ansteigend den **Trudenstein** (735 m). Diese Klippe unterhalb des Hohnekamms hat ihren Namen von den Druden, jenen in der deutschen Sage vorkommenden Elfen und Hexen. Ein kurzer Aufstieg führt zum Gipfel, von dem aus man die Wölkchen der Brockenbahn durch den Wald wandern sehen kann.

Wieder auf dem Wanderweg, geht es weiter zur **Wegkreuzung „Spinne“** (Schutzhütte, GPS N 51.773402, E 10.686017). Dort weiter dem Hexlein folgend (auf dem halbrechts leicht ansteigenden Glashüttenweg), erreicht man nach einer Wegkreuzung die nächste Klippe: **Ahrensklint** (823 m, GPS N 51.773996, E 10.666967). Ihr Name bedeutet „Adlerfelsen", sie war schon im 15. Jh. Schauplatz fürstlicher Jagdfeste. Die Aussicht reicht von Schierke über den Wurmberg bis zum Brocken.

Von hier kann man bequem auf dem Pfarrstieg (sehr schön zur Blütezeit des Fingerhuts) nach **Schierke** absteigen, es sind nur 1,5 km bis zu den Feuersteinklippen und zum Schmalspurbahnhof, 3,5 km bis zur Bushaltestelle (257, Drei Annen Hohne, Wernigerode, Elbingerode). Wer weiter wandern möchte, bleibt auf dem Hexen-Stieg (Glashüttenweg) und trifft die **Brockenkinder** – eine kleine Klippengruppe, die man erklettern kann. Nicht weit von den Kindern ist das **Brockenbett.** Die Senke zwischen Renneckenberg und Heinrichshöhe ist das Quellgebiet der Ilse und Wasserscheide zwischen Elbe und Weser. Der **„Eiserne Handweiser"** am **Renneckenberg** (933 m, GPS N 51.79065, E 10.64967) hat seinen Platz in allen historischen Harzbeschreibungen und wurde hier vom Harzklub neu errichtet. Bis zum Brocken sind es 4 km, bis Ilsenburg 9,5 km. Der nahe **Urwaldstieg** ist ein gewaltig befestigter Lehrpfad, der von der Brockenstraße abzweigt und manches vorzuweisen hat, sogar Gereimtes eines Heimatdichters, nur leider keinen Urwald mehr.

Der **Gelbe Brink** – unterhalb der Zeterklippen und entlang der Verdeckten Ilse – erreicht die **Bremer Hütte** am Heinrich-Heine-Weg, der durch das romantische Ilsetal stromab nach Ilsenburg führt (→ „Heinrich-Heine-Weg zum Brocken"). Eine andere Möglichkeit für den Rückweg ist, auf dem Glashüttenweg ein Stück zurückzulaufen bis zum **Höllenstieg.** Wie es sich mit diesem Namen gehört, geht es steil bergab durch den Wald. Die **Molkenhauschaussee** führt zur Haltestelle „Abzweig Steinerne Renne" des „Ilsetalers" (→ „Zum Ottofelsen und zur Steinernen Renne").

☐ Am Ferdinandfelsen ist die Ruhe zu Hause. Hier erklingt nur der Hummelflug

169h-dk

Über den Hohnekamm auf Klippentour

- **Streckenwanderung**
- **Länge:** 16 km
- **Dauer:** 5 h
- **Aufstiege:** 462 m
- **Abstiege:** 543 m

Abzweig Karlshaus (Bus) – Leistenklippen 2,5 km – Molkenhausstern 7,5 km – Waldgasthaus Plessenburg (Bus) 16 km

GPS Die Busstation **„Abzweig Karlshaus“** des „Ilsetalers“ (274) liegt einsam am Rande des Nationalparks beim Hohnekamm (900 m, GPS N 51.781611, E 10.694333) mit den markanten **Hohnsteinklippen.** Ein Wegweiser zeigt zum **Beerenstieg,** der nach 600 m erreicht ist und nun steil hinauf in den mit Granitbrocken übersäten Wald führt. Markierungen sind hier sehr sparsam gesetzt, sodass man schon mal den Weg zwischen all den Brocken suchen muss und dabei mehr Natur zertrampelt als bei etwas dichterer Markierung nötig wäre. Jedenfalls sollte man dabei nicht zu weit nach rechts abweichen und spätestens auf der Forststraße auf halber Höhe die rote Markierung wieder finden. Von dort steigt der Weg noch weiter hinauf bis zur **Leistenklippe** (GPS N 51.781725, E 10.693791). Diese kündigt sich mit einer Schutzhütte an, von der aus man schon weit ins Tal blicken kann. Zur Klippe führt ein Pfad, der Aufstieg beginnt mit einer kurzen Metalleiter. Vom Gipfel (901 m) bietet sich ein großartiger Rundblick zum Brocken, zum Wurmberg und ins Harzvorland bis Wernigerode. Die Leistenklippe ist zweifellos einer der attraktivsten Aussichtsfelsen des Harzes.

Zum Brocken sind es von hier auf Wanderwegen 7,2 km, zur Waldgaststätte Plessenburg 7,4 km, zur Steinernen Renne 4,1 km, nach Schierke 3,5 km. Letztere wären Möglichkeiten, die Wanderung auf relativ kurzem Weg abzuschließen. Es lohnt sich aber sehr, noch ein Stück auf dem rund 3 km langen **Hohnekamm** zu laufen, einem mit Klippen gespickten Höhenzug, dessen höchste Erhebung die soeben bestiegenen Leistenklippen sind. Der markierte Abstieg von der Grenzklippe erfolgt auf dem **Moorsteig,** das sind Holzbohlen, die auch mal Lücken aufweisen. Hier ist Aufmerksamkeit geboten, besonders an feuchten Tagen.

Unten gabelt sich der Wanderweg, rechts zum **Victor-Scheffel-Weg,** links zum **Forstmeister-Sietz-Weg,** beide finden sich am Molkenhausstern wieder. Letzterer ist ein naturnaher, schmaler Pfad mit schönen Ausblicken ins Tal, der als einer der interessantesten Wanderwege im Nationalpark empfohlen werden kann. Dazu gehört, dass man durchaus auch mal über einen größeren Ast hinwegsteigen muss. Zwischen den beiden Wanderwegen liegt versteckt im Hang die Hauptquelle der **Holtemme,** eines Flüsschens, das weiter unten durch die Steinerne Renne fließt und schließlich, nach 47 km, in die Bode mündet.

Bis Drei Annen Hohne sind es von der Weggabelung 4,5 km, bis Schierke 3,3 km. 500 m vor dem Molkenhausstern gibt es vom Forstmeister-Sietz-Weg einen markierten Abstecher zur

Großen Zeterklippe (2 km), die wiederum zu den attraktivsten Aussichtsplätzen dieser Harzregion zählt (Aufstieg über Leiter).

Der **Molkenhausstern** (733 m, GPS N 51.807917, E 10.657843) ist eine größere Wegkreuzung des Hochharzes. Von hier sind es 10 km bis Wernigerode, 9 km bis Ilsenburg und 4 km bis zur Plessenburg. Das nahe Molkenhaus (nicht verwechseln mit der Waldgaststätte bei Bad Harzburg) geht auf ein Jagdhaus im 18. Jh. zurück und wird von der Nationalparkverwaltung genutzt.

Auf dem **Soldansweg** erreicht man das Ilsetal (5 km) und den Heinrich-Heine-Wanderweg nach Ilsenburg; eine andere Variante ist der markierte Weg (grünes Quadrat) zur **Wolfsklippe** mit Aussichtstürmchen (723 m, GPS N 51.81947, E 10.67052) und zur Plessenburg. Von dort entweder mit dem „Ilsetaler" oder zu Fuß bis Ilsenburg.

☐ Klippen auf dem Hohnekamm

012h-dk

Klippenweg ins Eckertal

- **Rundwanderung**
- **Länge:** 16 km
- **Dauer:** 5:20 h
- **Höhenmeter:** 504 m

Parkplatz Ilsetal – Rundweg Borkenkäferpfad 3 km – Bäumlersklippe – Taubenklippe 6 km – Eckertal, Besenbinderstieg, Kastanienallee – Ilsenburg 16 km

GPS Vorhang auf für den kleinen Käfer: Kurz hinter dem Blochhauer, am Wandererparkplatz, stehen rechts im Ilsetal zwei hölzerne Stelen, die den **Borkenkäferpfad** eröffnen. Mit dem Lehrpfad auf den Spuren des umtriebigen Harzbewohners (→ Exkurs „Zwischen Baum und Borke", S. 60) beginnt diese Wanderung zu aussichtsreichen Klippen westlich von Ilsenburg und ins geschichtsträchtige Eckertal an der Grenze zum niedersächsischen Teil des Nationalparks.

Aufgrund der **besonderen Gefährdung** durch abgestorbene Bäume, worauf Schilder der Nationalparkwacht hinweisen, kann dieser Weg an stürmischen Tagen sowie nach längeren Regenfällen nicht empfohlen werden. In jedem Fall ist Aufmerksamkeit geboten.

Der Einstieg in die Wanderroute ist **sehr steil** und wird mit einem interessanten Blick über Ilsenburg und das Harzvorland belohnt. Dagegen ist die Aussicht an der **Bäumlersklippe** (350 m, GPS N 51.85475, E 10.667556) leider etwas zugewachsen. Der Name des Felsvorsprungs erinnert an den Jäger, der hier 1752 in den Abgrund gesprungen ist, nachdem er seinen Sohn aus Eifersucht erstochen hatte. *Theodor Fontanes* Novelle „Ellernklipp – Nach einem alten Harzer Kirchenbuch" (1881, Neuausgabe z.B. dtv 2015) greift diese Geschichte auf.

Der schmale Weg zum **Froschfelsen** (2 km, GPS N 51.852593, E 10.654901) führt anfangs wieder durch Wald im Wandel. Ob das Felsgebilde nun einem Frosch gleicht, bleibe der Fantasie des Betrachters überlassen. Weiter geht es von der Schutzhütte zur **Rockensteinklippe,** von dort zur Wegkreuzung **Württemberger Bank.** Dann ist es noch 1 km zur **Taubenklippe** (560 m, GPS N 51.862694, E 10.617833) mit ihrer herrlichen Aussicht über das Eckertal zum Brocken und Torfhaus. Geländer sichern den Aufstieg zum winzigen Gipfelplateau.

Am Weg zur Taubenklippe hat man bereits rechts den gelb markierten Abstieg ins **Eckertal** entdeckt, also die 500 m umkehren und auf diesem Weg ins **Große Zwißeltal** absteigen, man folge weiter dem Wegweiser ins Eckertal, das man auf sehr steil abfallendem Pfad nach wenigen Minuten erreicht.

Hier erwartet den Wanderer ein breiter, befestigter Waldweg entlang des **Eckerbaches.** Der am Osthang des Brockens auf 890 m quellende Bach markierte bereits die Grenze zwischen dem Königreich Preußen und dem Herzogtum Braunschweig, über vier Jahrzehnte die Staatsgrenze zwischen der DDR und der Bundesrepublik; jetzt zwischen Sachsen-Anhalt und Niedersachsen. Häufig sind **historische Grenzmarkierungen** zu entdecken. Der Wanderweg

015h-dk

ist Teil des **Harzer Grenzweges** entlang der einstigen innerdeutschen Grenze.

Für den Rückweg nach Ilsenburg bietet sich der **Besenbinderstieg** an; etwas weiter bachabwärts folgt der **Ilsenburger Stieg,** der aber eher Radfahrern zu empfehlen ist.

Ein kulturhistorischer Abstecher (2 km vom Besenbinderstieg) führt entlang des Eckerbaches zum **Jungborn,** einer ehemaligen Naturheilanstalt. Sie wurde durch die Brüder *Adolf* und *Rudolf Just* 1896 eröffnet. Zu den bald bis zu 1000 Sommergästen zählten die Schauspieler *Hans Albers* und *Marika Rökk* sowie der Schriftsteller *Franz Kafka.* 1964 wurde die nun in der Sperrzone an der Grenze liegende, zuletzt als TBC-Krankenhaus genutzte Anlage weitgehend abgerissen. Ein Verein engagiert sich für die Wiederbelebung des Erholungsgebietes.

Massive Amphibie: der Froschfelsen

An der **Brücke,** die das sachsen-anhaltinische Stapelburg und das niedersächsische **Eckertal** über den Eckerbach verbindet, erinnern eine Skulptur und eine Tafel an die Öffnung der Grenze am 9. November 1989 um 16 Uhr (→ Exkurs „Der Harz im Kalten Krieg“, S. 338).

Schierke

Der **Luftkurort** Schierke (600 Einwohner) in dem von Granitblöcken gesättigten Tal des Oberlaufes der Kalten Bode, zwischen den Bergen des Hochharzes, ist ein Zentrum des **Wintersports** und des **Wandertourismus.** Schierke kommt dem Brocken am nächsten, nur 6 bis 8 km sind es von hier bis auf den Gipfel, die Brockenbahn hält oberhalb des Ortes. Seit dem Mauerfall wartet das Skigebiet des Wurmberges in greifbarer Nähe. Während der deutschen Teilung lag der attraktive Ferienort in der **Sperrzone,** die von Besuchern nur mit Passierschein betreten werden durfte. Seit dem Mauerfall kann er an seinen historischen Glanz anschließen. Die Villen an der Hauptstraße, der Kurpark, die neogotische Bergkirche und der allgegenwärtige Kräuterlikör **„Schierker Feuerstein"** aus der Alten Apotheke gegenüber dem Rathaus (seit 1924) bestimmen das Bild des zu Wernigerode eingemeindeten Brockenanliegers. Das historische **Rathaus** wurde 1928 erbaut. Schnitzereien im Fachwerk über dem Granitsockel zeigen Berufszweige der Region.

Weitere Wanderziele sind der **Wurmberg** (4 km) und der **Achtermann** (10 km), beide Wege sind mit steilen Anstiegen zu hervorragenden Aussichtsplätzen verbunden. Im Wald oberhalb des Bahnhofes der Brockenbahn (2 km vom Kurpark) stehen die imposanten **Feuersteinklippen.** Sie sind das Wahrzeichen von Schierke. Nach Drei Annen Hohne über die „Spinne" am Erdbeerkopf sind es vom Bahnhof 5,5 km, zur Plessenburg 10 km. Rund um Schierke führen ein Naturlehrpfad (4,5 km) sowie mehrere unterschiedlich anstrengende Kurwege von 4 bis 13 km.

Sport und Spaß in der Feuerstein-Arena

Ein modernes Sport- und Freizeitzentrum über das ganze Jahr ist die Schierker Feuerstein-Arena. Von Dezember bis April kann man auf Natureis laufen, in der wärmeren Jahreszeit Rollschuhlaufen, Trampolinspringen, Bouldern, Stockschießen und anderes mehr. Die Arena ist aus dem **historischen Natureisstadion** entstanden und trägt nun ein spektakulär geschwungenes Dach, das den Blick auf die Harzlandschaft nicht verdeckt. Vom Kurpark führt ein Spazierweg zur Arena, direkt davor halten die Regionalbusse, das Parkhaus steht gleich nebenan. Die Feuerstein-Arena ist auch Schauplatz von Sport- und Kulturveranstaltungen.

- **Feuerstein-Arena,** Am Winterbergtor 2, Tel. (03943) 654777, www.schierker-feuerstein-arena.de, Juli–Okt. Mi–Fr 14–21 Uhr, Sa 11–21 Uhr, So 11–18 Uhr, während der Ferien in Sachsen-Anhalt tgl. 11–21 Uhr, Winteröffnungszeiten Nov.–März Di, Do, Fr 13–20 Uhr, Mi 10–17 Uhr, Sa 10–20 Uhr, So 10–18 Uhr, während der Ferien tgl. 10–20 Uhr. Eislaufen, Rollschuhfahren und weitere Sportvergnügen mit Harzblick, Bistro. Tageskarte 6 €, Familienkarte 15 €. Anreise mit Bus 264 Wernigerode – Braunlage, Brockenbahn und Fußweg durch den Kurpark, Parkhaus „Am Winterbergtor" direkt daneben, barrierefreier Zugang zur Arena.

Praktische Tipps

Anreise

- **Auto:** B 27, Abzweig in Elend. Parken: Parkhaus Am Winterbergtor, Parkplatz Alte Bobbahn.
- **Bahn:** Schmalspurbahnen Harzquerbahn, Brockenbahn.
- **Bus:** Regionalbusse von Bad Harzburg, Sankt Andreasberg, Torfhaus (Linie 820) und Schierke, Drei Annen Hohne, Wernigerode (Linie 264).

Information

- **Touristeninformation Schierke,** Brockenstraße 10, Tel. (039455) 8680, www.schierke-am-bro

cken.de, Mai–Okt. Mo–Fr 9–18 Uhr, Sa 9–16 Uhr, So 9–15 Uhr, Nov.–April Mo–Fr 9–17 Uhr, Sa 9–16 Uhr, So 9–15 Uhr.

■ **Nationalparkhaus Schierke,** Brockenstraße, Tel. (039455) 477, www.nationalpark-harz.de, tgl. 8.30–16.30 Uhr, Eintritt frei. Ausstellung, Infos zum Nationalpark und zu Wanderungen auf den Brocken und zu anderen Zielen, Wanderungen und Führungen mit dem Ranger, Start des Märchenpfades „Das weiße Reh" durch das Eckerloch.

Übernachtung/Essen und Trinken

■ **Hotel Bodeblick**②, Barenberg 1, Tel. (039455) 359, www.hotel-bodeblick.de. Kleines Haus mit hellen Zimmern und grüner Aussicht.

■ **Pension 3 Elstern**②, Brockenstraße 26, Tel. (039455) 529000, www.pension-drei-elstern.de. Helle, komfortable Zimmer am Wanderweg zum Brocken.

MEIN TIPP: **Pension Barbara**①, Brockenstraße 1, Tel. (039455) 8690, www.pension-barbara-schierke.de. Doppelzimmer und Ferienwohnung am Weg zum Brocken.

■ **Zum Holzfäller**②, Brockenstraße 24, Tel. (039455) 58899, www.holzfaeller-schierke.com, Mo–Do 16–21 Uhr, Fr 14–22 Uhr, Sa, So 12–22 Uhr. Hotel, Doppelzimmer und Ferienwohnung mit Balkon, harztypisch rustikales Lokal, deutsche Küche.

■ **Haus Bodesprung**, Brockenstraße 37a, Tel. (039455) 51302, www.bodesprung.de. 4 einfache Ferienwohnungen für je 2 Pers., 1 Aufbettung. Günstig für Wandergruppen bis 9 Pers. 15 Min. bis Nationalparkhaus.

■ **Jugendherberge Schierke**, Brockenstraße 48, Tel. (039455) 51066, www.jugendherberge.de. Großes Haus am Einstieg in mehrere Wanderwege. DJH-Mitgliedschaft erforderlich. Vollpension möglich. Angebote für Familien.

☒ Auf zum Wurmberg

Braunlage

Wintersport- und Wanderzentrum auf der niedersächsischen Seite des Hochharzes ist die Stadt Braunlage (4800 Einwohner). Sie liegt am Südfuß des **Wurmberges** (971 m).

Der höchste Berg Niedersachsens ist eines der größten **Sport- und Freizeitzentren** des Harzes. Zum Gipfel führt die längste Seilbahn Norddeutschlands. Seit dem Sommer 2019 ist der Wurm-

271h-dk

Wandertipp: Durch das Eckerloch auf den Brocken

- **Streckenwanderung**
- **Länge:** 6 km
- **Aufstieg:** 500 m

- Nationalparkhaus Schierke – Eckerlochstieg – Brocken 10 km, 500 Höhenmeter, 4–5 Stunden (Hin- und Rückweg), Rückweg alternativ: Brockenstraße – Brockenbett – Alte Bobbahn – Neuer Weg (+ 2 km) oder Fahrt mit der Brockenbahn

GPS Der Aufstieg zum Brocken von **Schierke** durch das Eckerloch (Abschnitt des **Teufelsstiegs**) ist eine anstrengende, aber auch sehr beliebte Wanderung im **Hochharz.** Im Unterschied zum Heinrich-Heine-Weg, der zwar das wunderbar wilde Ilsetal als Wanderpfad durchläuft, aber ab der Stempelsbuche befestigt ist, führt der **Eckerlochstieg** direkt steil durch die Wildnis, nur die ersten Meter und der letzte Kilometer verlaufen auf der Brockenstraße. 500 Höhenmeter sind zu überwinden, wahrlich über Stock und Stein. Festes Schuhwerk wegen schlammiger Passagen und wetterfeste, strapazierfähige Kleidung sind unverzichtbar, ebenso Proviant. Während des Aufstiegs kann sich das Wetter radikal ändern (vgl. auch Praktische Reisetipps von A–Z: Wandern). Das Naturerlebnis und herrliche Ausblicke belohnen die Mühe. Auch Kindern kann diese Wanderung zum unvergesslichen Erlebnis werden, etwas Wandererfahrung sollten sie aber mitbringen. Damit es für sie noch spannender wird, gibt es den interaktiven **Märchenpfad** „Das weiße Reh" mit 6 Stationen auf 5 km (Winterpause Nov.–März). Ein Märchenflyer mit Sonderstempel berechtigt zum freien Eintritt in das Brockenhaus.

Der gut markierte Einstieg in diese Wanderung führt links von der Jugendherberge an der **Kalten Bode** entlang auf dem Sandbrink zur Brockenstraße, dort zum Wasserwerk. Alternativer Startpunkt ist das Nationalparkhaus Schierke an der Brockenstraße, das in 10 Min. zu Fuß von der Jugendherberge aus erreicht wird. (Zur Jugendherberge: Linienbus 264 Wernigerode – Drei Annen Hohne – Schierke – Braunlage; mit dem Auto: Parkplatz des Brockenwirts oder 5 Min. Fußweg vom Parkplatz Alte Bobbahn oder 10 Min. Fußweg vom Parkhaus Am Wintergerbergtor. Mit dem Auto kann das Nationalparkhaus nicht angefahren werden.)

Am Wasserwerk zweigt der Wanderweg „Brocken über Eckerloch" (grünes Kreuz) von der Brockenstraße ab und überquert die **Schwarze Schluftwasser.** (Ja, sie ist weiblich. Besser wäre: Schwarze-Schluft-Wasser, denn nicht das Wasser ist schwarz, sondern die Schluft, d.h. das Eckerloch.) Es geht stetig bergan über größere Granitsteine, Wurzeln und auf wenigen Bohlenstegen. Die Gleise der Brockenbahn werden überquert, bald bietet die **Schutzhütte** (Stempelstelle, GPS N 51.785219, E 10.617800) am Eckerloch (844 m) einen Rastplatz. Von nun an geht es sehr steil bergan durch den Wald, bis die Vegetation lichter und bei 1100 m die **Waldgrenze** des Brockens erreicht wird. Auf der Brockenstraße begegnet man Wanderern anderer Aufstiegswege. Nach erneutem Überqueren der Bahngleise mündet von links der Goetheweg ein (→ „Torfhaus"), die **Knochenbrecherkurve** führt in die Zielgerade. Am Brockenbahnhof erreicht man endlich das Gipfelplateau. Beim Brockenwirt eine Erbsensuppe löffeln, heiß aus der Feldküche (→ Exkurs und Praktische Tipps: „Der Brocken", S. 48/50). Dann abseits vom Trubel die Aussicht genießen.

berg, wohlwollend betrachtet, wieder ein 1000er: Der nach dem Abriss des Turmes der Wurmbergschanze neu erbaute Aussichtsturm ist 32 m hoch, lugt also ein Stück über die Marke hinaus. Die Talstation im Norden der Stadt liegt auf 565 m, die Mittelstation auf 727 m. Von dort kann man auch zum Gipfel wandern (2 km, 200 Höhenmeter). Auf dem Gipfel wartet neben herrlichen **Aussichtsplätzen** und der **Wurmbergbaude** die **Berg-Erlebniswelt.** Dazu gehören ein künstlicher Bergsee mit Spielplatz sowie ein **Bikepark.** Letzterer misst 18 Streckenkilometer auf sieben naturbelassenen Pisten. Wer es noch rasanter mag, setzt sich den Helm auf, besteigt einen **Monsterroller**, und ab gehts über 5 km und 411 Höhenmeter. **Mountainbikern** bietet der Wurmberg den Einstieg in ein Routennetz mit über 70 Rundtouren.

■ **Wurmberg-Seilbahn,** Am Amtsweg 5, 8.45–17 Uhr (letzte Bergfahrt 16.45), keine Fahrten bei Gewitter. Gipfelfahrt mit Rückfahrt 17 €, Kinder ab 6 Jahre 11 €, einfache Fahrt 12 € bis zur Mittelstation 8 €. Großparkplatz an der Talstation, Bus Haltestelle Eisstadion. www.wurmberg-seilbahn.de.

■ **Wurmbergturm,** Aussicht aus 1000 m Höhe, tgl. 9.30–17.30 Uhr, Eintritt 5 €.

■ **Bikepark,** Bergfahrt mit Gondel, Talfahrt auf 7 Pisten unterschiedlicher Schwierigkeit. www.bikepark-braunlage.de.

■ **Monsterroller,** für Kinder ab 10 Jahren, April–Nov. tgl. 8.45–16.15 Uhr. Rollerausleihe neben der Talstation, pro Abfahrt 24 €. www.monsterroller.de.

■ **Bergrestaurant**②, tgl. 10–17.30 Uhr, mit Terrasse.

■ **Rodelhaus**①-②, Gaststätte an der Mittelstation der Seilbahn, Tel. (05520) 9993366, Do–Mo 10–17 Uhr, www.das-rodelhaus.de. Klassiker der Hausmannskost um 10 €, regionale Erzeuger. Mai–Okt. buchbar: Klippenfrühstück an der Großen Wurmbergklippe (820 m), 2 Pers. 49 €. Schlafplätze auf Anfrage.

Im Stadtbild fallen einige **Fachwerkhäuser** auf, so etwa an der Herzog-Wilhelm-Straße und gegenüber der neogotischen **Trinitatiskirche.** Im weitläufigen Kurpark steht das Ski- und Heimatmuseum (Di und Fr 10–12 Uhr).

Auch das zu Braunlage eingemeindete Bergdorf **Hohegeiß** (1000 Einwohner) ist mit seinem Loipennetz, den Ski- und Rodelhängen ein Wintersportzentrum. Im Mai und Juni erblühen die ausgedehnten **Bergwiesen** in einem Meer seltener Blumen. Die Wiesen stehen unter Schutz, geführte Spaziergänge werden von der Kurverwaltung angeboten.

Braunlage wird von der **Brockenumgehung des Harzer Hexen-Stiegs** passiert. Der Weg kommt von Torfhaus über Sankt Andreasberg und führt weiter über Elend und Mandelholz (Stausee). Zwei sehenswerte Wasserfälle rauschen nur wenige Gehminuten vom Stadtrand entfernt: am Oberlauf der Großen Bode der **Obere Bodewasserfall** und am Oberlauf der Warmen Bode der **Untere Bodewasserfall.** Beide sind auf markiertem Wanderweg bequem zu erreichen. Die markanten Klippen des **Jermersteins** laden zum Klettern ein und bieten mehrere Aussichten. Ganz in der Nähe gibt es einen Parkplatz. Eine wichtige Kreuzung mehrerer Wanderwege am Fuße des Wurmberges ist die steinerne **Bärenbrücke** im Tal der Großen Bode. Hier stehen Wanderwegweiser und eine Schutzhütte. Nur rund 1 km entfernt ragt die **Große Klippe** (824 m) aus dem Wald auf – mit beeindruckenden Aussichten.

Der **Achtermann** (925 m), zwischen Braunlage und Torfhaus gelegen, ist eines der attraktivsten Ziele in der näheren Umgebung. Die Wanderung (12 km mit Rückweg) ist eine abwechslungsreiche und zuweilen anstrengende Gebirgstour, die Aussicht vom felsigen Gipfel ein Genuss. Ein Weg zum Achtermann heißt „Milliardenweg“, er wurde 1923 erbaut, auf dem Höhepunkt der Inflation während der Weltwirtschaftskrise.

Praktische Tipps

Anreise

- **Auto:** B 4, B 27.
- **Bahn:** Schmalspurbahnen Harzquerbahn, Brockenbahn.

Information

- **Touristeninformation Braunlage,** Elbingeröder Straße 17, Tel. (05520) 93070, www.braunlage.de, Mo–Fr 9–17 Uhr, Sa 9.30–12.30 Uhr.
- **Touristeninformation Hohegeiß,** Kirchstraße 15a, Tel. (05583) 241, www.hohegeiss.de, Mo, Di, Do, Fr 9–12 und 14–17 Uhr, Mi 9–12 Uhr, Sa 9.30–12 Uhr.

Übernachtung/Essen und Trinken

- **Hotel Bremer Schlüssel**②, Robert-Roloff-Straße 11, Tel. (05520) 3068, www.hotel-bremer-schluessel.de. Moderne, großzügige Zimmer mit grüner Aussicht, Restaurant „Kleine Auszeit“②, Mi, Do, Mo ab 18 Uhr, Fr, Sa, So 12–14 Uhr, ab 18 Uhr.
- **Hotel Altes Forsthaus**②, Harzburger Straße 7, Tel. (05520) 944200, www.forsthaus-braunlage.de. Großzügige Zimmer im ältesten Haus der Stadt. Auch separat Gästehaus und Ferienwohnung im Angebot. Restaurant im Forsthaus tgl. 12–21.30 Uhr. Harzer Wildgerichte.
- **Kleines Berghaus,** Von-Langen-Straße 6, Tel. (01525) 3141798, www.kleines-berghaus.de. Ferienwohnung für 2 bis 6 Pers., zentral und ruhig gelegen, ab 75 €.
- **Ferienwohnung Waldzwerge,** Anemonenweg 14, Tel. (05520) 305452, www.ferienwohnung-waldzwerge.de. Kinderfreundliche Wohnung für zwei bis sieben Pers., mit Spielzeug, Rutsche, Pool, Schaukel, Schlitten. 2 Pers. 65–85 €, weitere Pers. 10 €.
- **Campingplatz,** Am Campingplatz 1, Tel. (05520) 9996931, www.camping-braunlage.de, GPS N 713072, E 10.597509. Am Nationalpark, ganzjährig, familiäre Atmosphäre, Gaststätte.

Einkaufen

- **Sühls Harzspezialitäten,** Herzog-Wilhelm-Straße 15, Mo–Fr 8–18 Uhr, Sa/So 10–18 Uhr, www.harzspezialitaeten-shop.de. Traditionsreiche Fleischerei. Neben Fleisch- und Wurstwaren gibt es unzählige Sorten Käse, Spirituosen, Honig und weitere schmackhafte Harzprodukte; Imbiss am Laden.

Sport und Spiel

- **Kurpark und Kurgastzentrum Braunlage,** Dr.-Kurt-Schröder-Promenade 3, tgl. 10–18 Uhr. Weitläufige Parkanlage mit Berggarten, Teich, Boccia-Bahn, Restaurant.
- **Eisstadion,** Harzburger Straße 28, Tel. (05520) 2191, www.eisstadion-braunlage.de, im Sommer Di–Fr 10–12, 14–16 Uhr, Sa/So 10–16 Uhr, im Winter Mo, Mi 10–12, 14–16 Uhr, Di 14–16 Uhr, Do, Fr 10–12, 14–18 Uhr, Sa 10–16 Uhr, in Ferien Sonderöffnungszeiten, Website beachten. Mi, Sa Eisdisco 20–22 Uhr.

Der Harz in der Literatur, Literaten im Harz

Der Harz ist wie kein anderes Gebirge mit der deutschen Literatur verbunden. Bedeutende Schriftsteller wurden am Harz geboren, noch viel mehr vom Harz angezogen, angeregt und verführt. Allein die Gästeliste des als Sohn eines Steuereinnehmers in Falkenstein (Nordharz, zu Ermsleben) geborenen Halberstädter Dichters der Aufklärung, **Johann Wilhelm Ludwig Gleim** (1719–1803), verzeichnet ein Lexikon Namen, zumeist Schriftsteller, darunter *Johann Bernhard Basedow* (1724–1790), *Matthias Claudius* (1740–1815), *Johann Gottfried Herder* (1744–1803), *Friedrich Gottlieb Klopstock* (1724–1803), *Gotthold Ephraim Lessing* (1729–1781), *Friedrich Nicolai* (1733–1811), *Novalis* (1772–1801), *Jean Paul* (1763–1825), *Johann Gottfried Seume* (1763–1810) und *Johann Heinrich Voß* (1751–1826). „Es ist wirklich schade, dass der brave Gleim Verse hat drucken lassen", schrieb *Heinrich Laube,* von dem noch zu reden sein wird, in seinen Reisenovellen, „er ist sonst ein so durchweg liebenswürdiger Kauz, und obwohl er nicht eigentlich wußte, was Poesie sei, so liebte er sie doch wie ein Jüngling die nie gesehene Geliebte seines Herzens, und liebte sie nicht so wohlfeil wie die meisten Teutschen, d.h. er gab den Poeten zu essen und zu trinken, wenn's ihnen, wie gewöhnlich, daran gebrach." Der Poetengang am Rande der Halberstädter Altstadt erinnert an den allabendlichen Weg der „Unsterblichen" *(H. Laube)* zu ihrem „Vater Gleim".

Harzreisende waren *August Wilhelm Schlegel* (1789), *Ludwig Tieck* (1792), *Novalis* (1793), *Achim von Arnim* (1801), *Joseph von Eichendorff* (1805), *Caspar David Friedrich* und *Georg Friedrich Kersting* (1811), *Adelbert von Chamisso* (1824) und viele andere namhafte Künstler.

Die erste Harzliteratur

Das erste Reisebuch durch den Harz könnte **Johannes Praetorius** (1630–1680) verfasst haben. Der Leipziger Schriftsteller, geboren als *Hans Schultze,* ist vor allem durch seine Sammlung der Rübezahl-Sagen (1662) bekannt geworden. Sein 1668 in Leipzig erschienener Harzbericht trägt den barocken Titel: „Blockes-Berges Verrichtung / oder / Ausführlicher Geographischer Bericht / von / den hohen trefflich alt- und berühmten / Blockes-Berge: / ingleichen von der / Hexenfahrt / und Zauber-Sabbathe / so auff solchen Berge die Unholden aus gantz / Teutschland / Jährlich den 1. Maij in Sanct- / Walpurgis Nachte anstellen sollen. // Aus vielen Autoribus abgefasset / und mit schönen Raritäten angeschmücket sampt zugehörigen Figuren. / Nebenst einen Appendice vom Blockes-Berge / wie auch des alten Reinsteins / und der Baumans Höle am / Hartz."

1703 ist in Nordhausen das Buch „Hercynia Curiosa, oder Curiöser Hartz-Wald" des in Goslar gebürtigen Arztes und Schriftstellers **Georg Henning Behrens** (1662–1712) erschienen. Der Untertitel des mehrfach aufgelegten und 1730 ins Englische übersetzten Buches lautet: „Das ist Sonderbahre Beschreibung und Verzeichnis Derer Curiösen Hölen / Seen / Brunnen / Bergen / und vielen andern an- und auff dem Hartz vorhandenen Denckwürdigen Sachen mit unterschiedenen Nützlichen und Ergetzlichen Medicinischen / Physicalischen und Historischen Anmerckungen denen Liebhabern solcher Curiositäten zur Lust heraus gegeben".

Im **Deutschen Textarchiv** (www.deutschestextarchiv.de) kann man beide opulente Werke online lesen, von *Praetorius* das Exemplar aus der Sächsischen Landes- und Universitätsbibliothek Dresden, von *Behrens* das Exemplar der Herzog-August-Bibliothek Wolfenbüttel.

Goethe, Heine, Andersen

Die bekanntesten **literarischen Erinnerungsorte** des Harzgebirges sind zweifellos *Johann Wolfgang von Goethes* „Faust" (1808), *Heinrich Heines* „Harzreise" (1826) und *Hans-Christian Andersens* „Schattenbilder" (1831).

Johann Wolfgang Goethe (1749–1832) hat vier Harzreisen unternommen und bereits auf der ersten, 1777, den winterlichen Brocken bestiegen – seine „heimliche Reise" (Tagebuch), ein alpinistisches Abenteuer des jungen Dichters. Sein Gedicht „Harzreise im Winter", eines der meistinterpretierten deutschen Gedichte, nennt das Gebirge zwar nur im Titel, aber wo sonst hätte er diese ergreifenden Verse finden sollen? Die Strophen V–VII – „Aber abseits wer ist's? Ins Gebüsch verliert sich sein Pfad, Hinter ihm schlagen Die Sträuche zusammen, Das Gras steht wieder auf, Die Öde verschlingt ihn ..." – hat **Johannes Brahms** (1833–1897) in seiner Alt-Rhapsodie, op. 53 (1869), vertont. Sie wurde von herausragenden Stimmen interpretiert.

Im „Faust. Der Tragödie erster Teil" wird die Walpurgisnacht im „Harzgebirg" gefeiert, in der „Gegend von Schierke und Elend". Faust begibt sich hurtig auf den Weg zum Gipfel des „zaubertollen" Berges: „Solang ich mich noch frisch auf meinen Beinen fühle, / Genügt mir dieser Knotenstock. / Was hilft's, dass man den Weg verkürzt! – / Im Labyrinth der Täler hinzuschleichen, / Dann diesen Felsen zu ersteigen, / Von dem der Quell sich ewig sprudelnd stürzt, / Das ist die Lust, die solche Pfade würzt! / Der Frühling webt schon in den Birken, / Und selbst die Fichte fühlt ihn schon; / Sollt er nicht auch auf unsre Glieder wirken?" Und die Irrlichter soufflieren: „... Seh die Bäume hinter Bäumen, / Wie sie schnell vorüberrücken, / Und die Klippen, die sich bücken, / Und die langen Felsennasen, / Wie sie schnarchen, wie sie blasen! ..."

Heinrich Heine (1797–1856) beschrieb 1824 seine Harzreise, die ihn von Göttingen – dessen Universität er 1820 infolge eines Duells verlassen musste – nach Osterode, Lerbach, Clausthal, Zellerfeld, Goslar, Harzburg, auf den Brocken und zum Ilsestein führte. Der Reisebericht ist, wie *Heine* selbst schreibt, ein Fragment geblieben; er vereint romantisch sehnsüchtige Landschaftsschilderungen, Menschenbeobachtung, Witz und saftigen Sarkasmus. Die letzte Szene beschreibt den Dichter, wie er sich an das Kreuz auf dem Ilsestein klammert, um nicht hinunterzustürzen. Der Besuch von Ilsenburg („liebliche Mädchengesichter und schöne Blumen"), Wernigerode (das Schloss „nichts weniger als geschmackvoll"), Elbingerode („die Gegend ist traulich schön") und Rübeland („verwunderliche Felsen, in denen man kleine Höhlenöffnungen gewahrt") wird in den „Nachgelassenen Aufzeichnungen" beschrieben.

295h dk

In einer der lieferbaren oder antiquarisch erhältlichen Taschenbuchausgaben gehört die „Harzreise" in jedes Wandergepäck. Schon um, auf einer Klippe sitzend, einander vorlesen zu können: „Ich stieg wieder bergauf und bergab, und vor mir schwebte die schöne Sonne, immer neue Schönheiten beleuchtend. Der Geist des Gebirges begünstigte mich ganz offenbar; er wußte wohl, daß so ein Dichtermensch viel Hübsches wiedererzählen kann, und er ließ mich diesen Morgen seinen Harz sehen, wie ihn gewiß nicht jeder sah. Aber auch mich sah der Harz, wie mich nur wenige gesehen, in meinen Augenwimpern flimmerten ebenso kostbare Perlen wie in den Gräsern des Tals. Morgentau der Liebe feuchtete meine Wangen, die rauschenden Tannen verstanden mich, ihre Zweige taten sich voneinander, bewegten sich herauf und herab, gleich stummen Menschen, die mit den Händen ihre Freude bezeigen, und in der Ferne klang's wunderbar geheimnisvoll, wie Glockengeläute einer verlornen Waldkirche. Man sagt, das seien die Herdenglöckchen, die im Harz so lieblich, klar und rein gestimmt sind." Der Brockenspruch „Viele Steine, müde Beine, Aussicht keine. Heinrich Heine" stammt nicht von Heine, sondern von einem seiner Bewunderer.

Der junge dänische Schriftsteller **Hans Christian Andersen** (1805–1875) begab sich, angeregt durch *Heine* und wie dieser ausgestattet mit *Friedrich Gottschalcks* „Taschenbuch für Reisende in den Harz" (1806), im Frühjahr 1831 auf seine Harzreise. Er fuhr von Kopenhagen nach Travemünde, mit der Postkutsche durch die Lüneburger Heide und über Braunschweig nach Goslar, wo er das Erzbergwerk Rammelsberg besichtigte. Andersen wanderte nach Ilsenburg und durch das Ilsetal auf den Brocken, besuchte die Rübeländer Tropfsteinhöhlen, die Burg Regenstein und die Rosstrappe. Eisleben war die letzte Station, bevor er mit der Postkutsche weiter nach Dresden fuhr. *Andersen* sah den Harz mit den Augen des Märchendichters und des Malers, worauf bereits der Titel seines literarischen Reiseberichtes hindeutet: In den „Schattenbildern von einer Reise in den Harz, die Sächsische Schweiz etc. etc. im Sommer 1831" schildert er detailgenau und in einem oft ironisch-bissigen Ton seine Erlebnisse und Beobachtungen. Verbreitung fand dann aber vor allem die von *Andersen* selbst vorgenommene Überarbeitung unter dem Titel „Reiseschatten ...", der leider vieles der Ironie und Doppeldeutigkeiten der ursprünglichen Fassung ausgetrieben wurde.

17. bis 18. Jahrhundert

Der in Sandersdorf bei Bitterfeld geborene **Johann Gottfried Schnabel** (1692–1744/48) war in Stolberg/Harz Herausgeber und Redakteur der Wochenzeitung „Stolbergische Sammlung Neuer und Merckwürdiger Welt-Geschichte", als er zwischen 1731 und 1743 in Nordhausen unter dem Pseudonym *Gisander* in vier Bänden sein literarisches Hauptwerk, den Roman „Wunderliche Fata einiger See-Fahrer" veröffentlichte, bekannt geworden in den Bearbeitungen durch *Karl Lappe* (1823) und *Ludwig Tieck* (1828) unter dem Titel „Die Insel Felsenburg". *Schnabel* wird diesen Roman, einen der populärsten seiner Zeit, demnach in seinem noch heute bestehenden Wohnhaus am Stolberger Schloss geschrieben haben. „Aus keinem anderen Buch ... hat sich in jenem Jahrhundert des Absolutismus der einfache Deutsche so viel Trost gelesen, wie aus dieser überall, in jeder Familie, verbreiteten Utopie", schreibt *Arno Schmidt* in seinem Funkessay über die „Schreckensmänner". Stolberg ist Sitz der Johann-Gottfried-Schnabel-Gesellschaft, die sich dort alljährlich versammelt.

◁ Heinrich Heine im Tal der Ilse

Halberstadt war Wohn- und Wirkungsort des Konsistorialrates und Strafrichters **Magnus Gottfried Lichtwer** (1719–1783), der als Fabeldichter der Aufklärung im Schatten von *Gellert* und *Lessing* verblieb. Ihm verdanken wir die sprichwörtliche Redewendung „Blinder Eifer schadet nur".

Friedrich Gottlieb Klopstock (1724–1803), Verfasser der „Deutschen Gelehrtenrepublik" und des „Messias", wurde in Quedlinburg geboren. Sein Geburtshaus ist heute ein Museum.

Der satirisch-volkstümliche Erzähler **Johann Karl August Musäus** (1735–1787) ist wohl vor allem als Dichter des schlesischen Rübezahl bekannt. In der Erzählung „Der Schatzgräber" lässt er den Wildemann auftreten, den Berggeist des Harzes: „... ein Mann mit zottigen Haaren am ganzen Leibe; er hatte einen langen Bart, der ihm bis über den Nabel reichte, um das Haupt trug er einen Kranz, um die Lenden einen Schurz von Eichenlaub und hielt einen ausgewurzelten Tannenbaum in der rechten Hand." Liegt der Gedanke nicht nahe, dass es Bergleute aus dem Harz waren, die den Wildemann nach Schlesien mitbrachten, wo er dann zum Rübezahl wurde? Aber ähnlich beschriebene Gestalten gibt es bei *Shakespeare*, bei *Grimmelshausen* und den Brüdern *Grimm*.

In Molmerswende, einem Dörfchen bei Harzgerode im Unterharz, kam der Pfarrerssohn **Gottfried August Bürger** (1747–1794) zur Welt. Mit seiner Ballade „Leonore" hat er unter anderem *Edgar Allan Poe* inspiriert. Sein bekanntestes Werk sind die „Abenteuer des Freiherrn von Münchhausen". In *Bürgers* Geburtshaus wird im Herbst 2023 ein multimediales Museum eröffnet.

[>] In diesem Haus unterhalb des Stolberger Schlosses wohnte Johann Gottfried Schnabel, wahrscheinlich verfasste er hier den Roman „Die Insel Felsenburg"

Der 1747 als Sohn eines St. Andreasberger Bergbeamten geborene Pastor **Erich Christian Heinrich Dannenberg** veröffentlichte 1781 in Göttingen das in Hexametern verfasste Werk „Der Harz, ein Gedicht in sieben Gesängen", das eine genaue Beschreibung des Bergwerkes, der Erze und des Lebens der Bergleute bietet. *Dannenberg* war 1777 und 1783 *Goethe* im Harz begegnet.

Johann Carl (Karl) Wezel (1747–1819) schrieb mit „Belphegor oder Die wahrscheinlichste Geschichte unter der Sonne" einen der wichtigsten deutschen Romane des 18. Jh. Der lange Zeit vergessene Aufklärer wurde in armen Verhältnissen in Sondershausen am Kyffhäuser geboren. Sein Wohnhaus steht nicht mehr, die Straße führt seinen Namen und eine Stele erinnert an den Dichter und Philosophen.

Schloss Oberwiederstedt bei Hettstedt im Mansfelder Land ist Sitz der Novalis-Forschungsstätte für Frühromantikforschung. Auf dem damaligen Rittergut wurde **Friedrich Freiherr von Hardenberg** (1772–1801) geboren, der unter dem Namen **Novalis** wegweisende Werke der Frühromantik geschrieben hat, darunter die „Hymnen an die Nacht" und den Bildungsroman „Heinrich von Ofterdingen". In diesem Buch erschafft *Novalis* mit der „Blauen Blume" das zentrale Symbol der deutschen Romantik: „Nicht die Schätze sind es, die ein so unaussprechliches Verlangen in mir geweckt haben (...), fern ab liegt mir alle Habsucht, aber die blaue Blume seh'n ich mich zu erblicken. Sie liegt mir unaufhörlich im Sinn, und ich kann nichts anderes dichten und denken."

Die Rahmenhandlung des frühromantischen Kunstmärchens „Der blonde Eckbert" von **Ludwig Tieck** (1773–1853), das auch als Schauergeschichte bezeichnet werden kann, ist auf einer Burg im Harz angesiedelt. *Tieck* war im Sommer 1792 durch den Harz gewandert.

296h dk

Literaten des 19. Jahrhunderts

An seine Harzreise als Kind erinnerte sich der Kammerherr, Schriftsteller, Porträt- und Historienmaler **Wilhelm von Kügelgen** (1802–1867) in den vielgelesenen „Jugenderinnerungen eines alten Mannes" (1870) nur mit wenigen Absätzen. Ausführlicher noch über den Besuch der einstigen gräflichen Residenz in Mansfeld, nicht zuletzt deshalb, weil der Knabe dort beim Umherirren in den Kellerräumen beinahe in einen Schacht gestürzt wäre. Dem Besuch des Brockens und der Rübeländer Höhlen gönnt er nur noch zwei Sätze, um dann wehmütig der Empfindsamkeit des Kindes zu gedenken: „Ich habe das später alles ohne sonderliche Emotion wiedergesehen und namentlich kaum begreifen können, wie das feuchte, dunkle Loch der Baumannshöhle mir damals einen so mächtigen Eindruck machen konnte. Aber freilich war das alles auch unendlich schöner und charakteristischer als jetzt. Der Harz war noch ein abgelegenes Waldgebirge mit ungebauten Wegen, die sich malerisch durch die Täler zogen. Geradlinige Chausseen mit schattenlosen Obstalleen oder gar, wie heutzutage Schienenwege, gab's noch nicht. Im Bodetale sah man weder Kellner noch Hotels, man hörte dort nichts vom Lärm

022h dk

der Kegelbahnen, und kein Konditor hatte sich unter jenen Felsenhängen angesiedelt. Unverziert und unverschnörkelt stand der Falkenstein noch in seiner ursprünglichen Einfalt da, und die Tropfsteinwände der Höhlen, jetzt geschwärzt vom Dampf der Feuerwerke, waren rein und weiß wie Zucker. Man reiste freilich unbequemer, aber eben deswegen mit reichlicherem Genuß, denn mit dem Preise, den wir dafür zahlen, steigt der Wert der Dinge." Die „tief einschneidende Bedeutung", die das kleine Ballenstedt einmal für ihn haben würde, konnte der junge Wanderer nicht ahnen.

Keine anderen Höhen galten ihm etwas neben dem schlesisch-böhmischen Riesengebirge, auch der Harz nicht. In seinen „Reisenovellen" (Band 1, 1834) bemerkte der in Sprottau (heute Szprotawa) im Lebuser Land gebürtige Schriftsteller und politische Publizist **Heinrich Laube** (1806–1884) gar nichts Gutes an dem Gebirge bei Halberstadt: „Der Harz ist ein unvollständiges Gebirg, er hat seine Studien nicht vollendet, und die Nordteutschen machen nur so viel Wesens davon, weil sie nichts Besseres haben. Teutschland hat eigentlich nur ein Gebirg, und wenn man dem Seume glauben soll, so ist in Europa nur der Aetna schöner, das ist das Riesengebirge – alles Uebrige sind Waldberge oder Gebirgsversuche. Es ist eine wunderlich unordentliche Wirthschaft in diesem Harze, Alles liegt durch- und übereinander, wie in einer Stube, in welcher eben Handwerksburschen vom Lager aufgesprungen sind. Hier liegt ein Stück Wald, hier faullenzt ein Hügel Steine, dort braust auf eigne Hand ein Fluss, es ist keine reizende, sondern eine platte Unordnung, ein Stück ist dem andern im Wege, man sieht das Eine vor dem Andern nicht, es ist keine Harmonie darin. Ich bin einmal vierzehn Tage darin herum gereist, und habe immer gefragt: wann kommt denn der Harz? Man sieht den Wald vor Bäumen nicht. Und steigt der Wandrer, der von Hoffen und Harren matt ist, endlich auf den Brocken hinauf, so hat er eben auch weiter nichts, als einen wüsten Ueberblick über die unordentliche Stube, die besten Geräthschaften stehn aber unter den Tischen, den Bänken, er schüttelt den Kopf, und ein warmes Glas Grog im Brockenhause ist ihm interessanter, als der verworrene, nebelhafte Kram. Es liegt Alles umgestülpt, verdrießlich,

⌃ „Alles liegt durch- und übereinander" – dem Schriftsteller und politischen Publizisten Heinrich Laube war der Harz zu „unordentlich"

arbeitsbedürftig da: ein Gebirg, was nicht fertig geworden ist. Nur kleine Proben, wie die Roßtrappe geben eine Andeutung, was daraus werden sollte."

Mit einer Sammlung von literarischen Texten der Einwohner der Oberharzer Bergstädte wirkte der in Clausthal gebürtige Theologe, Germanist, Herausgeber und Dichter **Georg Schulze** (1807–1866) am Grimmschen Wörterbuch mit. Seine Forschungen zum Dialekt im Oberharz legten die Parallelen zum erzgebirgischen Dialekt offen. *Schulze* korrespondierte mit *Wilhelm Grimm*. 1833 publizierte er die „Harzgedichte" Oberharzer Autoren. Indem er sie um ein Wortregister ergänzte, schuf er eine Fundgrube für die auf den Harz bezogene linguistische Forschung.

Theodor Fontane (1819–1894), der den Harz mehrfach besucht hat, lässt die Titelheldin seines Romans „Cecile" (1887) und deren Gatten in Thale gleich beim Bahnhof im renommierten Hotel Zehnpfund (heute Seniorenzentrum) absteigen. Die Handlung setzt sich im Bodetal, in Altenbrak und in Quedlinburg fort und endet tragisch in Berlin. *Fontane* weilte ebenfalls in dem Hotel und wanderte zur Rosstrappe und ins Bodetal. Die Novelle „Ellernklipp" (1881) folgt einer wahren Begebenheit bei Ilsenburg, an Bäumlers Klippe.

Der in Quedlinburg gebürtige Schriftsteller **Julius Wolff** (1834–1910) schrieb in Berlin den opulenten historischen Roman „Der Raubgraf" (1884), der in Quedlinburg und im Harz handelt und die legendäre Geschichte *Albrechts II. von Regenstein* (um 1293–1349) erzählt. Im Schlossmuseum von Quedlinburg ist noch der „Raubgrafenkasten" zu besichtigen, in dem *Albrecht* fast zwei Jahre lang gefangengehalten worden sein soll.

Zuwendungen eines Förderers ermöglichten es dem in ärmlichen Verhältnissen in einem ostthrakischen Dorf geborenen **Georgios Bizyenos (Vizyenos)** (1849–1896), sein in Athen begonnenes Philosophiestudium in Göttingen abzuschließen und dort zu promovieren. Bereits als Student war *Bizyenos* mit Gedichtsammlungen hervorgetreten. Heute gilt er als einer der hervorragenden neugriechischen Schriftsteller. Die Erzählung „Die Folgen der alten Geschichte" (1884/2006) handelt in Göttingen und im Harz. Der griechische Autor lässt einen an einer chronischen Krankheit leidenden griechischen Studenten auf Anraten des Chefarztes der Göttinger „Irrenanstalt" zur Heilung in den Harz aufbrechen; dieser wählt, weil er dort einen Schulfreund weiß, Clausthal als Ziel. Das Gebirge erscheint hier weniger in Landschaftsbeschreibungen denn als mythisch-naher Ort in einer tragischen Liebesgeschichte.

Literaten des 20. Jahrhunderts

Die in Berlin gebürtige Malerin, Schriftstellerin und Publizistin **Henni Lehmann** (1862–1937) ist vor allem als Mitbegründerin (1919) des Hiddenseer Künstlerinnenbundes bekannt. Von 1911 bis 1921 lebte sie in Göttingen, von dort aus hat sie den Harz besucht. Einen Reisebericht „Maitage im Harz" veröffentlichte die engagierte Sozialdemokratin 1921 in der Zeitschrift „Arbeiter-Jugend". Sie wanderte von Herzberg nach Sankt Andreasberg, wo sie mit ehemaligen Bergleuten der zehn Jahr zuvor geschlossenen Grube Samson ins Gespräch kam. Weiter ging es über Lauterberg nach Walkenried und über Scharzfeld wieder nach Herzberg. Den Bericht illustrieren Zeichnungen der Künstlerin.

Der Heidedichter **Hermann Löns** (1866–1914) bereiste 1907 den Harz. Seine Eindrücke von Wernigerode schilderte er in dem euphorischen Aufsatz „Die bunte Stadt am Harz", der

1909 erstmals veröffentlicht wurde. Wernigerode sei „... eine echte Harzstadt und voll von internationalem Leben". Weitere Geschichten beschreiben einen „Sommertag am Südharz" und befassen sich mit Bären und Wölfen am Brocken. 1912 engagierte *Löns* sich mit einer Streitschrift für die Einrichtung eines „Harzer Heimatparks" in Bad Harzburg.

Der Berliner Publizist **Ludwig Sternaux** (1885–1938) wanderte im Kriegsjahr 1915 mit seiner Freundin durch den Harz. Sein Reisefeuilleton „Sommer im Harz" verbindet Landschaftsschilderungen, kleine literarische Exkurse und Beobachtungen der Spuren des Krieges etwa in Ilsenburg. Auf dem Brocken war er nicht: schlechtes Wetter.

Otto Gotsche (1904–1985) nahm als junger Kommunist an den Märzkämpfen 1921 im Mansfelder Land teil und schrieb darüber den autobiografischen Roman „Märzstürme". Hauptwerk des Schriftstellers und SED-Funktionärs ist der ebenfalls im Mansfelder Land handelnde Roman „Die Fahne von Kriwoj Rog" (1959).

Motive aus dem Harz und seiner Geburtsstadt Nordhausen finden sich im Werk des Lyrikers, Romanciers und Essayisten **Rudolf Hagelstange** (1912–1984). Nach dem Krieg war er zunächst im schwer zerstörten Nordhausen im Kulturbund zur Erneuerung Deutschlands engagiert, bevor er 1946 in den Westen übersiedelte. *Hagelstange* gehört zu den wichtigsten Autoren der westdeutschen Nachkriegsliteratur. Für Reiseführer durch den Harz und das Merian-Heft über den Harz 1962 schrieb er Geleitworte. Die Stadtbibliothek von Nordhausen trägt seinen Namen.

Arno Schmidt (1914–1979), dessen Ehefrau *Alice* im Februar 1945 vor der herannahenden Front aus Schlesien zu ihrer Schwiegermutter nach Quedlinburg und über Thale und Goslar Richtung Hannover geflohen war, nimmt im Roman „Das steinerne Herz" Bezug auf den Harz, wenn er seinen Walter Eggers der Biografie des Geografen *Hermann Guthe* (1825–1874) nachspüren und Eggers sich Informationen aus *Guthes* Geburtsstadt Sankt Andreasberg erhoffen lässt. Als in einem Ahldener Geheimboden ein Münzschatz entdeckt wird, sind darunter „die wunderbaren Wildemann= und Andreas=Thaler, die man früher gern den Patchen einband".

297h dk

In Funkessays leistete *Arno Schmidt* Wesentliches für die Wiederentdeckung von *Johann Gottfried Schnabel* und *Johann Carl Wezel.* In der Erzählung „Goethe und Einer seiner Bewunderer" lässt er sein Alter ego sinnieren: „ganztiefunten dicht Überdensteinen, eine Straße in Aschersleben heißt so" – Anspielung auf die Adresse Über den Steinen 5, dort wohnte *Marianne von Schubaert,* die spätere Ehefrau des Kürasserieleutnants und Dichters der Romantik **Friedrich de La Motte Fouqué** (1777–1843).

Im Dresdner Sachsenverlag erschien 1958 das wahrscheinlich letzte Reisebuch in der DDR über das gesamte Gebirge: „Wanderer im Harz". Autor **Hans Jürgen Geerdts** (1922–1989) war Literaturwissenschaftler an der Universität Greifswald und Verfasser von Romanbiografien und Essays. Er schildert im zeittypischen Plauderton, unterhaltsam, informativ und frei von ideologischen Versatzstücken, zwei Harzreisen: von Thale über Elbingerode, Hasselfelde zur Baustelle der Rappbodetalsperre, nach Goslar und ins Okertal, nach Wernigerode und Benneckenstein, Quedlinburg, ins Selke- und Ilsetal und auf den Brocken, wo er nicht zum ersten Mal *Heine* zitiert: „Der Berg ist ein Deutscher" und mit einem Eichendorff-Vers schließt: „Grüß dich, Deutschland, aus Herzensgrund".

In der Neuausgabe des reich bebilderten Buches, im Jahr 1965 unter dem Titel „Der Harz" im Brockhaus-Verlag erschienen, musste er die Reiseerzählungen auf den Osten beschränken. Dass der Brocken nicht mehr erreichbar war, meinte er nun, sei „zu verschmerzen", der Berg nicht mehr nur „Sinnbild deutscher Volkstradition", sondern „Mahnmal, alles zu tun, damit auch der andere deutsche Staat ... einst nicht mehr der Staat der gefährlichen Ostlandreiter, der herrschenden Monopole und Kriegsgenerale ist, sondern ein Staat wird, in dem die werktätigen Menschen friedliche, demokratische Verhältnisse schaffen". In dem Buch geht es nun weniger um den Harz, als um die Vorzüge sozialistischer Produktionsverhältnisse.

Franz Fühmann (1922–1984) ist für die Recherchen zu seinem „Bergwerkprojekt" selbst als Bergmann im Mansfelder Kupferschieferrevier eingefahren. Im Erzählfragment „Die Glöcklein" verlegte er das literarische Thema des „Bergwerks von Falun" (*E. T. A. Hoffmann* und andere) ins Mansfelder Land. Das Fragment „Im Berg. Bericht eines Scheiterns" erschien postum 1991.

Sarah Kirsch (1935–2013), eine der bedeutendsten deutschen Lyrikerinnen, wurde in Limlingerode bei Nordhausen geboren. Als Erstunterzeichnerin der Protesterklärung gegen die Ausbürgerung von *Wolf Biermann* wurde sie aus der DDR vertrieben. Ihr Geburtshaus ist Museum und Arbeitsort von Schriftstellern. Ein „Grüner Junipfad" führt durch die Landschaft ihrer Kindheit, benannt ist er nach einem Gedicht von *Sarah Kirsch.*

Der Dresdner Lyriker **Thomas Rosenlöcher** (1947–2022) begab sich am Tag der Währungsunion, dem 1. Juli 1990, auf eine Reise durch den Harz. *Goethe* und *Heine* im Kopf, nahm er die neue deutsche Wirklichkeit in den Blick. „Die Wiederentdeckung des Gehens beim Wandern" ist Reisefeuilleton voller Ironie und Poesie sowie Zeitdokument.

[<] Kunst und Geschichte(n) am Gleis: hier am Bahnhaltepunkt Wallhausen bei Sangerhausen in der Goldenen Aue. In der einstigen Kaiserpfalz Wallhausen wurde im Jahr 912 Otto I. („der Große") geboren, Sohn des ostfränkischen Königspaars Heinrich I. und Mathilde, ab 962 römisch-deutscher Kaiser. An der Stelle der einstigen Pfalz steht in dem Dorf heute ein Renaissanceschloss, das als Hotel seine Gäste einlädt (www.schlosswallhausen.de)

298h dk

2

Oberharz

»Sieben Bergstädte sind Erinnerungsorte des Erzbergbaus, Wander- und Wintersportzentren. In Clausthal und Zellerfeld, Bad Grund, Wildemann, Lautenthal, Altenau und Sankt Andreasberg warten die steilsten Wege, farbenfrohe Wiesen und Attraktionen tief im Berg. Gewässer sind hier Weltkulturerbe.

◁ Weltkulturerbe: der Carler Teich in Clausthal-Zellerfeld

0 2 km

LANGELSHEIM
GOSLAR
SEESEN
WILDEMANN
CLAUSTHAL-ZELLERFELD
ALTENAU
OSTERODE am Harz
HERZBERG
Bad Grund (Harz)
Schulenberg im Oberharz
Lautenthal
Hahnenklee
Niedersachsen
Naturpark Harz
Innerste-stausee
Granestausee
Okerstausee
Sösestausee
Spiegeltaler Teiche
Pfauenteiche
Deutsche Alleenstraße
Deutsche Fachwerkstraße
Besucherbergwerk Rammelsberg (Weltkulturerbe)
Kaiserpfalz
Bergbaumuseum Lautenthals Glück
Stabkirche
19-Lachter-Stollen
Große Mineraliensammlung
Holzkirche
Universität
Iberger Tropfsteinhöhle
Albertturm
WeltWaldHarz
Hübichenstein
Schacht Knesebeck
Oberharzer Wasserregal
Kräuterpark
Romkerhaller Wasserfall
Treppenstein
Käseklippen
Mausefalle
Marktkirche
Alte Burg
historische Altstadt
Stadtmauer
Hanskühnenburg
Auf dem Acker
Wolfshagen im Harz
Jerstedt
Hahndorf
Immenrode
Jürgenohl
Oker
Astfeld
Hahausen
Neuekrug
Herrhausen
Münchehof
Gittelde
Windhausen
Badenhausen
Eisdorf
Katzenstein
Förste
Lasfelde
Petershütte
Freiheit
Lerbach
Riefensbeek-Kamschlacken
Sieber
Lonau
Hörden
Düna
Schwiegershausen
Wulften
Buntenbock
Augustental
Uhrde
Wartberg
Staatsforst
Goslarer Stadtforst
Stadtwald
Bocksberg 726
Schalke 762
Wiesenberg 645
Bornsberg 566
Heidelbeerköpfe 621
Wolfskopf 669
Großer Breitenberg
Rohrtalskopf 596
Haspelkopf 749
Braakberg 646
Langfast 606
Adlersberg 593
Großer Knollen 687
Eichelnkopf 546
Sösenkopf 423
Knöppelberg 421
Seidelskopf 579
Mühlenberg 601
Eselsberg 584
Adlersberg 615
Hasenberg 572
Kalteborn 591
Einersberg 591
Neckelnberg 591
Große Wulpke 620
Heimberg 605
Wethberg 482
Ecksberg 557
Mispliet 403
Westerberg 379
Steinberg 472
Glockenberg 201
Wildemeersberg 261
Osterköpfe 328
Langenberg 339
Voßtaler Berg 485
Sangenberg 565
Großer Balkenberg 526
Großer Krautlief 491
Hohenstein 572
Gr. Trogtaler Berg 609
Lauseberg 324
Netteberg 257
Rammelsberg 635
Brautstein 648
Dicker Kopf 670
Gr. Schleifsteinberg 671
Adenberg 536
Vier Berge 323
Schulberg 257
Moosberg 300
Rosenberg 312
Himmelsberg 250
Klusberg 260
Herzberg

SIEBEN BERGSTÄDTE – DER OBERHARZ

Kulturhistorische Stadtrundgänge und ausgewählte Wanderungen folgen den Spuren des jahrhundertelangen Silberbergbaus in den Oberharzer Bergstädten Clausthal-Zellerfeld, Bad Grund, Wildemann, Lautenthal, Altenau und Sankt Andreasberg. Inmitten des *Weltkulturerbes Oberharzer Wasserwirtschaft* sind sie als Kur- und Urlaubsorte, Wander- und Wintersportgebiete, mit spannenden Museen und Bergwerken ein abwechslungsreiches Reiseziel zu allen Jahreszeiten.

NICHT VERPASSEN!

- **Oberharzer Bergwerksmuseum** in Zellerfeld | 91
- Wandern im **Oberharzer Wasserregal** | 95, 97
- HöhlenErlebnisZentrum **Iberger Tropfsteinhöhle** | 101
- **Besucherbergwerk 19-Lachter-Stollen** in Wildemann | 105
- Fahrt mit dem Erzkahn im **Besucherbergwerk Lautenthals Glück** | 108
- **Bergwerksmuseum Grube Samson,** Sankt Andreasberg | 121

Diese Tipps erkennt man an der gelben Markierung.

Die sieben historischen Bergstädte gehören zu Niedersachsen, sie liegen nahe beieinander im nordwestlichen Harz auf 300 bis 800 Höhenmetern. Die unmittelbare Nähe der Berge, steile und kurvenreiche Straßen und Wege und nicht selten Wind und Regen zeichnen diese Gegend aus. Eine geografisch begründete Sicht, im Unterschied zum historischen Blick auf die sieben Bergstädte, beschreibt den Oberharz als Westharz, die Gegend also westlich des Brockens, dagegen den Unterharz als Ostharz. Des einen Wasser fließt zur Weser, des anderen zur Elbe. In diesem Buch werden beide Sichten übereinandergeblendet.

Clausthal-Zellerfeld

Die **Berg- und Universitätsstadt** Clausthal-Zellerfeld (14.500 Einwohner, davon 5000 Studenten) liegt im Zentrum des UNESCO-Weltkulturerbes Oberharzer Wasserwirtschaft und ist ein lebendiges **Zentrum tausendjähriger Montangeschichte.** Dafür stehen die vielen über- und unterirdischen Anlagen des historischen Bergbaus ebenso wie die von Bergbau und Hüttenwesen geprägte

026h dk

Technische Universität Clausthal. Obwohl die beiden Oberharzer Bergstädte Clausthal und Zellerfeld schon 1924 eine Vernunftehe geschlossen haben, bewahren sie ihr unverwechselbares Antlitz: das geschäftige Clausthal mit internationalem Flair des Universitätscampus und das ländlich wirkende Zellerfeld mit den schachbrettartig angelegten Wohnstraßen der Bergleute. Beide liegen auf hügeligem Land, die Senke am Zellbach dazwischen markiert die natürliche Grenze.

Stadtgeschichte

Bereits im 8. Jh. soll der päpstliche Missionar *Bonifatius* im heutigen Zellerfeld eine Kapelle (Zelle) errichtet haben. Im 12. Jh. gründeten **Benediktinermönche** aus Goslar das Kloster Cella. Sie begannen mit dem **Bergbau** und legten dafür den ersten Teich (Mittlerer Pfauenteich) an. Infolge einer Pest verödeten die Anlagen. Im 16. Jh. begannen die braunschweigischen Herzöge, sich für den Erzbergbau im Oberharz zu interessieren. Sie erließen Bergfreiheiten, was besonders die Ansiedlung von Bergleuten aus dem sächsischen Erzgebirge förderte. **Zellerfeld** erhielt 1529 Stadtrecht, 1532 die Bergfreiheit und wurde 1549 Sitz des Bergamtes. Um 1600 wurde in 55 Gruben Erz zutage gebracht.

☒ Die größte Holzkirche Deutschlands: die Marktkirche zum Heiligen Geist in Clausthal

Auch **Clausthal** entstand durch den Bergbau, der Name deutet auf eine Flößerei (Klause) für das im Bergbau in großer Menge benötigte Holz hin. Der Ort erhielt 1554 die Bergfreiheit. Von 1777 bis 1799 wurde der Tiefe Georg-Stollen aufgefahren, der mit 26 km damals längste Wasserlösungsstollen des Oberharzer Bergbaus. 1851 bis 1864 folgte der Bau des 32 km langen Ernst-August-Stollens in fast 400 m Tiefe, der tiefste und längste Wasserlösungsstollen des Harzes.

Zellerfeld wurde 1672 bei einem **Brand** fast komplett zerstört und danach in der bis heute erhaltenen schachbrettartigen Form mit niedrigen Bergmannshäusern und breiten Wegen neu aufgebaut. Eine Ahnung von der großzügigen Stadtanlage, die Clausthal ausgezeichnet haben muss, bevor es 1854 durch einen Brand schwer geschädigt wurde, vermittelt ein Brief der Schriftstellerin *Caroline Schlegel* (1763–1809) an ihre Freundin *Luise Gotter* aus dem Jahr 1784: „Man nennt ja den Harz die Schweiz im kleinen, und Lichtenberg versichert, Clausthal habe die gröste Ähnlichkeit auf den ersten Blick mit Bath in England." Bemerkenswert ist hier, dass erst ein Jahr zuvor das geflügelte Wort von der „Sächsischen Schweiz" für das Elbsandsteingebirge bei Dresden, das von den Schweizer Malern *Adrian Zingg* und *Anton Graff* geprägt wurde, erstmals in der Reiseliteratur aufgetaucht war.

1775 wurde die erste **Montanlehranstalt** in Clausthal gegründet, mit der Aufgabe, praxisnah Berg- und Hüttenleute auszubilden. Daraus entstand eine Bergschule, die im 19. Jh. unter ihrem Leiter *Adolph Roemer* europäisches Format erlangte. 1864 wurde sie zur **Berg-**

Clausthal-Zellerfeld

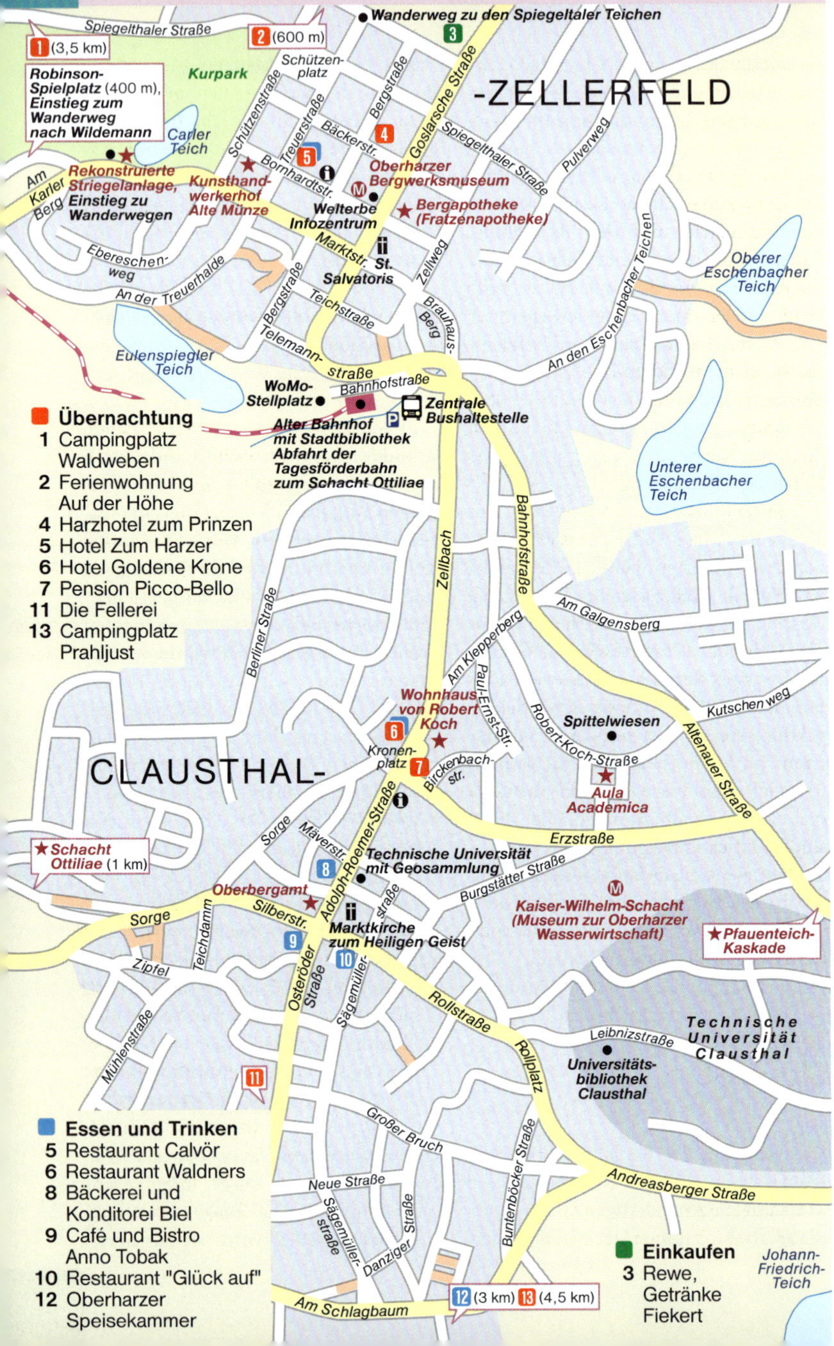

akademie mit vier Studiengängen, die nun Studenten aus Nord- und Südamerika anzog und weltweit geachtete Wissenschaftler verpflichten konnte. Die Bevölkerung von Clausthal bestehe „nur aus dem Personal der Bergwerke, der Metallindustrie und der Akademie", schrieb der griechische Schriftsteller *Georgios Bizyenos* in seiner Harznovelle „Die Folgen der alten Geschichte" (→ Exkurs „Der Harz in der Literatur", S. 73). Einen weiteren Zuwachs erlebte die Bergakademie nach dem Ersten Weltkrieg, in dieser Zeit entstanden mehrere Neubauten, die heute unter Denkmalschutz stehen.

Während der letzten Kriegsjahre galt die Bergakademie als Rüstungsbetrieb, von den Alliierten wurde sie zunächst geschlossen. 1946 wurde der Lehrbetrieb wieder aufgenommen, 1968 erhielt sie den Status einer **Technischen Universität.** Der Bergbau ist in Clausthal-Zellerfeld in den 1930er Jahren zum Erliegen gekommen. Die TU mit ihren zahlreichen auch ausländischen Studenten prägt mit modernem Profil das Leben in der kleinen Stadt. Besucher der Bergstadt zieht es vor allem in das Oberharzer Bergwerksmuseum, das älteste seiner Art in Deutschland, und auf die Wanderwege im **Weltkulturerbe Oberharzer Wasserwirtschaft.**

Sehenswertes Clausthal

Das Zentrum der Bergstadt **Clausthal** markiert der weitläufige Platz um die **Marktkirche zum Heiligen Geist.** Sie ist die größte Holzkirche Deutschlands und bietet 2200 Sitzplätze. Erbaut wurde sie als Hallenkirche 1637–1642. Sehenswert sind vor allem die prachtvollen Holzschnitzereien des Hochaltars, der Kanzel und des Taufbrunnens von *Andreas Gröber,* der als einer der bedeutendsten Bildschnitzer des Frühbarock in Norddeutschland gilt.

■ **Marktkirche zum Heiligen Geist,** Besichtigung Di–So 11–16 Uhr.

Gegenüber der Kirche steht das Hauptgebäude der **Technischen Universität** (1907), dort befinden sich die **Geo-Sammlung,** eine der weltweit umfangreichsten mineralogischen Sammlungen, erweitert durch Sammlungen zur Erd- und Lebensgeschichte sowie Naturgeschichte des Harzes.

Das Drahtseil aus Clausthal

Den gesamten Bergbau und die Technikgeschichte darüber hinaus revolutionierte die **Erfindung des Eisendrahtseils** im Jahr 1834 in Clausthal durch Oberbergrat *Julius Albert* (1787–1846). Bis dahin wurden Seile aus Hanf oder Eisenketten genutzt, die ab etwa 400 m schon durch ihr Eigengewicht rissen. Das erste Drahtseil war 630 m lang und wurde in der Grube Carolina eingesetzt. Ausführlich dargestellt wird diese Oberharzer Erfindung in der Ausstellung des Bergwerksmuseums.

299h dk

Geo-Sammlung, Technische Universität Clausthal, Adolph-Römer-Straße 2a, Tel. (05323) 722737, Di, Mi, Fr 9.30–12.30 Uhr, Do 9.30–12.30 Uhr, 14–17 Uhr, So 10–13 Uhr, 1,50/1 €.

An der Adolph-Roemer-Straße, Clausthals wichtigster Einkaufsstraße, blickt der Barockbau des **Oberbergamtes** (Landesamt für Bergbau, Energie und Geologie) auf den Platz. Der Giebelschmuck über dem Eingang zeigt das königlich großbritannische und das kurfürstlich hannoversche Wappen. Sehenswert ist die Eingangshalle mit dem repräsentativen Treppenhaus. Im Bergarchiv hinter dem Amtsgebäude lagert das historische Gedächtnis des Oberharzer Bergbaus. Das Bauwerk (2000) erinnert an ein aufrecht stehendes Buch, eine Seite ist mit Lärchenholz, die andere mit Blei verkleidet.

Oberbergamt (Landesamt für Bergbau, Energie und Geologie), An der Marktkirche 9, Eingangshalle und Treppenhaus Mo–Do 9–15.30 Uhr, Fr 9–12 Uhr.

Beim Restaurant „Glück auf", neben dem Rathaus, glänzt der **Glück-auf-Saal** (1890) in seiner neoklassizistischen Pracht. Über Jahrzehnte vergessen, verleiht der für seine Zeit typische, in dieser Region aber doch besondere Saal seit der Restaurierung 1995 den festlichen Stunden der Bergstadt das passende Ambiente. Während der Öffnungszeiten des Restaurants kann er besichtigt werden.

Bergauf an der Roemer-Straße liegt der kleinstädtische Kronenplatz, an sei-

Hydraulisches Pumpenaggregat von 1929 vor der TU Clausthal an der Adolph-Römer-Straße

ner Schmalseite (Kronenplatz 12) das **Wohnhaus** des Begründers der modernen Bakteriologie, **Robert Koch** (1843–1910). Wie an seinem Geburtshaus in der Osteröder Straße 13 (10 Min. Fußweg) erinnert eine Tafel an den berühmten Sohn und Ehrenbürger der Stadt.

Rechts zweigt die Erzstraße vom Platz ab, sie führt vorbei an Universitätsgebäuden bis zum Gelände des ehemaligen **Kaiser-Wilhelm-Schachtes,** heute Betriebshof der Harzer Wasserwerke. Das stählerne Fördergerüst und weitere historische übertägige Anlagen können jederzeit besichtigt werden. In der Kaue ist eine Ausstellung über das Oberharzer Wasserregal eingerichtet, auch ein Blick in das Schachthaus und in die Fördermaschinenhalle ist möglich.

MEIN TIPP: **Kulturdenkmal Oberharzer Wasserwirtschaft,** Harzwerke GmbH, Kaiser-Wilhelm-Schacht, Clausthal, Erzstraße 24, Tel. (05323) 93920, www.harzwasserwerke.de, April–Okt. tgl. 15–17 Uhr. 3/1,50 €.

Von der gegenüberliegenden Straßenseite gelangt man nach wenigen Schritten über die Aulastraße zu den **Spittelwiesen.** Hier stehen **Universitätsgebäude,** die in den 1920er Jahren erbaut wurden, so die **Aula Academica** und das Institut für Maschinenwesen.

Für den nun folgenden Weg nach **Zellerfeld** kehrt man am besten um zum Kronenplatz und nimmt dort einen Bus bis zur Zentralen Bushaltestelle (ZOB) oder zum Thomas-Merten-Platz. Vom Kronenplatz über Zellbach bis Thomas-Merten-Platz sind es rund 1,5 km. Vom ZOB geht ein Fußgängerpfad schräg hinauf zur Goslarschen Straße (B 241) und somit ins Zentrum von Zellerfeld.

Sehenswertes Zellerfeld

Die mächtige **Kirche St. Salvatoris** am Thomas-Merten-Platz wurde 1683 geweiht und im 19. Jh. umgebaut. 1997 erhielt sie einen Flügelaltar des Leipziger Malers **Werner Tübke** (1929–2004), der das berühmte Bauernkriegspanorama in Bad Frankenhausen am Kyffhäuser geschaffen hat.

■ **Salvatoriskirche Zellerfeld,** Besichtigung von Palmsonntag bis Ende Okt. tgl. 11–17 Uhr, sonst So 11–15 Uhr.

An der Ecke zur Bornhardtstraße, der Kirche gegenüber, steht die **Bergapotheke** (1674), auch „Fratzenapotheke" genannt. Von den Balkenenden der Außenwände schauen einen 64 Köpfe an, alle mit ausgeprägter Mimik. Diese „Schreckmasken" sollen einen magischen Schutz vor allem Schlechten bieten. Es lohnt sich ein Blick in die prächtig ausgestattete Apotheke.

Nach Überqueren der Goslarschen Straße gelangt man an der Bornhardtstraße nun in das historische Zentrum von Zellerfeld. Hier steht das 1892 eröffnete **Oberharzer Bergwerksmuseum,** gleich nebenan befindet sich die Touristeninformation.

■ **Oberharzer Bergwerksmuseum,** Zellerfeld, Bornhardtstraße 16, Tel. (05323) 98950, www.oberharzerbergwerksmuseum.de, tgl. 10–17 Uhr, 6,50/3 € (mit Kurkarte). Museum für Technik und Kulturgeschichte, Schaubergwerk, Freigelände mit historischen Bergwerksgebäuden, UNESCO-Welterbestätte.

Wissen auf Tannen

An zahlreichen Wegen im Oberharz informieren kleine Schilder aus Holz oder Kunststoff, gelb mit grünem Rand, über den Zweck und die Geschichte **bergbaulicher Erinnerungsorte,** wie Zechen, Gruben, Teiche, Gräben, Stollen, Erzhütten und Sägemühlen, sowie über Leben und Wirken von **Persönlichkeiten des Bergbaus.** Die meisten der prägnanten Texte stehen unter dem **Schlägel-und-Eisen-Symbol** des Bergbaus. Initiiert wurden diese informativen Tannen im Jahr 1949 von dem Clausthaler Oberbergrat Herbert Dennert (1902–1994), der über Jahrzehnte selbst die Texte recherchierte und formulierte. Ohne diese **Dennert-Tannen,** wie sie allgemein genannt werden, wüssten heutige Passanten sich die vielgestaltigen bergbaulichen Stätten wohl kaum noch oder gar nicht zu erklären. Seit einigen Jahren werden Dennert-Tannen auch im Unterharz angebracht.

■ www.dennert-tanne.de

300h dk

Dennerttanne am Carler Teich in Zellerfeld

Das Schaubergwerk und die reiche Sammlung des Museums sind zweifellos glanzvoller Höhepunkt der erlebbaren Oberharzer Bergbaugeschichte. Über das **Schachtgebäude** aus dem Jahr 1787 – Prinzeß Auguste Caroliner Schacht – gelangen Besucher in den mit Originaleinrichtungen nachgebauten Stollen, wenige Meter unter der Erdoberfläche. Hier wird der **Bergbaualltag** in einer einstündigen Führung nahegebracht. Wertvolle Bergbauanlagen, wie die Fahrkunst und das Wasserrad in der Radstube, sowie Werkzeuge, Grubenlampen, Münzen, Modelle des Berg- und Hüttenwesens sind vor- oder nachher in den **Ausstellungsräumen** zu sehen. Für einen Besuch dieses Museums sollte man sich wenigstens zwei Stunden Zeit nehmen.

Die Bornhardtstraße ist ein Zentrum Oberharzer Bergbaugeschichte und Zellerfelds **Kulturmeile.** Im heutigen Hotel „Zum Harzer“ wohnte der Theologe und Universalgelehrte *Caspar Calvör* (1650–1725), dessen **wissenschaftliche Privatbibliothek** in der Universitätsbibliothek aufbewahrt wird. Calvör war Gastgeber unter anderem für *Gottfried Wilhelm*

Leibniz und *Georg Philipp Telemann.* Die einstige **Zellerfelder Münzstätte** (bis 1789) ist heute Arbeitsort und Verkaufsgalerie mehrerer **Kunsthandwerker** sowie gastlich-lehrreiche Stätte der **Brauakademie.**

An jedem Donnerstag zwischen Mai und Oktober laden Bauern und Händler der Region zum **Oberharzer Bergbauernmarkt** ein. Zwischen 18 und 22 Uhr gibt es die Köstlichkeiten des Harzes zu kaufen, aber auch mal Volksmusik zu hören.

Das **historische Quartier** rund um das Bergwerksmuseum ist immer einen Spaziergang wert. Reizvoll sind die breiten, von Bäumen beschatteten Wege und die Holzarchitektur der **Bergarbeiter- und Bürgerhäuser.** Wander- und Spazierwege führen in die Landschaft des Oberharzer Wasserregals, von denen einige nun vorgestellt werden sollen.

Robinson-Spielplatz

Auf kletterfreudige Kinder wartet der Robinson-Spielplatz in der Senke an der Spiegelthaler Straße. Hier wurden bergbauliche Anlagen so nachgebaut, dass Kinder darin umherklettern und Abenteuer erleben können. So gibt es Förderturm, Striegelhaus und Erzwäsche, Drahtseilbahn und Wasserspielplatz. Eltern sollten den Picknickkorb nicht vergessen, die Kinder wollen dort nicht so schnell wieder weg.

Bergbaulicher Robinson-Spielplatz, zwischen Spiegelthaler Straße (dort auch Parkplatz) und Ringerhalde, zu Fuß in 10 Min. erreichbar vom Kurpark über Ringer Zechenhaus (Wanderweg grünes Dreieck). Spielplatz frei zugänglich.

Bergarbeiterhäuser in Zellerfeld

302h dk

Wandertipp: Spiegeltaler Teiche

- **Rundweg**
- **Länge:** 14 km
- **Dauer:** 5 h
- 280 Höhenmeter

- Zellerfeld, Kurpark – Bockswieser Höhe – Zellerfelder Kunstgraben (1,4 km) – Oberer Spiegeltaler Teich – Spiegeltaler Wasserfall – Unterer Spiegeltaler Teich (2,6 km) – Spiegeltaler Zechenhaus (3,4 km) – Bergstadt Wildemann, Brücke (6,2 km) – Ernst-August-Höhe mit Prinzenlaube (7,5 km) – Zecher Teich – Zellerfeld, Kurpark (12 km)

GPS Dieser anspruchsvolle **Rundweg** durch abwechslungsreiche Landschaft führt nordwestlich von Zellerfeld zu mehreren Teichen und Kunstgräben, in die benachbarte Bergstadt und auf eine aussichtsreiche Höhe. Sie lässt sich aber auch zu einem bequemen Waldspaziergang abkürzen. Mögliche Ausgangsorte sind der Kurpark ebenso wie die Straßen rund um die Touristinformation. Die zentrale Treuerstraße verlängert sich nördlich über den Hohen Weg zur **Bockswieser Höhe.** Spitzwinklig nach rechts zweigt ein Weg ab, der am Sportplatz vorbei zum Rand der Koppel führt und sich über die Koppel als Feldweg fortsetzt (Infotafel Loipen, GPS N 51.822893, E 10.338474). Er bleibt auch auf der Koppel als Weg erkennbar und bietet schöne Ausblicke bis zum Brocken. Bald erreicht er den **Zellerfelder Kunstgraben** (Infotafel Ökologie am Zellerfelder Kunstgraben, GPS N 51.832150, E 10.341950). Nach links geht es weiter entlang des Grabens bis zu einer markierten Wegkreuzung (GPS N 51.831786, E 10.337340, Wegweiser nach Zellerfeld und zum Oberen Spiegeltaler Teich). Im Tal informiert eine Tafel über die hier für den Bergbau angelegten vier **hangparallelen Gräben.** Auf dem Damm zwischen Kunstgraben und **Oberem Spiegeltaler Teich** führt der Wanderpfad (250 m) zum **Spiegeltaler Wasserfall.** Der rund 5 m hohe Wasserfall diente der Flößerei für den Bergbau, das wird vor Ort erklärt. Hier gibt es auch eine Rastbank. Nur noch 600 m sind es auf dem schönen Pfad bis zum malerisch im Wald ruhenden **Unteren Spiegeltaler Teich,** ebenfalls mit Rastbank. Beide Teiche wurden Ende des 17. Jahrhunderts als Wasserreservoir für den Bergbau angelegt.

Spaziergänger können von hier aus den Rückweg antreten, zunächst auf gleichem Weg wieder zum Oberen Teich und hinauf zur Wegkreuzung, dort dem Wegweiser folgend über die Bockswieser Höhe zurück zum Ausgangspunkt. **Wanderer** erreichen entlang des tief schattigen **Spiegeltalgrabens** das **Spiegeltaler Zechenhaus** (800 m). Es wurde im 16. Jahrhundert für den Betrieb der umliegenden Gruben errichtet, diente dann lange als Ausflugsgaststätte und ist nun geschlossen. Bis ins Zentrum der Bergstadt **Wildemann** sind es 2,9 km, von dort könnte man den Bus nehmen (Linie 831 Goslar – Wildemann – Clausthal-Zellerfeld). Der Wanderweg folgt ab Spiegeltaler Zechenhaus zunächst der gleichnamigen befestigten Straße (kein öffentl. Verkehr) und steigt dann (Wegweiser) rechts zu einem Pfad kurz oberhalb der Straße hinauf. So erreicht man bequem den Stadtrand von Wildemann. Beachtenswert ist unterwegs der ausgeschilderte Abzweig zum steil ansteigenden **Knüppelweg,** einem bereits im 16. Jahrhundert angelegten Verkehrsweg zwischen Wildemann (2,1 km) und Bockswiese (2,5 km).

Bis ins Ortszentrum von Wildemann (→ Ortsbeschreibung) sind es noch 10 Min. im Spiegeltal, weitere 10 Min. bis zum **Besucherbergwerk 19-Lachter-Stollen.** Wer diese Wanderung ohne Besichtigungen fortsetzen möchte, steigt an der **Innerste** nahe der Brücke zum Halbe-Höhe-

Weg (Am Badstubenberg) auf, der am Berg entlang das Städtchen im tief eingeschnittenen Tal der Innerste vorführt.

Dieser schöne Fußweg ist auch vom Besucherbergwerk aus zu erreichen. Er ist übersichtlich ausgeschildert, ebenso der steile Zickzackweg (GPS N 51.828340, E 10.284084) zur **Ernst-August-Höhe** (551 m). Das ist ein schweißtreibender Aufstieg, der von einem wunderbaren Blick über Wildemann und seine Wälder belohnt wird. Zur Not wartet eine Schutzhütte, die den Namen Prinzenlaube führt und die Stempelstelle Harzer Wandernadel überdacht. Hier oben kann man sich der Ruhe hingeben, vollbracht ist der anstrengendste Teil der Wanderung. Bis **Zellerfeld** sind es noch 3,8 km, der Weg ist mit grünem Dreieck gut markiert. Er erreicht den Zellerfelder Stadtrand am **Zecher Teich** und am **Robinson-Spielplatz,** von dort sind es nur wenige Schritte bis zum **Carler Teich** und zum Kurpark.

Zellerfelder Kunstgraben

238h-dk

Bergbau und Natur im Oberharzer Wasserregal

Schon im Stadtgebiet von Clausthal-Zellerfeld liegen mehrere Teiche, die für den Bergbau angelegt worden sind, zum Beispiel die Kaskade der **Pfauenteiche,** und als Oberharzer Wasserwirtschaft (→ gleichnamigen Exkurs, S. 96) zum Weltkulturerbe gehören. Viele Spazier- und Wanderwege erschließen diese abwechslungsreiche Landschaft. In der Touristeninformation gibt es dazu freundliche Auskünfte, kostenlose Faltblätter und für wenig Geld detaillierte Karten.

Teiche im Wald, was ist denn so Besonderes daran, mag man sich fragen. Umso faszinierender ist es, beim Wandern vor Ort zu erleben, wie sich die Idee dieses jahrhundertealten Wassersystems in einer wunderbaren Kulturlandschaft vermittelt, als ingenieurtechnische und ästhetische Genieleistung unserer Vorfahren.

Carler Teich

Gegenüber dem Kunsthandwerkerhof an der Ecke Bornhardtstraße/Schützenstraße ist der Eingang zum **Kurpark** nicht zu übersehen. Der kleine Park wurde 1957 am Carler Teich angelegt, dieser wiederum entstand im 16. Jh., um das Wasserrad der Grube „Unüberwindlicher Kaiser Karl“ in Bewegung zu halten. Bewahrt blieben das Striegelhaus mit dem 300 Jahre alten Striegelzapfen, also dem „Wasserhahn“ des Teiches. Kunstrad, Feldgestänge und Hubsatz sind originalgetreue Nachbauten, und was das alles bedeutet, wird vor Ort er-

Oberharzer Wasserwirtschaft

Ein treffendes Bild wäre es ja, sich dieses **Oberharzer Bergbauerbe** als Regal vorzustellen, und auf den Regalböden lagern griffbereit die Wasservorräte. Das im 16. bis 19. Jh. geschaffene System von Teichen, Gräben und Wasserläufen diente dazu, die Wasserräder in den bergbaulichen Anlagen anzutreiben. Der auch heute gebräuchliche historische Begriff **„Wasserregal"** bezeichnet ein **königliches Hoheitsrecht** zur Nutzung des Wassers für den Bergbau, wie das Bergregal ist es also ein Regularium der Bergfreiheit. Entstanden ist damals das **bedeutendste vorindustrielle Wasserwirtschaftssystem Europas,** heute auf einem Gebiet von 200 km^2 im niedersächsischen Teil des Harzes, ein Freilichtmuseum, das 1975 unter Denkmalschutz gestellt wurde und seit 2010 zum Weltkulturerbe zählt.

Die Oberharzer Wasserwirtschaft prägt die **Kulturlandschaft rund um Clausthal-Zellerfeld,** sie dient dem Naturschutz, der Trinkwassergewinnung und dem Schutz vor Hochwasser, wird von markierten Wanderwegen erschlossen, zum Baden genutzt oder kündet museal von der Geschichte des Bergbaus. Das Netz von Teichen, Gräben, Stollen und Radstuben (zur Aufnahme der Wasserräder) aus der Zeit um 1536 bis 1866 wird zum größten Teil von den Harzwasserwerken – dem größten niedersächsischen Wasserversorger – betreut, darüber hinaus gibt es Gräben, Dammreste und Halden, die einem sogenannten passiven Denkmalschutz unterliegen, das heißt, sie sind dem Lauf der Natur überlassen, dürfen aber nicht verändert oder zerstört werden.

Für die Erschließung der Erzvorkommen war es erforderlich, das in die Stollen eindringende Wasser abzuleiten. Bis um 1470 hatten die Bergleute die Fähigkeit entwickelt, das Wasserhaltungsproblem mit Hebemaschinen, in der Bergmannsprache „Künste", zu lösen, **„Wasser durch Wasser zu heben".** Zudem wurde Wasser gebraucht, um die Pochwerke und Erzwäschen über Wasserräder anzutreiben sowie das Erz und Bergleute („Fahrkünste") zu befördern. Im Oberharz wurden dafür 120 Teiche, mehr als 500 km Gräben und ca. 30 km Wasserläufe geschaffen.

In den Teichen wurden die **Wasservorräte gestaut und bereitgehalten,** zur kontrollierten Ableitung des Wassers dienten „Striegelgerenne" aus Eichenstämmen. Verschlossen wurden diese durch „Striegelzapfen". Eine besondere Herausforderung stellten die strengen Winter dar, dafür wurden ingenieurtechnische Lösungen gefunden, die vor allem darauf abzielten, die Wässer fließend und „warm" zu halten. Das Wasser floss über Gräben ab, die parallel zu den Höhenlinien mit leichtem Gefälle angelegt wurden. Für die Abdichtung sorgten, wie bei den Teichen, Rasensoden aus dem Wald, in einigen Fällen Trockenmauerwerk. Unterirdische Wasserläufe ergänzten dieses Grabensystem.

Drei Anlagen sind im Oberharzer Wasserregal hervorzuheben: die Rehberger Gräben, der Oderteich und der Sperberhaier Damm.

Die **Rehberger Gräben** dienten der Wasserversorgung der Gruben in Sankt Andreasberg. Der Alte Graben wurde ab 1602 in hölzernen Rinnen ausgeführt sowie aus dem Granitfels herausgemeißelt und zwischen 1699 und 1703

[>] Den Eulenspiegler Teich in Zellerfeld, direkt neben der zentralen Bushaltestelle (ZOB), kann man bequem mit einem Spaziergang umrunden. Wenige Meter vom Ufer entfernt liegen die Gleise der Tagesförderbahn, die zum Weltkulturerbe Schacht Ottiliae führen

durch einen granitgemauerten Neuen Graben ergänzt.

Der größte aller Harzer Teiche, bis Ende des 19. Jh. die größte deutsche Talsperre, ist der 1715 bis 1722 angelegte **Oderteich** nördlich von Sankt Andreasberg (nicht verwechseln mit dem Oderstausee bei Bad Lauterberg). Im Unterschied zu den anderen Teichen wurde er aus Granitstein und Granitgrus (Sand) geformt. Die Ausflut ergießt sich als kleiner Wasserfall. 1,7 Mio. m^3 Wasser fasst der Oderteich, das reicht, um drei Monate Trockenheit zu überbrücken und treibt mehrere Wasserkraftwerke an.

Der **Sperberhaier Damm** ist ein 953 m langer Äquadukt (Wasserbrücke), der größte im Harz. Er wurde in der zweiten Hälfte des 17. Jh. erbaut, um die Wasserscheide zwischen Nord- und Südharz zu überbrücken und die Gruben auf der Clausthaler Hochfläche zu versorgen.

Erlebbar ist das Oberharzer Wasserregal auf 22 **WasserWanderWegen,** die zusammen 112 km lang sind. Sie sind markiert und werden vor Ort auf Schautafeln erläutert. Auf dem Betriebshof Clausthal der Harzwasserwerke ist in der Kaue des ehemaligen Kaiser-Wilhelm-Schachtes eine Ausstellung zum Oberharzer Wasserregal zu sehen. Besichtigungen und Exkursionen entlang der Gräben und Teiche, aber auch untertage, bietet das **Oberharzer Bergwerksmuseum** in Clausthal-Zellerfeld (beides → Ortsbeschreibung).

Unter **www.harzwasserwerke.de** gibt es eine Broschüre und Informationsblätter zum kostenlosen Download (ihnen folgen weitgehend die Ausführungen in diesem Exkurs).

Sehr informativ ist die private Website des Göttinger Welterbeführers *Christian Barsch,* **www.ohwr.de,** auf der ebenfalls Führungen und Wanderungen gebucht werden können.

Einige **Wandervorschläge** sind in diesem Buch unter den Ortsbeschreibungen Clausthal-Zellerfeld und Sankt Andreasberg ausgeführt.

302h dk

läutert. Zum Carler Teich gibt es im Museum eine Broschüre zu kaufen.

Eulenspiegler Teich

Am Zellbach zwischen Clausthal und Zellerfeld, wenige Schritte vom Alten Bahnhof und der Zentralen Bushaltestelle entfernt, liegt der Eulenspiegler Teich. Er entstand 1540 und reichte den Kunsträdern und Pumpen der Gruben „Weißer Schwan“ und „Rheinischer Wein“ das Wasser. Hier muss man nicht groß wandern, es genügt, entlang des schilfbewachsenen Ufers den Teich in aller Ruhe zu umrunden.

Der **Alte Bahnhof** von Clausthal-Zellerfeld wurde 1877–1976 von der Innerstetalbahn, auch „Harzbahn“ genannt, auf der Strecke Vienenburg - Clausthal-Zellerfeld - Altenau befahren. Als dampflokbetriebene Normalspurbahn wäre sie eine der Attraktionen des Oberharzes. Aber der Betrieb wurde damals gegen den leidenschaftlichen Protest der Bürger eingestellt. Seit einigen Jahren ist das Bahnhofsgebäude Sitz der Stadtbücherei.

Schacht Ottiliae

Vor dem Alten Bahnhof verkehren dennoch Züge: die **Tagesförderbahn** fährt zum Schacht Ottiliae. Dieser Schacht war Teil eines unterirdischen Erztransportsystems. Erz aus dem gesamten Clausthaler Revier wurde hier zutage gefördert und zur Weiterverarbeitung vorbereitet. Ab 1905 brachte die Tagesförderbahn das Erz heran. Mit dem ältesten erhaltenen Fördergerüst Europas und funktionstüchtiger Fördermaschine ist der Schacht Ottiliae eine der **Welterbestätten** der Oberharzer Wasserwirtschaft und Außenstelle des Bergwerksmuseums. Für eine Zwei-Kilometer-Wanderung vom Alten Bahnhof zum Schacht kann man natürlich nicht einfach ordnungswidrig auf den Gleisen der nur an Wochenenden und auf Sonderfahrten verkehrenden Tagesförderbahn gehen, die Straße mit Wanderweg dahin ab Clausthal ist ausgeschildert (Parkplätze am Alten Bahnhof und am Schacht).

Schacht Ottiliae, Clausthal, Außenstelle des Bergwerksmuseums, frei zugänglich. Fahrt mit der Tagesförderbahn, Führungen am Schacht: Mai–Okt. So, Fe 11 Uhr, 14.30 Uhr Abfahrt am Alten Bahnhof, Dauer der Führung ca. 75 Min., 7/3,50 €, Familien 17 €, Informationen.

Praktische Tipps

Anreise

- **Mit eigenem Fahrzeug:** B 241, B 242 (Harzhochstraße).
- **Per Bus:** Regionalbuslinien von Osterode (430), Goslar (830) und Sankt Andreasberg (840).

Information

- **Touristeninformation Clausthal-Zellerfeld, OT Clausthal:** Adolph-Römer-Str. 20, Tel. (05323) 81024, Mo–Fr 9–18 Uhr, Sa 10–14 Uhr; **OT Zellerfeld:** Bergstraße 31, Tel. (05323) 81025, Mo, Mi 13–17 Uhr, Fr 9–12 Uhr., www.clausthal-zellerfeld.de, www.oberharz.de.
- **Welterbe-Infozentrum,** Bornhardtstraße 14, Tel. (05323) 98950, www.welterbeimharz.de, tgl.

10–17 Uhr, Eintritt frei. Multimediale Inforeise durch den Harz und das Welterbe.

Übernachtung

4 Harzhotel zum Prinzen②, Goslarsche Straße 20, Tel. (03523) 96610, www.zum-prinzen.de. Kleines, taditionsreiches Haus in Zellerfeld, Service für Motorradfahrer, Zimmer im Landhausstil.

6 Hotel Goldene Krone②, Kronenplatz 3, Tel. (05323) 9300, www.goldenekrone-harz.de. Traditionsreiches Haus im Zentrum von Clausthal, große, helle Zimmer, **6 Restaurant Waldners**②**,** Mo, Di, Do–Sa ab 17.30 Uhr.

7 Pension Picco-Bello②, Adolph-Roemer-Straße 22, Tel. (05323) 987009, buchbar über booking.com. Zwei exklusiv eingerichtete Doppelzimmer in einem Fachwerkhaus im Zentrum von Clausthal, mit Innenhof.

5 Hotel Zum Harzer②, Treuerstraße 6, Tel. (05323) 9500, **5 Restaurant Calvör**②, tgl. 17–21 Uhr, www.zum-harzer.de. Traditionsreiches Haus im Zentrum von Zellerfeld, ruhig gelegen, komfortable Zimmer.

2 Ferienwohnung Auf der Höhe, Zellerfeld, Am Kunstgraben 10, Tel. (05323) 83384, www.ferienwohnung-zellerfeld.de. Für 2 Personen im Souterrain eines Wohnhauses am Rande der Stadt, direkt an Wanderwegen, kurzer Weg zu Kaufhallen, sehr ruhig gelegen.

11 Die Fellerei③, Buntenbock, An der Trift 19, Tel. (05323) 1774, www.diefellerei.de. Im Dorf am Waldrand gelegen, großer, üppiger Garten, Speisen von regionalen Erzeugern.

13 Campingplatz Prahljust, An den Langen Brüchen 4, Tel. (05323) 1300, www.prahljust.de, GPS N 51.785186, E 10.350194. Am Harzer Hexen-Stieg und Oberharzer Wasserregal, großzügige moderne Anlage mit Sauna und Schwimmbad, große Ferienwohnung 400 €/Woche.

1 Campingplatz Waldweben, Spiegelthaler Straße 31, Tel. (05323) 81712, www.campingplatz-waldweben.de, GPS N 51.822874, E 10.320507. Am Oberharzer Wasserregal, ganzjährig, ruhig am Wald gelegen, Kiosk, Café, nebenan Robinsonspielplatz und Ponyhof.

■ **WoMo-Stellplatz:** Alter Bahnhof, Bahnhofstraße, www.oberharz.de, GPS N 51.813299, E 10.336105, 4 gebührenfreie Stellplätze, Parkplatz zwischen Clausthal und Zellerfeld. Öffentliches WC, kein Strom/Wasser.

Essen und Trinken

■ **Hotelrestaurants** → „Übernachtung".

10 Restaurant „Glück auf"③, An der Marktkirche 7, Tel. (05323) 1616, www.eine.harz.de, tgl. 12.30–14.30, ab 17.30 Uhr. Traditionsreiches Haus, Oberharzer Küche, Mediterranes. Weinstube.

9 Café und Bistro Anno Tobak①, Osteröder Straße 4, Tel. (05323) 78107, www.anno-tobak.de,

303h dk

☐ Der Schacht Ottiliae in Clausthal ist Welterbestätte

Di, Do ab 16 Uhr, Fr, Sa ab 15 Uhr. Beliebter Treff und Studentenkneipe in Clausthal.

8 **Bäckerei und Konditorei Biel,** Clausthal, Adolph-Roemer-Straße 5, Tel. (05323) 3514, Mo–Fr 6.30–18 Uhr, Sa bis 16 Uhr, So 8–11 Uhr, 14–16.30 Uhr. Beliebter Ort für Kaffee und Kuchen beim Stadtbummel, direkt an der Einkaufsstraße.

12 **Oberharzer Speisekammer**②-③, Buntenbock, Mittelweg 13, Tel. (05323) 2143, www.harzerspeisekammer.de, Mo–Mi, Fr, Sa ab 17 Uhr, So, Fe 11–19 Uhr. Regionales genießen.

Einkauf

3 **Rewe,** Goslarsche Straße 69b, Mo–Sa 7–22 Uhr.

3 **Getränke Fiekert,** Goslarsche Straße 65, Mo–Fr 8–18 Uhr, Sa 8–13 Uhr.

Zwergenkönig Hübich in Bad Grund

304h dk

Bad Grund

In fünf offene Täler mit vielen Wanderwegen gebettet liegt die **älteste** der sieben historischen **Oberharzer Bergstädte.** Die lange Bergbaugeschichte sieht man Bad Grund (2500 Einwohner) ebenso an wie die seit 1855 währende Kurtradition. Das letzte der Oberharzer Erzbergwerke ist Museum. Eines der attraktivsten Ausflugsziele des Harzes ist das HöhlenErlebnisZentrum Iberger Tropfsteinhöhle.

Stadtgeschichte

Grund wurde erstmals 1317 als Forstort erwähnt. Schon bald darauf begann der Eisenerzabbau in den umliegenden Wäldern. 1524 erhielt Grund die Bergfreiheit. Der Bergbau dauerte bis 1992 an. Damit endete in Bad Grund die Bergbaugeschichte des Oberharzes. Seit Mitte des 19. Jh. kommen die Kurgäste. 1916 erhielt der Ort die Bezeichnung „Bad Grund", nunmehr ist er **staatlich anerkannter Kurort** mit Heilstollentherapie.

Sehenswertes

Das **Gesundheitszentrum** mit der Touristeninformation steht im Zentrum der kleinen, grünen Stadt. Hier beginnen mehrere markierte Wanderwege in die nähere Umgebung. Die mit Schiefer verkleidete **Bergmannskirche St. Antonius** am Markt wurde 1640, nach Zerstörungen durch *Wallensteins* Truppen im Dreißigjährigen Krieg, wieder aufgebaut und 1891 erneuert.

305h rs

Schacht Knesebeck

Am Rande des Kurparks befindet sich das **Uhrenmuseum.** Es zeigt mehr als 1600 Exponate, darunter Uhren aus dem 15. Jh., und gibt einen unterhaltsamen Einblick in die Kulturgeschichte der Zeitmessung. Etwas Zeit verbringen kann man nach dem Rundgang noch im Museumscafé und in der freundlichen Parkanlage.

Gegenüber dem Museum führt der Knesebecker Weg hinauf zum **Besucherbergwerk** Schachtanlage Knesebeck, die zum **Weltkulturerbe** gehört. Der 47 m hohe Hydrokompressorenturm (1912) ist schon aus der Ferne zu sehen. Zur Ausstellung der original erhaltenen Bergwerksanlage gehören die historische Fördermaschine und ein Elektrokompressor (1923), zwei Radstuben für die 12 m hohen Wasserräder (1855, 1912) und die Betriebsräume der wassertechnischen Anlage, mit der die Druckluft für die Maschinen in der Grube „Hilfe Gottes", dem letzten Erzbergwerk des Oberharzes, erzeugt wurde. In der Außenanlage gibt es originale Bergbautechnik zu bestaunen.

⌃ Weltkulturerbe Schacht Knesebeck

Bergbaumuseum Schachtanlage Knesebeck, Knesebeck 1, Tel. (05327) 2858, 2856, www.knesebeckschacht.de, Führungen Mai–Okt. Di–So 11 und 14 Uhr, Nov.–April So 11 und 14 Uhr, 8/5,50 €. 1992 stillgelegtes Erzbergwerk, Bergbauwanderungen in der Umgebung.

Iberger Tropfsteinhöhle

Eine der bekanntesten Attraktionen des Harzgebirges ist das **HöhlenErlebnis Zentrum** Iberger Tropfsteinhöhle oberhalb von Bad Grund. Es liegt direkt an der Harzhochstraße. Vor dem modernen Museumsbau gibt es einen großen Parkplatz und die Bushaltestelle (Linie 460). Der 2,5 km lange, bequeme **Wanderweg zur Höhle** beginnt am Markt und ist ausgeschildert. Zunächst geht es auf der Straße rechts vom Schurfberg hinauf Richtung Schule, am Sportplatz zweigt ein Wiesenpfad durch das **Teufelstal** ab, der als „geologischer Zeitstrahl" ausgebaut ist. Hier liegen exemplarisch **alle bedeutenden Gesteinsarten** des Harzes,

239h-HöhlenErlebnisZentrum Günter Jentsch

also brockenweise 385 Mio. Jahre Erdgeschichte. Der Weg führt am **Märchental** vorbei, das man mit kleineren Kindern besuchen kann, und endet nach weiteren 5 Minuten am Museum (zuvor gilt es noch, die verkehrsreiche Harzhochstraße zu überqueren).

Märchental, Im Teufelstal (GPS N 51.816018, E 10.251033), Tel. (01575) 6779836, Mi 13–17 Uhr, Sa, So 11–17 Uhr, 4/2,50 €. Die Anlage wurde von einem Bergmann gebaut, Märchen in beweglichen Bühnenbildern, Spielplatz, Imbiss.

Die Iberger Tropfsteinhöhle ist **einmalig in Europa.** Sie ist der rund 150 m lange begehbare Teil des 8 km langen Höhlensystems im Iberg (563 m). Dieser Bad Grunder Hausberg ist ein Kalkstock, der aus einem Korallenriff aus dem Erdzeitalter Devon (vor 370 Mio. Jahren) stehengeblieben ist. Seinen Namen verdankt er den früher hier hauptsächlich vorkommenden Eiben. Zu den zahlreichen natürlichen Höhlen im Berg kommen die Schächte und Stollen, die seit dem Mittelalter für den Erzabbau angelegt wurden. Seit 1876 ist die Tropfsteinhöhle für Besucher zugänglich.

Neben diesem „Museum im Berg" gibt es das **„Museum am Berg"**, das die älteste genetisch belegte Familie der Welt vorstellt. Durch DNA-Forschungen konnte eine Verbindung zwischen einer Großfamilie aus der Bronzezeit, deren Überreste 1980 in einer Gipskarsthöhle bei Osterode gefunden worden sind, und heute lebenden Nachfahren hergestellt werden.

HöhlenErlebnisZentrum Iberger Tropfsteinhöhle, An der Tropfsteinhöhle 1 (B 242, Harzhochstraße), Tel. (05327) 829391, www.hoehlen-erlebnis-zentrum.de, Di–So 10–17 Uhr, Juli, Aug., Okt. sowie in den niedersächsischen Schulferien auch Mo, 8/6 €. Höhlenführung 30 Min., Museum am Berg und Museum im Berg. Linienbus 460 (Osterode – Bad Grund – Clausthal-Zellerfeld) bis Bad Grund, HöhlenErlebnisZentrum (nicht bei Straßenglätte).

Wandern am Iberg

eben dem Museum sowie am Waldrand beim Parkplatz beginnen markierte Wege auf den Iberg. Die **König-Hübig-Route,** benannt nach dem sagenhaften Zwergenkönig aus der Höhle, führt über 12 km, mit sieben Einstiegen in die Route, rund um Bad Grund und verbindet die besten Aussichtsplätze. Eine goldene Krone weist den Weg.

Nach 20 Min. recht steilem Aufstieg durch den Wald erreicht man die Wanderwegkreuzung **Schweinebraten,** gekennzeichnet durch ein holzgeschnitztes Schwein am Wegesrand. Während des Aufstieges wird man durch **Warnschilder** darauf hingewiesen, den Wanderweg keinesfalls zu verlassen. Beiderseits im Wald gibt es unzählige **Steilabstürze,** Höhlen und überwachsene Gruben, die allein durch ihren Anblick vom Wegesrand bereits Respekt erheischen. Von der Kreuzung aus führen Wanderwege nach Wildemann (3,4 km), Seesen (12,8 km) sowie nach Lautenthal (7,2 km), sie ist Station des Harzer Försterstiegs.

Albertturm und Hübichenstein

Nach weiterem Aufstieg über einen schmalen Waldpfad, rund 300 m oberhalb dieser Stelle, gelangt man auf eine Forststraße, ein Wegweiser zeigt nach links zum Albertturm. Am Weg dahin liegt ein Aussichtspunkt zum Kalkabbau am Riffkomplex Winterberg/Iberg. Der Turm steht direkt neben der **Waldgaststätte,** er wurde 1908 erbaut und bietet eine Rundsicht, auch zum Brocken. Wer zur rechten Zeit hierher wandert, den wird schon kurz vor dem Ziel der Duft des im Wald üppig blühenden Bärlauchs erfreuen; die würzige Pflanze taucht dann in vielfältiger Form auf der Speisekarte auf. Und wer zu spät kommt zum Bärlauch, den erwarten die Grünkohlwochen.

Ein weiteres nahe gelegenes Ausflugsziel ist der **Hübichenstein,** eine 40 m hohe Felsnadel aus Kalkstein, westlich des Iberges und nahe der Harzhochstraße. Hier wohnt der gutherzige Zwergenkönig Hübich, der sich nicht mehr blicken lässt, seit im Dreißigjährigen Krieg Soldaten die Spitze des Felsens weggeschossen haben. Bekrönt wird die Kalknadel von einem Adler als Denkmal für *Kaiser Wilhelm I.* Auf die kleinere Felsspitze führt ein Pfad, sodass man die Aussicht erleben kann.

WeltWald Harz

Mitten im Harz gedeihen tausende Bäume und andere Gehölze aus Nordamerika, Asien und Europa. Der WeltWald Harz ist ein einzigartiges **Arboretum,** das auf Wanderwegen zu einer **botanischen Weltreise** einlädt. Auf 65 Hektar sind mehr als **600 Baum- und Straucharten** zu erleben. Gepflanzt wurden sie von Harzer Forstleuten um 1975. Besucher finden 14 km markierte Wanderwege vor, darunter Themenwege wie den **Indianerpfad,** den **japanischen Gebirgswald** und **Himalayaweg** sowie einen **Erlebnispfad für Kinder** (1,7 km, mit Hängebrücke). Alljährliche Höhepunkte sind die **Obstbaum- und Rhododendronblüte** (April–Juni) und

☐ Großer Stalagmit im HöhlenErlebnisZentrum in Bad Grund

der **Indian Summer** (auch Goldener Herbst genannt, Sept./Okt.).

- **WeltWald Harz.** Frei zugänglicher Erlebniswald bei Bad Grund (Kanadaweg), Zufahrt über B 242 (Harzhochstraße) bis Parkplatz Hübichenstein (knapp 2 km vom HöhlenErlebnisZentrum) oder Campingplatz Hübichalm. Mit Linienbus 460 (Osterode – Bad Grund – Clausthal Zellerfeld) bis Bad Grund, Weltwald (nicht bei Straßenglätte).

Praktische Tipps

Anreise

- **Auto:** B 242.
- **Bus:** Regionalbuslinie 460 Osterode – Zellerfeld.

Information

- **Touristeninformation im Gesundheitszentrum,** Schurfbergstraße 2, Tel. (05327) 700710, www.bad-grund.de, www.oberharz.de, Mo–Fr 8–19 Uhr, Sa, So 10–13 Uhr.

Übernachtung

- **Hotel Waldhaus**②, Hübichsteg 5, Tel. (05327) 1247, www.hotel-pension-waldhaus.de. Preisgünstiges, großzügiges Haus am Sonnenhang mit Blick auf Bad Grund, Solehallenbad.
- Mein Tipp: **Hotel-Pension Jägerstieg,** v.-Eichendorff-Straße 9 und 16, Tel. (05327) 2828, www.jaegerstieg.de. Zentral gelegenes modernes Haus mit Hotel-Pension③, Ferienhaus mit Appartements②, sehr gut für Familien mit Kindern. Schwimmbad im Hotel für alle Gäste.
- **Campingplatz Hübichalm,** Taubenborner Straße, Tel. (05327) 3190, www.harz-camping.de. Ganzjährig geöffneter Platz für Caravan und Zelt, Anfahrt über A 7, Abfahrt Seesen Richtung Bad Grund, bis Hübichenstein.

Essen und Trinken

Mein Tipp: **Waldgaststätte Iberger Albertturm,** Tel. (05327) 1535, Di–So 11–17 Uhr, www.iberger-albertturm.de. Ideal für Wanderer: preisgünstiges, schmackhaftes Angebot, Bärlauch- und Grünkohlwochen, Harzer Küche, am Baudenstieg gelegen, nur auf Wanderwegen von Bad Grund oder Wildemann erreichbar (oder mit dem Taxi, Tel. (05327) 2266), Aussichtsturm.

Einkaufen

- **Nahkauf,** Markt 12, Mo–Sa 7–20 Uhr

Wildemann

Die kleinste der Oberharzer Bergstädte zeichnet eine geradezu **idyllische Lage** im engen Tal der Innerste aus, das sich um den Gallenberg herumlegt. Wildemann mit seinen weniger als 1000 Einwohnern bietet viel Grün, Ruhe und ein hochinteressantes Besucherbergwerk.

Stadtgeschichte

Der Name des Städtchens ist mit der **Gründungslegende des dortigen Bergbaus** verbunden. Im Jahr 1529 waren Bergleute aus dem sächsisch-böhmischen Erzgebirge in den Wäldern auf der

▷ Mundloch des 19-Lachter-Stollens

Suche nach Lagerstätten. Im Innerstetal sollen sie einem Wilden Mann begegnet sein, und seiner Wilden Frau. Auf Zureden reagierte der Mann nicht, man beschoss und verletzte ihn, nahm ihn schließlich gefangen. In seiner Höhle fand man Silber. Der Wilde Mann (von seiner Frau ist nicht mehr die Rede) verweigerte jegliches Gespräch und die Arbeit, bis er an den Verletzungen starb.

1533 wurde im Bergwerk Wildemanns Fundgrube erstmals **Silber** gefördert und aufbereitet. 1553 erhielt Wildemann die Bergfreiheit, 1554 Stadtrecht. Von 1873 bis 2010 war die Stadt Kneippkurort. Heute lebt sie am Rande des großen Touristenandrangs wieder von ihrem Charme als kleine, traditionsreiche Bergstadt inmitten der Natur.

Sehenswertes

Den imposantesten Blick auf die Stadt im Tal der Innerste und auf die Fachwerkkirche am gegenüberliegenden Hang bietet der **Halbe-Höhenweg,** der bis zum Besucherbergwerk 19-Lachter-Stollen führt und mit dem Wanderweg nach Clausthal-Zellerfeld verbunden ist.

Der **19-Lachter-Stollen** ist ein Wasserlösungsstollen aus dem 17. Jh., der einzige im Harz, der besichtigt werden kann. Seine Aufgabe war es, Wasser aus höher gelegenen Stollen im Zellerfelder und Clausthaler Revier abzuleiten. 1 Lachter, ein altes Bergwerksmaß, sind 1,92 m. 19 Lachter unter einem älteren Wasserstollen wurde dieser angelegt. Der Stollen ist 8800 m lang, davon können Besucher rund 500 m begehen. 1845 wurde vom Stollen aus der Ernst-August-Schacht auf 261 m abgeteuft. Beim

176h-dk

Blick von einer Brücke aus in diesen Blindschacht sieht man einen Wasserschwall. Auch eine untertägige Radstube mit der rekonstruierten Kehrradanlage ist bei der Führung zu sehen.

Besucherbergwerk 19-Lachter-Stollen und Grube Ernst-August, Im Sonnenglanz 18, Tel. (05323) 6628, www.19-lachter-stollen.de, Führungen Mai–Okt. Di–So 11, 14, 15.30 Uhr, Nov./Dez. Sa 14 Uhr, So 11 Uhr, 25.12.–6.1. tgl. 11 Uhr, 14 Uhr, Jan. Di–So 11 Uhr, Feb.–April Di–So 11, 14 Uhr, Karfreitag, Ostermontag zus. 15.30 Uhr, 6,50/ 3,50 €, UNESCO-Welterbestätte.

Direkt vom Bergwerk führt ein Pfad hinunter ins Tal. Entlang der Innerste stehen einfache Bürgerhäuser aus dem 18.–20. Jh. Markiert ist der Aufstieg zur **Fachwerkkirche Maria Magdalena.** Sie ist ein originalgetreuer Nachbau der am 1. März 1914 abgebrannten Kirche von 1656. Die Innenarchitektur orientierte sich an italienischem Barock.

Neben der Ruhe (vom Durchgangsverkehr an der Hauptstraße abgesehen) und dem sehr interessanten Besucher-

306h dk

bergwerk zeichnet Wildemann vor allem die Nähe zu bequemen, aber doch aussichtsreichen Wanderwegen aus. Die **Grüne Runde** führt über 14 km rund um die Stadt, die Wanderung kann an mehreren Stellen abgekürzt werden. Sie bietet Ausblicke und einladende Rastplätze. Symbol ist der Wilde Mann im grünen Ring.

Ein Wanderweg führt zur **Wegkreuzung Schweinebraten** (2,4 km vom Besucherbergwerk, ein holzgeschnitztes Schwein wartet dort; → Bad Grund) und weiter zu den Bergstädten Lautenthal (7,2 km) und Bad Grund (3 km; 20 Min. zum HöhlenErlebnisZentrum, Busstation Linie 460). Mit dem Fahrrad sind es von der Touristeninformation 8,5 km bis Lautenthal und 5 km bis Clausthal-Zellerfeld.

Die **Touristeninformation** an der Kreuzung zum Spiegeltal, unweit der Bushaltestelle (Linie 831 Goslar – Lautenthal – Clausthal-Zellerfeld) an der Hauptstraße, bietet einen nicht alltäglichen Service. Auch außerhalb der Beratungszeiten ist dort ein Saal mit Ruheplätzen, Toiletten sowie Informationsmaterial zugänglich (tgl. 10–19 Uhr). Sogar ein kleines Bücherregal steht den Besuchern zur Verfügung.

Praktische Tipps

Anreise

- **Auto:** B 242.
- **Bus:** Regionalbuslinien von Osterode (460), Clausthal-Zellerfeld und Goslar (831).

Information

- **Touristeninformation Wildemann,** Bohlweg 5 (Hauptstraße, im Post-Point), Tel. (05323) 6111,

⌃ Das Städtchen Wildemann

www.wildemann.de, www.oberharz.de, Mo–Do 9–12 Uhr, Fr 14–17 Uhr, Leseraum mit WC und Infoprospekten zum Mitnehmen tgl. 10–19 Uhr.

Übernachtung/ Essen und Trinken

- **Hotel Rathaus**②, Bohlweg 37, Tel. (05323) 6261, www.hotel-rathaus-wildemann.de. Kleines, historisches Haus im Stadtzentrum an der Innerste, auch Ferienwohnungen. Ratsstube mit bergmännischer Küche. Mo ab 17 Uhr, Di, Mi, Fr–So 11.30–14, 17–22 Uhr.
- **Hotel Spiegeltaler Eck**②, Im Spiegeltal 50, Tel. (05323) 961709, www.spiegeltaler.eck.harz.de. Kleines Haus am Spiegelbach, die Wirtsleute sprechen auch niederländisch. Das Restaurant ist tgl. von 8.30 bis 20 Uhr geöffnet. Regionale, saisonale Küche.
- **Pension Haus Brückner**①, Im Spiegeltal 28, Tel. (05323) 96718, www.pension-brueckner.de. Ruhig am Hang gelegen, Blick über Wildemann, kinderfreundlich, eigene Wassertretestelle.
- **Anjas Ferienwohnungen**, An der Alten Mühle 3, Tel. (05323) 983020, www.anjas-ferienwohnung.de. Preisgünstige, ruhig gelegene und großzügige Wohnungen mit Küche.
- **Campingplatz Okertalsperre,** Kornhardtweg 2, Tel. (05328) 702, www.camping-okertalsperre.de, GPS N 51.819279, E 10.439079. Ganzjährig, direkt am Wasser gelegen, familiär. 130 Standplätze (auch Dauerplätze), Gaststätte, Freibad.
- **Waldcampingplatz Polstertal,** Polstertal 1, Tel. (05323) 5582, www.campingplatz-polstertal.de, GPS N 51.800046, E 10.415586. Abseits ruhig im Wald (kein Handy-Empfang, WLAN an der Rezeption), ganzjährig, 100 Plätze, Kiosk.
- **WoMo-Stellplatz:** Alter Bahnhof, Rothenbergerstraße 52, www.alterbahnhofaltenau.com, GPS N 51.801472, E 10.433991. Ganzjährig, 20 Plätze mit Stromanschluss, zehn ohne, Brötchenservice, 13,50 €.

Lautenthal

Im waldreichen Tal der Laute und der Innerste, auf 300 bis 600 Höhenmetern, liegt die Bergstadt Lautenthal (2000 Einwohner). Der idyllische Luftkurort bewahrt spannende Zeugnisse seiner Bergbaugeschichte und bietet eine Vielzahl von Wanderwegen. Von der nördlichsten der sieben Bergstädte lassen sich erholsam kurze Ausflüge in den Oberharz und nach Goslar (18 km) sowie an die Innerste-Talsperre (4 km) unternehmen.

Stadtgeschichte

Der Abbau von Kupfer-, Blei- und Silbererz begann im Kranichberg (557 m) um das Jahr 1225 und währte zunächst bis zur Pestepidemie um 1350. Ab 1524 siedelte Herzog *Heinrich der Jüngere von Braunschweig-Wolfenbüttel* Bergleute aus dem Erzgebirge an. 1538 wurde die Bergmannsiedlung Lautenthal gegründet, 1613 zur Stadt erhoben. Während des Dreißigjährigen Krieges wütete in Lautenthal erneut die Pest. Plünderungen während des Krieges und die „Große Wurmtrocknis“ (→ Exkurs „Zwischen Baum und Borke“, S. 60) brachten den Bergbau und das städtische Leben mehrfach fast zum Erliegen. Eine kurze wirtschaftliche Blüte erreichte die Oberharzer Bergstadt durch Silbererzfunde Mitte des 18. Jh. 1875 wurde die Stadt an die Innerstetalbahn angeschlossen.

Im Jahr 1959 wurde der Bergbau eingestellt, 1967 der Betrieb der Silberhütte; ab 1976 verkehrte die Innerstetalbahn nicht mehr.

Lautenthal gehört zur Stadt Langelsheim, zählt aber gleichwohl zu den sieben historischen Oberharzer Bergstädten, als Luftkurort ein verschwiegeneres Urlaubsziel.

Sehenswertes

Ein Kleinod ist der von hübschen Wohnhäusern und dem Rathaus (1570) eingefasste historische **Marktplatz.** Inmitten der Grünanlage steht neben einer originalgetreu rekonstruierten **Köhlerhütte** ein **Schwibbogen.** Dieser weihnachtliche Lichterbogen ist überall in Deutschland bekannt, seine Geschichte begann 1740 in Johanngeorgenstadt, im sächsischen Erzgebirge. Er symbolisiert das lichtergeschmückte Mundloch des Bergwerkstollens. Wenn sich die Bergleute zur Mettenschicht vor Heiligabend im Huthaus versammelten, war es Brauch, dass sie ihre Grubenlampen am bogenförmigen Mundloch aufhängten. Bergleute aus dem Erzgebirge waren es auch, die im 16. Jh. die Bergmannssiedlung an der Laute und Innerste gründeten.

Die von einem Bergsporn über dem Markt aufragende **Paul-Gerhardt-Kirche** wurde 1659 eingeweiht. Sehenswert ist der barocke Kanzelaltar.

Kunsträder und Erzkähne

Vom Markt aus rund um den Kranichsberg (557 m) führt der bequeme **Bergbau-Lehrpfad.** Auf 15 Stationen wird der historische Lautenthaler Bergbau erläutert. Neben Mundlöchern und Halden werden rekonstruierte Fördereinrichtungen gezeigt, so ein Kunstrad mit 63 m langem Feldgestänge. Man kann den Weg auf eigene Faust gehen oder sich führen lassen (Anmeldung in der Touristeninformation, dort gibt es Faltblätter mit Karte). Der Lehrpfad wird vom Bergwerks- und Geschichtsverein betreut, ebenso die **Heimatstube** in der Alten Schule am Markt.

■ **Heimatstube,** Markt 7, Tel. (05325) 4197, Sa 15–17 Uhr, Eintritt frei.

Das **Besucherbergwerk „Lautenthals Glück"** auf dem Gelände des gleichnamigen, im Jahr 1600 gegründeten Silberbergwerks zählt zu den größten Attraktionen der Oberharzer Bergbaulandschaft. Mit der Grubenbahn fährt man vom über- zum untertägigen Grubenbahnhof in den Tiefen-Sachsen-Stollen. Von dort geht es über drei Sohlen (Etagen) in den historischen Silberstollen. Dabei ist originales Bergbaugerät im Zustand von 1930 zu sehen. Im Ernst-August-Stollen, der als Wasserlösungsstollen angelegt worden ist, können Besucher eine **Fahrt mit dem Erzkahn** erleben. Das gibt es im Harz nur hier. Die Anlage ist zwar eine verkleinerte Rekonstruktion, vermittelt aber doch eindrucksvoll die Arbeit der Bergleute, die in flachen Holzkähnen bis zu drei Tonnen frisch abgebautes Erz transportierten. Damals waren hier mit Armkraft am Stahlseil vor allem ältere Kumpel tätig. Auf einer Strecke von 110 m kann man selbst versuchen, den nunmehr mit Besuchern beladenen Erzkahn in den Hafen zu ziehen.

Historische Silbergrube Bergbaumuseum „Lautenthals Glück", Wildemanner Straße 15–17, Tel. (05325) 4490, www.lautenthals-glueck.de,

April–Okt. tgl. 10–17 Uhr, Nov.–März Sa, So, Fe 10–15 Uhr, 11 / 8 € Familienkarte ab 26 €. Schachthaus mit Fahrkunst, Museum; 13 km von Clausthal/Zellerfeld.

Innerste-Stausee

Beliebtestes Ausflugsziel ist der Innerste-Stausee nördlich der Stadt. Hier kann man baden, Tretboot fahren, segeln und rudern. Um die 1963–1966 erbaute Talsperre führt ein **Wanderweg** (7 km), am interessantesten für Radfahrer und Inlineskater. Es gibt einen Campingplatz, Grillplatz und Aussichtspunkte. Ein **Radfahr- und Skiwanderweg** folgt auf der Strecke Langelsheim – Lautenthal – Wildemann der einstigen Bahntrasse Goslar – Altenau der Innerstetalbahn.

Im nördlich des Stausees gelegenen Ort **Langelsheim** (13.000 Einwohner) sind die barocke **Pfarrkirche St. Andreas** (1755) mit romanischem Turm und einem Kanzelaltar des Goslarer Meisters *Jobst Heinrich Lessen,* ein Meisterwerk der Holzschnitzkunst, und einige Fachwerkhäuser sowie der spätgotische Adelshof sehenswert. Langelsheim liegt an der B 82 und an der Regionalbahnstrecke Göttingen – Bad Harzburg. Vom Bahnhof bis zur Talsperre sind es 4 km.

Praktische Tipps

Anreise

- **Auto:** zwischen B 241 und B 242 (Harzhochstraße).
- **Bus:** Regionalbuslinien von Goslar und Clausthal-Zellerfeld (831).

Information

- **Touristeninformation,** Kaspar-Bitter-Str. 7b, Tel. (05325) 4444, www.lautenthal-harz.de, Mo–Fr 9–12 Uhr, 14–17 Uhr, Sa 9–12 Uhr, So 10–12 Uhr.

Übernachtung

- **Pension „An der Laute"**②, Rathausplatz 7, Tel. (05325) 5464632, www.an-der-laute.de. Hist. Haus im Zentrum, auch größere Gruppen/Selbstversorger.
- **Pension Der Tourstop**①, Am Waldschlösschen 3, Tel. (05325) 4144, www.pensiondertourstop.com. Wanderherberge am Rande der Bergstadt, besonders auch für Motorradfahrer. Die Wirtsleute sprechen auch niederländisch.
- **Hotel-Pension Berndt**②, An der Laute 2, Tel. (05325) 4242, www.hotel-pension-berndt.de. Kleines Haus im Zentrum, einfach und ansprechend. Bikerfreundlich.
- **WoMo-Stellplatz:** Kaspar-Bitter-Straße 7b, Tel. (05325) 4444, www.lautenthal-harz.de, GPS N 51.870209, E 10.287291. 25 Plätze auf dem Parkplatz hinter der Touristinformation, ganzjährig, Stromsäule, Sanistation, 9 €.

Essen und Trinken

- **Maaßener Gaipel**②, Am Maaßener Gaipel 1, Tel. (05325) 5214445, www.harzklub-lautenthal.de, Di–So 11–21 Uhr. Wanderlokal im einstigen Bergbaurevier, Pizzeria. Wanderweg auch von Wildemann.
- **Harzer Schnitzelkönig**②, Wildemanner Straße 9, Tel. (05325) 5887970, www.harzer-schnitzelkoenig.de. tgl. ab 11.30 Uhr. Schnitzel, Rippchen, Steaks und weiteres vom Grill, auch großformatig.

Theater

- **Wunderkammer.** Varieté-Theater. Wildemanner Straße 11, Tel. (0171) 9561386, www.wunderkammer-harz.de. Kleinkunst aller Art. Jazzklub.

Altenau

Mit dem Okerstausee und dem Wintersportzentrum Torfhaus liegen herausragende Erholungsorte des Oberharzes direkt am Rand der Kurstadt Altenau (1600 Einwohner), ebenso einige der interessantesten Wanderwege. Das Städtchen am Ufer der Oker und ihrer Zuflüsse verteilt sich auf mehrere enge Täler zwischen den Bergen. Die meisten Besucher kommen im Winter. Angestoßen wird mit Altenauer Bier.

Stadtgeschichte

Der Bergbau in Altenau begann vor 1227. Seinen Namen erhielt der Ort durch die vielen hier zusammenfließenden Gewässer. Im Jahr 1580 bestand eine Bergbausiedlung, und 1617 erhielt Altenau Stadtrecht. 1636 wurde es Freie Bergstadt. Wie in anderen Oberharzer Bergstädten, waren Bergleute aus dem Erzgebirge dem Ruf in den Harz gefolgt. Der Bergbau erlebte hier im 17. und 18. Jh. seine Blüte. Die Eisenhütte wurde bis 1871 betrieben, die Silberhütte schloss 1911. Ab 1913 und wieder in den 1970er Jahren profilierte sich die in waldreichen Flusstälern gelegene kleine Stadt als Erholungsort. 1972 wurde der Ferienpark „Glockenberg“ erbaut. Seit dem Fall der Mauer ist die Attraktivität Altenaus aufgrund der zentralen Lage im grenzenlosen Harz gestiegen, doch gingen die Urlauberzahlen zunächst zurück. 2007 wurde mit dem Bau der Thermen- und Saunalandschaft Kristall Heißer Brocken ein modernes Freizeitzentrum geschaffen.

Sehenswertes

„Machen Sie doch Urlaub, da wo der Pfeffer wächst“, lautet der prämierte Werbespruch der Bergstadt Altenau. Zwar wird man Bergbau, Bergsport oder Bier wohl eher nicht mit Pfeffer assoziieren, aber sehr wohl **Europas größten Kräuterpark,** und Kräuter wiederum mit einem **heilklimatischen Kurort.** Der 3 ha große Park liegt im Schultal am Ufer des Flüsschens Altenau, 10 Minuten Fußweg von der Touristeninformation entfernt. Kräuter und Gewürze aus der ganzen Welt verbreiten betörende Düfte, locken unzählige Wildbienen und Schmetterlinge und regen den Appetit an. Der führt geradewegs in die Probierstube, dort kann man Kräuter für jeden Bedarf kaufen.

■ **Kräuterpark Altenau,** Schultal 11, Tel. (05328) 911684, www.kraeuterpark-altenau.de, Di–So 10–17 Uhr, 4/1 €. Mit Verkaufsstube und Café.

Viele Kräuter aus diesem Park werden nur eine Viertelstunde von hier entfernt tagtäglich aufgegossen, in der **Kristall-Therme „Heißer Brocken“.** Hier lässt sich das Leben in vollen Zügen genießen. Mal kräftig durchatmen kann die ganze Familie in den temperierten Innen- und Außenbecken, in der Sauna oder im Hexenzuber.

■ **Kristalltherme Heißer Brocken,** Karl-Reinecke-Weg 35 (Glockenberg), Tel. (05328) 911570, www.kristalltherme-altenau.de, tgl. ab 9 Uhr, ab 19,80 €. Thermalbad, Sauna, Wellnessangebote, Restaurants, Ferienwohnungen. Linienbusse 831 (Goslar – Altenau), 840 (Clausthal-Zellerfeld – Altenau – Sankt Andreasberg), 861 (Goslar – Schulenberg – Altenau).

177h-dk

Im Zentrum der Kurstadt liegt der **Markt,** auf halbem Weg zwischen Kräuterpark und Therme. Hier halten die Linienbusse und es gibt mehrere kleine Läden sowie Cafés. An die in Altenau nur recht kurze Bergbaugeschichte erinnern die holzverkleideten Bergarbeiterhäuser an den Flussufern. Oberhalb des Marktes steht die dreischiffige **Holzkirche St. Nikolai** (1670).

Mit der Bergfreiheit verbunden war das Recht, Bier zu brauen. Die **Altenauer Brauerei** ist die letzte noch tätige im Oberharz. Sie liegt 5 Min. vom Markt entfernt, am Ufer der Oker. Zugewanderte Bergleute hatten ihr Wissen um das Bierbrauen in den Harz gebracht, das wunderbar weiche Gebirgswasser bot die beste Voraussetzung für köstliches Bier.

Altenau ist Zentrum des **Nordic Walking.** Alljährlich Anfang Mai gibt es für alle den Altenauer Nordic Walking Cross auf Strecken zwischen 4,7 und 18,7 km. Diese Wege können auch außerhalb dieses Wettbewerbs gewalkt werden. Mountainbiker und ihre Zuschauer treffen sich Mitte Mai zum **Harzer Mountainbike-Event** rund um Altenau, in einer Gegend also, die beste Voraussetzungen für diesen Sport bietet.

Torfhaus

Zentrum des Wintersports und des Wandertourismus ist die rund 8 km östlich von Altenau liegende Siedlung Torfhaus (zu Clausthal-Zellerfeld). Als der Harz geteilt war, konnten Besucher von westlicher Seite hier dem nur 5,5 km Luftlinie entfernten Brocken am nächsten kommen, für einen sehnsüchtigen Blick hinüber. Der auf 820 Höhenmeter liegende Ort ist mit dem Großparkplatz an der B 4 und einer Reihe von Gaststätten ein **Biker-** und **Wanderertreff. Wintersportler** finden gespurte Loipen so-

⌃ Der Kräuterpark Altenau – ein Paradies für Wildbienen und Schmetterlinge

wie den Skischlepplift „Am Rinderberg“ und den Rodellift „Brockenblick“.

Im modernen **Nationalparkhaus** wird die Natur des Gebirges mit Filmen und Ausstellungen vermittelt. Hier beginnen geführte Wanderungen mit dem Nationalparkranger sowie mehrere markierte Wanderwege, deren bekanntester der Goetheweg zum Brocken ist. Mit Blick auf den 80 m hohen **Sendemast** des NDR lässt sich Torfhaus vom Brocken aus unfehlbar orten.

Am **Bruchberg,** einer spärlich bewaldeten Hochebene südwestlich von Torfhaus, liegt die **Aussichtsklippe Wolfswarte** (918 m). Sie und weitere Wanderziele sind vom Parkplatz an der Steilen Wand (Straße zwischen Altenau und Torfhaus, GPS N 51.797593, E 10.531228) am bequemsten zu erreichen. Das **Skikreuz** stand ab 1921 östlich des Bruchberges, nunmehr also in der Kernzone des Nationalparks. Es wurde deshalb an die Wolfwarte versetzt. Das Denkmal erinnert an die Weltkriegstoten des Skiklubs Altenau.

Goetheweg und Torfhausmoor

Zwar lässt sich *Goethes* Wanderweg vom 10. Dezember 1777 nicht mehr sicher bestimmen, aber die dem Dichter gewidmete, gut ausgeschilderte Route (18 km mit Rückweg, Teilabschnitt des Harzer Hexen-Stiegs) lohnt sich unbedingt. Nach seiner Wanderung schrieb *Goethe* das hymnische Gedicht „Harzreise im Winter“ (→ Exkurs „Der Harz in der Literatur“, S. 73).

Das **Große Torfhausmoor** ist ein harztypisches Hochmoor. Es liegt eine Viertelstunde vom Nationalparkhaus entfernt, am Goetheweg, und steht, wie die anderen Harzmoore auch, unter Naturschutz. Im 18. Jh. wurde hier Torf als Brennstoff gestochen, das wurde aber bald eingestellt, weil es den Aufwand nicht lohnte. So blieb das 30 ha große, 10.000 Jahre alte Naturreservoir erhalten. Auf einem Bohlensteg (700 m, Rundweg von Torfhaus 5 km, 1,5 Std.)

307h dk

kann man das Moor mit seinen seltenen Pflanzen erleben. Hier wachsen neben anderen der Rundblättrige Sonnentau und das Torfmoos. Im Herbst bildet die Rasige Haarsimse einen rostroten Gräserpelz. Dazu gibt es immer noch einen wunderbaren Blick zum Brocken, oder eben dahin, wo er im Nebel steckt.

GPS Diese Tour ist von **Torfhaus** (Parkplatz, Linienbus 820 Bad Harzburg – Torfhaus – Braunlage) als bequemer, gut ausgeschilderter Weg über den Goetheweg mit Moorsteg, Kaiserweg, Torfmoorweg möglich.

- **Rundweg**
- **Länge:** 6 km ohne größere Steigungen
- **Dauer:** 1,5 Std.

Der Goetheweg führt zu einer Wegkreuzung am Fuß des allmählich gesundenden **Quitschenberges** (882 m), der seinen Namen den Vogelbeeren (Ebereschen, Quitschen) verdankt, die dort verbreitet waren und nun wiederkehren. Am **Brockenfeldmoor** trifft der Wanderweg auf den **Eckersprung,** die Ecker-Quelle. Hier überquert er mit dem Grünen Band die ehem. innerdeutsche Grenze.

Nun geht es spürbar bergan. Bald erreicht der Wanderweg die Gleise der **Brockenbahn** am Königsberg (1034 m), und auf befestigtem Weg werden die letzten Höhenmeter absolviert. Einen historisch interessanten Ort markiert die **Knochenbrecherkurve** am Zugang zur Brockenstraße. Von hier bis etwa zu der Stelle der Teufelskanzel und des Hexenaltars auf dem Gipfel (→ Exkurs „Der Brocken", S. 48) verlief bis Mitte des 19. Jh. der Zugang zum Brockengipfel. *Goethe* wird diesen Weg demnach auch gegangen sein. Der Name kommt daher, dass sich die Fuhrwerkspferde auf dem steilen Weg oft schwer verletzten. Einen ähnlichen Flurnamen – Kniebreche – gibt es aus gleichem Grund im sächsischen Erzgebirge. Der Knochenbrecherweg in der Kernzone des Nationalparks ist gesperrt. Stattdessen führt die Brockenstraße auf die Höhe.

Der **Rückweg** erfolgt, wenn in Torfhaus das Auto oder die Unterkunft wartet, wieder auf dem Goetheweg oder, für ausdauernde Wanderer (13 km), über den Eckerstausee nach Bad Harzburg (siehe dort). Von Bad Harzburg fahren Busse (Linie 820) nach Torfhaus. **Weitere Wanderwege** vom Brockengipfel und die Fahrten mit der Brockenbahn werden unter „Heinrich-Heine-Weg zum Brocken" und „Schierke" beschrieben.

Praktische Tipps

Anreise

- **Auto:** B 498.
- **Bus:** Regionalbuslinien von Bad Harzburg (820), Goslar (831), Clausthal-Zellerfeld und Sankt Andreasberg (840).

Information

- **Touristeninformation Altenau,** Hüttenstraße 9, Tel. (05328) 8020, www.oberharz.de, Mo–Fr 9–17 Uhr, Sa 9–14 Uhr, Fe 10–13 Uhr.

☐ Sagenhafte Wildnis – Bachlauf am Torfhausmoor

■ **Nationalpark-Besucherzentrum Torfhaus:** Torfhaus 8, Tel. (05320) 331790, www.torfhaus.info, April– Okt. tgl. 9–17 Uhr, Nov.–März Di–So 10–16 Uhr, Eintritt frei. Multimediale, barrierefreie Ausstellung über die Natur des Harzes, für Kinder Baumhöhle und Forscherecke.

Übernachtung

■ **Landhaus am Kunstberg**②, Altenau, Bergmannsstieg 5, Tel. (05328) 255, www.landhaus-am-kunstberg.de. Ruhig gelegen, Blick auf die Berge, von Wiesen und Garten umgeben, großzügige, ländlich eingerichtete Zimmer, Hallenbad.

■ **Haus Reimann**, Breslauer Straße 8, Tel. (05328) 911485, www.haus-reimann.de. Großzügige Appartements für 2–6 Personen mit Terrasse oder Balkon. 10 Min. Fußweg zur Stadtmitte.

■ **Waldcamping Polstertal**, Tel. (05328) 5582, www.campingplatz-polstertal.de. Viel Wald und Wasser, ideal für Familien. Spielplatz, Kinderbad, Badeteiche im Wald. Ferien im Zirkuswagen, Weinfass oder Campingbungalow möglich.

Essen und Trinken

■ **Sperberhaier Dammhaus**②, Dammhaus 1 an der B 498 bei Altenau, Tel. (05328) 911495, www.sperberhaier-dammhaus.de, Di–So 11–20 Uhr. Traditionsreiche und beliebte Gaststätte am Harzer Hexen-Stieg. Gutbürgerliche Küche. Rustikales Ambiente und das passende schmackhafte Essen. Das Haus wurde in den 1730er-Jahren gemeinsam mit dem Sperberhaier Damm errichtet, zunächst als Umkleide- und Gebetshaus. Linienbus 840 (Clausthal-Zellerfeld – Altenau – Sankt Andreasberg) bis Dammhaus bzw. Abzweig Dammhaus.

Okertal und Okersee

Die **Oker** entspringt am Westhang des Bruchberges zwischen Altenau und Torfhaus in 910 m Höhe und hat sich südwestlich von Goslar ein abwechslungsreiches und erlebenswertes Tal geschaffen. Der Fluss wird von der B 498 begleitet. **Stausee** und Okertal sind somit von Goslar und Altenau schnell zu erreichen. Gute Verbindungen bietet die Buslinie 861 Altenau – Schulenberg – Oker – Goslar.

Schulenberg

Die historische Bergbau- und Hüttensiedlung **Schulenberg** ist 1954 in den Fluten der Okertalsperre versunken. Auf einem Plateau auf dem **Wiesenberg,** hoch über dem Stausee, ist der Ort unter Federführung des hannoverschen Bauhausarchitekten *Carl Bauer* (1909–1999) neu angelegt worden. Hier finden Winter- und Wassersportler gute Angebote. Am großen Wiesenberg liegt das **Ski-Alpinum.** Biker befahren gern die den See überquerende kurvenreiche B 498 (Altenau – Goslar). **Downhillsportler** treffen sich im Racepark zu Abfahrten mit verschiedenen Anforderungen.

Einblicke in die stillen Buchten des Okerstausees lernt man auf einer 90-minütigen Rundfahrt mit dem Ausflugsschiff „AquaMarin“ kennen – der einzigen Fahrgastschifferei im Harz – oder im eigenen Ruder-, Tret- oder Segelboot. Auch **Badestrände** und einen **Campingplatz** gibt es. Mit 46,8 Millionen

Kubikmetern ist die Okertalsperre die zweitgrößte im Harz und die größte in Niedersachsen. Um den Stausee und über die elegant geschwungene Staumauer führt ein **Rundwanderweg** (18 km). Die Folgen anhaltender Trockenheit sind jedoch nicht zu übersehen, über aktuelle Konsequenzen für den Schiffsverkehr und Wassersport informieren die Reederei und die Touristinformation.

■ **Touristinformation Altenau-Schulenberg,** Altenau, Hüttenstraße 9, Tel. (05328) 8020, www.oberharz.de (Öffnungszeiten → „Altenau“).

■ **Okersee-Schiffahrt Schulenberg,** Tel. (05329) 811, www.okersee.de. Anlegestellen: Hauptstaumauer, Vorstaumauer, Schulenberg und Weißwasserbrücke (jeweils mit Parkplätzen, Haltestellen Linienbus 861 Goslar – Schulenberg – Altenau). April–Nov. tgl., Nebensaison Sa/So/Fe. Große Okerseerundfahrt 1,5 Stunden 17/8,50 €. Linientickets ab 13 €. Bordrestaurant. Abhängig vom Wasserstand des Okersees sind Einschränkungen möglich.

■ **Ski-Alpinum Schulenberg,** www.alpinum-schulenberg.de. 4 Abfahrtspisten verschiedener Schwierigkeitsstufen. Shuttle-Verkehr von mehreren Parkplätzen in Schulenberg (2 €). Keine Anfahrt mit Pkw möglich. Tageskarte 25/20 €.

■ **Racepark Schulenberg,** Parkplatz an der Bramkebrücke (GPS N 51.841107 E 10.443706), Sa/So/Fe, Brückentage 10–17 Uhr, mehrere Trails, Downhill mit 165 Höhenmetern und 1,4 km Länge. Tageskarte 30 €.

■ **WoMo-Stellplatz:** Wiesenbergstraße 14, Tel. (05328) 80220, www.oberharz.de, GPS N 51. 836690, E 10.434902. Ganzjährig 10 Plätze in der Ortsmitte mit Panoramablick auf den Stausee, Stromanschluss, Ver- und Entsorgestation, WC, 6 €.

Essen und Trinken

■ **Café Muhs**①, Schulenberg, Richard-Böhm-Str. 11, Tel. (05329) 805, www.cafe-muhs.de, Mi–So ab 14 Uhr. Traditionscafé im Zentrum, Spezialität: Okertaler Keimkornbrot, schmackhaft: Kuchen und Kleingebäck. Blick über den Stausee zum Brocken.

Wollsackverwitterung

Eine einleuchtende Metapher, an Orten wie den Kästeklippen im Okertal oder den Leistenklippen im Hochharz. Sie bezeichnet erdgeschichtliche Vorgänge vor allem im Tertiär, bei denen die unterirdischen **Granitmassive** durch Wasser und die darin gelösten chemischen Substanzen angegriffen und an den sensibelsten Stellen aufgebrochen wurden. Die dabei entstandenen Kanten und Ecken waren in der Folge der Verwitterung besonders ausgesetzt, so bildeten sich die **charakteristischen Rundungen und Wülste** heraus. Das Erdreich und die Gesteinskrümel wurden durch die Witterung nach und nach fortgespült, und so gerieten die „aufeinandergestapelten Wollsäcke“ ins Freie. Dort entdecken und bewundern wir sie in ihrer Harmonie und Formenvielfalt als die Härtesten des Harzes, die mattgrauen Edelsteine dieses Gebirges (→ „Brocken und Klippen – Wandern im Hochharz“, S. 54). Besonders filigrane Felsgebilde sind die Schnarcherklippen im Elendstal bei Schierke, der Zieten und die Kästeklippen im Okertal sowie die Zeterklippen und Leistenklippen im Hochharz.

Wandertipp: Malerische Klippen

- **Rundweg**
- **Länge:** 11,5 km
- 368 **Höhenmeter**
- Oker (Waldhaus) – Kästeklippen (5 km) – Romkerhaller Wasserfall (8 km) – Verlobungsinsel (9,3 km) – Oker (Waldhaus, 12 km)

GPS Nördlich des Romkerhaller Wasserfalls sind es beiderseits der Oker vor allem die formenreichen, nahe beieinander aufragenden **Klippen,** die Wanderer und Bergsteiger locken. Besonders schön ist es im späten Herbst während der **Laubfärbung.** Eine anspruchsvolle Rundwanderung führt von Oker zu den **Kästeklippen** und dem **Romkerhaller Wasserfall** über die **Verlobungsinsel** zurück nach Oker. Sie beginnt in Oker am Parkplatz beim (geschlossenen) Hotel Waldhaus (Bushaltestelle Waldhaus) und folgt zunächst einem geschotterten Forstweg, von dem rechts (GPS N 51.880868, E 10.479047) der deutlich steilere Wanderweg zu den **Ziegenrückenklippen** abzweigt. Bald bieten sich schöne Ausblicke ins Tal. Dem Wegweiser folgend, geht es weiter aufwärts zum Gebiet der Kästeklippen (605 m). Dabei passiert der breite Weg den Abzweig eines Wanderpfades (GPS N 51.869784, E 10.484849), der steil abwärts zu den **Treppenklippen** führt (Stempelstelle Harzer Wandernadel, knapp 1 km Umweg), die über **Felsstufen** erklommen werden können und im 13. Jahrhundert als Befestigungsanlage dienten.

Der wohl schönste Ort in den Kästeklippen (GPS N 51.868333, E 10.483333) ist der Aussichtspunkt beim **„Alten vom Berge".** Hier öffnet sich ein traumhaftes Panorama des **Okertals.** Es gibt Rastplätze auf den Steinen. Das historische Ausflugslokal Kästehaus ist Baustelle, hier soll eines Tages wieder Gastlichkeit gepflegt werden (Eröffnungstermin ungewiss).

Stattlich und finster steht die **Hexenküche** am Weg. Von dort führt ein Pfad zu **Nonne und Mönch** (Wegweiser, mit Rückweg 200 m). Weitere Gebilde säumen den Wanderweg, so die **Habichtsklippe** und die bizarre **Mausefalle,** ein scheinbar fragiles Gebilde, das im Unglücksfall wohl nicht nur Mäuse erschlagen würde. Auch sie entstand durch die für den Harzgranit typische **Wollsackverwitterung.** Schließlich die **Feigenbaumklippe** (Feigenbaumkanzel), deren Plateau einen reizvollen Blick ins Tal bietet.

Hinunter nach **Romkerhalle** führen zwei Wege, ein bequemerer und ein steiler Naturpfad. Letzterer ist natürlich interessanter. Wer die beschriebene Wanderung in der entgegengesetzten Richtung begeht, also von Romkerhalle aufsteigt, sollte den bequemeren Weg wählen, da der Aufstieg über den Naturpfad extrem steil und nicht immer eindeutig als Weg erkennbar ist.

Romkerhall mit Restaurant und denkmalgeschütztem **Wasserkraftwerk** (Parkplatz) an der B 498 markiert die Halbzeit dieser Wanderung. Hinter dem Hotelgebäude beginnt ein steiniger Naturpfad entlang der wilden, klippenreichen Oker. Eine Holzbrücke führt nach 1,3 km zur malerischen **Verlobungsinsel.** Ein Rastplatz mit Stempelstelle der Wandernadel.

Weiter geht es oberhalb des Ausgleichsbeckens der **Okertalsperre,** dessen Staumauer betreten werden kann, und entlang des Flusses, leider auch mehrfach nahe der stark befahrenen Bundesstraße. Abschließender Höhepunkt sind die **Adlerklippen,** die nach steilem Aufstieg auf einem mit Geländer gesicherten Steig durchquert werden und einmal mehr einen Aussichtsplatz bieten (GPS N 51.877331, E 10.474442). Die Oker wird hier auch durch einen Kanal geführt. Bis zum ehem. Gasthaus Waldhaus (Bushaltestelle) ist es noch ca. 1 km, damit werden Ausgangs- und Zielort der Klippenrunde erreicht.

Wanderung Okertal

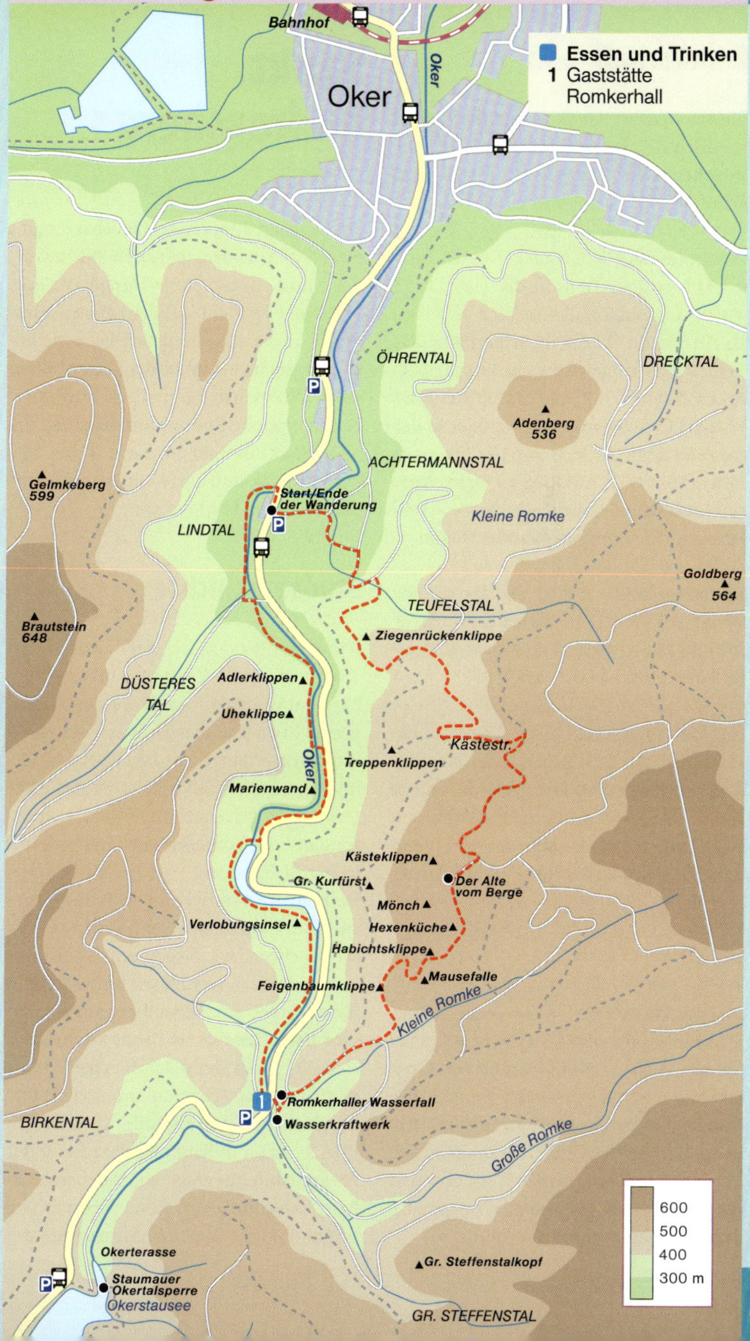

2

Romkerhall

Ein klassisches Ausflugsziel im Okertal nördlich des Stausees ist ganzjährig der **Romkerhaller Wasserfall** (5 km von Schulenberg, 10 km von Goslar) an der B 498 (Haltestelle Linienbus 861 Altenau – Schulenberg – Goslar). Die **Romke** stürzt hier über 70 m in die Tiefe. 1863 wurde der Wasserfall künstlich angelegt, als Attraktion für die im selben Jahr anstelle des einstigen königlichen Jagdsitzes eröffnete Trinkhalle. Bizarr sieht der Wasserfall im Winter aus, wenn er in der ganzen Länge gefriert. Von der Oker aus führt ein steiler Aufstieg zu einer **Aussichtsplattform** oberhalb des Wasserfalls und zu mehreren **Wanderwegen.**

1 **Romkerhall**②, Okertal 24, Tel. (05329) 690053, Mo–Mi, Fr 12–18 Uhr, Do 12–17 Uhr, Sa, So 11.30–20 Uhr. Wanderraststätte und Ausflugsziel. Direkt am Wasserfall. Linienbus 861.

Auf der Höhe Parkplatz Romkerhalle steht das denkmalgeschützte **Wasserkraftwerk** aus dem Jahr 1956. Es wurde ebenfalls von dem Bauhausarchitekten *Carl Bauer* entworfen. Flussabwärts zeigt die Oker nun wieder ihr wildes Gesicht.

Oker

Im hist. **Hüttenort Oker** wurden früher die Erze aus dem Rammelsberg aufbereitet. Heute ist Oker ein Ortsteil von **Goslar** und noch immer von Bauten der **Montanindustrie** geprägt, größter Arbeitgeber ist ein Chemieunternehmen. Von Oker aus lassen sich Wanderungen ins Okertal unternehmen, sehr günstig in Kombination mit der Buslinie 861.

Sankt Andreasberg

Die steilsten Straßen des Oberharzes gibt es in Sankt Andreasberg (1700 Einwohner), und ebenso steile Hänge, die von Skifahrern geliebt werden. Bergwiesen und Wanderwege umgeben die östlichste und höchstgelegene der sieben Bergstädte. 400 Jahre Bergbaugeschichte haben zahlreiche Spuren hinterlassen, die beim Stadtbummel, im historischen Silberbergwerk und auf Wanderungen entdeckt werden können.

Stadtgeschichte

Am heutigen Marktplatz wurde im 15. Jh. die erste Zeche für den Silberbergbau eröffnet, die Grube Sankt Andreas. Etwa zur gleichen Zeit entstand die Grube Sankt Andreaskreuz. 1521 und abermals 1527 (nachdem das erste Dekret nicht den erhofften Zuspruch gefunden hatte) erließen die Grafen *Heinrich* und *Ernst von Hohnstein* die Bergfreiheit, in deren Folge sich Bergleute aus dem Mansfelder Land und aus dem sächsischen Erzgebirge in Sankt Andreasberg niederließen. Noch immer lebt in dieser Stadt eine dem Erzgebirgischen sehr nahe Oberharzer Mundart fort.

1537 erhielt Sankt Andreasberg Stadtrecht. In 116 Gruben arbeiteten 800 Bergleute. Ab 1535 wurde, zunächst in Ellrich, dann in Sankt Andreasberg, der **Andreastaler** geprägt, eine hoch angesehene Talermünze. In Sankt Andreasberg bestand somit die erste Münzstätte der sieben Oberharzer Bergstädte. Bis 1629 wurde hier der Andreastaler geschlagen, danach, bis 1804, in Clausthal.

1729 wurde eine reiche **Silberstufe** entdeckt, die den Bergbau erneut belebte. Mitte des 19. Jh. geriet er in die Krise, 1910 endete er schließlich. In der Bergbaugeschichte von Sankt Andreasberg entstanden über 300 Gruben für den Silber- und Erzbergbau.

Ein **Großfeuer** infolge von Blitzschlag vernichtete am 8. Oktober 1796 große Teile der Stadt rund um die Herrenstraße. Die Kirche fiel den Flammen zum Opfer, ihr Neubau begann mit der Errichtung eines frei stehenden Glockenturmes hoch über der Stadt, er diente nun auch dem Feueralarm. Die neue Kirche entstand als schlicht klassizistischer Bau bis 1811.

Über die ersten Krisenjahrzehnte konnte sich viele Bergarbeiterfamilien mit der Zucht und dem Verkauf der „Harzer Roller" genannten **Kanarienvögel** einen Lebensunterhalt sichern. Nach dem Bergbau kamen die holzverarbeitende Industrie und der Fremdenverkehr in die Stadt.

Mit der **Grube Samson** steht die Stadt auf der UNESCO-Liste des Weltkulturerbes. Als Reiseziel und Kurort wird Sankt Andreasberg vor allem im Winter besucht.

Sankt Andreasberg ist Handlungsort des erfolgreichen mehrteiligen **TV-Krimis** „Harter Brocken" (seit 2015). Zwei Wohnhäuser an der Halde (am Marktplatz) dienen darin als Polizeistation (Mühlenstraße 1) und als Kneipe „Schöckinger" (Halde 2), der Harzwald spielt die atmosphärische Hauptrolle.

Sehenswertes

Die Sankt Andreasberger **Bergbaugeschichte** ist allgegenwärtig in der kleinen Stadt. So gibt es die nach der Grube benannte Katharina-Neufang-Straße, den Glückauf-Weg, Silberstraße und Erzwäsche, Bergmanns Trost und Halde. Hier und in den anderen Straßen, so besonders in der Schützenstraße, stehen die charakteristischen niedrigen **Bergarbeiterhäuser.**

Wahrzeichen des Städtchens ist der **Glockenturm** auf dem Glockenberg (629 m). Er läutete früher die Schicht ein. Ein **Höhenwanderweg** (15 km) führt von hier rund um die Stadt. Naturgemäß kein leichter Weg, ist er doch mit steilem Auf und Ab verbunden. Wer sich diese Bergstadt erlaufen möchte, sollte schon gut zu Fuß sein, wird aber mit wunderbaren Ausblicken belohnt. Alljährlich Anfang Juni wird an den herrlichen Bergwiesen rund um die Stadt das **Wiesenblütenfest** gefeiert. Dabei treiben die Oberharzer Hirten ihre Kühe aus den Winterquartieren auf die frisch duftenden Wiesen, für Zuschauer gibt es allerhand Harzer Köstlichkeiten zu essen und die passende Musik.

Zentrum des Wintersports

Am stadtnahen Matthias-Schmidt-Berg (658 m) gibt es **Skiabfahrtspisten** und Lifte. Ein Zentrum des Wintersports erwartet nördlich der Innenstadt (6 km) beim Oderteich, am Großen und Kleinen **Sonnenberg** (um 853 m), seine Gäste. Im Teichtal am Kurpark gibt es einen **Rodelhang** und die Anlage für **Snowtubing.** Dabei saust man in einem

Sankt Andreasberg

Reifen sitzend den Hang hinab, ohne das Tempo beeinflussen zu können.

■ **Skigebiet Matthias-Schmidt-Berg,** im Südosten der Stadt. 10 km Pisten auf 25 ha, Skilifte, Flutlicht-Skilauf, www.alberti-lift.de. Skiverleih, Rodelhang (300 m Länge), Skischule, www.sport-plaeschke.de.
■ **Rodeln und Snowtubing im Teichtal am Kurpark,** www.skilifte-sonnenberg.de.
■ **Skigebiet Sonnenberg,** nördlich der Stadt an der B 242 (Harz-Hochstraße), www.skilifte-sonnen berg.de. Schlepplifte, Ponylift, Abfahrten mit verschiedenen Schwierigkeitsgraden, Snowboarding, Langlauf, mehrere zertifizierte Premiumloipen. Linienbus 820 Bad Harzburg – Braunlage – Sankt Andreasberg, 840 Clausthal-Zellerfeld – Altenau – Sankt Andreasberg (Achtung: Unterschiedliche Betreiber mit jeweils eigenen Haltestellen Sonnenberg. Linienführung und Aushänge beachten!).
■ **Sommerrodelbahn am Matthias-Schmidt-Berg,** www.alberti-lift.de, tgl. 9.30–17 Uhr, nur bei trockener Witterung. 10er-Karte Berg- und Talfahrt 38 €, Einzelfahrt 3,20 €. 550 m Länge, 130 m Höhenunterschied.
■ **Bikepark MSB-X-Trail,** www.msb-x-trail.de, tgl. 9.30–17 Uhr, Tagesticket 35 €, Einzelfahrt 5 €. 12 km präparierte Strecken vom Trail für Einsteiger bis zum anspruchsvollen Downhill. Bergfahrt per Sessellift, Radverleih, Service.

Exkursion in Bergbaugeschichte

Zu einem Rundgang durch die Stadt folgt man am besten der Dr.-Willi-Bergmann-Straße bis zum Kirchplatz. Dort steht die klassizistische **Martinikirche** (1809/11). Die Herrenstraße ist mit 22 % Steigung die steilste innerstädtische Straße des Harzes. Dennert-Tannen informieren über die Geschichte einzelner Häuser.

Am Markt arbeitete im 16. h. eine der ersten Zechen der Bergstadt, in der Silbergrube St. Andreas. Es ist der Ort der Stadtgründung. Die **Halde** der Silbergrube gab der um den Markt herumführenden Straße ihren Namen. Sie führt zur historischen **Erzwäsche** (1891), die als **Nationalparkhaus** unterhaltsame Angebote für Naturfreunde und Bergbauinteressierte, besonders für Kinder, bereithält. Im Erlebniskino werden Multivisionsfilme gezeigt.

■ **Nationalparkhaus,** Erzwäsche 1, Tel. (05582) 923074, www.nationalparkhaus-sanktandreas berg.de, April–Okt. Mo–Fr 9–17 Uhr, Sa, So, Fe 10–17 Uhr, Nov.–März Di–So 10–17 Uhr, Eintritt frei.
■ **Touristeninformation** → „Altenau“.

Durch einen Park gelangt man auf die Katharina-Neufang-Straße und dort zum Höhepunkt einer Begegnung mit Sankt Andreasberg, dem zum Weltkulturerbe zählenden **Bergwerksmuseum Grube Samson.** Das Silberbergwerk wurde 1521 in Betrieb genommen. Es arbeitete bis 1910, in einer Teufe bis 810 m. Die Grube Samson war Ende des 19. Jh. eine der tiefsten der Welt.

Das Museum ermöglicht mit Anlagen und Technik aus dem 18. und 19. Jh. einen nur hier erlebbaren Einblick in die Bergbaugeschichte. Im Originalzustand erhalten ist die **Kehrstube** mit dem Kehrrad von 1890, Durchmesser 9,30 m. Indem sich dieses Wasserrad in beide Richtungen drehen konnte, daher der Name, beförderte es über zwei Seiltrommeln die ebenfalls zu besichtigenden Erztonnen hinauf und hinab. In der **Kunstradstube** von 1830 wurde das Wasserrad mit 12 m Durchmesser originalgetreu rekonstruiert. Dieses Kunstrad

310h dk

setzte die weltweit einzige noch betriebene **Drahtseilfahrkunst** in Bewegung.

Der amerikanische Ingenieurverband American Society of Mechanical Engineers würdigte die Anlagen der Grube Samson mit dem Eintrag auf die Liste der international bedeutenden Maschinenbau-Denkmäler, sie sind die einzigen in Deutschland mit diesem Status.

Neben dem Bergbaumuseum steht der Gaipel (das Förderhaus über der Schachtmündung), er beherbergt eine zwitschernde Attraktion: das **Harzer-Roller-Museum. Kanarienvögel,** die kleinen gelben Sänger, sind hier zu Hause. Ihre Zucht, einschließlich „Musikunterricht", und der Bau von Käfigen in Heimarbeit haben eine lange Tradition in Sankt Andreasberg. Sie verschaffte Mitte des 19. Jh. mehr als 350 Familien einen Nebenerwerb, heute wird sie noch von einigen Liebhabern betrieben und eben hier im Museum vorgeführt. Diese Rassevögel wurden übrigens nicht in der

Weltkulturerbe Grube Samson

Grube mitgeführt, damit sie den Bergmann vor Kohlenmonoxid warnten, indem sie in ihren Käfigen erstickten. Dafür waren sie zu wertvoll, für diesen traurigen Zweck wurden Wildvögel gefangen.

■ **Bergwerksmuseum Grube Samson,** Am Samson 2, Tel. (05582) 1249, Grube Samson Führungen April–Okt. tgl. 11 Uhr, 14.30 Uhr, 9/6/4,50 €. Grube Catharina Neufang Führungen auf Anfrage. Bergwerksmuseum 4/3 €, Harzer-Roller-Museum 3/2 €, beide: April–Okt. tgl. 10–16 Uhr, www. grube-samson.de.

Über den **Hilfe-Gottesteich-Weg** und durch den Kurpark gelangt man zum **Kurhaus.** Von hier aus führen mehrere markierte Wanderwege in die Umgebung. Der **Hilfe-Gottes-Teich** wurde 1722 als Wasserreservoir für die Andreasberger Gruben angelegt. Am Park gibt es einen **Hochseilgarten.**

Hochseilgarten Bergsport-Arena, am Kurpark, April–Okt. Sa/So 11–17 Uhr, www.harz-hochseilgarten.de. Einer der größten in Deutschland. 24/22/18 €, Familien ab 70 €.

Aussicht von den Hahnenkleeklippen

Ein Aussichtspunkt auf das Rehbergmassiv und Odertal sind die nördlich des Hexen-Stiegs an der Hahnenkleer Waldstraße gelegenen Hahnenkleeklippen. Sie ragen aus einer steilen, 700 m breiten Felswand auf. Vom Parkplatz und der Bushaltestelle der Linie 850 „Königskrug“ (Ortsteil von Braunlage, 1,5 km) sind die Klippen am bequemsten zu erreichen.

Praktische Tipps

Anreise

■ **Auto:** zwischen B 27 und B 242 (Harzhochstraße).
■ **Bus:** Regionalbuslinien von Clausthal-Zellerfeld und Goslar (840), Braunlage (820), Herzberg (450).

Übernachtung

1 **Haus Sonnenschein**, Katharina-Neufang-Straße 17, Tel. (05224) 6107, www.haus-sonnenschein-harz.de. Ruhig gelegenes Haus mit Ferienwohnung für vier und Appartement für zwei Personen, unweit des Bergwerksmuseums.

Die Fahrkunst der Bergleute

Die Erfindung der Fahrkunst im Jahr 1833 in Clausthal durch den Oberbergmeister *Georg Dörell* revolutionierte den Bergbau. Die Bergleute mussten nicht mehr vor und nach der Schicht zeitaufwendig und kräftezehrend Hunderte Meter über hölzerne Fahrten (Leitern) ein- und aufsteigen. Stattdessen passierten sie die Strecken auf **Trittbrettern,** die zwischen zwei **Drahtseilen** (→ Exkurs „Das Drahtseil aus Clausthal“, S. 89) befestigt waren. Zwei Seilpaare mit Trittbrettern wurden über ein vom Kunstrad angetriebenes Kunstgestänge wechselseitig auf und ab bewegt. Die Bergmänner konnten nun immer zwischen den Seilen umsteigen und sich ohne größere Anstrengungen nach oben oder unten bringen lassen.

4 Mindener Hexenhütte, Brauhausstraße 6, Tel. (0172) 5751237, buchbar über booking.com. Stadttypisches Haus für acht Personen (Nichtraucher), drei Schlafzimmer, Küche mit allem nötigen Komfort, Unterstellmöglichkeit für Fahrräder, Ski, Kamin. Ideal für Familien oder Wandergruppen.

Polizeistation und Kneipe im Film „Harter Brocken". Markante Drehorte in dem beschaulichen Städtchen sind auch die steile Herrenstraße, auf der sich Postbote Heiner mit seinem gelben Fahrrad hinaufwuchten muss, und das Berghotel Glockenberg, wo die schöne Killerin den Kellner bezaubert

5 Berghotel Glockenberg②, Am Glockenberg 18,Tel. (05582) 219, www.hotel-glockenberg.de. Aussichtsreich am höchsten Punkt der Stadt, nahe des Skigebietes und der Wanderwege.

Essen und Trinken

3 Speiserestaurant Fischer,①-②, Dr.-Willi-Bergmann-Straße 6, Tel. (05582) 739, www.speiserestaurant-fischer.de, Fr–Di 11.30–14 Uhr, 17.30–22 Uhr. Harzer Küche, Fisch und Wild, Vegetarisches.

Einkaufen

2 Nahkauf, Schützenstr. 9, Mo–Sa 8–20 Uhr.

311h dk

Der Harz im Regen

Es hilft ja nichts, so zu tun, als würde der Harz von der Sonne verwöhnt. Ja, es gibt hier auch diese flirrenden Sommertage und „im Tale grünet Hoffnungsglück", während der Brocken sich noch bedeckt hält; goldenen Herbst im Fichtenwald und satte Schattengrafik auf frischem Schnee. Prachtwetter eben, an solchen Tagen braucht man jemanden, der einen irgendwann doch einmal nach Hause schickt. Aber wie es sich für ein ordentliches deutsches Mittelgebirge gehört, zieht sich der Harz öfter mal einen ausdauernden Regen zu. Was lässt sich an solchen Tagen noch unternehmen?

Am besten: raus in die Natur, nun erst recht. Mit der passenden Bekleidung und vielleicht noch einem Schirm in der Hand (den manche Gastgeber bereithalten) sind noch immer viele Wanderungen möglich. Nun aber einmal auf einsameren Wegen, allein mit dem Wald und dem Wetter. Wann daheim im Alltag kann man das jemals erleben? An zahlreichen Stellen, vorwiegend an Kreuzungen von Wanderwegen, zum Beispiel am Harzer-Hexen-Stieg, stehen Schutzhütten (auf Wanderkarten verzeichnet), in denen man sich abtrocknen und alle die mitgebrachten Köstlichkeiten aufdecken kann. Auch das ist Picknick im Wald. Kinder lassen sich nicht nur abends im Bett gern etwas vorlesen. Manche **Geschichten** passen viel besser in eine einsame Waldhütte. An solchen Tagen empfiehlt es sich, auf bekannten oder kürzeren, geschotterten und eindeutig markierten Wegen zu gehen. Wichtig ist, ausreichend Essen und alkoholfreie Getränke mitzunehmen (nichts gegen das Bier oder den Tee mit Rum zur Rast, bei Unterkühlung ist Alkohol aber lebensgefährlich).

In dieser tausendjährigen Bergbaulandschaft bietet es sich zudem an, eines der spannenden **Besucherbergwerke** kennenzulernen. Unter Tage ist das Wetter gleichbleibend, 8–9 °C bei relativ hoher Luftfeuchtigkeit. Darauf sollte man sich mit der Kleidung einstellen. In den Erzstollen vergeht die Zeit schnell und mit Gewinn. Ebenso sind die **Rübeländer Höhlen** ein Ausflugsziel für Regentage.

Vielerorts laden **Museen** ein, deren Besuch sich etwa mit einer kleineren Wanderung und dem Mittagessen in einem typisch **Harzer Restaurant** verbinden lässt. Die Kinder werden nicht direkt widersprechen, wenn es in eines der **Freizeitbäder** geht.

Mit dem eigenen **Auto** ist jeder Harzort von jedem anderen aus schnell erreicht. Alternativ dazu bietet sich eine Fahrt mit den **Harzer Schmalspurbahnen** an, ergänzt durch An- oder Rückreise mit dem Linienbus. Langfristig gesehen, fallen im Hoch- und Oberharz deutlich mehr Niederschläge als im Unterharz und im Mansfelder Land. Vielleicht lässt sich besseres Wetter ja buchstäblich „erfahren".

264h-dk

> Schaubergwerk Büchenberg bei Elbingerode

Wandertipp: Am Rehberger Graben und im Odertal

- **Rundwanderung**
- **Länge:** 17 km
- **Höhenmeter:** 327
- **Dauer:** 6 h

St. Andreasberg, Parkplatz Dreibrode L 519, GPS N 51.728459, E 10.522321 bzw. Bushaltestelle Intern. Haus Sonnenberg (Linien 820 Bad Harzburg – Braunlage – Sankt Andreasberg, 840 Clausthal-Zellerfeld – Altenau – Sankt Andreasberg) – Rehberger Grabenhaus – Goetheplatz – Oderteich (7 km) – Odertal – Waldgaststätte Rinderstall (14 km) – Lochchaussee – Parkplatz/Bushaltestelle.

Abkürzung: Linienbus 820 Bad Harzburg – Braunlage – St. Andreasberg, Haltestelle Oderteich liegt direkt am Wanderweg (B 242), Haltestelle Abzweig Oderteich (B 4) zwischen Oderbrück und Königskrug, kein Wanderweg zwischen diesen beiden Haltestellen, mit dem Bus entweder Direktverbindung nutzen oder in die Gegenrichtung umsteigen am Abzweig.

Varianten für Wanderer, die mit Bus anreisen:

– Waldgaststätte Rinderstall – Bushaltestelle Oderhaus 3 km, 1 h (bequem).

– Waldgaststätte Rinderstall – Wendeltreppental – Sankt Andreasberg Kurpark 3,5 km, 1,5 h (anstrengend).

MEIN TIPP: GPS Eine beliebte Wanderung in der Landschaft des **Oberharzer Wasserregals** führt entlang des Rehberger Grabens zum **Oderteich,** dem ältesten Stausee des Harzes, und – eine Etage tiefer – durch das weite Tal der **Oder** zurück nach **Sankt Andreasberg.** Am Weg liegen zwei historische Gaststätten, die nur zu Fuß oder mit dem Rad zu erreichen sind. Die Rundtour im Wald ist auch für Kinderwagen und weniger trittsichere Wanderer geeignet.

Ab dem Wanderparkplatz Dreibrode ist der **Harzer Hexen-Stieg,** zunächst bis zum Rehberger Grabenhaus, als Einstieg in diese Rundtour gut markiert. Es handelt sich um die Brockenumgehung des Harzer Hexen-Stiegs, zu welcher der größte Teil der hier beschriebenen Wanderung gehört. Wanderer, die mit dem Linienbus anreisen, steigen am **Internationalen Haus Sonnenberg** aus (nicht verwechseln mit der Nachbarhaltestelle Sonnenberg) und finden hinter der Bildungsstätte den befestigten Wanderweg. Beide Einstiegswege vereinen sich an der **Wanderwegkreuzung Kienrauchshütte** (GPS N 51.730265, E 10.529346), an der sich die Runde auch wieder schließen wird. Von der Kreuzung sind es jeweils 600 m bis zum Parkplatz und zum Grabenhaus, 2 km bis Sankt Andreasberg, 2,5 km bis zum Goetheplatz, 3 km bis zum Rinderstall und 6,5 km bis zum Oderteich.

Knapp eine Viertelstunde nur ist es bis zum Rehberger Grabenhaus, das ab 1722 als Dienstwohnung des Personals für den Kunstgraben errichtet wurde.

1 Rehberger Grabenhaus①, Tel. (05582) 789, www.rehbergergrabenhaus.de, Di–So 10–16.30 Uhr, Teilnahme an der Wildfütterung nach telef. Anmeldung. Regionale Küche, traditionsreiches Ausflugslokal.

Der **Kunstgraben** wurde ab dem 17. Jh angelegt, um die Bergwerke in Sankt Andreasberg am Laufen zu halten. Bis heute betreibt er kleine **Wasserkraftwerke** zur Stromerzeugung. Die interessante Geschichte dieses ingenieurtechnischen Meisterwerkes ist auf mehreren Tafeln am Wanderweg zu lesen, der zu den **WasserWanderWegen** der Oberharzer Wasserwirtschaft (→ gleichnamigen Exkurs S. 96) gehört und aus

□ Wanderkarte S. 128

308h dk

dem einstigen Inspektionsweg des Grabens hervorgegangen ist.

Der bequeme, stetig ansteigende Wanderweg führt an einer Flanke des **Rehberges** (890 m) herum und erreicht den **Goetheplatz.** Bänke ermöglichen eine Rast. Der steile Aufstieg zum Rehberg ist wegen der Gefährdung durch abgestorbene Fichten gesperrt. *Goethe* besuchte diese Gegend während seiner Harzreisen 1783 und 1784. Er wurde vom Vizeberghauptmann *Friedrich von Trebra* begleitet, der ihm hier die Kontraststelle zwischen Granit und Grauwacke zeigte, ein wichtiges Thema im sogenannten **Basaltstreit.**

Weiter geht es am Rehberger Graben entlang des **Sarghais** (736 m) bis zum **Oderteich.** Der Blick schweift über das weitläufige Tal der Oder, leider auch über abgestorbenen Fichtenwald, der den **trockenen Sommern** geschuldet ist. Die Hoffnung für den Harzwald sind die vielen kleinen Bäume, die zwischen den toten Fichten und auf kleinen Vegetationsinseln wachsen. Mit ihnen erneuert sich der Wald auf natürlichem Wege. Jedenfalls kann man sich als Wanderer schon jetzt trotz der graukahlen Skelette an neuer Artenvielfalt erfreuen; Blumen, Gehölzen, Insekten, Vögeln.

Der Wanderweg verlässt den Rehberger Graben und erreicht mit der **Harzhochstraße** den Staudamm des ebenfalls vom Fichtensterben und von der Trockenheit gezeichneten Oderteichs (B 242, Linienbus 850 Sankt Andreasberg – Braunlage). Die bis Ende des 19. Jh. **größte Talsperre** Deutschlands wurde 1714–1721 erbaut, als Reservoir für die Wasserversorgung der Andreasberger Gruben. Rund um den Teich, der zwei **Badestellen** bereithält, führt ein Wanderweg. Zur zweiten Etappe der hier beschriebenen Tour überquert der markierte Weg die Staumauer bis zur Wegkreuzung. Der Harzer Hexen-Stieg zweigt dort nach Norden zum Teichufer ab, südwärts bieten sich (gelb) der Königskruger Planweg und (grün) der **Odertalweg,** auf dem nun die Runde fortgesetzt wird.

Auf einem breiten, befestigten Fahrweg, der für den öffentlichen Verkehr gesperrt ist, läuft es sich bequem in abwechslungsreicher Waldlandschaft. Die an der **Achtermannshöhe** entspringende Oder fließt durch ein klippengespicktes Bett und hält sich zuweilen recht versteckt im

⌃ Am Rehberger Graben

Wanderung am Rehberger Graben zum Oderteich

Grün. Frischer dichter Wald bietet hier einen freundlicheren Anblick. So geht es eine reichliche Stunde sanft bergab bis zu einer großen Lichtung, an deren Rand die **Waldgaststätte Rinderstall** einlädt. Ein historisches Lokal, Name und Geschichte werden auf der Speisekarte erläutert, Stempelstelle der Wandernadel und vor allem ein überaus gastlicher Ort zur Einkehr für Wanderer. Hierher, mitten im Nationalpark, gelangt man nur zu Fuß oder mit dem Fahrrad. Wunderbare Ruhe und eine Augenweide sind der Lohn, das schmackhafte Essen obendrauf.

2 Waldgaststätte Rinderstall①, Sankt Andreasberg, Tel. (05582) 740, www.gaststaette-rinderstall.de, Mai–Okt. Mo–Fr 10.30–17.30, Nov.–April Mo–Fr 10.30–17 Uhr. Selbstbedienung am Automaten (heiße und kalte Getränke, Imbiss, Kuchen) tgl. ab 9 Uhr, dort keine Kartenzahlung möglich. Im Winter mit Kamin. Traditionslokal im oberen Odertal, autofrei. Ganzjährig Harzer Küche, einfache gute Kost für Wanderer. Wanderwege von Sankt Andreasberg, Oderteich, Königskrug, Braunlage, Oderhaus. Infos über Busverbindungen auf der Speisekarte und bei den Kellnerinnen.

Die letzten 3 km Wanderweg folgen nun der **Lochchaussee** (bis dahin 500 m im Odertal zurücklaufen, Wegweiser) und auf diesem Weg bergan bis zum Haus Sonnenberg, zum Parkplatz oder der Bushaltestelle.

Eine reizvolle Variante für den Rückweg: Kurz vor der Gaststätte zweigt vom Odertal das **Wendeltreppental** (auch Windeltreppe genannt) ab und führt steil hinauf nach Sankt Andreasberg. Der Weg wird als anstrengend ausgewiesen, was auch zutrifft, aber nur für 1 km. Oben angekommen, geht es moderat auf breiterem Weg zur **Jordanshöhe** und in die Stadt hinein (auch über Gaststätte Roter Bär, Braunlager Straße, GPS N 51.716370, E 10.533198). Wanderern mit festem Schuhwerk ist dieser Abschluss der Wanderung sehr zu empfehlen, er führt jeweils auch an sehr schönen Bergwiesen vorbei. Wer es bequemer mag oder mit Kinderwagen unterwegs ist, spaziert nach Oderhaus (3 km, Linienbus 820). Bis zum Parkplatz Dreibrode sind es 3,4 km.

396h dk

3 Café und Gaststätte „Roter Bär"②, Sankt Andreasberg, Braunlager Straße 15, Tel. (01578) 3875434, www.roter-baer.de, Mi–So 12–21 Uhr. Ausflugsgaststätte an den Bergwiesen, Harzer Küche, Terrasse mit Aussicht, großer Parkplatz am Haus.

Im „Drecksumpf" setzen sich Sand und Schlamm ab, das Wasser kann weiter fließen. Weltkulturerbe, das bis heute funktioniert

410h dk

3

Goslar

» „Der Name Goslar“ klang dem Dichter Heine „so erfreulich, und es knüpfen sich daran so viele uralte Kaisererinnerungen, daß ich eine imposante, stattliche Stadt erwartete. Aber so geht es, wenn man die Berühmten in der Nähe besieht.“ Man entdeckt ein Fachwerkstädtchen mit wechselvoller Geschichte zwischen Kaiserstolz und Moderne und vor den Toren den Berg, aus dem das Silber kam, Blei, Kupfer und Zink, das die Kaiserstadt am Harzrand reich und berühmt machte.

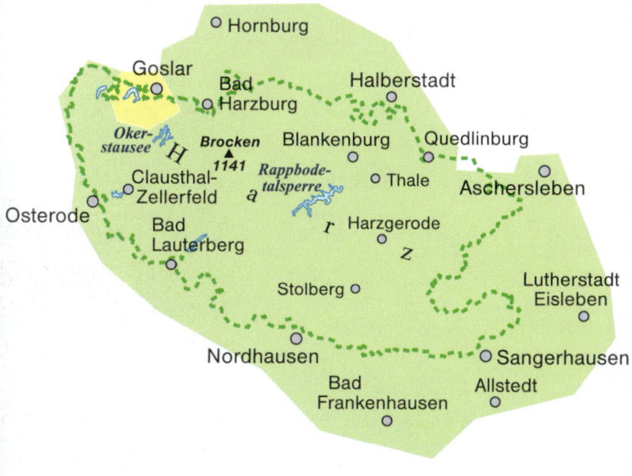

‹ Der Reichsadler, das Wahrzeichen Goslars, auf dem Marktbrunnen

GOSLAR

Die Kaiser- und Welterbestadt Goslar in den nordwestlichen Ausläufern des Harzgebirges verbindet architektonische und bildkünstlerische Denkmale tausendjähriger Geschichte zu einem *unvergleichlichen städtebaulichen Ensemble.* Hier verläuft man sich gern, verirren freilich ist undenkbar. Die Altstadt und das ebenso betagte *Erzbergwerk* im Rammelsberg gehören zum Weltkulturerbe. Dabei ist Goslar (50.500 Einwohner) eine lebendige Kultur- und Einkaufsstadt mit zahlreichen Cafés, Restaurants und Geschäften mit vielfältigem Angebot. Nahe gelegene Ausflugsziele im Grünen sind der *Maltermeisterturm* am Rammelsberg, der Kurort *Hahnenklee-Bockswiese* und das *Okertal.*

Die Stadt liegt jeweils etwa eine Autostunde von Hannover und Göttingen entfernt, sowie am Schnittpunkt von Bahnlinien aus Hannover, Halle/Saale und Braunschweig. Bis zum Brocken sind es, über Torfhaus, rund 30 km.

Stadtgeschichte

Goslar war eine der bedeutendsten Städte des **mittelalterlichen deutschen Kaiserreiches** und über ein Jahrtausend lang **Zentrum des deutschen Erzbergbaus.** Am 30. Juni 1988 rollte unter dem Spalier der Kumpel der letzte Hunt mit Erz aus dem Stollen im Rammelsberg. Mehr als 30 Mio. Tonnen Erz hat der Berg hergegeben.

Infolge des bereits jahrhundertelangen Bergbaus bestanden um das Jahr 1000 in den Auen am Flüsschen Gose mehrere Siedlungen, aus denen die Stadt Goslar hervorgegangen ist. „Der Reichtum des Rammelsberges an Silber- und vor allem Kupfererz war Anfang des 11. Jh. Ursache für die Gründung der Pfalz durch Kaiser Heinrich II.", heißt es in der Darstellung der UNESCO-Kommission für das Weltkulturerbe in Goslar. Der **Rammelsberg** war die Schatzkammer der Kaiser.

Bereits für die Jahre 1005, 1009 und 1015 wird die Pfalz urkundlich erwähnt, vermutlich als Bauwerk an der Stelle der heutigen Kaiserpfalz. Unter Kaiser *Heinrich III.* (1017–1056) entstanden 1045/1050 die **Stiftskirche St. Simon und Judas** und der **Saalbau der Kaiserpfalz.** Sie gelten als die bedeutendsten Bauwerke der Salierzeit. Nachdem *Heinrich III.* bei einem Jagdunfall ums Leben gekommen war, wurde sein Sohn, 1050 in Goslar geboren, zum König gekrönt. Der Vater ließ sein Herz in der Ulrichs-Kapelle begraben, der Körper ruht in Speyer.

Heinrich IV. war wohl eine exzentrische Persönlichkeit, einer der umstrittensten Herrscher des Mittelalters, was vielleicht kein Wunder ist, wenn man bereits als Kleinkind zum König gekrönt und verlobt wird (*Berta von Turin* war die Zugeordnete, sie heirateten dann und lebten getrennt). Sein Konflikt mit Papst *Gregor VII.* gipfelte in dem **Gang nach Canossa,** 1077, nachdem er exkommuniziert worden war. *Heinrich IV.* leistete Abbitte, der Kirchenbann wurde aufgehoben, was ihm die Macht im Reich sicherte. So jedenfalls sah er das, die Fürsten im Lande und sein eigener Sohn waren durchaus differenzierter Meinung. Sie wählten einen Gegenkönig. Was dann passierte, Gegenkönig und Gegenpapst, erneuter Bannstrahl und die Belagerung Roms, Gefangennahme des Vaters durch den Sohn *Heinrich V.* im Jahr 1104, hat mit Goslarer Stadtgeschichte weniger zu tun, wohl aber mit der Politik während der Reichstage auf der Pfalz.

NICHT VERPASSEN!

- Einer der großartigsten Plätze Deutschlands: der **Markt** | 137
- Die **Altstadt** an Gose und Abzucht | 142
- **Bergbaumuseum Rammelsberg** | 144
- **Stabkirche Hahnenklee** | 146

Diese Tipps erkennt man an der gelben Markierung.

Großstadt des Mittelalters

Inzwischen war seit *Heinrich III.* die Goslarer Pfalz zu einem der wichtigsten Herrschaftsorte des Reiches aufgestiegen. Goslar hatte 5000 Einwohner, eine Großstadt des Mittelalters. Ihre wirtschaftliche Grundlage bildeten die Berg- und die Hüttenwerke, der Metallhandel und eine Münzprägestätte. 1219 erhielt Goslar **Stadtrecht,** im 14. Jh. wurde sie, inzwischen Mitglied der **Hanse,** Freie Reichsstadt.

Eine Urkunde des Bischofs *Johann I. von Brakel* sicherte der zur Unterstützung armer oder verunglückter Bergleute gegründeten Bruderschaft Sankt Johannis Schutz zu. Damit wird mit Datum vom 28. Dezember 1260 erstmals ein Hinweis auf **organisierte Sozialfürsorge** gegeben; der Ursprung der Knappschaft, die 1537 durch Rammelsberger Kumpel gegründet werden sollte, und der deutschen und europäischen Sozialversicherung. Für die Zeit um 1290 ist am Rammelsberg ein Hospital für erkrankte Bergleute belegt.

Im Jahr 1356 erwarb Goslar vom Herzogtum Braunschweig pfandweise Gericht und Zehnten am Rammelsberg, aber gegen Rückkaufrecht. Kurz darauf versiegten die Vorkommen, die Stollen soffen ab, hundert Jahre lang brachte die Arbeit nur taubes Gestein. Endlich 1460 kam der Durchbruch zu reichen Erträgen, die Goslar eine neue Blütezeit brachten. Dieses **goldene Zeitalter** ist dem Goslarer Stadtbild abzulesen.

Es währte bis 1525, als das Herzogtum sein Rückkaufrecht einzulösen begehrte. 1552 musste Goslar das schließlich in vollem Umfang akzeptieren. Die Stadt, in der inzwischen die Reformation eingeführt worden war, inmitten des katholischen Herzogtums, **verlor rasant an Bedeutung.** Der Dreißigjährige Krieg gab diesem Niedergang den Rest. 1728 und 1780 wüteten Brände in der Stadt. 1802 übernahmen die Preußen Goslar, damit endete die 512 Jahre währende Zeit als Freie Reichsstadt.

1859 wurden wieder Erzvorkommen im Rammelsberg entdeckt. Das brachte den Goslarern Lohn und Arbeit, aber die Stadt hatte **keine Besitzanteile** mehr an dem Berg. 1868 begann die Restaurierung der Kaiserpfalz.

Die **Nationalsozialisten** postulierten für Goslar, das durch Landwirtschaft nie aufgefallen war, den Propagandabegriff der „Reichsbauernstadt". Wirtschaftlich interessant war wieder der Bergbau. Noch einmal wurde in den Rammelsberg investiert und eine hochmoderne Aufbereitungsanlage errichtet.

Nach der Schließung des Bergwerkes wurde der Rammelsberg zum **Besucherbergwerk** und Museum mit internationalem Rang ausgebaut. Goslar pflegt für Kulturtouristen und als Stadt am Harz einen exzellenten Namen. Zudem bestimmen vor allem klein- und mittelständische Unternehmen das wirtschaftliche Profil der niedersächsischen Kreisstadt.

Ein historisches Ereignis der jungen Bundesrepublik war im Oktober 1950 in Goslar die **Gründung der Christlich-Demokratischen Union Deutschlands (CDU).**

Im Jahr 2022 feierte Goslar das **Stadtjubiläum:** 1100 Jahre.

Sehenswertes

Die meisten sehenswerten Bauwerke und Kulturstätten liegen in der Unter- und Oberstadt entlang einer **Besichtigungsroute** zwischen der romanischen Klosterkirche Neuwerk, unweit des Bahnhofes, und der romanisch-neoromanischen Kaiserpfalz. Etwas abseits davon warten die historische Bergarbeitersiedlung Frankenberg und das Erzbergwerk Rammelsberg. Vom Bahnhof bis zur Kaiserpfalz geht man, ohne alle Besichtigungen, eine Viertelstunde; von der Kaiserpfalz bis zum Bergbaumuseum knapp eine halbe Stunde. An der Kaiserpfalz und am Bergbaumuseum gibt es ausreichend Parkplätze, in der Altstadt eher nicht. **Touristische Wegweiser** geben verlässliche Orientierung, sodass man sich ohne Stadtplan zurechtfindet.

Durchs Rosentor zur Altstadt

Das Altstadtviertel zwischen Bahnhof und Markt ist nach dem Wiederaufbau infolge von zwei Stadtbränden im 18. Jh. etwas jüngeren Antlitzes als das Marktviertel, aber doch sehenswert und zudem einladend mit seinen **zahlreichen kleineren Läden.**

Bahnreisende finden gleich nach der Ankunft auf die auch von nahen Parkplätzen aus gut erreichbare **Rosentorstraße.** Sie ist eine der ältesten Goslarer Straßen. Markant ist das 1910 erbaute, mit seinen unregelmäßigen Bruchsteinen burgartig wirkende Hotel „Der Achtermann". Das 1186 als Teil der Stadtbefestigung erstmals benannte **Rosentor** eröffnet den Weg auf die Einkaufsstraße.

Zwei etwas füllige Herrschaften sind bereits auf dem Weg: *Fernando Boteros* Skulptur „Mann mit Stock und Frau mit Schirm" ist eines von zahlreichen **Kunstobjekten,** die im Goslarer Stadtraum zu entdecken sind. Neben diesem Werk des kolumbianischen Bildhauers zitieren Skulpturen von *Max Bill, Henry Moore, Viktor Vaserely, Josef Beuys, Richard Serra* und anderen bedeutenden Künstlern des 20. und 21. Jh. in der Fachwerkstadt deutscher Geschichte die internationale Moderne. Alljährlich beim Neujahrsempfang in der Kaiserpfalz wird der Preisträger des **Kaiserringes,** des weltweit renommierten Kunstpreises der Stadt, bekanntgegeben. Werke der seit 1975 auf diese Weise geehrten Künstler finden Eingang in das **Mönchehaus-Museum** der modernen Kunst, ein ehemaliges Ackerbürgerhaus in der Mönchestraße, und in den öffentlichen Raum.

Preisträger 2022 ist der Londoner Filmemacher *Isaac Julien,* 2021 war es der New Yorker Konzeptkünstler *Adrian Piper.*

■ **Mönchehaus-Museum,** Mönchestraße 1 (Rosentorstraße 27), Tel. (05321) 4948, www.moenchehaus.de, Di–So 10–17 Uhr, 5/1,50 €.

MEIN TIPP: Die hochromanische **Neuwerkkirche** wurde mit ihrer Weihe im Jahr 1186 zum Zentrum des Zisterzienserinnenklosters Neuwerk. An der dreischiffigen Basilika gibt es vielgestaltigen romanischen Bauschmuck zu sehen. Die hohe Chorapsis mit ihren Kapitellen und

0 100 m
©Reise Know-How Harz_09 4/23
Jürgenweg
Hildesheimer Straße
Grauhöfer Straße
Tappenstraße
Klosterstraße
Hirschstraße
Von-Burgdorf-Straße
Feldstraße
Reußstraße
Geheimrat-Ebert-Straße
Köppelsbleek
Bahnhof Goslar
Zentrale Bushaltestelle
Bismarckstraße
Weberturm
Teufelsturm
Breites Tor
Klubgartenstraße
Mauerstraße
Bäckerstraße
14 B 82
Rosentor
Freudenplan
Springerstraße
Breite Straße
Kornstraße
Vogelsang
Rosentorstr.
Pieprmäkerstraße
Brüggemannstraße
Vititorwall
Neuwerkkirche
Jüdischer Friedhof
Bäringerstraße
UNTERSTADT
Schilderstraße
St. Jakobi
Bäckerstraße
Kornstraße
Claustorwall
Mönchehaus-Museum für Moderne Kunst
Münzstr.
Hokenstraße
Schulstraße
An der Abzucht
Glockengießerstraße
Greifplatz
Jakobistraße
Schuhhof
Kaiserworth
Kaiserringhaus
Markt
Rathaus
Worthstr.
Domstr.
Marktstraße
Friesenstraße
Beekstraße
Bulkenstr.
Haus "Brusttuch" mit Butterhanne
Marktkirche
Abzucht
Goslarer Museum
Judenteich
Zwingerwall
Bleicheweg
FRANKENBERG
Frankenberger Straße
Schreiberstraße
Stammhaus Siemens
Frankenberger Kirche
Forststraße
OBERSTADT
Lohmühle mit Zinnfigurenmuseum
Kötherstraße
Frankenberger Plan
An der Gose
Domhalle
Parkplatz für Bus und Pkw
Zwingerturm
Bozenerstraße
Kleines Heiliges Kreuz
Am Beek
Liebfrauenberg
Pfalzgarten
Museum Kaiserpfalz
Thomasstraße
Kahnteich
Peterstraße
Abzucht
Wallstraße
Wasserbreeke
Dr.-Nieper-Straße
B 241, Hahnenklee-Bockswiese
Clausthaler Straße
Werenbergstraße
Wallstraße
Stemensstraße
Breiter Weg
Rammelsbergerstraße
Kaisertorstraße
Bergdorfstraße
Am Stollen
Werenbergstraße
Bruchchaussee
Rammelsbergerstraße
11 Maltermeister-Turm
Bergbaumuseum Rammelsberg
Übernachtung
1 Hotel Der Achtermann
4 Ackerbürgerhaus Beck
5 Haus Helmbrecht
9 Altstadthotel Gosequell
10 Ferienwohnungen im Zwinger
12 HarzCamp Goslar
14 Frauenpension Arleta
Essen und Trinken
1 Altdeutsche Stuben
2 Schneeweiß & Rosenrot
3 Restaurant Trüffel
6 Aubergine
7 Worthmühle
8 Die Butterhanne
9 Altstadthotel Gosequell
10 Zwinger
11 Maltermeister-Turm
12 Futterscheune
Einkaufen
13 Marnies MiniMarkt

filigranen Säulen ist eine Perle romanischer Steinmetzkunst. Fresken aus dem 12. Jh., zentral die thronende Maria, sind im Chor zu sehen. Nur wenige romanische Kirchen sind so stilrein erhalten geblieben wie diese. Eine Oase der Stille ist der intime **Klostergarten** an der Kirche.

Romanischer Garten im Kloster Neuwerk, Rosentorstraße 27, April–Okt. Mo–Fr 10–12 Uhr, 14.30–16.30 Uhr, Sa 10–12 Uhr.

Noch älter, aus dem Jahr 1073, ist die **Kirche St. Jakobi.** Mehrfach umgebaut, belegt sie als dreischiffige Hallenkirche mit Elementen der Gotik, der Renaissance und des Barock ihre wechselvolle Geschichte. Sie diente vor allem den Goslarer Handwerksgilden als Gotteshaus. Romanische Baukunst ist zum Beispiel in den Kapitellen der Säulen zu finden. Unter den Kunstschätzen dieser Kirche sind vor allem die spätgotische Pietà (1520) von *Hans Witten* und die barocken Seitenaltäre zu beachten.

Weitere wichtige Geschäftsstraßen in der Fußgängerzone sind die Hokenstraße – ihr Name ist vom Handel abgeleitet („verhökern“) – und die Fischemäkerstraße; beide führen zum Markt und Rathaus, in das Herz der Altstadt.

Markt und Rathaus

Das historische Ensemble des Marktes, mit Rathaus, Kaiserworth, Kaiserringhaus und den schieferverkleideten Fachwerkhäusern, bildet **einen der großartigsten Plätze Deutschlands.** Inmitten des weitflächigen und rege besuchten Platzes steht der **Marktbrunnen** aus dem 13. Jh. mit dem vergoldeten Reichsadler, dem Symbol der Reichsfreiheit

☐ Marktplatz mit dem Rathaus und den Türmen der Marktkirche, links das Gildehaus der Tuchhändler

314h dk

265h-© Goslar Marketing

und Wahrzeichen Goslars (freilich hier nur Replik, das Original wird in der Kaiserpfalz ausgestellt). Die untere Brunnenschale aus dem 12. Jh. ist der größte erhaltene Bronzeguss aus romanischer Zeit. Überragt wird der Platz von den ungleichen Türmen der **Marktkirche.**

Das **Rathaus** mit seiner zum Markt hin offenen Arkadenfront wurde im 15./16. Jh. erbaut. Ein Kleinod spätgotischer Architektur ist der farbenfroh ausgemalte **Huldigungssaal,** der zwischen 1505 und 1520 als Ratssitzungssaal geschaffen wurde. Der Huldigungssaal kann im Rahmen einer Rathausführung besichtigt werden. Voraussichtlich im Herbst 2023 wird zudem eine **multimediale Ausstellung** eröffnet.

Huldigungssaal im Rathaus

■ **Rathausführung** mit Besichtigung des Huldigungssaales, der Rathausdiele, des Senatorenzimmers und dem Tonnengewölbe aus dem 13. Jh., tgl. 11.30 und 14 Uhr, Treffpunkt an der Skluptur „Nagelkopf" vor dem Rathaus, Dauer: 75 Min., 7/5 Euro. Gruppen können individuelle Termine vereinbaren.

Das **Gildehaus der Tuchhändler** als Nachbar des Rathauses zeugt vom Selbstbewusstsein der „Worthgilde", der wohlhabendsten und einflussreichsten Bürger der Stadt. Es wurde im Jahr 1494 erbaut und in der Barockzeit mit acht farbigen Holzskulpturen der zwischen 919 und 1138 residierenden Kaiser geschmückt. Diese gaben der **Kaiserworth** den Namen, die nun seit fast 200 Jahren als Gasthaus und Hotel betrieben wird. Lebensfroh drastisch ist das neben den Kaisern dargestellte Dukatenmännchen; da weiß man, woher so mancher das Geld hat.

Dem Rathaus gegenüber steht das **Kaiserringhaus,** einst der Sitz des Stadtkämmerers, heute Hotel und Restaurant. Vom hohen Schiefergiebel ertönt viermal täglich (9, 12, 15 und 18 Uhr) ein Glockenspiel. Umlaufende Figuren zeigen an, woher Goslars Reichtum gekommen ist: vom Bergbau am Rammelsberg. Es erklingt das aus der erzgebirgischen Bergstadt Freiberg stammende und in allen deutschen Bergbaurevieren beheimatete Steigerlied „Glück auf, der Steiger kommt".

Hinter den beiden in stahlgrauem Schiefer gekleideten Fachwerkwohnhäusern rechts des Rathauses liegt der beschauliche **Schuhhof.** Er ist der älteste Markt in Goslar. Die Arkaden des Schuhmacher-Gildehauses erinnern an das Markttreiben. In der Adventszeit erfreut der **Weihnachtswald** im Schuhhof seine Besucher.

Marktkirche St. Cosmas und Damian

Die mächtige Marktkirche St. Cosmas und Damian wurde im Jahr 1151 erstmals urkundlich erwähnt. Sie ist die **Rats- und Hauptpfarrkirche** der Stadt. Der Westriegel mit den beiden unverwechselbar ungleichen Türmen ist vielerorts in der Altstadt zu entdecken und gibt so Orientierung beim Stadtbummel. Zwischen den Türmen, in der Glockenstube, hängen drei Glocken (1848), die in Goslar gegossen wurden.

In der Kirche ist ein um 1250 entstandener, spätromanischer **Fensterzyklus** ausgestellt, der Szenen aus dem Leben und dem Martyrium der beiden Heiligen Cosmas und Damian, zweier frühchristlicher Ärzte, zeigt. Aus dem 16. Jh. stammen die Kanzel und das Taufbecken des Gotteshauses.

Der 66 m hohe **Nordturm** kann täglich bestiegen werden – über 232 Treppenstufen auf der „Himmelsleiter". In 56 m Höhe befindet sich die Türmerstube. Nur 60 cm niedriger ist der Südturm.

MEIN TIPP: Fachwerkhäuser mit liebenswerten Details stehen am schattigen **Marktkirchhof.** Eines der prächtigsten Patrizierhäuser ist das **„Brusttuch"** genannte Haus gegenüber dem Südturm der Marktkirche. Auf einem Bruchsteinunterbau von 1521 wurde 1526/30 der Fachwerkbau errichtet. Das Brusttuch ist somit, neben dem Schönhof (1526) in Görlitz, eines der ältesten Renaissancebauwerke nördlich der Alpen. Das Obergeschoss ist in den sogenannten Knaggen, also den Konsolen zwischen den Ständern und auskragenden Deckenbalken, mit Bildschnitzereien verziert. Sie werden dem Braunschweiger Holzbildhauer *Simon Stappen* zugeschrieben. Zwischen all den Figuren der Mythologie und den Tiergestalten findet sich eine Szene, die sich zum Goslarer Wahrzeichen herumgesprochen hat: die **„Butterhanne"**, wie sie mit der einen Hand eben buttert und sich mit der anderen versonnen hintenrum greift und dem Teufel ihr Hinterteil präsentiert. Manch andere Szene im Gebälk ist nicht so eindeutig. Das „Brusttuch" ist Hotel und Restaurant, „Butterhanne" auch ein Wirtshaus am Marktkirchhof.

Das **Hospiz Großes Heiliges Kreuz** (Hoher Weg 7) wurde 1254 als Heim für alte und pflegebedürftige Bürger der Stadt gestiftet. Hier ist der **Handwerkerhof** zu finden, wo es kunsthandwerkli-

Weltkulturerbe Kaiserpfalz Goslar

Baumeister der Kaiserpfalz war ab 1048 der durch *Heinrich III.* berufene spätere Bischof von Osnabrück, **Benno II.** (der am Bau der Harzburg und des Domes zu Speyer beteiligt war). Neben dem Kaiserhaus wurden eine Pfalzkapelle und die Liebfrauenkirche errichtet, die nicht mehr existieren, die Ulrichskapelle sowie die Bauten des Kollegiatstifts St. Simon und Judas. Dessen Stiftskirche, damals die größte Basilika rechts des Rheins, war im 19. Jh. so verfallen, dass sie 1819 an einen Steinmetzen auf Abbruch verkauft wurde. Nur die Vorhalle der Stiftskirche („Domvorhalle") blieb erhalten. Auch der im 12. Jh. entstandene Wohnpalast der Pfalz steht nicht mehr. Die beiden zentralen, übereinander liegenden Räume der Kaiserpfalz sind der Sommer- und der beheizbare Wintersaal, ersterer durch Rundbögen nach außen geöffnet.

So unerschütterlich wie der Anschein vorgibt, war die Kaiserpfalz dann doch nicht, ebenso wenig wie das Kaisertum. Nachdem sich 1254 mit *Wilhelm von Holland* letztmalig ein römisch-deutscher König in Goslar aufgehalten hatte, **verfiel die Anlage** bald. Schon 1289 zerstörte ein Brand viele Gebäude. Der Pfalzbezirk wurde dem Goslarer Stadtgebiet zugeordnet, der Saal als Gerichtsstätte, später als Lagerraum genutzt, die Ulrichskapelle ab 1575 als Gefängnis. Allmählich verschwanden die Steine eingestürzter Gebäude, sie wurden als Baumaterial verkauft. Im Unterschied zum Dom konnte der Abbruch des Kaiserhauses im 19. Jh. gerade noch verhindert werden. 1868 begann die **Restaurierung,** die im Jahr darauf durch einen Baustellenbesuch Kaiser *Wilhelms I.* nationales Format erhielt.

Das hatte seine Tücken. Mit dem Anbau der Freitreppe und eines Türmchens, den Nachbildungen der Braunschweiger Löwen, einem Arkadengang zur Ulrichskapelle und den Reiterstandbildern der Kaiser *Barbarossa* und *Wilhelm I.* sowie im Kaisersaal mit den pathetischen Wandbildern des Historienmalers *Hermann Wislicenius* (1825–1899) wurde das Kaiserhaus „leider so gründlich restauriert, daß sich die ursprüngliche Gestalt kaum noch erkennen läßt", wie Kunsthistoriker *Max Osborn* 1924 anmerkte.

Als Teil der Altstadt von Goslar und zusammen mit dem Erzbergwerk Rammelsberg wurde die Kaiserpfalz 1992 in die **UNESCO-Liste des Weltkulturerbes** aufgenommen.

315h dk

che Erzeugnisse aus Holz, Glas und anderen Werkstoffen zu kaufen gibt. Die Straße führt direkt zum Pfalzbezirk.

Kaiserpfalz

Das also ist kaiserliches Format. Auf einer Anhöhe, horizontfüllend, Distanz gebietend und anscheinend für alle Ewigkeit ragt sie auf, die Kaiserpfalz. Errichtet zwischen 1040 und 1050, war sie damals der größte Profanbau auf deutschem Boden. Sie ist ein imposantes Denkmal für das **Reisekönigtum im Spätmittelalter.** Über 200 Jahre lang residierten hier immer wieder die Kaiser aus dem Geschlecht der *Salier,* wurde auf Reichsversammlungen und Hoftagen deutsche Geschichte geschrieben.

In ihrer heutigen Form ist die Kaiserpfalz wesentlich durch die Restaurierung zwischen 1868 und 1879 geprägt, die eher durch nationale Überhöhung als durch denkmalpflegerische Akribie bestimmt war (→ nebenstehenden Exkurs „Weltkulturerbe Kaiserpfalz Goslar"). Seitdem ist diese Anlage sowohl Denkmal romanischer Profanarchitektur von Weltrang als auch herausragendes Zeugnis nationalen Hochgefühls unmittelbar nach der Reichsgründung 1871.

Eine **Ausstellung** in den Gewölben des Erdgeschosses zeigt mittelalterliche Kunstschätze, wie den bronzenen Kaiserthron. Im **Reichssaal** werden bei Führungen die Wandmalereien von *Hermann Wislicenius* zur Geschichte des Heiligen Römischen Reiches erläutert. Hier werden Konzerte gegeben. Bei der Besichtigung von außen verdient die **Ulrichskapelle** besondere Beachtung, sie ist, nicht zuletzt ihrer langjährigen Nutzung als Gefängnis wegen, das authentisch erhaltene romanische Bauwerk der Kaiserpfalz. In der Unterkapelle ruht in einem Sarkophag das Herz des 1056 verstorbenen Kaisers *Heinrich III.*

Nur noch die Eingangshalle blieb von der Stiftskirche St. Simon und Judas stehen, nachdem das zeitgleich mit der Kaiserpfalz entstandene Bauwerk im Jahr 1819 zum Baumaterial erklärt worden war. „Wir leben in einer bedeutungsschweren Zeit", resümierte *Heine,* „tausendjährige Dome werden abgebrochen und Kaiserstühle in die Rumpelkammer geworfen." In der verglasten **„Domvorhalle"** sind nun Fragmente der romanischen Bauten des Pfalzbezirks sowie eine Kopie (das Original steht im Museum) des Kaiserstuhls zu sehen. Über ihn schreibt *Hans-Jürgen Geerdts* in „Wanderer im Harz" (Dresden 1958), eine Klempnermeisterswitwe habe den „merkwürdigen Stuhl" 1809 auf einer Auktion für 27 Taler erwerben und später für 475 Taler wieder losschlagen können, „1875 kehrte er nach Goslar zurück".

Gleich hinter diesem Bauwerk gibt es einen großen **Parkplatz** (auch für Busse), der günstigste Startpunkt für Altstadtrundgänge. Von hier bis zum Besucherbergwerk und Museum Rammelsberg sind es 2,5 km. Der Stadtrundgang führt aber zunächst in das historische Bergmannsviertel Frankenberg und damit endlich an das für Goslar so wichtige Flüsschen **Gose.** Oder die **Abzucht.** Beide vereinen sich in der Stadt und streben unter dem Namen Abzucht der Oker zu.

■ **Kaiserpfalz,** Kaiserbleek 6, Tel. (05321) 704437, www.goslar.de, Di–So 10–17 Uhr 7,50/4,50 €, Familienkarte 16,50 €.

Eine Gose, zum Wohle

Gose, das passt doch hier gut zu tausend Jahren deutscher Geschichte, ist auch der Name des **Goslarer Bieres.** Schon im Jahr 1397 war jemand nüchtern genug, darüber etwas zu Papier zu bringen, denn es ging um einen Rechtsstreit. Aber bereits 995 soll König Otto III. das Getränk gelobt haben. Gebraut wurde die Gose mit dem Wasser des namengebenden Goslarer Flüsschens, was zu Anweisungen Ursache gegeben haben soll wie dieser: „Hiermit wird bekannt gemacht, dass keiner in die Gose macht, denn morgen wird gebraut", es gibt noch etwas drastischere Verse. Die Gose ist ein obergäriges Weizenbier, das sich durch einen charakteristisch mild-säuerlichen Geschmack auszeichnen soll. Heute kommt sie aus dem Brauhaus Goslar. Somit hat die Stadt, wie Köln (Kölsch) und Berlin (Berliner Weiße), eine eigene Biersorte. Kenner stoßen an mit „Goseanna".

Kunst und Geschichte an der Abzucht

Die **Abzucht** ist ein Gebirgsbach, welcher die südöstliche Altstadt durchquert und an dessen Ufern sich sehenswerte Fachwerkhäuser schmiegen. Der Name deutet nicht etwa auf Abwasser hin, sondern ist eine Verballhornung des lateinischen *„Aquaeductus"*. **„An der Gose" und „An der Abzucht"** sind Adressen einiger der ansprechendsten Winkel Goslars.

Dazu gehört das **Museumsufer** an der Abzucht (Zugang über Königsbrücke/Klapperhagen) mit dem **Goslarer Museum** sowie der imposanten **Lohmühle.** Sie ist die einzig verbliebene von ehemals 40 Mühlen in der Stadt. Ihr Mühlrad kann man als Spaziergänger bewundern. In der Mühle befindet sich das **Zinnfigurenmuseum.** Weiter an der Abzucht gehend oder auf der etwa parallel verlaufenden Glockengießerstraße, gelangt man nach 10 Minuten zum **Jüdischen Friedhof,** dessen Grabstellen bis in das 17. Jahrhundert zurückreichen.

Gleich nach dem **Goslarer Museum** überquert eine kleine Brücke die Abzucht, über die Abzuchtstraße und Kötherstraße gelangt man in kaum 5 Minuten zu einem Park mit Turm und Teichen: Vor dem einstigen Wall liegen der **Judenteich** und der **Kahnteich,** und aus dem Grün erhebt sich mächtig der **Zwingerturm.** Mit seinen 6,50 m starken Mauern gilt er als einer der mächtigsten Befestigungstürme Europas. Heute birgt er ein **Mittelaltermuseum** und absolut sichere Ferienwohnungen.

- **Goslarer Museum,** Königsstraße 1, Tel. (05321) 43394, www.goslar.de, Di–So 10–17 Uhr, 4/2 €, Familienkarte 9 €. Geschichte und Kunst der Stadt in der 1514 erbauten Stiftskurie, Alltag in Goslar, Geologie, Mineralogie, Münzsammlung.
- **Zinnfigurenmuseum in der Lohmühle,** Klapperhagen 1, Tel. (03521) 25889, www.goslar.de, Di–So 10–17 Uhr, 4/2 €, Familienkarte 9 €, Kombitickets mit Goslarer Museum. Dioramen Goslarer Geschichte.
- **Jüdischer Friedhof,** Kornstraße 42–46, April–Okt. So–Fr 10–17 Uhr, Nov.–März So–Fr 10–15 Uhr. Führungen: Tel. (05321) 780620.
- **Museum im Zwinger,** Thomasstraße 2, Tel. (05321) 43140, www.zwinger.de, Führungen ab

[>] Peterstraße mit Blick zur Frankenberger Kirche

20 Personen nach Anmeldung. Einer der mächtigsten Befestigungstürme Europas. Authentisches aus der Zeit der Ritter und Burgfräulein. Erlebnisangebote für Kinder und Familien. Blick von der Dachterrasse auf die Altstadt. Ferienwohnungen (→ „Praktische Tipps"/„Unterkunft").

Bergarbeitersiedlung Frankenberg

Nördlich der Kaiserpfalz führt der **Heerwinkel,** eine malerische Gasse, in die historische Bergarbeitersiedlung Frankenberg. Hier lebten einst viele der Bergleute aus dem Rammelsberg, die Zugewanderten galten eben pauschal als „Franken". Der Frankenberger Plan ist ein liebenswerter Ort abseits der touristischen Wege, von hier aus bis zum Markt lohnt es sich, an den Ufern der Gose müßig entlangzustreifen.

Ein farbenfroher **Brunnen** (1951) inmitten des Platzes ragt aus einer spätmittelalterlichen Brunnenschale auf. Das **Kleine Heilige Kreuz** war eines von zehn Hospitälern in der Stadt, es wurde 1394 erstmals erwähnt und dient als Gemeindezentrum.

Oberhalb des zentral gelegenen **Frankenberger Planes** steht die romanische **Frankenberger Kirche.** Die dreischiffige Basilika wurde im 12. Jh. auf dem höchsten Punkt der Stadt erbaut. Sie war die Pfarrkirche der Bergleute. Ihre Glocken läuteten die Schicht ein. 1250 wurde die Kirche eingewölbt. Der barocke Haubenturm entstand nach Abbruch der beiden Westtürme 1784. Sehenswert sind der Konsolbogenfries am Südeingang, die romanische Steinmetzkunst in den Säulen und Kapitellen und die Wandmalereien aus dem 13. Jh.

Am Altstadthotel „Gosequell" vorbei, folgt der Stadtrundgang nun der Abzucht, mit einem Abstecher zur **Schreiberstraße.** Dort steht das Stammhaus der Industriellenfamilie **Siemens.** Es wurde 1693 erbaut und ist eines der größten und besterhaltenen Fachwerkhäuser in Goslar. Bei Gruppenführungen der Stadtinformation oder nach Anmeldung kann es besichtigt werden.

316h dk

Bergbaumuseum Rammelsberg

Das **Weltkulturerbe** eines über eintausend Jahre lang tätigen Erzbergwerkes liegt im Süden der Stadt, im Rammelsberg (635 m). Erstmals urkundlich erwähnt wurde der Bergbau an diesem Ort im Jahr 968, gegraben und gefördert wurde hier schon mindestens seit dem 3. Jh. n. Chr. Am 30. Juni 1988 verließ der letzte mit Erz beladene Hunt den Stollen.

Die terrassenförmig am Berg aufsteigenden Aufbereitungshallen und anderen übertägigen Anlagen wurden in den 1930er Jahren durch *Fritz Schupp* und *Martin Kremmer* erbaut, die beiden **bedeutendsten Architekten von Bergwerksanlagen** im 20. Jh.

Besuchern stellt sich das Bergwerk auf den ersten Blick dar, als ob gerade Tag der offenen Tür wäre und morgen die Arbeit weiterginge. Sie betreten es über die **Lohnhalle** und **Kaue (Haus L).** Hier ist der Empfangsbereich mit der Kasse, dem Buch- und Andenkenladen und einem Bistro.

In der **Erzaufbereitungsanlage (Haus A)** verdeutlichen mediale Installationen die Vorgänge im Erdreich, die vor 350 Mio. Jahren zur Entstehung der Rammelsberger Lagerstätten geführt haben. Bewundernswerte Mineralien aus dem Rammelsberg sind hier zu sehen. Ein Grubenführer erläutert in der „Aufbereitungstour" die technischen Anlagen, mit denen das Erz vom tauben Gestein gelöst wurde.

In der **Kraftzentrale (Haus K),** wo der elektrische Strom für das Bergwerk erzeugt wurde, ruht neben den abgeschalteten Kompressoren für die Druckluft der 1988 von *Christo* und *Jeanne-Claude* verhüllte letzte Hunt.

Geschichte, Technik und Wirtschaft des Bergbaus werden im **Magazin (Haus M),** in der kulturhistorischen Ausstellung des Museums, thematisiert. Im Mittelpunkt des Interesses steht die vom Bergbau geprägte Alltagskultur. Hier berichten ehemalige Bergleute von ihrer Arbeit.

Führungen unter Tage gibt es mehrmals täglich (ohne Anmeldung) durch das 200 Jahre alte System des **Roeder-Stollens.** Benannt ist er nach dem Goslarer Oberbergmeister *Johann Christoph Roeder* (1729–1813). Die Durchfahrung – zu Fuß – folgt durch niedrige, tropfende Gänge dem Weg des Wassers, das in den Stollen geleitet wurde, um jeweils zwei meterhohe Räder für die Erzförderung und für die Hebung der Grubenwässer (→ „Das Oberharzer Wasserregal", S. 95) in Bewegung zu setzen.

Ebenfalls mehrmals täglich, ohne Anmeldung, fährt die **Grubenbahn** 500 m bis zum Richtschacht (1911) und somit durch den **Bergbau im 20. Jh.** Funktionsfähige Maschinen sind zu sehen, die den Bergbau mechanisierten.

Eine Sensation ist der **Rathstiefste Stollen** aus dem 12. Jh., und seine vierstündige Befahrung in bergmännischer Kleidung ein körperlich herausforderndes Abenteuer. Der älteste erhaltene Wasserlösungsstollen Europas wurde innerhalb von 30 Jahren auf über 1000 m Länge aufgefahren. Für diese Tour in Gruppen bis acht Personen ist eine Anmeldung erforderlich.

Führungen über Tage erschließen täglich die **Erzaufbereitungsanlage** von 1936 sowie, auf einer dreistündigen

Wanderung, die vielfältigen **Bergbauspuren** in der Kulturlandschaft des Rammelsberges. Eine ebenso ausführliche Tour verbindet den Rammelsberg mit der **Altstadt von Goslar,** mit besonderem Blick auf die Bergbauspuren in der Kaiserstadt.

Weltkulturerbe Rammelsberg, Museum und Besucherbergwerk, Bergtal 19, Tel. (05321) 750130, www.rammelsberg.de, April–Okt. tgl. 9–18 Uhr, Nov.–März tgl. 9–17 Uhr, 16/9 € (Museum, eine Führung), 25/14 € (Museum, drei Führungen). Familienkarte 33–53 €.

Der **Maltermeisterturm** ist die wahrscheinlich älteste erhaltene übertägige Bergbauanlage Deutschlands. Von Goslar und vom Museum führen markierte Wege zu dem trutzigen Türmchen, das 1548 erstmals urkundlich erwähnt, aber wohl schon im 13. Jh. auf einer Halde am Rammelsberg errichtet wurde. Es diente als Anläutturm sowie dem für die Holzwirtschaft im Bergbaubetrieb zuständigen Maltermeister (Malter = altes Holzmaß) als Wohnstätte. Heute ist hier eine Ausflugsgaststätte, von der Terrasse (419 m) bietet sich ein Panoramablick über Goslar und das Harzvorland.

Hahnenklee-Bockswiese

Auch die auf einem bewaldeten Hochplateau idyllisch gelegenen Siedlungen Hahnenklee und Bockswiese, heute Ortsteile von Goslar, sind durch den **Bergbau** entstanden. Mehrere Teiche gehören zur Oberharzer Wasserwirtschaft. Heute wirken die beiden Ortschaften, als wären sie allein für die **naturnahe Erholung** und für den **Wintersport** errichtet worden. In Bockswiese gibt es einen kleinen **Kurpark und Wanderwege** zu

182h-dk

☒ Der Glockenturm der Stabkirche in Hahnenklee birgt das Carillon, ein Turmglockenspiel mit 4 Oktaven

den Flössteichen und Grumbacher Teichen. Der Ort liegt an einer Landstraße, die zwischen Clausthal-Zellerfeld und Goslar von der B 241 abzweigt. Von dort führt wiederum eine Kreisstraße nach Hahnenklee, die als Sackgasse endet. Ruhiger geht's kaum in einem **heilklimatischen Kurort,** dennoch sind beide auch sehr gut mit dem Bus (Linie 830 Goslar – Clausthal-Zellerfeld) erreichbar.

Auch in Hahnenklee gibt es einen Kurpark, die Kranicher Teiche können im Winter mit Schlittschuhen befahren werden. In dem übersichtlichen Ort findet man die für einen Urlaub wichtigsten Läden. Wer shoppen will, fährt nach Goslar. Das architektonisch bedeutendste Bauwerk in Hahnenklee ist die 1907 errichtete **Stabkirche aus Holz.** Sie ist eine freie Nachbildung der Stabkirche im norwegischen Borgund. Frei heißt hier vor allem, dass sie viel größer, für 350 Sitzplätze, angelegt wurde. Drei Jahre zuvor war bereits die kleine Stabkirche in Albrechtshaus bei Stiege (Selketal) gebaut worden. Diese wiederum orientiert sich an der Stabkirche Wang, die 1841 in Einzelteilen aus Norwegen in den Riesengebirgsort Brückenberg (heute zu Karpacz, Polen) gebracht und am Fuß der Schneekoppe wiedererrichtet wurde. Für den Bau aller dieser Kirchen wurden keine eisernen Nägel verwendet.

Die Hahnenkleer Stabkirche erinnert in vielen Details an die **Wikingerschiffe** bzw. an die Frühzeit der Christianisierung. Ihr prächtiges Inneres wirkt überraschend licht. Eine Kostbarkeit birgt der Glockenturm. Vor den Gottesdiensten, samstags 15 Uhr sowie zu abendlichen Konzerten (Konzertplan: www.stabkirche.de) erklingt das **Carillon,** ein Turmglockenspiel mit einem Tonumfang von 4 Oktaven. Es wurde zwischen 2002 und 2005 hier errichtet, und beim Spiel ertönen 49 Bronzeglocken.

Wenn die Berliner Philharmoniker alljährlich ihr Freiluftkonzert zum Abschluss der Saison in der Waldbühne geben, wird als Zugabe traditionell die „Berliner Luft" gespielt. Komponist dieser „Landeshymne" ist der Vater der Berliner Operette, *Paul Lincke* (1866–1946). Seine letzten Lebensjahre verbrachte er in Hahnenklee-Bockswiese, hier liegt er begraben. Am **Paul-Lincke-Platz** in Hahnenklee, bei der Talstation der **Bocksberg-Seilbahn,** stehen eine bronzene **Büste** des beliebten Komponisten und eine Litfaßsäule mit den Namen der Träger des Paul-Lincke-Ringes seit 1955. Dieser wird jährlich von der Stadt Goslar für besondere Verdienste um die deutsche Unterhaltungsmusik überreicht. Zu den Preisträgern gehören *Klaus Doldinger, Annette Humpe, Udo Jürgens, Roland Kaiser, Udo Lindenberg, Ina Müller, Wolfgang Niedecken.*

Wintersportzentrum, aber auch zu den anderen Jahreszeiten ein beliebtes Ausflugsziel ist der **Bocksberg** (726 m). **Seilbahn** und **Sessellift** führen auf den Gipfel, dort warten Wanderwege und Loipen, eine **Sommerrodelbahn,** der Bocksbergbob, der Spiel-Aktiv-Park sowie die Gaststätte „Bocksberghütte". 1500 Meter misst die beleuchtete Rodelbahn.

■ **Erlebnis Bocksberg,** Kabinenbahn, Sessellift und Rodelbahnen tgl. geöffnet ab 9 Uhr, im Sommer bis 18 Uhr, im Winter bis Einbruch der Dunkel-

[>] Stabkirche in Hahnenklee

heit, zusätzlich ab Dez. Sa bis 21 Uhr Nachtrodeln. Bocksbergbob, Bikepark tgl. ab 9 Uhr, Restaurant Bocksberghütte tgl. 9.30–18 Uhr, www.erlebnisbocksberg.de.

Einem Spaziergang gleicht die **Wanderung auf dem Liebesbankweg** rund um den Ort. Bestens geeignet auch für Kinder und Ältere. Auf 7 km laden 25 bildlich gestaltete Bänke ein, zum Beisammensein und zur Rast inmitten der Natur. Vom ersten Rendezvous bis zur Kronjuwelenhochzeit, so wird er wohl genannt, der 75. Hochzeitstag.

317h dk

045h dk

Praktische Tipps

Anreise

- **Auto:** zwischen A 7 und A 395 über die B 82 oder B 6.
- **Bahn:** Regionalexpress von Halle/Saale, Hildesheim, Hannover, Braunschweig.

Information

- **Touristeninformation** und **Welterbezentrum,** Markt 7, Tel. (05321) 78060, www.goslar.de, tgl. 10–17 Uhr. Im historischen Rathaus sowie in dessen modernem Anbau. Barrierefrei.
- **Touristeninformation Goslar-Hahnenklee,** Kurhausweg 7, Tel. (05325) 51040, www.hahnenklee.de, April–Okt. Mo–Fr 9–12, 13–16 Uhr, Sa/So 9–12 Uhr, Nov.–März Mo–Fr 9–12, 13–16 Uhr, Sa/So 9–12 Uhr.

Übernachtung

1 1 **Der Achtermann und Altdeutsche Stuben**③, Rosentorstraße 20, Tel. (05321) 70000, www.der-achtermann.de, tgl. 18–22 Uhr. Ruhig gelegenes Altstadthotel, Sonntagsbraten im Wehrturm.

4 **Ackerbürgerhaus Beck**①, Bäckerstraße 3, Tel. (05321) 21613, www.ackerbuergerhaus.de. Fachwerkhaus von 1592, mit allem Komfort eingerichtet, Innenhof, Nichtraucherwohnung für zwei Personen.

5 **Haus Helmbrecht**, Schuhhof 4–5, Tel. (05321) 22656, www.helmbrecht-goslar.de. Allein wohnen in einem Fachwerkhaus aus dem 17. Jh., Wohnung für vier Personen (100 €) in der Altstadt.

9 **9** **Altstadthotel Gosequell**③, An der Gose 23, Tel. (05321) 34050, www.hotel-gosequell.de. Fachwerkhaus in einem der schönsten Winkel der Stadt. Bergmannsmahlzeit mit Gose-Bier.

10 **10** **Ferienwohnungen im Zwinger**, Thomasstraße 2, Tel. (05322) 554944, www.zwinger.de. Drei Wohnungen für drei bis sechs Pers. in einem der mächtigsten Befestigungstürme Europas, in der Etage zwischen Museum und Erlebnisrestaurant, geräumig, komfortabel, außergewöhnlich.

14 **Frauenpension Arleta**②, Am Nordberg 7, Tel. (05321) 25323, www.frauenpension-arleta.de. Sehr ruhig gelegene Pension am Waldrand, nur für Frauen, 20 Min. Fußweg vom Bahnhof Goslar oder Bus 830, vegetarisches Frühstück, mehrere Selbstfindungsangebote und Seminare.

12 **HarzCamp Goslar,** Clausthaler Straße 28, Tel. (05321) 22505, www.harz-camp-goslar.de, GPS N 51.889684, E 10.399828. Ganzjährig geöffneter Komfortplatz in der Natur, dennoch stadtnah (3 km vom Markt), für Wohnmobil, Wohnwagen, Zelt, auch Mietunterkünfte (Schlafpods für 2–4 Pers. 39/74 €). Einkehren in der **12** **Futterscheune**②. Linienbus 830.

Übernachtung Hahnenklee-Bockswiese

■ **Hotel Hahnenkleer Hof**③, Parkstraße 24, Hahnenklee, Tel. (05325) 51110, www.hahnenkleerhof.de. Im hoteleigenen Park, alle Zimmer mit Balkon, Restaurant mit regionaler und internationaler Küche. Behindertengerecht.

■ **Gästehaus Andrea**①, Kurhausweg 5, Hahnenklee, Tel. (05325) 2537, www.haus-andrea-hahnenklee.de. Zwei modern eingerichtete Ferienwohnungen, Frühstück kann gebucht werden.

■ **Ferienhaus Blume**①, Oberförster-Hermann-Müller-Weg 12, Hahnenklee, Tel. (0871) 26231, www.ferienhausblume.com/utility. Bis 6 Pers., am Waldrand, mit Liegewies.

☐ Bäckerstraße, Goslar

Essen und Trinken

■ **Hotelrestaurants** → „Übernachtung".

MEIN TIPP: **6** **Aubergine**②, Marktstraße 4, Tel. (05321) 42136, www.aubergine-goslar.de, tgl. 12–14,30 und 18–23 Uhr. Mediterrane Küche in der Altstadt, Straßenrestaurant.

7 **Worthmühle**②, Worthstraße 4, Tel. (05321) 43402, www.worthmuehle.de, Mo–Sa 17–22 Uhr. Harzer Spezialitäten und das berühmte Gosebier in einem der ältesten Fachwerkhäuser der Stadt, Biergarten.

8 **Die Butterhanne**②, Marktkirchhof 3, Tel. (05321) 22886, www.butterhanne.de, tgl. ab 9 Uhr. Harzer Küche in einem 500 Jahre alten Filzhutmacherhaus. Die Küche bietet Schnitzel, Steaks, Flammkuchen.

3 **Restaurant Trüffel**③, Bäckerstraße 106, Tel. (05321) 29677, www.restaurant-trueffel.de, Di–Sa 11.30–22 Uhr. Mediterranes Restaurant in der Altstadt. Trüffelgerichte. Mittagskarte bis 16 Uhr.

2 **Schneeweiß & Rosenrot**②, Bäckerstraße 105, Tel. (05321) 469244, www.veggievegan-goslar.de, Mo–Mi 8.30–18 Uhr, Do–Sa 8.30–20 Uhr, So 10–18 Uhr. Vegetarische und vegane Speisen, Frühstücks- und Mittagsangebot aus regionalem und biologischem Anbau. Essige, Öle sowie Marmeladen aus dem eigenen Topf.

11 **Maltermeister Turm**②, Rammelsbergstraße 99, Tel. (05321) 4800, www.maltermeister-turm.de, tgl. ab 12 Uhr. Ausflugsrestaurant mit Panoramablick über die Stadt und das Harzvorland, Terrasse, Kaminzimmer, Harzer Küche, passend zur Jahreszeit.

Einkaufen

13 **Marnies MiniMarkt**, Rathausstraße 9, Di–So 10–18.30 Uhr. Mit Stehcafé, Außenplätzen, Imbiss.

334h dk

4 Unterharz

Spektakuläre Felsszenerien, wildromantische Flusstäler, lieblich gewellte Hochebenen und interessante kleine Gebirgsorte sind im Unterharz, östlich des Brockens, auf rund 300 bis 600 Höhenmetern zu erleben. In den Tälern der Bode und der Selke liegen einige der schönsten Wanderwege des Harzes. Rappbodetalsperre, Teufelsmauer, Tropfsteinhöhlen und die romanische Stiftskirche in Gernrode sind spannende Reiseziele.

Auf halbem Weg zwischen Rosstrappe und Quedlinburg: die Teufelsmauer bei Neinstedt

Unterharz West

NICHT VERPASSEN!

- Blick von der **Rosstrappe** ins Bodetal | 158
- Wanderung durch das **Bodetal** zwischen Thale und Treseburg | 162
- **Burg Falkenstein** | 182
- Die **Rübeländer Tropfsteinhöhlen** | 197
- Kick an der **Rappbodetalsperre** | 199

Diese Tipps erkennt man an der gelben Markierung.

UNTERHARZ

Durch die atemberaubende Schlucht der wilden Bode zwischen *Thale* und *Treseburg* führt der Harzer Hexen-Stieg. Im lieblicheren *Selketal* lassen sich Wanderungen entlang des Selke-

> Formenreicher Granit im Tal der Bode

tal-Stiegs mit historischen Bahnfahrten kombinieren. Nach der Beschreibung ausgewählter Wege durch diese beiden herausragenden Wanderregionen führt die Reise durch den Unterharz von West nach Ost: Zwischen *Sorge* und *Elend* ist gut entspannen: an den Ufern der Warmen und Kalten Bode, beim Spazieren in der Natur oder am Fensterplatz der Harzquerbahn. Am Oberlauf der Rappbode liegt verkehrsgünstig der Luftkurort *Benneckenstein*. In *Elbingerode* und in *Rübeland* warten die Erlebnisse tief im Erdreich: Besucherbergwerk und Tropfsteinhöhlen sind zu entdecken. Dem Himmel ein Stück näher über der größten Wasserfläche des Harzes: die *Rappbodetalsperre* ist Naturparadies und Abenteuerspielplatz. Östlich des Brockens liegt der Wilde Westen, in Pullman City bei *Hasselfelde*.

Elbingerode (Verwaltungssitz), Benneckenstein, Elend, Hasselfelde, Königshütte, Rübeland, Sorge, Stiege, Tanne und Trautenstein haben sich zur Stadt *„Oberharz am Brocken"* (rund 10.000 Einwohner) zusammengeschlossen. Der Name ist umstritten, da die Orte gar nicht am Brocken liegen und Verwechslungen mit den Bergstädten im Oberharz möglich sind. Der Stadtname wird deshalb hier nicht weiter verwendet.

318h dk

Thale im Bodetal

In der **historischen Eisenhüttenstadt** Thale (17.600 Einwohner) verlässt die Bode das großartigste Felsrevier des Harzes. Den Ausgang des Bodetals flankieren zwei Felsgebilde von unbeschreiblicher Faszination: **Rosstrappenfelsen** und **Hexentanzplatz.** Die mit diesen Felsen verbundenen Überlieferungen zeichnen das Bodetal als **Sagenland** aus. Neben den Wanderwegen zu jeder Jahreszeit erwarten in der **Erlebniswelt** Kletterwald und Spielplätze, Sessellift und Kabinenseilbahn, Spaßbad und Industriemuseum die Besucher.

Geschichte

In Thale wurde seit dem 15. Jh. Eisen verhüttet. Das 1835 in Betrieb genommene erste **Blechemaillierwerk** Europas legte den Grundstein für die Thaler Emailproduktion von internationalem Ruf, die in der aus dem Eisenhüttenwerk hervorgegangenen Thaletec GmbH fortgeführt wird.

Während des Ersten Weltkriegs wurden im Thaler Eisenhüttenwerk die dort entwickelten deutschen Stahlhelme produziert, ab 1934 besaß dieses Werk das Monopol dafür.

Malerisches Bodetal

148h-dk

0 50 m ©Reise Know-How Harz_14 4/23

Wer in den 1960er- und 1970er-Jahren in der DDR aufgewachsen ist, kennt die **„Stahlbau"-Metallbaukästen** aus dem Metallspielwarenwerk Thale.

Schon im 19. Jh. war Thale ein beliebtes Reiseziel für Wanderer und für Kurgäste, vor allem aus Berlin. 1836 wurde die jetzt nicht mehr existierende Hubertusquelle für den Kurbetrieb erschlossen. Sie lieferte radonhaltiges Heilwasser. Berühmte Gäste in dieser Zeit waren *Heinrich Heine* und *Theodor Fontane* (→ Exkurs „Der Harz in der Literatur", S. 73).

Sehenswertes

Bahnreisende erreichen Thale Hauptbahnhof zügig mit dem Regionalexpress von Magdeburg über Halberstadt und Quedlinburg (Abbelio). Der historische **Bahnhof** (1862) beherbergt die **Touristinformation.** Parkplätze gibt es am Bahnhof sowie an der nahen Zufahrt zu den Seilbahnen (Weg ausgeschildert).

An einer ehemaligen Fabrikhalle direkt am Bahnhof leuchtet ein **Wandbild** aus Email im Sinne des Sozialistischen Realismus und in einer an *Fernand Léger* orientierten Formensprache. Es ist ein Werk des in Thale geborenen Malers *Willi Neubert* (1920–2011) und heißt „Internationale Solidarität" (1978). 2010 wurde es als Leihgabe aus Suhl (Thüringen) hier angebracht. *Neubert* war mit dem Eisen- und Hüttenwerk Thale sehr verbunden und befasste sich besonders mit der Emailtechnik in der Kunst und Architektur. Ein weiteres Wandbild von ihm, zum 300-jährigen Bestehen des Werkes (1985), befindet sich am Gebäude einer denkmalgeschützten Dampfmaschine auf dem einstigen Werksgelände, dem heutigen Großparkplatz für die Besucher der Seilbahnen und Freizeitattraktionen.

400h dk

Des Rosses Trappe

Eine abgrundnahe Vertiefung im Granit gab dem Felsareal den Namen. Ihr Format lässt ahnen, mit welch stattlichem Schimmel *Brunhilde,* die Königstochter, unterwegs war, als Böhmenkönig *Bodo* ihr folgte. Am Rande des Bodetals, beim Hexentanzplatz, wo immer allerlei Sagenhaftes tanzt, setzte die Prinzessin zum Sprung an. Das Pferd trug sie über die Schlucht und setzte gar mächtig auf, just an diesem Ort mit dem Huf. So kündet die Rosstrappe von der tugendhaft mutigen *Brunhilde.* Und *Bodo?* Versagte, stürzte ab und versank samt Pferd im Fluss. Dort soll er, in einen schwarzen Hund verwandelt, die Krone der *Brunhilde* bewachen, die sie damals verloren hatte.

Hans Christian Andersen erzählt die Geschichte andersherum, was dem sagenhaften Sprung doch etwas mehr Grazie verleiht. Demnach ist das hier des Rosses der kraftvollen *Brunhilde* Absprungstapfen, über die Landung schweigt des Dichters Höflichkeit. Aber auch bei *Andersen* rabastert nun *Bodo* rastlos in der Bode.

Die Namen all der Bode-Gewässer im Unterharz – Warme und Kalte Bode, Rappbode, schließlich Bode – sind wohl als Ableitungen vom ostgermanischen bauths/bautha = stumm zu verstehen. Der Sage zufolge war *Bodo* der Namensgeber, eben jener glücklose Recke von der Rosstrappe.

Sport, Spiel, Spaß

Dem Bahnhof gegenüber liegt der **Kurpark,** an dessen Rand Pensionen und Cafés sowie die **Bodetal-Therme** – das Wellness- und Spaßbad – zu finden sind. Im Park steht die neoromanische **Kirche St. Petri** (1906). Der Weg zum Bodetal führt auf der Bahnhofstraße am Park entlang bis zum Kreisverkehr (Ausfahrt zum Großparkplatz) und auf die Walter-Rathenau-Straße über die Bode. Hier steht die **Herz-Jesu-Kirche** (1913). Im **Hüttenmuseum** wird die Industriegeschichte von Thale lebendig gehalten, insbesondere die Entwicklung des Eisenhüttenwerks. Vor dem Museum steht eine Dampfspeicherlokomotive. Nach Anmeldung (mind. 8 Personen) können Besucher die originale Dampfmaschine von 1911 besichtigen, ein Modell der Anlage gehört zur ständigen Ausstellung.

Mit dem Sessellift zur Rosstrappe

Entlang des Goethewegs an der Bode erstreckt sich das **Areal für Sport, Spiel, Spaß und Bratwurst.** Hier bietet die **Seilbahnen Thale Erlebniswelt** Attraktionen und Unterhaltung für die ganze Familie, alles jeweils nur ein paar Schritte voneinander entfernt.

7 **Seilbahnen Thale Erlebniswelt,** Goetheweg (an der Bode), Tel. (03947) 2500, www.seilbahnen-thale.de. Ostern–Okt. tgl. 9.30–18 Uhr, Nov.–Dez. tgl. 10–16.30 Uhr, Jan.–Ostern Kabinenbahn, Sessellift, Gastronomie tgl. 10–16/ 16.30 Uhr. **Kabinenbahn zum Hexentanzplatz** Einzelfahrt 5,50/3,30 €, Doppelfahrt 8/5 €, Fami-lienticket ab 23 €. **Sessellift zur Rosstrappe** Einzelfahrt 3,50/2,50 €, Doppelfahrt 5/4 €, Familienticket ab

15 €. **Harzbob:** 1000 m kurvenreich abwärts mit 40 km/h, Einzelfahrt 3,50/3 €, Familienticket 11 €. Für diese 3 Attraktionen sind verschiedene Kombinationen sowie Tages-, Mehrfach- und Gruppentickets im Angebot. Ermäßigungen für Inhaber der *HarzCard.* Spaßinsel am, auf, über und neben dem Wasser, Spielplatz mit Spaßpunktesystem 1–20 €, dort auch Minigolf 3/2 €. Rosstrappenkino an der Bergstation des Sessellifts, das sagenhafte Bodetal im Panoramakino, 3,90/2,50 €, Bikepark Bodetal, verschiedene Touren und Schwierigkeiten, www.bikepark-bodetal.de. **Hexenkessel**①, Gegrilltes, Gekochtes, Gebackenes und die passenden Getränke inmitten des Trubels an der Talstaqtion der Kabinenbahn.

5 Bodetal Therme, Parkstraße 4, Tel. (03947) 778450, www.bodetal.de, Mo–Fr ab 12 Uhr, Sa/So ab 10 Uhr. Baden mit Bodetalblick. Thermenlandschaft mit Innen- und Außenbecken, Saunen, Wellness und Massagen, Gesundheits- und Kurmittelzentrum. Tageskarte (für Kurtaxenzahler) Bodetaltherme ab 15/12 €, günstigere Familienkarten.

6 Kletterwald, Tel. (0176) 96609538, www.kletterwald-thale.de, April, Mai, Sept., Okt. Mo–Fr ab 13 Uhr, Sa/So ab 10 Uhr, Juni–August tgl. ab 10 Uhr. Klettern über dem Fluss, ab 5 Jahren. 100 Kletterelemente, 80 Seilbahnen 24/21/18 € für 2 Std., Rabatte für Familien und Gruppen.

Hüttenmuseum Thale, Walter-Rathenau-Straße 1, Tel. (03947) 778572, www.hüttenmuseum-thale.de, April–Okt. Di–So 10–17 Uhr, Nov.–März Mi–So 11–16 Uhr, 4/1 €. Öffentliche Führung mit Vorführung der Dampfmaschine von 1911 Mi, Sa 14 Uhr, 6/2 €, weitere Führungen nach Anmeldung für Gruppen ab 8 Pers. Kinder bis 10 Jahre freier Eintritt. Sonderausstellungen.

Blick von der Rosstrappe

Rosstrappe

Der kürzeste Fußweg zu einem der berühmtesten Aussichtspunkte des Harzes führt vom Bahnhof Thale/Großparkplatz auf die Rosstrappe (4 km). Im Bodetal, gleich hinter der „Erlebniswelt“ (1 km) zweigt der **Präsidentenweg** ab, der sich in weiten Serpentinen die Höhenmeter hinaufwindet. Dabei gibt es immer mal Aussichten nach Thale und eine Zwischenetappe kurz vor dem Ziel am Berghotel (Buslinie 257 Blankenburg – Treseburg – Thale). Die letzten 500 m bis zum Ziel sind ein Waldpfad ohne größere Anstiege. Dort sind mehrere Aussichtsplätze zu finden. Wenn an der Rosstrappe (→ Exkurs „Des Rosses Trappe“, S. 157) die Selfies das Wichtigste sind und die Leute Schlange stehen, bieten die benachbarten Plätze ebenso unvergessliche Naturbilder und etwas mehr Ruhe, wie sie diesem Ort angemessen ist: Felsen und Wald bis zum Horizont, in der Tiefe der **gezackte Canyon** der Bode.

Über die **Schurre,** einem 1864 angelegten steilen Weg durch die gleichnamige Blockhalde, kann man in einer Viertelstunde von den Rosstrappenklippen in Serpentinen zur Teufelsbrücke im Bodetal absteigen und dort zurück nach Thale oder weiter nach Treseburg wandern (→ Beschreibung: „Wandern im Bodetal“, S. 162). Bei einem Sturm im September 2022 wurde der Weg aber stark beschädigt, dass er gesperrt werden musste und frühestens im Frühjahr 2024 wieder begehbar sein könnte, Informationen dazu sind unter www.bodetal.de erhältlich.

Sessellift zur Rosstrappe → „Seilbahnen Thale Erlebniswelt“, S. 157.

Hexentanzplatz

Vom vordersten Riff des Rosstrappenareals ist das gegenüberliegende Felsgebiet des Hexentanzplatzes mit dem Berghotel zu sehen, der Platz selbst aber zum Glück nicht. Wanderer gehen in der „Erlebniswelt" im Bodetal über die Brücke und folgen dann dem markierten Weg (blau) bergauf (2,5 km) bis zur 1903 eröffneten Naturbühne des **Harzer Bergtheaters.** Das Amphitheater ist eine der ältesten Naturbühnen Deutschlands, sie bietet 1350 Zuschauern das Theatererlebnis vor märchenhaftem Panorama. Das Programm: Schauspiel, Operette, Musical, Kindertheater und Konzerte.

■ **Harzer Bergtheater,** Hexentanzplatz 3a, Tel. (03947) 7768050, www.bodetal.de, Tickets über Bodetal-Information Thale. Kabinenbahn fährt nur bis 18 Uhr!

Hier oben sollen sie also feiern, die Hexen in der **Walpurgisnacht,** bevor sie zum Brocken fliegen, um sich mit dem Teufel zu vermählen. Seit Ende des 19. Jh. ist dieser Ort mit dem **Hexenspektakel** verbunden. Schon in vorchristlicher Zeit sollen Feste zur Verehrung der Wald- und Berggöttinnen zelebriert worden sein. Als die frommen Franken das heidnische Treiben unterbinden wollten, wurden sie der Überlieferung nach von als Hexen verkleideten Sachsen verjagt. Heute geht hier ohne Hexe gar nichts, und das nicht nur zur Walpurgisnacht am 30. April, wenn 10.000 Gäste mit Musik, Lasershow und Feuerwerk und in absonderlichen Kostümen ein Volksfest feiern.

Die „altgermanische" **Walpurgishalle** (1901) gegenüber dem Theater ist ein Werk des Berliner Architekten *Bernhard Sehring* (1855–1941), von dem das Thea-

319h dk

ter des Westens in Berlin (1886) und die Stadthalle Görlitz (1910) stammen. Über dem Portal wacht Wotan, in dem blockhausartigen Gebäude sind Wandgemälde von *Herbert Hendrich* (1854–1931) mit Motiven aus der Walpurgisnacht in *Goethes* „Faust" zu sehen: Irrlichtertanz, Mammonshöhle, Hexentanz, Windsbraut und Gretchenerscheinung. An vorchristliche Kulthandlungen erinnert der **Opferstein** im Eingangsbereich der Halle. Er wurde an Resten des Sachsenwalls gefunden, der den heutigen Hexentanzplatz als Trockenmauer umgeben hatte.

■ **Walpurgishalle,** www.bodetal.de, Ostern–Okt. Do–So 11–16 Uhr, 3/1 €.

In Bronze gegossene Hexen und Teufel, **Imbiss- und Andenkenbuden** säumen den Parkplatz. Von der Felskante (**Aussichtspunkt** beim Berghotel) blickt man ins Bodetal und zur Rosstrappe hinüber, es ist der schönste Ort auf diesem Areal. Einheimische Tiere können in dem kleinen **Tierpark** beobachtet werden.

Tierpark Hexentanzplatz, Tel. (03947) 7768070, www.bodetal.de, Feb.–April tgl. 10–17 Uhr, Mai–Okt. tgl. 9–18 Uhr, Nov.–Jan. tgl. 10–16 Uhr. 7/5 €, Familienkarte 20–25 €, Imbiss in der Hexentränke. Wolfsrevier, Bärenwald, Luchshügel und Streichelgehege.

Für den Rückweg nach Thale bietet sich die Wanderung über den nahe gelegenen Aussichtspunkt **La-Viers-Höhe** (vom Hexentanzplatz 15 Min.) und steil bergab ins Bodetal an (knapp 1 Stunde bis **Jungfernbrücke/Gasthaus Königsruhe,** von dort 1,8 km bis Bahnhof Thale, → „Wandern im Bodetal", S. 162). Ein klei-

187h-dk

391h dk

ner Abstecher lohnt sich auch zur **Prinzensicht** (20 Min.), die ebenfalls einen großartigen Blick ins Bodetal bietet. Beide Aussichtspunkte sind Stempelstellen der Harzer Wandernadel.

■ **Kabinenseilbahn zum Hexentanzplatz** und **Harzbob:** → „Seilbahnen Thale Erlebniswelt“, S. 157.

Kloster Wendhusen

Ein 2 km langer Weg bodeabwärts führt quer durch die Stadt zum Kloster Wendhusen, in das älteste Viertel von Thale. Seine Geschichte reicht zurück bis ins Jahr 825, als es durch *Gisela,* die Tochter des ostfälischen *Grafen Hessi,* gegründet wurde. *Hessi* hatte sich in den Sachsenkriegen *Karl dem Großen* unterworfen und den christlichen Glauben angenommen. Wendhusen war die **früheste Klostergründung Mitteldeutschlands,** das Mutterkloster des Quedlinburger Reichsstifts.

Aus der **karolingischen Zeit** sind Fundamentreste und Teile der Damenloge erhalten. Ab 1188 wurde die Stiftskirche um einen mächtigen **Westvorbau** erweitert, in der besonderen Form des Sächsischen Westriegels. Ihn zeichnet aus, dass er das Langhaus überragt und nahezu tür- und fensterlos ist. Die hier sichtbaren Fenstergewände deuten darauf hin, dass dieser Westriegel auch als Wohnplatz genutzt worden sein könnte.

Die Klosteranlage wird durch den **Nordharzer Altertumsverein** betreut und ist als Museum sowie Veranstal-

⌃ Kloster Wendhusen

‹ Dampfspeicherlok vor dem Hüttenmuseum in Thale

Wandertipp: Wandern im Bodetal: Von Thale nach Treseburg

- Thale Erlebniswelt – Bodetal – Gasthaus Königsruhe – Treseburg 10 km, Rückfahrt mit Linienbus 256, 257 wahlweise über Hexentanzplatz oder Rosstrappe.

- **Streckenwanderung**
- **9 km**
- 251 m Aufstiege
- 159 m Abstiege

GPS Auf der imaginären Rangliste der schönsten Harzwanderungen nimmt der Weg durch das Bodetal zwischen Thale und Treseburg einen unbestrittenen Spitzenplatz ein. Diese Wanderung gehört einfach zum Programm auch jedes kürzeren Harzaufenthalts. Sie lässt sich in rund 3 Stunden gut absolvieren, verträgt aber manch weitere zur Verfügung stehende Stunde, ohne dass es je langweilig würde.

Die Wanderung kann in **beide Richtungen** unternommen werden. Sie folgt stets dem Lauf der Bode, ist als Etappe des Harzer Hexenstiegs sehr gut markiert, eine detaillierte Wegbeschreibung erübrigt sich also. Für den Startpunkt Thale sprechen das sich in seiner Intensität steigernde Landschaftsbild beim stetigen Anstieg gegen den Flusslauf und die auch mit Bahn und Bus sehr gute Erreichbarkeit Thales.

Gleich hinter der turbulenten **Erlebniswelt** wird es etwas ruhiger im Tal, allein zu sein, darf man auf dieser beliebten Tour jedoch nicht erwarten, jedenfalls nicht bei freundlichem Wetter. Auch bei grauem Himmel oder leichtem Regen lohnt sich diese Wanderung. Aus Sicherheitsgründen wird der **Weg im Winter gesperrt,** in der Regel zwischen Dezember und März. Konkret ist das vom Wetter abhängig, wobei Frost ebenso wie Tauwetter besondere Gefahrenlagen schafft. Aktuelle Informationen gibt es in der Touristinformation und unter www.harzinfo.de. Während der Sperrzeiten werden für den Harzer Hexen-Stieg Umleitungen ausgewiesen. Bis zum Gasthaus Königsruhe (15 Min.) kann der Weg mit Kinderwagen begangen werden.

Nur wenige Schritte sind es von der Talstation der Seilbahn bis zum historischen **Hotel Waldkater,** dem wohl ältesten Lokal im Bodetal, heute eine Jugendherberge. Bei Fontane wird das Landhaus im Roman „Cecilie“ erwähnt, allerdings nicht freundlich. Von Sagen umwoben ist der markant aufragende Siebenbrüderstein, dessen bekannterer Name **Goethestein** nicht auf einer Sage beruht, sondern auf dem tatsächlichen Besuch des Dichters, gemeinsam mit dem Maler Georg Melchior Kraus, am 8. September 1784. Gleich darauf wird das malerisch im Hirschgrund an der Bode gelegene **Gasthaus Königsruhe** erreicht. Ein schöner Ort für die erste Rast, obwohl man noch nicht viel gelaufen ist.

9 **Gasthaus Königsruhe**①–② (Plan S. 155), Hirschgrundweg, Tel. (03947) 2726, www.koenigsruhe.de, April–Okt. tgl. 10–20 Uhr, bodenständige deutsche Küche für Wanderrast und Restaurantbesuch, Forelle. Freiterrasse, rustikaler Gastraum. Betten (30–40 €).

Am Gasthaus überquert die bogenförmige **Jungfernbrücke** die Bode, vom anderen Ufer aus führt ein steiler Aufstieg zur La-Viers-Höhe und zum Hexentanzplatz (1 Std.). Die Bodetalwanderung aber passiert den Gasthof, sie gewinnt nun gleich etwas flotter einige Höhenmeter und überquert mit der Teufelsbrücke den Fluss. Über Serpentinen geht es steil bergan zum landschaftlichen Glanzpunkt der Wanderung. Der Fluss windet sich im **Bodekessel** in einem engen Bogen durch das bis 200 m hohe Felsspalier. Berauschende Sichten in das Naturschauspiel bieten sich von mehreren Stellen des Wanderweges.

Die Wanderung bietet nicht nur Superlative, sondern unzählige Bilder am Wegesrand, die entdeckt werden wollen: Formationen des Schiefer- und Granitgesteins, Baumriesen, Gesträuch, Blütenpflanzen, Moos, der mal glitzernde, funkelnde, mal finstere Fluss. Es gibt viele Rastplätze, darunter auch einige bequeme Ruhebänke. Kurz vor dem Ziel liegt die **Sonnenklippe** (GPS N 51.721846, E 10.970115) am Weg (Stempelstelle Harzer Wandernadel). So gelangt man kurzweilig und nicht zu anstrengend nach Treseburg.

Das einstige Bergbau- und Flößerdorf ist einer der bevorzugten Erholungsorte des Unterharzes. Wunderbar ruhig ist es hier. Wo der Wanderweg auf die Straße trifft, liegt an der Bode das Hotel und Restaurant „Forelle", dahinter am kleinen Parkplatz befindet sich die Bushaltestelle. Für die Rückfahrt bieten sich die Linien 256 (Treseburg – Hexentanzplatz – Thale) sowie 257 (Blankenburg – Altenbrak – Treseburg – Thale) an, letztere mit Haltestelle Rosstrappe (am Hotel, 500 m bis zum Aussichtspunkt). Ausblicke über das Bodetal bis zum Brocken bieten sich 150 m über dem Ort von der nahe gelegenen Felsklippe **Weißer Hirsch** (414 m, Stempelstelle Harzer Wandernadel). Der Aufstieg beginnt neben dem Hotel „Zur Luppbode" am südlichen Ortsrand.

Unterkunft, Essen und Trinken

■ **Hotel und Restaurant „Forelle"**②, Treseburg, Ortsstraße 28, Tel. (039456) 5640, www.hotel-forelle-harz.de. Modern eingerichtete Zimmer im historischen Fachwerkhaus, ruhig und verkehrsgünstig gelegen. Restaurant Mi–So 8–10, 12–19.30 Uhr. Forellen- und andere Fischgerichte, Wild- und Wurstspezialitäten. Regionale Erzeuger.

■ **Hotel „Zur Luppbode"**②, Treseburg, Ortsstraße 26, Tel. (039456) 56751, www.luppbode.de. Komfortables Hotel im Fachwerkhaus aus den 1930er-Jahren, an der Luppbode ruhig gelegen.

■ **Café „Rübezahl"**②, Treseburg, Ortsstraße 29, Tel. (039456) 569399, Sa–Mi 12–20 Uhr, kleines Lokal neben der „Forelle", Harzer Küche, Forelle, gut auch für die Wanderrast.

320h dk

☒ Die Jungfernbrücke über der Bode

tungsort für Besucher geöffnet. Neben den herausragenden Zeugnissen romanischer Architektur sind Bauten zu besichtigen, die nach der Säkularisierung des Klosters 1540 und während der anschließenden Nutzung als Rittergut entstanden sind. Im **„Zentrum für lebendige Geschichte"** wird das Frühmittelalter dargestellt. Beliebt ist das **Bogenschießen** samstagnachmittags auf dem Klosterhof, einmal im Jahr gibt es ein offenes Turnier.

■ **Kloster Wendhusen,** Thale, Wendhusenstraße 7, Tel. (03947) 778563, www.nag-history.de. Mi–So 14–17 Uhr, 3/1,50 €. Bahnreisende fahren bis Thale Musenstieg, von dort 5 Min. Fußweg Richtung Bode. Außengelände während der Öffnungszeiten des Museums frei zugänglich. Parkplätze direkt am Kloster. Museum, Zentrum für lebendige Geschichte (Sa 14–17 Uhr Bogenschießen ohne Anmeldung, 8 €/Stunde), Bogenbauseminare, Café, Führungen.

Altenbrak

An der Bode östlich der Talsperre Wendefurth liegt das Straßendorf Altenbrak (13 km von Thale). Der Harzer Hexen-Stieg verbindet es mit der Ausflugsgaststätte Stemberghaus und dem Köhlereimuseum (3 km, → „Rappbodetalsperre", S. 199) und mit Treseburg (5 km). Immer an der Bode entlang führt ein Wanderweg zur Talsperre Wendefurth mit dem Aussichtspunkt Talsperrenblick (4,5 km). In der 1951 erbauten **Waldbühne** gibt es den Sommer über Theatervorstellungen und Konzerte sowie am ersten Septembersonntag den **Harzer Jodlerwettstreit.** Altenbrak ist ein wichtiger Ort in *Fontanes* Roman „Cecilie".

Friedrichsbrunn

Das am Rambergmassiv auf einer Hochebene (533 m) gelegene Straßendorf Friedrichsbrunn (11 km von Thale) ist ein traditionsreiches **Wintersportziel,** als **Wandergebiet** auch in den anderen Jahreszeiten attraktiv. Skilangläufer finden drei Rundwege zwischen 4,5 und 14 km, es gibt Rodelhänge und Winterwanderwege. Im Ski- und Heimatmuseum wird die Geschichte des Ortes und des Wintersports im Bodetal mit über 250 Exponaten anschaulich dargestellt. Außerdem gibt es eine Ausstellung über die Sing- und Greifvögel des Ostharzes.

Das ab 1913 genutzte Ferienhaus der Familie des Theologen und Widerstandskämpfers gegen das NS-Regime *Dietrich Bonhoeffer* (1906–1945) ist heute Gedenkstätte mit Ausstellung und Café. Den Namen *Bonhoeffers* trägt auch die neogotische **Kirche** (1880) des Ortes.

Teufelsmauer

Die Teufelsmauer ist eine **bizarre Sandsteinformation,** die vor 85 Mio. Jahren als Ablagerung im Meer der Oberkreide *(Santon)* entstand. Hier soll der Teufel einen Wutanfall bekommen haben, denn er wollte bis zum ersten Hahnenschrei eine Grenzmauer errichten zwischen seinem Land, dem erzreichen Harz, und Gottes Land, der fruchtbaren Ebene. So war die Abmachung, aber der Hahn krähte zu früh und ein Stein in der Mauer fehlte noch, also brach sie zusammen.

Ein poetisches Bild für die Felsenformen fand der Berliner Publizist *Ludwig Sternaux* auf seiner Harzreise 1915: „Wie eine wilde Jagd, die schwerer Fluch ge-

Die Harzer Wandernadel

Stempeln gehen und sammeln. Die Vielfalt des Gebirges lässt sich bequem nach Hause tragen. An **222 sehenswerten Stellen** liegen Stempel bereit, mit denen Wanderer dokumentieren können, dort gewesen zu sein. Die Stempelstellen sind auf der Karte der Harzer Wandernadel, auf einigen weiteren Wanderkarten und im Internet (www.harzer-wandernadel.de) verzeichnet. In den Touristeninformationen lässt man sich den **Harzer Wanderpass** ausstellen (3 €), dort hinein kommen die Stempel. In welcher Reihenfolge ist egal, aber es zählt jeder Stempel nur einmal. Wer acht Stempel gesammelt hat, kann sich die Harzer Wandernadel in Bronze überreichen lassen, 16 Stempel qualifizieren für Silber und 24 für Gold. Die Wandernadeln gibt es (jeweils gegen Schutzgebühr von 4,50 €) in den Touristeninformationen.

50 Stempel zeichnen das Wappen des **„Harzer Wanderkönigs"**, seine Wandernadel ist ein Unikat mit Halbedelstein. Zudem gibt es die Wandernadeln „Harzer Hexen-Stieg" (neun Stempel an diesem Wanderweg), „Harzer Grenzweg" (alle 20 Stempelstellen am Harzer Grenzweg) und „Goethe im Harz" (28 Stempelstellen, die Goethe zugeordnet werden und entsprechend gekennzeichnet sind). **„Harzer Steiger"** wird, wer 111 Stempel vorweisen kann, davon 22 von Bergbaustätten, und der **„Harzer Wanderkaiser"** hat alle 222 Orte besucht. Dafür gibt es eine Brosche aus Harzer Gestein mit Goldplakette (39 €). Kinder werden mit mindestens elf Stempeln „Wanderprinzessin" oder „Wanderprinz" (jeweils 4,50 €).

Die **Stempelstellen** befinden sich zumeist an oder in Schutzhütten, bei Waldgaststätten, bei Aussichtspunkten und geologisch markanten Orten. Sie sind leicht zu erkennen an den robusten **Kästen,** in denen sich der Stempel und ein Stempelkissen befinden. Wer auf die Wandernadel verzichtet, kann sich die Stempel in das Notizbüchlein oder auf die Ansichtskarte an die Lieben daheim setzen.

Am Weg zur Wandernadel: das Tal der Ilse

322h dk

321h dk

bunden …" (→ Exkurs „Der Harz in der Literatur", S. 73).

Neben dem Einstieg in den Wanderweg am **Großvater-Felsen** (→ „Blankenburg") ist die Besichtigung der Felsgebilde zwischen Weddersleben und Neinstedt (beide zu Thale) – Königstein, Westturm und Mittelsteine – der attraktivste Zugang zur Teufelsmauer. Ein Besuch der Teufelsmauer bei Neinstedt (Stempelstelle **„Harzer Wandernadel"**, → gleichnamigen Exkurs, S. 165) sollte auf dem Programm jedes auch nur kurzen Harzbesuches stehen, zumal er mit Auto oder Linienbus ohne größeren Aufwand zu realisieren ist. Der Wanderweg ist jedoch nicht barrierefrei; Kinderwagen sind möglich, wenn sie stellenweise getragen werden können. Für den **Rundweg bis zur Aussichtsplattform** sollte wenigstens 1 Stunde eingeplant werden.

Vom Parkplatz an der L 92 (GPS N 51.756779, E 11.090772) sowie der nahe gelegenen Bushaltestelle Teufelsmauer (Linie 251 Thale – Quedlinburg) sind es nur wenige Schritte bis zur Bode und auf den markierten Teufelsmauerstieg. Die Felsen stehen unter Naturschutz, Das Besteigen und Umherklettern ist verboten. Man wahre respektvolle Distanz und hat so den größten Genuss an dieser Augenweide. Sehenswert ist auch der **Teufelsmauergarten,** dort gedeihen Kräuter und Blumen dieser Landschaft, und er bietet schattige Rastplätze. Über die Entstehung, Geschichte und den Schutz der Teufelsmauer informieren Tafeln vor Ort.

Gedenkort

Auf einer Wiese neben der **Lindenhofskirche** im Ortszentrum von **Neinstedt** erinnert ein Gedenkort an 1019 Opfer nationalsozialistischer „Euthanasie"-Verbrechen. Die einstigen Bewohner von Krankeneinrichtungen waren zwischen 1937 und 1943 durch die Nazis abtransportiert und in „Zwischenanstalten" sowie in die Tötungsanstalt Bern-

Die Teufelsmauer bei Neinstedt

burg verbracht worden. Die mit blauen Lilien bepflanzte **Bodenskulptur** aus einem blütenförmigen Messingband mit den Namen aller Opfer wurde durch die auf der Insel Rügen tätige Metallbildhauerin *Stine Albrecht* geschaffen und im September 2022 eingeweiht. Bereits seit 1992 steht auf dem Kirchhof eine den Opfern gewidmete Marmorskulptur von *Wieland Schmiedel.*

Praktische Tipps

Anreise

- **Auto:** zwischen B 6, B 81, B 185.
- **Bus:** Regionalbus 245 (Thale – Gernrode – Ballenstedt), 250 (Thale – Blankenburg – Wernigerode), 251 (Thale – Neinstedt – Quedlinburg), 252 (Thale – Westerhausen – Quedlinburg), 253 (Thale – Gernrode – Quedlinburg), 257 (Thale – Rosstrappe – Treseburg – Altenbrak – Blankenburg).
- **Bahn:** Regionalexpress Magdeburg – Halberstadt – Quedlinburg – Thale; Harz-Berlin-Express (HBX): Berlin-Lichtenberg – Potsdam – Halberstadt – Quedlinburg – Thale (Sondertarif Berlin/Potsdam – Genthin).

Information

- **www.bodetal.de**
- **Bodetal-Information Thale,** Bahnhofstraße 1, Tel. (03947) 776800, Mo–Fr 8–18 Uhr, Sa, So, Fe 9–15 Uhr. Im Bahnhof, dort auch ein Andenkenladen und Imbiss.
- **Bodetal-Information Altenbrak,** Unterdorf 5, Tel. (039456) 205, Di 9–12, 12.30–17 Uhr, Do 8.30–12, 12.30–15 Uhr. Mit Heimatstube.
- **Bodetal-Information Friedrichsbrunn,** Hauptstraße 118, Tel. (039487) 287, Mo 10–12, 12.30–17 Uhr, Fr 10–12, 12.30–15 Uhr.

Übernachtung

2 2 **Gasthaus Forelle**②, Thale, Karl-Marx-Straße 84, Tel. (03947) 775022, www.forelle-thale.de, 1848 erbautes Fachwerkhaus an der Bode. Einzel-, Doppel-, Familienzimmer. Appartement und Ferienwohnung für 4 Pers. 115 €. Restaurant Mo–Fr 17–22 Uhr, Sa, So 11–14, 17–22 Uhr. Forellen aus der Bode, weitere Fischgerichte. Harzer Küche.

8 8 **Berghotel Rosstrappe**②, Thale, Tel. (03947) 3011, www.berghotel-rosstrappe.de. Gemütlich, ruhig gelegen, 500 m vom Aussichtsfelsen. Restaurant tgl. 12–22 Uhr, Biergarten mit Ausblick, Linienbus 257.

10 10 **Berghotel Hexentanzplatz**②, Thale, Tel. (03947) 4730, www.berghotel-hexentanzplatz.de, tgl. 8–22 Uhr. Rustikal eingerichtete Zimmer, Blick ins Bodetal. Restaurant: Harzer und deutsche Küche. Mit Panoramaterrasse und Biergarten. Für die schnelle Versorgung: Buffet zur Selbstbedienung.

1 **Klostercamping,** Wendhusenstraße 3, Tel. (03947) 63185, www.klostercamping-thale.de, GPS N 51.755877, E 11.049428. Ganzjährig, kleine Anlage mit 100 Plätzen zwischen Kloster und Bodetal, Zeltwiese. Laden, Café, Sportanlagen. Berg- und Wanderhütte jeweils ab 35 €/2 Personen.

Essen und Trinken

- **Hotelrestaurants** → „Übernachtung".

3 **Safran – Persische Spezialitäten**②, Brückenstraße 4, Tel. (01577) 6487152, Di–Fr 17–22 Uhr, Sa, So 11.30–22 Uhr. Kleines, feines Restaurant, auch vegetarische Speisen, Fusionsküche, 15 Min. Fußweg vom Bahnhof/Großparkplatz.

4 **Gasthaus „Zum Wasserriesen"**②, Hubertusstraße 11, Tel. (03947) 776613, www.hotelpark-bodetal.de, Mo–Fr 16–22 Uhr, Sa, So 11–22 Uhr. Im Hotelpark Bodetal. Deutsche Küche mit saisonalen Speisen.

Anschluss S. 152

Museum

■ **DDR-Museum Thale,** Steinbachstraße 5a, Tel. (03947) 65633, www.ddr-museum-thale.de, Mo–Fr 10–18 Uhr, Sa, So 10–16 Uhr, 5/3 €. Reise in den Alltag aus 40 Jahren DDR, in der 6. Etage eines Möbelhauses, früher Sitz des Labors für Emailforschung des VEB Eisenhüttenwerkes Thale.

■ **Obscurum Thale,** Bahnhofstraße 1, Tel. (0152) 53831405, www.obscurum-thale.de, Ostern–Okt. Di–So 10–12, 13–17 Uhr, 5 €. Direkt im Bahnhof. Museum der Hexerei und der dunklen Mächte. Für Kinder nicht geeignet. Um Walpurgis abendliche Sonderführungen.

■ **Ski- und Heimatmuseum Friedrichsbrunn,** Hauptstraße 111, Tel. (039487) 749239, www.bodetal.de, Mo 15–17 Uhr, Di,Mi 10–12 Uhr, Mi–Sa 14–17 Uhr. Eintritt frei (Spende). Orts- und Wintersportgeschichte, zahlreiche historische Ski- und Rodelschlitten, Sonderausstellungen.

■ **Bonhoeffer-Haus Friedrichsbrunn,** Waldstraße 7, www.bodetal.de, tgl. 14–18 Uhr. Eintritt frei (Spende). Ausstellung über Leben und Wirken des Vertreters der Bekennenden Kirche und NS-Op-

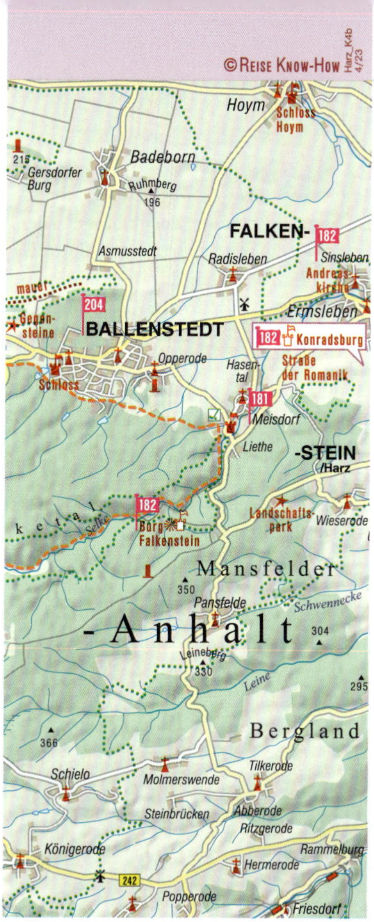

fers Dietrich Bonhoeffer im einstigen Ferienhaus seiner Familie. Mit Café.

Theater

- **Waldbühne Altenbrak,** Rolandseck, www.waldbuehne-altenbrak.de, Waldbühne für Familientheater, Musicals, Operettengalas sowie Konzerte. Kostenloser Parkplatz im Ort/Linienbus 257. Tickets über Bodetal-Information Thale und Tageskasse.

Im Selketal

Laubwälder, Wiesen und Berghänge zeichnen das liebliche Tal der **Selke** aus. Eine Landschaft für Naturfreunde, Familien, Wanderer. Empfehlenswerte Strecken gibt es auch für Fahrrad und Motorrad. Der Fluss entspringt in dem an zwei Seen und an einem Jagdschloss gelegenen Luftkurort Stiege und mündet nach 64 km im Harzvorland bei Hedersleben in die Bode. An die interessantesten Orte des Selketals führt der rund 70 km lange **Selketal-Stieg** zwischen Stiege und Quedlinburg. Seine Markierung zeigt die schematische Darstellung der Burg Falkenstein in Rotbraun.

Die Reise in diesem Buch folgt diesem Wanderweg von Stiege über Güntersberge, Straßberg, Silberhütte, Alexisbad – mit Abstecher nach Harzgerode – bis Mägdesprung. Hier verlässt der Selketal-Stieg die Bahngleise. Er führt durch das Obere Selketal nach Osten bis Meisdorf. Es folgen der Aufstieg zur Burg Falkenstein und kulturhistorische Rundgänge durch Ballenstedt und Gernrode. Als Empfehlung unter den vielen Wanderwegen im Selketal wird die Halbtagswanderung von Mägdesprung nach Alexisbad ausführlicher beschrieben.

Die Etappenorte Stiege, Güntersberge, Silberhütte, Alexisbad und Harzgerode liegen an der Harzhochstraße B 242, Mägdesprung und Ballenstedt an der B 185.

Die 1887 in Betrieb genommene **Selketalbahn** ist die älteste der Harzer Schmalspurbahnen. Sie verkehrt zwischen Hasselfelde und Quedlinburg, mit Stichbahnen nach Eisfelder Talmühle und Harzgerode. An mehreren Orten hält sie nur bei Bedarf, diese sind wiederum für Wanderer besonders reizvoll. Mit bis zu 40 Promille (40 m auf 1 km Fahrstrecke) auf dem Streckenabschnitt Mägdesprung (295 m) – Sternhaus Ramberg (413 m) hat die Selketalbahn die steilsten Streckenabschnitte der Harzer Schmalspurbahnen zu bewältigen.

Die Wirtschaftsgeschichte des Selketals wurde vom **Erzbergbau und Hüttenwesen** geprägt, wofür heute vor allem die Grube Glasebach bei Straßberg, das Carlswerk in Mägdesprung, die Eisengusskunstwerke in Mägdesprung und Alexisbad sowie die Heimatstube im Schloss Harzgerode stehen. Alexisbad ist zudem ein traditionsreicher Kurort.

Wandern ohne Gepäck

Wanderer, die den gesamten Selketal-Stieg **auf eigene Faust** kennenlernen möchten, können sich auf **4–5 Etappen** einrichten und sich daran orientieren, mit Bus oder Bahn den Ausgangsort am selben Tag wieder zu erreichen oder am Ziel zu übernachten. Zudem ist es gut möglich, Bus- und Bahnfahrten mit Wanderstrecken zu kombinieren. Dafür sollte man neben der Wanderkarte (Selketal-Stieg, Bodetal, 1:30.000, Luchs-Karte) die **Fahrpläne der Selketalbahn** und der Buslinien dabei haben (gratis oder für wenig Geld in den Touristinformationen erhältlich). Inhaber des **Harzer Urlaubs-Tickets (HATIX)** können die Linienbusse gratis nutzen.

Idyllisches Selketal

155h-dk

Günstige **Etappenorte** nach dem Start in Stiege sind:

- **Straßberg** (13 km, Wanderzeit 4 Stunden)
- **Alexisbad** (12 km, Wanderzeit 4 Stunden)
- **Meisdorf** (22 km, Wanderzeit 6 Stunden)
- **Gernrode/Bad Suderode** (18 km, Wanderzeit 5 Stunden)
- **Quedlinburg** (9 km, Wanderzeit 3 Stunden)

Landschaftlich am reizvollsten ist die Strecke von Stiege bis Meisdorf.

Mehrtägige Wanderungen über die gesamte Strecke oder Teile davon können mit Gepäcktransfer in der Touristinformation Quedlinburg gebucht werden. Übernachtet wird in Hotels, die auch für den Transfer zu den Start- und Endpunkten sorgen.

Information

- Touristinformation Quedlinburg, siehe dort.
- www.selketalinfo.de

Stiege

Kulturhistorische Attraktion des Ortes ist die 1905 aus Holz errichtete **Stabkirche.** Ihr Vorbild war die Kirche Wang in Brückenberg (heute zu Karpacz, Polen) im Riesengebirge. Im Mai 2022 wurde sie an ihrem neuen Standort im Stieger Ortszentrum geweiht, nachdem sie von ihrem acht Kilometer entfernten historischen Platz, auf dem Gelände einer ehemaligen Lungenheilanstalt mitten im Wald, dorthin versetzt worden war. Zu dieser spektakulären Aktion hatte sich die Gemeinde entschlossen, weil die wertvolle Kirche im Wald mehrfach **Opfer von Vandalismus** geworden war. Die Deutsche Stiftung Denkmalschutz unterstützte die Translozierung. Rund 90 Prozent der historischen Hölzer konnten originalgetreu wiederverwendet werden: insgesamt 2600 nummerierte Blockbohlen.

- **Stabkirche Stiege,** Lange Straße 48, Tel. (0151) 72915422, www.stabkirche-stiege.de. Offene Kirche Mi 10–12 Uhr, So 13–16 Uhr, individuelle Führungen können telefonisch vereinbart werden. Eintritt frei, Spende erwünscht. Wenige Schritte vom Bahnhof Stiege der Selketalbahn (Parkplatz).

Zum **Bahnhof Stiege** der Selketalbahn läuft man entlang der Langen Straße (1 km) oder auf einem Wanderweg (1,5 km, am Teichufer, dann Wegweiser). Eisenbahnfreunde würdigen die „kleinste **Wendeschleife** Europas“. Auf der 400 m langen Gleisschleife können Züge, die aus dem Selketal kommen, dahin zurückkehren, ohne rangieren zu müssen. Sie wird sowohl von dampflokbespannten Zügen als auch von Sonderzügen genutzt. In den Dieseltriebwagen braucht der Fahrer lediglich den Platz zu wechseln, um in die Gegenrichtung weiterzufahren.

Am **Startpunkt des Selketal-Stiegs** (bei der Holzhütte) steht eine **Informationstafel** mit den **Entfernungen zu ausgewählten Wanderzielen:**

- **Güntersberge,** Bahnhof 10,2 km
- **Straßberg,** Ortsende 17,2 km
- **Silberhütte,** Bahnhof 19,9 km
- **Hänichen,** 22,2 km
- **Alexisbad,** Ortsanfang 24,2 km

323h dk

- **Mägdesprung,** 30,2 km
- **Selkemühle,** 35,6 km
- **Gasthaus zum Falken** (auf der Tafel als „ehemalig" bezeichnet), 42,5 km
- **Meisdorf,** Schlosshotel 44,6 km
- **Ballenstedt,** Schloss 50,6 km
- **Gernrode,** 58,2 km
- **Bad Suderode,** Ortsende 61,2 km
- **Quedlinburg,** Bode 67,2 km
- **Quedlinburg,** Carl-Ritter-Str. 68,9 km

Der Ort liegt am Ufer des beschaulichen **Unteren Schlossteichs** (auch Schulteich). Über dem Nordufer thront das einstige **Jagdschloss,** dessen Geschichte bis ins Jahr 919 zurückreicht. Es befindet sich in privater Hand und wird saniert. Besucher sind im Schlosscafé „Giving & Living" und in der Ferienwohnung willkommen. Neben dem Schloss steht die **Dorfkirche** „Zur Hilfe Gottes" (1711/1877), wo im Sommer Konzerte gegeben werden. Am See gibt es neben einem Kinderspielplatz auch einen Bootsverleih.

Information

- **Touristinformation Hasselfelde,** siehe dort.

Unterkunft

■ **Ferienwohnung „Zur alten Stellmacherei“,** Borntalstraße 11, Buchung über www.oberharzinfo.de, ruhig in einer Seitenstraße gelegen, 4 Pers. ab 75 €. Wohnung in der 1. Etage eines Fachwerkhauses, Raumhöhe maximal 2 m.

■ **Ferienwohnung im Schloss** für 4–12 Pers., pro Pers. 30 €. Informationen und Reservierung über www.schloss-stiege.de. Geräumige Zimmer, Garten mit Terrasse.

Essen und Trinken

■ **Schlosscafé,** wechselnde Öffnungszeiten, Fr–So nachmittags. Hausgebackener Kuchen, kleiner Laden für Accesoires und Wohndesign.

Einkaufen

■ **Bienes Dorfladen,** Lange Straße 11, Di–Fr 8–12, 15–18 Uhr, Sa 8–11 Uhr.

■ **Karolas Shop,** Lange Straße 37, Di–Fr 9–12 Uhr, Mo–Fr 15–18 Uhr. Dorfladen gegenüber der Stabkirche.

Güntersberge

In Güntersberge (800 Einwohner) sammelt sich die Selke in einem **Bergsee.** Hier kann man baden und angeln. Zwischen Fachwerkhäusern steht die neoromanische Kirche St. Martin. Wer lange nicht gelacht hat, geht ins **Mausefallen- und Kuriositätenmuseum.** In der Privatsammlung gibt es Nachttöpfe, Klistierspritzen, Floh- und Mausefallen und andere Dinge des tägl. Bedarfs zu sehen.

■ **Mausefallen- und Kuriositätenmuseum,** Klausstraße 38, Tel. (039488) 430, www.mausefallenmuseum.de, Sa, So Führungen 14 und 15 Uhr. Mit „Galerie der stillen Örtchen“.

Straßberg

Bis zur nächsten Haltestelle Straßberg (800 Einwohner) sind es 5 km. Hier wurden seit dem frühen 15. Jh. Flussspat (Fluorit) und Silbererz gefördert. Davon erzählt, über und unter Tage, die 1689 aufgefahrene **Grube Glasebach** (Hp. Straßberg Glasebach). Sie ist als Bergwerksmuseum eine Stempelstelle Harzer Wandernadel.

Bergwerksmuseum Grube Glasebach, Straßberg, Glasebacher Weg, Tel. (039489) 226, tgl. 9.30–16 Uhr, Führungen stündlich 10–15 Uhr. 12/8 €, nur über Tage: 5/3 €. Führungen 60 Min. Unter Tage Bergbau des 18. Jh., über Tage Bergbau der Nachkriegszeit. Imbiss, Spielplatz.

Silberhütte

Dem kleinen Ort Silberhütte steht die Geschichte im Namen geschrieben. Schon 1440 wird eine Silberhütte dokumentiert. Im 17.–19. Jh. war Silberhütte ein Industriezentrum des Selketals, unter anderem mit Bleihütte, Schwefelsäu-

◁ Die Stabkirche Stiege am neuen Standort beim Haltepunkt der Selketalbahn

re- und Vitriolwerk, Glashütte und Seifensiederei. Lange Zeit wurde hier Schwarzpulver für den Bergbau hergestellt, zuletzt Pyrotechnik wie die „Harzer Knaller".

Für Architekturfreunde sehenswert ist die kleine **Waldkirche,** die 1932 im funktionalen Stil auf dem Gelände der einstigen Silberhütte, nunmehr Zentrum der Unterharzer Holzindustrie, errichtet wurde.Erlebnisangebote für Kinder bietet der von einem Verein betriebene **Waldhof** (Programm auf www.harzgerode.de). Es gibt einen frei zugänglichen Spielplatz (Parkplatz an der B 242) und, als Teil des Selketal-Stiegs, den **Waldhofmännchenweg** (4 km).

151h-dk

Harzer Spezialitäten Simone Kather, B 242 zwischen Siptenfelde und Alexisbad, bei Hänichen (Beckstraße, GPS N 51.652527 E 11.081227), beliebte Raststätte in der Nähe des Selketal-Stiegs, tgl. 10–15 Uhr. Erbsensuppe aus der Feldküche, Gulasch mit Nudeln.

Wanderung von Mägdesprung nach Alexisbad

Mägdesprung, Bahnhaltepunkt – Drahtzug, Bahnhaltepunkt – Selkewasserfall – Klippenweg – Luisentempel – Alexisbad, Bahnhaltepunkt 8 km

Die nur 5 Gleiskilometer voneinander liegenden Bahnhaltepunkte Mägdesprung und Alexisbad bieten sich als Ausgangsorte für kleinere Wanderungen an, die sowohl Naturerlebnisse als auch kulturhistorische Begegnungen bereithalten. Beide Orte werden durch die Buslinie 242 Quedlinburg – Bad Suderode – Harzgerode – Wippra verbunden.

Die Geschichte des winzigen Ortes Mägdesprung begann 1646 mit einer Eisenhütte an der Selke. Der Name deutete ursprünglich auf eine Quelle (Meidesprung), erst im 19. Jhd. entstand die Sage vom Mägdesprung des **Riesenmädchens Amala** zu ihrem Liebsten Luidpold, die von den *Brüdern Grimm* und *Ludwig Bechstein* in unterschiedlichen

< Das Carlswerk in Mägdesprung

Fassungen aufgeschrieben und von *Ludwig Richter* (1840) illustriert wurde. Die Mägdetrappe mit schöner Aussicht ins Selketal liegt am **Selketal-Stieg.**

Heute ist das Ortsbild an der B 185 vor allem durch den wirtschaftlichen Niedergang seit den 1990er-Jahren geprägt. Sehenswert sind der dem frühklassizistischen Original von 1812 nachgebildete und 2012 enthüllte **Obelisk** aus Eisenguss (Fürst-Friedrich-Albrecht-Denkmal) unweit des Haltepunktes der Selketalbahn sowie die **Eisengussplastiken** „Der besiegte Hirsch" (1865) und „Stehender Hirsch" (1860) von *Johann Heinrich Kureck* (1821–1889) auf dem einstigen Ausstellungsgelände der Eisenhütte direkt an der Bundesstraße.

Kulturdenkmal Carlswerk

MEIN TIPP: Einzigartiger Erinnerungsort der Industrie- und Kulturgeschichte des Selketals ist die Neue Maschinenfabrik des **Carlswerkes,** die 1829 in dem der Palastarchitektur der italienischen Renaissance nachempfundenen Backsteinbau eröffnet wurde (5 Min. vom Bahnhaltepunkt). Hier wurden Wasserhaltungsanlagen für den Bergbau, Brechwerke, Dampfmaschinen sowie Maschinen für die Zucker- und Spiritusfabrikation hergestellt, zuletzt, bis 1999, Öfen und Gaskocher für den Haushalt.

Wer heute die Fabrikhalle betritt, atmet den **Geruch von Maschinenöl.** Hier sieht es noch aus wie am letzten Produktionstag, als ob die Belegschaft nur eben zum Essen gegangen wäre. Maschinen aus dem 19. und 20. Jahrhundert, ein Holzkran von 1890, „erbaut für die Ewigkeit", wie der Kollege bei der spannenden Führung stolz erklärt, könnten gleich wieder funktionieren, wären sie nicht fachgerecht stillgelegt worden. Griffbereit liegt das Werkzeug, an der Wand kleben Urlaubskarten der Kollegen. Eine Dokumentation im Obergeschoss informiert über die Industriegeschichte des Selketals und Mägdesprungs. *Carl Bischof* (1812–1884), Hüttenmeister an der Eisenhütte Mägdesprung, war Mitinitiator, Gründungsmitglied und mehrere Jahre Vorsitzender des Vereins Deutscher Ingenieure.

■ **Hüttenmuseum Carlswerk,** Kreisstraße 21, Tel. (039484) 723287, www.harzgerode.de, April–Okt. Do–Mo 11–16 Uhr. Techn. Denkmal im Originalzustand der letzten Produktionstage, Maschinen des 19./20.Jh. Dokumentation der Industriegeschichte des Selketals. 5 Min. bis zur Selketalbahn.

Von Mägdesprung nach Alexisbad führt der Selketal-Stieg flussaufwärts über die **Mägdetrappe** (0,5 km) mit der Absprungstelle der Riesin und schöner Aussicht, die gleichfalls aussichtsreiche **Freundschaftsklippe** und die **Köthener Hütte** (1,5 km), eine kapellenähnliche Schutzhütte von 1897 (Stempelstelle), den **Pioniertunnel** (2,5 km) bis zum **Luisentempel** (4 km) am Klippenweg oberhalb von Alexisbad (5 km).

Bahnhalt am Drahtzug

Dahin gelangt man auch auf dem Weg, der den Selketal-Stieg in Mägdesprung zunächst verlässt, ein kurzes Stück der Bundesstraße Richtung Alexisbad folgt (Fußweg) und im Ortsteil Stahlhammer den Haltepunkt Drahtzug der Selketalbahn erreicht. Hier lädt in einem Wirt-

Harzer Hexen-Stieg

Wandertipp: Der Harzer Hexen-Stieg

GPS Quer durch den Harz: Zwischen Osterode und Thale verbindet der Harzer Hexen-Stieg als „Qualitätsweg Wanderbares Deutschland" über 97 km und auf rund 1000 Höhenmetern die reizvollsten und interessantesten Wanderziele des Gebirges. Dieser familienfreundliche und gut ausgeschilderte Wanderweg erschließt den Harz in seiner Vielfalt. Er gehört zu den **Top Trails of Germany.** Mit der ebenfalls markierten Umgehung des Brockens entfällt der anstrengendste Aufstieg, der Weg wird rund 11 km länger. Die Weglänge mit allen Varianten beträgt 149 km.

Immer wieder neu erlebbare **Höhepunkte** der Wanderung sind der Brocken, das Oberharzer Wasserregal, die Klippenlandschaft des Hochharzes, die Rübelandhöhlen und das Bodetal.

Wanderer können den Einstieg und alle Etappen selbstverständlich frei wählen. Einige kleinere Wanderungen, die in diesem Buch vorgestellt werden, sind Teil des mit einem **weißen Hexlein auf grünem Grund** markierten Hexen-Stiegs. Wer die gesamte Strecke oder mehrere größere Etappen wandern möchte, sollte sich vorher entweder selbst um Unterkunft bemühen oder sich einem der Pauschalangebote der Harz-Tourismusverbände anvertrauen. **Informationen** dazu gibt es auf den Websites www.hexenstieg.de, www.harz-hexenstieg.de, www.harz-info.de sowie vor Ort (Adressen der Touristeninformationen unter den Ortsbeschreibungen). In den Touristeninformationen sind dazu kostenlose **Faltblätter** und **Broschüren** erhältlich sowie für wenig Geld **Wanderkarten** (z.B.: Harzer-Hexen-Stieg, 1:30.000, hrsg. vom Harzklub und Harzer Tourismusverband, Schmidt-Buch Verlag 2017. Wildes Campen und Übernachten im Freien sind nicht gestattet.

Für den Hexen-Stieg sollte man **eine Woche** veranschlagen. Die Start- und Endpunkte in Osterode und Thale sind mit Bus und Bahn gut erreichbar und bieten kostenlose Parkmöglichkeiten. Start-/Endpunkt in Osterode ist der Parkplatz Bleichestelle (1,5 km vom Bahnhaltepunkt Osterode-Mitte, → „Osterode"), in Thale der Bahnhof (dort ist auch die Touristeninformation, → „Thale". Parkplätze am Bahnhof und am Weg zu den Seilbahnen).

Hier eine Übersicht möglicher **Wanderetappen,** die freilich in umgekehrter Richtung gegangen sowie anhand einer Karte anders aufgeteilt werden können. Ausführlichere Informationen zu den Wanderzielen gibt es jeweils in den Ortsbeschreibungen dieses Buches sowie unter www.harzinfo.de. Alle hier genannten Etappenziele sind mit Bus oder Bahn erreichbar.

Harzer Hexen-Stieg, Etappen

■ 1. Etappe: **Osterode – Buntenbock.** 11,6 km, leichte Waldwanderung mit erlebenswerten Aussichtspunkten. Rast am Eselsplatz, Einkehr in der „Harzer Speisekammer", Buntenbock.

■ 2. Etappe: **Buntenbock – Torfhaus.** 21,4 km, mittlerer Anspruch. Interessante Plätze im Weltkulturerbe Oberharzer Wasserregal, ab Altenau im Nationalpark Harz. Steiler Anstieg auf dem Magdeburger Weg und zur Steilen Wand. Einkehr im Sperberhaier Dammhaus, Rast am Förster-Ludwig-Platz

■ 3. Etappe: **Torfhaus – Drei Annen Hohne.** 19 km, mittlerer Anspruch, dazu die Besteigung des Brockens auf dem Goetheweg. Rast und Einkehr auf dem Brocken. Von mehreren Stellen Weiterfahrt mit Brockenbahn möglich.

■ 4. Etappe, Nordroute: **Drei Annen Hohne – Rübeland – Altenbrak.** 29 km, anstrengende Wanderung zur Rappbodetalsperre, Besichtigung der Rübeländer Tropfsteinhöhlen. Rast am Königshütter Wasserfall und am Aussichtspunkt Hoher Kleef, Einkehr im Hotel-Restaurant Am Felsen, Königshütte.

■ 4. Etappe, Südroute: **Drei Annen Hohne – Hasselfelde – Altenbrak.** 28 km, anstrengende Wanderung entlang der Rappbodetalsperre und über die Hochfläche des Unterharzes. Rast am Ufer der Warmen Bode, Einkehr in der Harzköhlerei Stemberghaus bei Altenbrak.

■ 5. Etappe: **Altenbrak – Thale.** 13,5 km, mittelschwere Wanderung im Bodetal. Rast am Ufer der Bode, Einkehr im Hotel-Restaurant Forelle, Treseburg.

■ **Brockenumgehung Torfhaus – Sankt Andreasberg – Königshütte.** 38 km, anstrengend an einem Tag, bequem als Zweitageswanderung mit Übernachtung in Sankt Andreasberg, Braunlage oder Schierke. Wanderung am Rehberger Graben und an der Kalten Bode. Rast am Oderteich und Silberteich, Einkehr im Rehberger Grabenhaus bei Sankt Andreasberg und im Gasthaus Rinderstall bei Braunlage.

Harzer Tourismusverband, M. Gloger

☒ Am Harzer Hexen-Stieg

schaftsgebäude (18. Jh.) der einstigen Drahtzieherei ein gemütliches Café zur Rast oder zum Kaffeekränzchen ein. Dabei kann man auch die Bahn fotogen vorüberfahren sehen; wer mitfahren möchte, muss sich am Haltepunkt rechtzeitig bemerkbar machen, Bedarfshalt!

■ **Scheunen-Café Drahtzug,** am Bahnhaltepunkt Drahtzug, Tel. (039484) 747120, www.drahtzug-cafe.de, Fr–So 13–17 Uhr. Reizvolles kleines Café an der Selketalbahn. Historisches Dachgebälk der Scheune, sonnige Terrasse mit Blick zum Zug und ins Grüne. Kuchen aus der eigenen Backröhre, Imbiss. B 185 zwischen Alexisbad und Mägdesprung, Linienbus 242.

324h dk

Selke und Luise

Der Wanderweg folgt dem Gleis und nähert sich bald der Selke. Dem Fluss entgegen geht es nun weiter auf einem schattigen, bequemen Weg bis zum **Wasserfall.** Der erweist sich als malerische Kaskade, an der man gern verweilt und der man überhaupt nicht ansieht, dass sie für die Wasserversorgung der Eisenhütte künstlich angelegt wurde. Nach weiteren 20 Min. wieder an der B 185 angekommen, wird diese überquert. Hier gilt der Wegweiser zum **Klippenweg,** auf dem recht steil der **Luisentempel** erreicht wird (GPS N 51. 654174, E 11.118096).

Das Bauwerk von 1823, ein Rundtempel mit Säulenkranz (Monopteros), markiert einen der vielen bemerkenswerten Aussichtsplätze über dem Selketal bei Alexisbad. Wie seine barocken und klassizistischen Vorbilder soll er den Blick in die Landschaft sammeln. Das wilde Selketal wird hier als Park aufgefasst und gewürdigt. Benannt ist der Tempel nach *Wilhelmine Luise,* der Tochter des Herzogs *Alexius Friedrich Christian von Anhalt-Bernburg.* Die ionischen Säulen wurden in der Eisenhütte Mägdesprung gegossen. Unweit des Tempels ragt die **Luisenklippe** auf, die Aussicht ist aber weitgehend zugewachsen.

Rund 1 km ist es bis zu einer Wegkreuzung mit Rastbank und Informationstafel (GPS N 51.650910, E 11. 124895). Von dort sind es 1,5 km bis Harzgerode. Oder man läuft auf dem breiten Waldweg hinunter nach Alexisbad (1 km). In beiden Fällen besteht Anschluss an die Selketalbahn sowie die Buslinien 242 (Quedlinburg – Bad Suderode – Harzgerode – Wippra) und 254

(Harzgerode – Alexisbad – Straßberg – Güntersberge – Stolberg). Der Weg von Harzgerode (Alexisbader Fußweg) hinunter in den Ort wird im Winter als Rodelbahn gern genutzt. Mit 1100 m ist sie die längste Naturrodelbahn im Ostharz, ein Höhenunterschied von 75 m sorgt für ordentlich Tempo, und das alles gratis.

Schinkel in Alexisbad

1765 fand der Leibarzt des Fürsten Friedrich Albrecht von Anhalt-Bernburg im Mundloch eines aufgelassenen Stollens eine eisenhaltige Quelle. Damit begann die **Kurgeschichte** des künftig **Alexisbad** genannten Ortes, dessen Siedlungsgeschichte über 1000 Jahre zurückreicht und der bereits im 15. Jahrhundert für den Erzbergbau erschlossen wurde. Ab 1809 wurde der reguläre **Kurbetrieb** aufgenommen. Für die Ortsplanung konnte *Karl Friedrich Schinkel* gewonnen werden. Zu den berühmten Kurgästen gehörte 1820 *Carl Maria von Weber.* Am 12. Mai 1856 wurde in Alexisbad der Verein Deutscher Ingenieure (VDI) gegründet.

Am **Bahnhof Alexisbad** treffen sich die Züge aus Gernrode, Harzgerode und Hasselfelde der Selketalbahn. Sehenswert ist das Teehäuschen (1815) für das Herzogpaar am Ufer der Selke, ein Schinkelbau aus Holz, in dem bald Gottesdienste gefeiert wurden. Heute ist der klassizistische Pavillon als **Petruskapelle** bekannt, wo auch Trauungen vollzogen und Konzerte gegeben werden. Am Selketal-Stieg oberhalb des Bahnhofs (GPS N 51.646412, E 11.114698) steht die **Verlobungsurne** (1845), die an das glückliche Beisammensein sechs junger adliger Paare aus Württemberg im Jahr 1845 erinnern soll. Das klassizistische Denkmal wurde in Schlesien gegossen. Besondere Aussichtspunkte, die bereits vom Hofmaler *Wilhelm von Kügelgen* gewürdigt wurden, markieren das **Birkenhäuschen** und die **Schönsicht,** beide ebenfalls in der Nähe des Bahnhofs gelegen. Am Klippenweg steht das **Friedensdenkmal** mit dem Motiv der Friedenstaube von *Pablo Picasso.* Es wurde 1954 von dem Straßberger Bildhauer *Paul Einecke* (1885–1973) geschaffen. An seiner Stelle stand bis während des Zweiten Weltkrieges ein Eisernes Kreuz auf einem von Schinkel entworfenen Sockel.

Alle diese genannten Orte liegen am gut markierten **Selketal-Stieg.** Vom Haltepunkt Alexisbad zur Verlobungsurne wandert man eine halbe Stunde (Brücke über der Selke kurz vor der Petruskapelle, Anstieg 70 m), von der Maschinenfabrik Carlswerk bis zur Verlobungsurne mit schönen Aussichten 2 Stunden (Anstiege 236 m, Abstiege 180 m).

■ **Touristinformation Harzgerode,** siehe dort.

■ **Vitalhotel Alexisbad**②, Kreisstraße 4, Tel. (038484) 780, www.vitalhotel-alexisbad.de. Direkt am Bahnhof im Grünen gelegen, historisches Haus und moderner Anbau. Wellnesstempel, separates historisches Cavalierhaus am Südhang mit 10 exklusiven Zimmern.

☒ Schinkel an der Selke: Erbaut als Teehäuschen, heute Petruskapelle

Harzgerode

Auf einer Hochfläche zwischen den Tälern der Selke und der Wipper liegt das Städtchen Harzgerode (7700 Einwohner), das durch Bergbau und Eisenverhüttung entstanden ist. Für Harzreisende ist es vor allem als **Ausgangsort für die Entdeckung des Unterharzes und Mansfelder Landes** interessant. Von Harzgerode aus fährt die **Selketalbahn** über Alexisbad nach Quedlinburg und Eisfelder Talmühle. In Harzgerode starten Linienbusse nach Quedlinburg, Gernrode, Mägdesprung, Alexisbad und Wippra (242), Alexisbad und Ballenstedt (244), Straßberg, Güntersberge und Stolberg (254). Bahnhof und Bushaltestellen liegen direkt nebeneinander.

Sehenswert sind das 1549–1552 erbaute **Renaissanceschloss** mit Heimatstube und Stadtinformation, am Markt das **Rathaus** (1901) und der **Marktbrunnen** (2013) mit Bergmann, Berggeist und Frosch sowie die **Marienkirche** (1698) mit ihrer barocken Ausstattung.

Jährlich am 1. Sonntag im Juni wird um Harzgerode der von Läufern deutschlandweit beachtete **Klippenlauf** über Distanzen von 2,5 bis 15 km ausgetragen sowie ein Lauf für Kinder von nur 1 km (www.klippenlauf.de).

Information

- www.harzgerode-tourismus.de
- **Stadtinformation,** Schloßplatz 3, Tel. (039484) 7476123, Mai–Okt. Mo–Fr 9–16 Uhr, Sa 10–15 Uhr, Nov.–April Mo–Fr 10–16 Uhr, Sa 10–14 Uhr.

Museum

- **Schloss,** Schlossplatz 3, Tel. (039484) 723287, tgl. 11–16 Uhr, 3/1 €. Schlossräume, Heimatmuseum, Veranstaltungen.

Essen und Trinken

- **Marktklause**①, Marktplatz 10, Tel. (039484) 747250, Mo–Sa 10–20 Uhr. Rustikal, Hausmannskost, auch Straßenplätze mit Marktblick.

Im Oberen Selketal

Vom Carlswerk in Mägdesprung flussabwärts entlang des Selketal-Stiegs sind es 15 km bis zum Fuß der Burg Falkenstein und nach Meisdorf. Dieser Weg durch das Obere Selketal ist **einer der schönsten Abschnitte des Selketal-Stiegs.** Er führt an der sanften Wellenlinie des Flusses durch Wald und über Wiesen.

Die Rastplätze an der Selke – Erster, Zweiter, Dritter und Vierter Friedrichshammer – erinnern an die einstigen Hammerwerke. Nach 3 km, am Vierten Friedrichshammer, wird der **Selketaler Waldgasthof** erreicht, ein vegetarisches Restaurant mit Ferienwohnungen, das in einer schieferverkleideten Scheune des Hammers entstanden ist. Hier ist eine Stempelstelle Harzer Wandernadel.

Selketaler Waldgasthof①, Vierter Hammer 33, Tel. (039484) 2715, www.harz-ferienwohnungen.com, April–Okt. Sa, So 13–17 Uhr, Sonderöffnungszeiten zu Weihnachten. Vegetarisches/veganes Restaurant mit Backstube, Biogetränke aus dem Harz, günstige Gerichte für die Wanderrast, 2 Ferienwohnungen je 4 Pers., Ferienzimmer 5 Pers.

Burgruine Anhalt

Weitere 2,5 km und man erreicht an der ehemaligen Selkemühle (Parkplatz, GPS N 51.674450 E 11.191543) den steilen Aufstieg zur **Burgruine Anhalt.** Die Askanierburg wurde 1147 errichtet, sie war als Stammburg des Geschlechts eine der größten Burgen im Harz. Schon im 15. Jahrhundert galt sie als unbewohnt. Heute sind noch Ruinenreste zu besichtigen, schöne Ausblicke ins Tal und den Wald zu genießen, und einen Stempel für die Harzer Wandernadel gibt es auch. Wenige Schritte noch im Selketal, und der Wanderstieg überquert die historische Grenze zwischen Anhalt und Preußen.

Meisdorf

Im ländlich gelegenen Meisdorf, dem östlichsten Ort des Selketal-Stiegs, verlässt der Wanderweg den Flusslauf. Meisdorf, das neben Ermsleben, Pansfelde und weiteren Orten zur Stadt Falkenstein/Harz (5200 Einwohner) gehört, hat sich sein **dörfliches Antlitz** bewahrt. Wie man so sagt: Kirche, Kneipe, Kindergarten („Selketalzwerge"), alles vorhanden, und einiges mehr. Meisdorf ist mit der Buslinie 240 Quedlinburg – Bad Suderode – Ballenstedt – Aschersleben zu erreichen.

Die seit 1490 bestehende **Dorfkirche** erhielt ihr heutiges Aussehen beim Wiederaufbau nach dem Dreißigjährigen Krieg. Sehenswert ist die barocke Ausstattung: Hochaltar, Taufengel, Kanzel und die Malerei an der Patronatsloge. In der Kirche werden den Sommer über **Konzerte** gegeben. Der Kirche gegenüber liegt ein bäuerlicher **Ringhof** mit Taubenturm (um 1600). In dem Museumshof befindet sich die Touristinformation.

327h dk

Dorfkirche Meisdorf

■ **Touristinformation Meisdorf,** Hauptstraße 31, Tel. (034743) 8200, www.falkenstein-harz.de, Mo–Fr 10–16 Uhr, März–Okt. auch So 10–12 Uhr. Führungen in der Patronatskirche und über den Museumshof mit Heimatstube und Agrarmuseum.
■ **Bauernschänke Meisdorf**①, Badegasse 41, Tel. (034743) 93864, Mo–Sa 10–14 Uhr, Fr auch ab 17 Uhr. Rustikal mit Hausmannskost.

Schloss Meisdorf am Dorfrand mit seinem **Landschaftspark** wurde im Jahr 1708 erbaut und Anfang des 20. Jahrhunderts erweitert. Heute befindet sich darin ein Hotel. Hinter dem Schlosspark an der Selke beginnt der Wanderweg zum Falkenstein (→ „Burg Falkenstein").

In **Sinsleben** (5 km nordöstlich von Meisdorf) ist die **St.-Andreas-Kirche** besuchenswert. In der mit ihrem mächtigen quadratischen Westturm auffälligen Dorfkirche sind ein Lutherbildnis im Holzrelief und ein lebensgroßes geschnitztes Kruzifix (beide 16. Jh.) zu sehen. Die Kirche ist tgl. von 10 bis 18 Uhr geöffnet.

Ausflug zur Konradsburg

5 km östlich von Meisdorf liegt die romanische **Konradsburg.** Der historische Name ist etwas irreführend, denn die Anlage auf einem seit der Bronzezeit besiedelten Bergsporn wurde zwar einst als Burg errichtet, ab 1120 aber, als die Konradsburger umgezogen waren auf den nahen Falkenstein, zum **Benediktinerkloster** umgebaut. So zeigt sie sich heute nicht mit Wehrtürmen und Palas, sondern mit den Ruinen einer dreischiffigen romanischen Basilika, der Krypta und den Resten der Klausur. Die Geschichte des Klosters endete mit der Reformation, von 1712 bis 1945 wurde von der Konradsburg aus **Landwirtschaft** betrieben. Es entstanden bis heute erhaltene Wirtschaftsgebäude.

Ein Förderverein engagiert sich jetzt für die Anlage, die beliebtes Ausflugsziel und Veranstaltungsort ist, auch Stempelstelle Harzer Wandernadel.

■ **Konradsburg,** www.konradsburg.com, tgl. 9–16 Uhr. Parkplatz. Galeriecafé Sa, So, Fe 14–17 Uhr.
■ **Forsthaus Friedrichshohenberg**①, Jägerhaus 1, www.forsthaus-harz.de. Einfache Herberge für Familien und Gruppen, Bäder auf dem Flur. Freitags 13–17 Uhr Hofladen und Café. 2 km bis zur Konradsburg, 3 km bis Meisdorf.

Burg Falkenstein

Zur besterhaltenen Höhenburg des Harzes und einem der beliebtesten Ausflugsziele und Fotomotive des Gebirges führen wahlweise ein Spaziergang oder eine Wanderung. **Ausgangsort** für den **Spaziergang** ist **Pansfelde Gartenhaus** an der L 230. Neben dem namengebenden historischen Ausflugslokal gibt es einen Parkplatz und einen Info-Pavillon (Mai–Okt. tgl. 10–16 Uhr). Dreimal täglich hält die Buslinie 243 (Harzgerode – Reinstedt, in Ermsleben Anschluss an Linie 240 nach Aschersleben, Ballenstedt und Quedlinburg). Bis zur Burg geht man rund eine halbe Stunde ohne nennenswerte Steigungen. Für die Hälfte der Strecke kann man noch zwischen dem geschotterten Wirtschaftsweg und einem Wanderweg durch den Wald wählen, alles ist gut ausgeschildert.

Der Selketal-Stieg in Meisdorf bietet den günstigsten Startpunkt für eine **Wanderung** zur Burg Falkenstein (4 km). An der L 230 (Brücke über die Selke, GPS N 51.701659, E 11.286240) gibt es einen kleinen **Parkplatz,** hier hält die Buslinie 240 (Haltestelle Meisdorf Liethe). Direkt an der Brücke beginnt die Wanderung. Nach wenigen Schritten wird das **Mausoleum** erreicht (Stempelstelle Harzer Wandernadel), ein neogotisches Bauwerk von 1834 aus rötlichem Sandstein. Es diente bis 1928 der Familie von der Asseburg-Falkenstein als Begräbnisstätte, mehr erfährt man auf der Informationstafel. Der Wanderweg verläuft weiter bequem entlang der Selke. Nach einigen Wegbiegungen wird erstmals die auf dem Berg thronende Burg sichtbar.

326h dk

325h dk

Hinter dem Hotel „Zum Falken" (2,5 km) geht es zum **Eselsstieg.** Der ist nun über einen Kilometer lang sehr steil, wie man es für die Bezwingung einer nie eroberten Burg erwarten kann. Gut vorstellbar, dass hier einst voll bepackte Lastesel aufgestiegen sind.

⌃ Der Weg ins Mittelalter

‹ Burg Falkenstein ist auch eine Märchenburg, so für „Die Geschichte von der Gänseprinzessin und ihrem treuen Pferd Falada", dem DEFA-Film von 1989

■ **Hotel Zum Falken**②, Falkensteiner Weg 2b, Tel. (034743) 531147, www.zum-falken-harz.de. Historisches Haus, sehr ruhig im Wald gelegen. Gemütliche Doppel- und Mehrbettzimmer. Restaurant Do–So 11.30–20 Uhr. Harzer Spezialitäten.

Zum Schluss noch einige Stufen und endlich steht man auf dem Vorhof des Falkensteins (Stempelstelle Harzer Wandernadel). Die Burg Falkenstein wurde 1120–1180 erbaut. Bis heute ragt das in seiner Mächtigkeit doch maßvolle spätmittelalterliche Bauwerk mit dem 31m hohen Bergfried unversehrt stolz auf.

Vom Hügelchen gegenüber der Ostbastion, direkt vor dem Gedenkstein für *Eike Repgow*, bietet sich die klassische Ansicht der Burg. So wurde Burg Falkenstein seit der Romantik auf zahlreichen Gemälden, Veduten und Fotografien abgebildet. Für die Besichtigung der **Hauptburg** mit den Ausstellungen und der Burgschänke „Krummes Tor" ist Eintrittsgeld zu entrichten. Vom Turm und der Gaststätte aus bieten sich schöne Bilder des Selketals.

Unter den romanischen **Burgräumen** sind der Rittersaal, die Alte Küche und die Burgkapelle besonders sehenswert. Eine Ausstellung begibt sich in die Geschichte des **Sachsenspiegels** (→ Exkurs, S. 186). Am 1. Oktoberwochenende wird das **Burgfest** mit einem **mittelalterlichen Markt** begangen. Von März bis Oktober tritt ein **Falkner** auf.

Eine Burg wie aus dem Märchen ist **Drehort für Filme:** Szenen der DEFA-Märchenfilme „Schneeweißchen und Rosenrot", „Die Gänsehirtin am Brunnen" (beide 1979) und „Die Geschichte von der Gänseprinzessin und ihrem treuen Pferd Falada" (1989) sowie der Fernseh-Kinderfilmserie „Spuk unterm Riesenrad" (1979) wurden auf der Burg gedreht; in jüngerer Zeit für die Fernsehreihe „Sechs auf einen Streich" die Filme „Jorinde und Joringel" (2011) und – die Burg aus der Vogelperspektive – „Prinz Himmelblau und Fee Lupine" (2016) nach *Christoph Martin Wieland*.

■ **Burg Falkenstein,** Pansfelde, Tel. (034743) 535590, www.burg-falkenstein.de, April–Okt. tgl. 10–18 Uhr, Nov.–März Di–So, Fe 10–16 Uhr, 6,50/4,50 €, Familienkarte 17 €. Führungen ab 10 Pers. nach Anmeldung. Ausstellungen zum Falkenstein als Wohnsitz, zur Burggeschichte und zum Sachsenspiegel, Aussicht vom Burgfried, Sonderausstellungen, Burgschänke „Krummes Tor". Fotografieren verboten.

■ **Falkenhof auf Burg Falkenstein,** März–Okt. Di–Fr 11.30 und 15 Uhr, Sa, So, Fe und Ferienzeit 11, 14, 16 Uhr. Vorführungen mit Falke, Uhu und Adler.

■ **Burgschänke Krummes Tor** auf Burg Falkenstein, Tel. (034743) 62012, www.ritteressen-burg-falkenstein.de, geöffnet wie die Burg (Abweichungen möglich). Regionale Küche, Biergarten.

■ **Pansfelde Gartenhaus,** an der L 230, Tel. (034743) 8174, www.ritteressen-burg-falkenstein.de, Mi–Fr 11–15 Uhr, Sa, So 10–16 Uhr. Kaffee und Kuchen, regionale Küche, Biergarten, Imbiss. Pensionszimmer um 50 €.

› Stiftskirche St. Cyriakus, Gernrode

Gernrode

Drei Bauwerke Norddeutschlands gelten als Inbegriff ottonischer Baukunst, neben St. Michael in Hildesheim (Niedersachsen) und der Krypta der Wipertikirche in Quedlinburg ist es die **Stiftskirche St. Cyriakus** in Gernrode. Mit dieser Kirche ist die zu Quedlinburg gehörende Stadt (3500 Einwohner) in jedem ernstzunehmenden Architekturführer für Deutschland verzeichnet. Gernrode liegt an der **Selketalbahn** und bietet Besuchern einige nahe gelegene und bequem zu erwandernde Berge bei recht mildem Klima: Der Ort liegt im Regenschatten des Harzes und wird durch den von Muschelkalk gebildeten **Bückeberg** (250 m) vor allzu rauem Nord-Nordost-Wind geschützt. Bis zur Quedlinburger Altstadt sind es 9 km.

Geschichte

Bis zur Reformation ist die Geschichte des Ortes mit dem im Jahr 959 durch den *Markgrafen Gero* gegründeten Damenstift verbunden. Ein Ort („Rode") wird in der durch *König Otto I.* gezeichneten Bestätigungsurkunde des Stifts von 961 erwähnt. Die Äbtissinnen übten die Hoheitsrechte gegenüber dem Dorf aus. 1539 erhielt Gernrode durch die Äbtissin das Recht, Wappen und Siegel zu führen. Dies gilt als Verleihung des Stadtrechts.

Anfang des 19. Jh. wandelte sich das bis dahin kaum bekannte Gernrode zum Erholungsort. Vor allem das Hotel auf dem Stubenberg zog renommierte Gäste an, so *Goethe, Eichendorff, Kleist und Bismarck.* Touristisch orientierte Betriebe sind die auf Kuckucksuhren spezialisierte Harzer Uhrenfabrik und die Harzer Likörfabrik.

328h dk

Der Sachsenspiegel

Auf der Burg seines Lehnsherren *Graf Hoyer von Falkenstein* soll *Eike von Repgow* ab 1220 bis zu seinem Tod um 1235 den Sachsenspiegel verfasst haben. Es ist das **erste deutsche Rechtsbuch,** die deutschsprachige Niederschrift – „Spiegelung" – des mündlich überlieferten sächsischen Gewohnheitsrechts und somit das **erste Prosawerk in mittelniederdeutscher Sprache.** Der Sachsenspiegel ist eine beispiellos herausragende Quelle für das Studium des hochmittelalterlichen Alltagslebens, insbesondere der bäuerlichen Alltagskultur. Sein kulturelles Verdienst ist es, die Bestrebungen nach Vereinheitlichung der Rechtsnormen und damit die Herausbildung eines deutschen Nationalbewusstseins über Jahrhunderte gefördert zu haben. Der Sachsenspiegel prägte bis Ende des 19. Jh. die deutsche Rechtsprechung und beeinflusste mit seiner Autorität die Rechtsordnungen in Nord-, Ost- und Südosteuropa.

Mit zahlreichen Glossen, also juristischen Kommentaren, wurde der Sachsenspiegel fortgeschrieben und ergänzt. Dabei entstanden die **Bilderhandschriften,** von deren vermutlich sieben sind vier erhalten, die nach ihrem Aufbewahrungsort benannt werden: die Heidelberger (um 1300), die Oldenburger (um 1336), die Dresdner (um 1350) und die Wolfenbütteler Handschrift (1350–1375).

Sehenswertes

Die **Stiftskirche St. Cyriakus** überragt das an einem Berghang gelegene Städtchen. Seit einer Restaurierung im 19. Jh. durch *Ferdinand von Quast* bewahrt die dreischiffige Basilika weitgehend den Bauzustand des 10. Jh., die westliche Apsis wurde im Jahr 1130 erbaut. Auf einem unregelmäßigen Grundriss stehend, betont das Bauwerk den Mittelraum zwischen den Seitenschiffen, Vierung und Chören, was einen ungewöhnlichen Raumeindruck erzeugt. „Es ist wie bei einem Körper der ottonischen Plastik, wo an den prallen Leib die Glieder gleichsam angestückt sind", so der Kunsthistoriker *Richard Hamann* (1930).

Im südlichen Seitenschiff befindet sich eine Nachbildung des **Heiligen Grabes** aus der Zeit um 1100, sie ist somit die älteste Nachbildung der Grabstätte Jesu in Jerusalem. Der reiche Reliefschmuck des Bauwerkes thematisiert die Grablegung und Auferstehung und folgt darin byzantinischen Vorbildern. Die Westwand wird als „Predigt in Stein" bezeichnet. In der Nordwand sind Christus und Maria Magdalena bei ihrer Begegnung im Garten Getsemane dargestellt, der Auferstandene gebietet durch seine Handgestik, ihn nicht zu berühren: das „Noli me tangere" aus dem Johannes-Evangelium.

■ **Stiftskirche St. Cyriakus,** Burgstraße 3, Tel. (039485) 275, www.stiftskirche-gernrode.de, Offene Kirche Mo–Sa 10–17 Uhr, So 12–17 Uhr. Eintritt frei (um eine Spende wird gebeten). Kirchenführung tgl. 14 Uhr, Führung Heiliges Grab

Mo–Fr 11 Uhr (außer an Feiertagen). Keine Besichtigung während Gottesdiensten und Veranstaltungen. Eines der besterhaltenen ottonischen Bauwerke in Deutschland.

Nur wenige Schritte östlich der Stiftskirche befindet sich die **Alte Elementarschule** aus dem Jahr 1533. Das zierliche Fachwerkhaus auf Fundamenten des 15./16. Jahrhunderts war eine der ältesten reformatorischen Schulen Deutschlands. Ihre Gründung wurde durch die zur Lutherlehre übergetretene *Äbtissin Elisabeth von Weida* veranlasst. Ab 1585 gab es eine **Mädchenklasse.** Die Schule bestand bis ins Jahr 1847. Heute betreibt ein Kulturverein das Haus als **Schulmuseum.**

- **Alte Elementarschule,** St.-Cyriakusstraße 2, Tel. (039485) 265, www.elementarschule-gernrode.de, Mo–Fr 10–12, 14–16.30 Uhr, Sa 14–17 Uhr. Schul- und Stadtgeschichte, Mineralien des Harzes, Unterrichtsstunde im historischen Klassenzimmer, Märchenstunde am Kachelofen.

Nach Schulschluss ruft der Kuckuck: Vor der Harzer Uhrenfabrik in der Lindenstraße steht eine **Kuckucksuhr,** nicht zu übersehen, denn es ist die größte der Welt außerhalb des Schwarzwaldes, laut **Guinness-Buch der Rekorde,** und 14,50 m hoch ist sie. Das größte **Wetterhaus** der Welt gibt es hier auch. In der Fabrik werden täglich Führungen angeboten und original Harzer Kuckucksuhren verkauft.

- **Harzer Uhrenfabrik und Uhrenmuseum,** Lindenstraße 7, Tel. (039485) 658930, www.harzer-uhren-gernrode.de, tgl. 10–17 Uhr, 3 €, Führungen ab 10 Pers., 5 € p.P., 300 Kuckucksuhren und andere Exponate, Fabrikladen.

Sehenswert sind das **Museum „Anhaltische Harzbahn"** im Bahnhof der Selketalbahn und das harztypische **Alte Rathaus,** ein Fachwerkbau aus dem Jahr 1914 in der Marktstraße, Sitz der Stadtinformation.

Praktische Tipps

Anreise

- **Auto:** B 185, L 243.
- **Bus:** Regionalbus 240 (Quedlinburg – Gernrode – Ballenstedt – Aschersleben), 242 (Quedlinburg – Gernrode – Alexisbad – Harzgerode – Wippra), 245 (Thale – Gernrode – Ballenstedt), 253 (Quedlinburg – Gernrode – Thale), 255 (Quedlinburg – Gernrode – Treseburg – Güntersberge – Stolberg).
- **Bahn:** Selketalbahn (Eisfelder Talmühle – Quedlinburg).

Information

- www.quedlinburg.de
- **Gernrode-Information,** Lindenstraße 5 (am Uhrenmuseum), Tel. (0151) 72915938, Di, Do 10–16 Uhr, 1./3./5. Sa 10–13 Uhr.

Übernachten

- **Hotel Stubenberg**②, Stubenberg 1, Tel. (039485) 919151, www.hotel-stubenberg.de. Einstiges Jagdschloss auf dem Stubenberg oberhalb der Stadt, schöner Ausblick, große, helle und moderne Zimmer, besondere Angebote für Biker („Motorrad-Hotel"), Angebote und Arrangements zu Feiertagen und Wochenenden. Restaurant April–Okt. tgl. 17–22 Uhr, Sa/So auch 11.30–14 Uhr, Nov.–März Mo, Do, Fr 15–22 Uhr, Sa 11.30–22 Uhr, So 11.30–17 Uhr.

■ **Harz-Camp Bremer Teich,** Bremer Dammteich 3, Tel. (039485) 60810, www.harz-camp-gernrode.de, GPS N 51.687453, E 11.109344. Ganzjährig, auch Dauercamping, neben Campingstellplätzen auch Ferienhäuser für 2–4 Personen, Touristenherberge für Gruppen, Wohnmobilstellplätze. Direkt am Badeteich.

Essen und Trinken

■ **Corner Pub**①, Wassertorstraße 1, Tel. (039485) 613060, www.cornerpubgernrode.de, Mi–So ab 17 Uhr. Küche bis 23 Uhr. Neben der Stiftskirche. Irish Folk, Dart, Billard, Schnitzel satt.

Einkaufen

■ **Edeka,** Im Jacobsgarten 1, Mo–Sa 7–20 Uhr, Nähe Marktstraße.

■ **Harzer Likörfabrik,** Wellbachweg 26a, Tel. (039485) 253, www.harzer-likoer.de, Mo–Fr 10–17 Uhr, Sa 9–13 Uhr. Ladengeschäft der traditionsreichen Manufaktur. Auch Verkostungen. 2 km von Gernrode Rathaus.

■ **Bormanns Harz-Schnitzerei,** Rieder, Gernröder Straße 19a, Tel.(039485) 63301, www.harz-schnitzerei.de, Mo–Fr 8–16 Uhr. Schauwerkstatt, Laden, Schnitzkurse. 2 km von Gernrode Rathaus.

Museum

■ **Anhaltische Harzbahn,** am Haltepunkt Gernrode der Selketalbahn. April–Okt. Sa 10–16 Uhr. Sachzeugen der Eisenbahngeschichte auf dem einstigen Güterboden der Gernrode-Harzgeroder Eisenbahngesellschaft. Linienbus 253, 255.

Bad Suderode

Kräftiger Schluck Calcium

Quedlinburger Stiftsdamen ließen den Wald roden im mildklimatischen Süden – so ist Suderode entstanden, südlich Quedlinburgs gelegen und mittlerweile dessen Ortsteil. In der Glanzzeit des **Kurbetriebs** um 1900 galt Bad Suderode als eines der schönsten Kurbäder Deutschlands. Damals entstand ein bis heute weitgehend erhaltenes Ensemble von **Gründerzeithäusern** im Suderöder Pensionshausstil: lichte Balkone, Veranden und Holzzierat, ähnlich anderen Kurorten jener Zeit auch. Wald und Wanderwege liegen gleich vor den Haustüren. Hier lässt sich lustwandeln, entspannen und vom **Behringer Brunnentempel** trinken. Man wird diesen Schluck nicht mehr vergessen. Mit 2.500 Milligramm Calcium pro Liter ist der Brunnen eine der **stärksten Calciumsolequellen Europas.** Das Quellwasser wird für Trinkkuren, Bäder und Inhalationen genutzt und dient der Therapie bei Osteoporose. Der **Brunnentempel** am Kurpark (Schwedderbergstraße/Rathausplatz) wurde 1934 errichtet und ist das Wahrzeichen des Ortes. Sehenswert sind das **Alte Badehaus** (1898) und die filigranen Holzbalkone der Pensionshäuser. Von der spätromanischen Architektur der **Alten Kirche** (Schulstraße 18) sind der Turm und die Apsis erhalten, das Kirchschiff entstand im 16./17. Jh.

An die jahrhundertelange und bis in die 1920er-Jahre währende Bergbautradition erinnert die jährliche **Bergparade** am 3. Adventssonntag. Sie ist die einzige regelmäßig stattfindende Bergparade im Harz. Auf dem weihnachtlichen **Grubenlichtermarkt** im Kurpark endet sie mit dem aus dem Erzgebirge stammenden Steigerlied „Glück auf, der Steiger kommt".

Ausblicke ins Harzvorland

Zum Spazierengehen am Waldrand empfiehlt sich die **Felsenkellerpromenade** zwischen Behringer Brunnen und Restaurant Felsenkeller. Vom Brunnentempel sowie vom Felsenkeller aus gut zu erreichen (1 km) ist der frei zugängliche **Preußenturm** auf dem **Schwedderberg** (Olbergshöhe), unweit davon die Felsenklippe **„Anhaltinischer Salstein"**. Beides sind Stempelstellen der Harzer Wandernadel, ihre Namen verweisen auf die bis 1918 hier verlaufende Grenze zwischen dem Herzogtum Anhalt und Königreich Preußen. Sie bieten schöne Ausblicke ins Harzvorland.

Praktische Tipps

Anreise

- **Auto:** B 185, L 243 (über Gernrode).
- **Bus:** Regionalbus 240 (Quedlinburg – Bad Suderode – Ballenstedt – Aschersleben), 245 (Ballenstedt – Bad Suderode – Thale).
- **Bahn:** Selketalbahn (Eisfelder Talmühle – Gernrode).

Information

- www.quedlinburg.de
- **Bad Suderode Information,** Rathausplatz 2, Tel. (039485) 698988, Mo, Mi, Fr. 10–16 Uhr, 2./4. Sa 10–13 Uhr.

Unterkunft/Essen und Trinken

- **Kurhotel Bad Suderode**②, Schwedderbergstraße 1, Tel. (039485) 5460, www.kurhotel-bad-suderode.de, komfortable Doppel- und Einzelzimmer im Zentrum des Kurortes, mehrere Wellnessangebote.
- **Le petit Palais**②, Schwedderbergstraße 23–27, Tel. (039485) 667556, www.lepetitpalais.de, Hotel und Appartements in historischen Gebäuden und neues Ferienhaus im Zentrum des Kurortes.

330h dk

▷ Der Brunnentempel ist das Wahrzeichen von Bad Suderode

■ **Harzer Feriengarten,** Am Schwedderberg 30b, Tel. (039485) 62446, www.kurcamping-harz.de, GPS N 51.725226, E 11. 125822. Großzügige, moderne Anlage am Ortsrand. 10 Stellplätze je 120 Quadratmeter. Park mit Teichen und Tiergarten, Tischtennis, Volleyball. Baumzelt 2 Erw. oder 1 Erw./2 Kinder 15 €.

■ **Restaurant Felsenkeller**②, Felsenkellerpromenadenweg 1, Tel. (039485) 258, www.felsenkeller-suderode.de, Mi–Sa 10.30–21 Uhr, So 10.30–18 Uhr. Ausflugslokal im Kurpark, harztypische Küche, Flammkuchen.

■ **Der Bäcker,** Ellernstraße 6, Di, Do, Fr 8.30–15 Uhr, Mi 8.30–12 Uhr, Sa 7–11 Uhr. Klassischer Dorfbäcker.

Warme und Kalte Bode, Rappbode und Hassel

Mehrere Flüsse verbinden die wichtigsten Orte des Unterharzes zwischen Schierke und Rappbode-Stausee. Die **Warme Bode** ist aus dem Zusammenfluss von Großer und Kleiner Bode entstanden und 2 Grad Celsius wärmer als ihre nordöstliche Nachbarin, **Kalte Bode.** An der Warmen Bode liegen die kleinen Erholungsorte Sorge, Tanne (Harzhochstraße B 242) und Königshütte. Die Kalte Bode lockt in das wildromantische Elendstal zwischen Schierke und Elend (B 27). Unter der Ruine der Königsburg in Königshütte finden sie als Bode zueinander. Die **Rappbode** fließt durch Benneckenstein und Trautenstein, bevor sie die größte Talsperre des Harzes erreicht und in die Bode mündet. Die bei Stiege entspringende **Hassel** gab Hasselfelde den Namen, sie mündet ebenfalls in die Talsperre. Die Nebenbäche der Warmen Bode und der Rappbode bilden das **Naturschutzgebiet Harzer Bachtäler,** es liegt also etwa zwischen B 27 im Norden und Harzhochstraße – Benneckenstein – Trautenstein im Südosten. In dem Gebiet von 1300 Hektar gibt es viele Wanderwege.

Zwischen den Stationen Elend, Sorge und Benneckenstein verkehrt die **Harzquerbahn,** Hasselfelde ist Station der **Selketalbahn.** Touristisch relevante **Buslinien** sind die 260 (Wernigerode – Elbingerode – Hasselfelde – Allrode) sowie 265 (Wernigerode – Elbingerode – Königshütte – Tanne – Sorge – Benneckenstein – Hohegeiß).

Sorge und Elend

Nur 4 km vom Brockenwander- und Wintersportzentrum Schierke entfernt liegt der kleine Erholungsort Elend. Sein Name geht auf eine sehr alte Flurbezeichnung zurück, die wohl von Ilsenburger Mönchen stammt und „fremdes Land" meint. In Elend steht die 1897 erbaute kleinste **Holzkirche** Deutschlands.

■ **Holzkirche Elend,** Mai–Okt. Di 17–18 Uhr, Fr 16–17 Uhr, Sa/So 9–16 Uhr.

Ein immer wieder lohnendes Ziel für kleine Wanderungen ist das **Elendstal** der Kalten Bode (Harzer Hexen-Stieg). In diesem Naturschutzgebiet zwischen Schierke und Elend ist der ursprüngliche Harzer Mischwald erhalten geblieben. So zeigt sich das Tal besonders im

Herbst in einem prächtigen Kleid, erlebenswert ist es aber zu allen Jahreszeiten.

Schnarcherklippen im Elendstal

Höhepunkt der gut markierten **Rundwanderung** (Hexenstieg, Ulmer Weg, 9 km) von Elend oder Schierke aus sind die beiden Türme der **Schnarcherklippen** (671 m, Stempelstelle Harzer Wandernadel), deren einer sich über eine Leiter besteigen lässt, der andere nur durch Bergsteiger. Der Aufstieg bietet einen beeindruckenden Rundblick über den Wald bis zum Brocken, zum Wurmberg und Hohnekamm. Wer sich am Kompass orientiert, sollte sich nicht nervös machen lassen, die Nadel wird hier durch Magnetit im Gestein abgelenkt. Benachbart am Weg liegen die **Mäuseklippe** und die **Scherstorklippen.**

Goethe hat bei seinem Besuch der Schnarcherklippen im September 1784 das namensgebende Rauschen belauscht, das sie bei südöstlichem Wind erzeugen. Im Faust I heißt es: „… die langen Felsennasen, wie sie schnarchen, wie sie blasen."

Königsburg und Wasserfall

Zum Schutz vor Hochwasser wird die Kalte Bode in der kleinen **Talsperre Mandelholz,** direkt an der B 27, gestaut. Sie wurde 1952–1957 erbaut. Über die Dammkrone und um das Gewässer führt ein Wanderweg (4 km). Bei **Königshütte,** das mit dem Bau von Eisenhütten entstanden ist, vereinigen sich Kalte und Warme Bode zur Bode. Oberhalb des Zusammenflusses ragt die Ruine des Bergfrieds der **Königsburg** auf, die bis 1312 als Jagdhof auf dem Gelände einer älteren Burg an der Bodefurt errichtet worden war. Für den Start zum kurzen, jedoch steilen Aufstieg liegen Parkplatz und Bushaltestelle (265) günstig an der Landstraße Richtung Tanne und beim **Harzer Hexen-Stieg.** Von der Ruine (Stempelstelle Harzer Wandernadel) bietet sich ein Panoramablick über den Hochharz mit Brocken und Wurmberg.

335h dk

Elender Fensterblick aus der Harzquerbahn

Nördlich der Königsburg, zwischen Neuehütte und Rothehütte bei der B 27, bildet ein Bach in einem aufgelassenen Steinbruch den 15 m hohen **Königshütter Wasserfall.** Die Stempelstelle Harzer Wandernadel befindet sich am Aussichtspunkt oberhalb des Wasserfalls. Die harztypische **Kirche von Rothehütte** wurde 1890 durch *Conrad Wilhelm Hase* erbaut, einen der wichtigsten Architekten der Neogotik.

■ **Hotel② und Restaurant Am Felsen,** Königshütte, Ackertklippe 1, Tel. (039454) 43163, www.am-felsen.de. Kleines, ruhig gelegenes Haus direkt am Harzer Hexen-Stieg, Ein- bis Vierbettzimmer, Restaurant mit Terrasse, deutsche Küche.

Sorge und die Geschichte

Nächste Station der Harzquerbahn nach Nordhausen ist der winzige Ort **Sorge** am Oberlauf der Warmen Bode. Der Name soll vom mittelhochdeutschen Zarge = Grenze abgeleitet sein (vgl. den ebenfalls grenznahen Harzort Zorge am gleichnamigen Bach), eine weniger überzeugende Interpretation sieht den Ursprung in der wörtlichen Bedeutung: sorgenvolles Leben. Bis 1989 lag Sorge an der innerdeutschen Grenze. Davon erzählt das Grenzmuseum als Erinnerungs- und Gedenkstätte am „Grünen Band", wo originale Grenzbefestigungsanlagen der DDR zu besichtigen sind.

■ **Grenzmuseum Sorge,** www.grenzmuseum-sorge.de, 2 km vom Bahnhaltepunkt Sorge, Freilandmuseum jederzeit zugänglich, Museum im ehemaligen Bahnhof Mai–Okt. Mi–So 11–17 Uhr, Führungen ab 6 Pers. (Spende), Tel. (0151) 23319578. Stempelstelle Harzer Wandernadel.

Wandertipp: Königshütte und Altenbrak – getrennte Wege

Zwischen Königshütte und Altenbrak verläuft der Harzer Hexen-Stieg in zwei Varianten, nördlich und südlich der Rappbodetalsperre. Nördlich geht es nahe an der Bode entlang über Susenburg und Rübeland zum Stausee Wendefurth. Südlich geht es von Königshütte zum Vorbecken der Rappbodetalsperre und Bodendenkmal Trageburg (beides Stempelstellen Harzer Wandernadel), am Hassel-Vorbecken entlang nach Hasselfelde, weiter als Köhlerpfad über das Stemberghaus nach Altenbrak. Beide Varianten sind etwa gleich lang, die nördliche ist etwas bergiger.

Frische Luft in Tanne

Über die Harzhochstraße (B 242) erreicht man den Erholungsort **Tanne.** Seinen Namen erhielt er wahrscheinlich von dem dichten Nadelwald; damals, im 14. Jahrhundert, als hier eine Kupferhütte errichtet worden war, inmitten des Harzer Laubmischwaldes war dies eine Besonderheit. Das Besondere heute sind noch immer der dichte Wald, beste Höhenluft und Ruhe. Sehenswert sind die (in der Regel geschlossene) barocke **Holzkirche** (1698) sowie die Aussichten vom **Kapitelsberg** (535 m). Auf den Gipfel führen mehrere Wanderwege (Schutzhütte, Stempelstelle Harzer Wandernadel).

In Tanne wurde mit dem Schauspieler *Bjarne Ingmar Mädel* in der Hauptrolle und Statisten aus dem Ort die nachdenklich-schräge Filmkomödie **„Die Könige der Nutzholzgewinnung"** (2006) gedreht. Langzeitarbeitslose Holzfäller nehmen ihr Schicksal in die Hand – und die Säge.

Praktische Tipps

Anreise

- **Auto:** B 242 (Harzhochstraße).
- **Bus:** Regionalbus 260 (Wernigerode – Elbingerode – Hasselfelde – Güntersberge), 265 (Wernigerode – Elbingerode – Benneckenstein – Hohegeiß).
- **Bahn:** Harzquerbahn (Wernigerode – Nordhausen).

Information

- www.oberharzinfo.de
- **Touristinformation Elend/Tanne/Sorge,** Elend, Hauptstraße 19, Tel. (039455) 375, Mo–Fr 9–16 Uhr.

Übernachtung

- **Hotel Grüne Tanne**②, Mandelholz bei Elend, Mandelholz 1, Tel. (039454) 460, www.mandelholz.eu, Restaurant Di–So 7.30–22 Uhr. An Waldrand und Talsperre Mandelholz gelegenes historisches Haus, modern ausgestattet, Wellnessangebote, Wild und Geflügel, Fischgerichte, Vegetarisches.
- **Hotel, Pension und Restaurant Am Felsen**②, Königshütte, Ackertklippe 1, Tel. (039454) 43163, www.am-felsen.de. Ruhig gelegenes Landhaus an der Kalten Bode, deutsche Küche.
- **Raststübl**②, Sorge, Am Köhlerberg 3, Tel. (039457) 3273, www.pension-raststuebl.de. Kleines Haus mit gemütlichen, preisgünstigen Zimmern und Ferienwohnungen direkt an der Harzquerbahn, Haltepunkt Sorge.
- **Campingplatz Am Schierker Stern**, Am Stern 1, Tel. (039455) 58817, www.harz-camping.com, GPS N 51.757062, E 10.683795. Mit 634 m über NN höchstgelegener Campingplatz im Harz, ganzjährig, Linienbus vor der Tür, sehr gute Lage für Wanderer, kein Dauercamping. Stellplätze vor dem Platz 16,50 €.

Essen und Trinken

- **Steakhaus beim Brockenbauern Thielecke**②, Tanne, Schierker Weg 13, Tel. (039457) 3312, www.brockenbauer.de, Mo–Do, So 11–17, Fr, Sa 11–21 Uhr. Biofleisch vom Harzer Roten Höhenvieh, eigene Zucht und regionale Zutaten, Reservierung erbeten, **Hofladen** Mo–Do 11–17, Fr 11–21, Sa 10–21, So 10–17 Uhr.
- **Waldbadschenke**①, Elend, Am Waldbad 1, Tel. (039455) 470, www.waldbadschenke.de, April–Okt. Di–So 11–20 Uhr, frisch zubereitete Hausmannskost. Waldbad Juni–August tgl. 10–18 Uhr oder länger.
- **Kukkis Erbsensuppe**①, B 27 zwischen Elend und Braunlage, tgl. 10.45–16.30. Die Berühmte aus der Feldküche und mehr für den Hunger zwischendurch.

Einkaufen

- **3 Harzer Hexen,** Elend, Hauptstraße 21, Tel. (039455) 58977, tgl. 7.30–16.30 Uhr. Frische Brötchen, Lebensmittel, Getränke, Andenken, Bücher, Karten.

Luftkurort Benneckenstein

Am Oberlauf der Rappbode, südlich von Tanne (5 km), liegt der Luftkurort Benneckenstein, eine Station der Harzquerbahn. Reichlich 3 km südwestlich der Stadt, am **Dreiländerstein** (GPS N 51. 641520, E 10.702330, Parkplatz Jägerfleck) begegnen sich die Grenzen von Sachsen-Anhalt, Niedersachsen und Thüringen (Station des Harzer Grenzweges. Zum nahe gelegenen Thüringer Wanderziel **Rothesütte** mit zwei Gaststätten → Nordhausen: „Von Nordhausen in den Naturpark Südharz“).

Die zentrale Lage auf rund 520 Höhenmetern zeichnet Benneckenstein als günstigen **Ausgangsort für Reisen** im Gebirge aus. Er ist der höchstgelegene Luftkurort in Sachsen-Anhalt. Mit dem Auto ist man in einer halben Stunde in Schierke, in der Bergstadt Sankt Andreasberg oder in Thale. Benneckenstein ist auch ein beliebtes Ziel im **Winter,** besonders für Wanderer und Ski-Langläufer. Rund um den Ort gibt es ein gut ausgebautes Loipennetz von 60 km.

Die stattliche **Laurentiuskirche** von 1852 überragt auf einer Klippe das Ortsbild. Ihr Chor ist nicht, wie sonst üblich, nach Osten, sondern nach Westen ausgerichtet, anderes gab das Bauland nicht her. Es ist die dritte Kirche in diesem Ort, die erste verbrannte im Dreißigjährigen Krieg, die zweite war schon nach sieben Jahren baufällig. Diese nun zeichnet sich durch feine klassizistische Formen aus. An der Orgel (1852) werden in der Sommerzeit Konzerte gegeben.

- **Laurentiuskirche Benneckenstein,** Mai–Okt. Di, Sa 10–12 Uhr, Fr 16–18 Uhr.

Das älteste Haus von Benneckenstein ist das Geburtshaus ihres berühmtesten Sohnes: des Organisten und Musiktheoretikers *Andreas Werckmeister* (1645–1706). Sein Verdienst ist es, die „wohltemperierte Stimmung“ musikwissenschaftlich begründet und beschrieben zu haben. Das Fachwerkhaus steht in der Unterstadt 34, gegenüber steht ein Denkmal.

Auf dem Gelände einer ehemaligen Berufsbekleidungsfabrik steht und fährt so ziemlich alles, was schon in der DDR auf Rädern unterwegs war: Verkehrsgeschichte gibt es im Ostdeutschen **Fahrzeug- und Technikmuseum** zu erleben.

Die Geschichte, wie Benneckenstein zu seinem **Namen** kam, begegnet einem natürlich im Ort; *Hans Jürgen Geerdts* erzählt sie in seinem Reisebuch „Wanderer im Harz“ (Dresden 1958): Es war Winter, und da kam eine alte Frau, die setzte sich an den Straßenrand, um sich auszuruhen. Hätte draufgehen können, denn es schneite und schneite. Lief ein Jäger vorbei und setzte sich auf die Alte. Hatte wohl keine Augen im Kopf, der Kerl. Da rief sie: „Wat sall en dat bedieten? Benn ek en S-tein?“

Praktische Tipps

Anreise

- **Auto:** B 4, B 242.
- **Bus:** Regionalbus 265 (Wernigerode – Elbingerode – Benneckenstein – Hohegeiß).
- **Bahn:** Harzquerbahn (Wernigerode – Nordhausen).

Information

■ www.oberharzinfo.de
■ **Touristinformation Benneckenstein,** Bahnhofstraße 21b (am Parkplatz), Tel. (039457) 2612, Mo–Fr 9–12 Uhr. Hier sind auch Fahrkarten für die Schmalspurbahn erhältlich.

Unterkunft

■ **Pension Blechleppel**②, Bahnhofstraße 22, Tel. (039457) 9730, www.blechleppel-pension.de, 100 m vom Bahnhof, harztypisches Haus mit Einzel- und Doppelzimmern, Appartements. Halbpension möglich.
■ **Ferienwohnung „Harzer Bachtäler“,** Richard-Adam-Straße 3a, Tel. (01522) 2800300, www.harzer-bachtaeler.de, ruhig gelegene, große Fewo bis 3 Pers., 2 E-Bikes zur Ausleihe.
■ **Ferienhaus Benn-eck-en-stein,** Bahnhofstraße 40, Tel. (039457) 2210, www.ferienhaus-benn-eck-en-stein.de, zentral beim Bahnhof gelegenes Haus für Gruppen oder Familien, ab 120 € für 6 Pers., 6 Aufbettungen je 10 €.
■ **Ferienwohnung Klaus,** Wildenberg 8, Tel. (0177) 3936926, www.fewoklausbenneckenstein.de. Zwei Fewo im Dach- und Erdgeschoss für 4 bzw. 8 Personen. Ab 35 €/2 Pers.
■ **Naturstamm-Ferienhaus,** Gartenstraße 4, Tel. (03941) 606061, Buchung über www.harzer-holzstammferienhaus.de. Bis max. 4 Personen 90 €. Hunde sind zugelassen. Erbaut aus naturbelassenen Harzer Fichtenstämmen, mit Fußbodenheizung und Kamin.

Essen und Trinken

■ **Hexenhaus**①, Oberstadt 49, Tel. (039457) 98799, Do–Mo 11–14, 17–22 Uhr, Mi 17–22 Uhr. typisch Harzer Küche, Schnitzel & Steaks, Vegetarisches.

Museum

■ **Ostdeutsches Fahrzeug- und Technikmuseum,** Wernigeröder Straße 10 (beim Bahnhof), Tel. (039457) 98123, www.mts-oldtimermuseum.de, April–Okt. Do–Mo 10–16 Uhr. Fahrzeuge und Alltagsgegenstände aus DDR-Zeiten. Tage der Technik, Oldtimertreffen, Bauernmärkte.

Theater

■ **Waldbühne Benneckenstein,** Am Waldschlößchen, www.theaternatur.de. Jährlich im August Theaterfestival mit Eigenproduktionen und Gastspielen.

Einkaufen

■ **NP-Markt,** Teichdamm 1, tgl. 8–20 Uhr, mit Bäcker (tgl. ab 7 Uhr).

Bergbau in Elbingerode

Das nördlich der Rappbodetalsperre auf einer Hochfläche gelegene Städtchen Elbingerode (5300 Einwohner) war vom 13. Jh. an das Zentrum des Eisenerzbergbaus im Harz. In den letzten 100 Jahren bis 1990 wurde hier Schwefelkies gefördert. Heute ist es verkehrsgünstiges Verwaltungszentrum und Standort eines Krankenhauses. Rund um den Markt stehen Fachwerkhäuser. Die neogotische Kirche entstand, wie fast die ganze Innenstadt, nach dem Stadtbrand von 1858.

147h-dk

Schaubergwerk Büchenberg

Eisenerzbergbau der 1950er–60er-Jahre wird im **Schaubergwerk Büchenberg** nördlich der Stadt authentisch vorgeführt. Besucher können in den Berg einfahren und in einer rund einstündigen Führung an Originalanlagen und -orten erleben (auch hören!), wie das Erz gefördert wurde. Dabei sehen sie an einem geologischen Aufschluss Gesteinsarten und die Erzlager in farbenprächtigen Bildern. Am Weg vom Parkplatz bis zum Schaubergwerk stehen weitere Maschinen. Von dort lässt sich die bergbauliche Exkursion über Tage auf einem **7 km langen Lehrpfad** fortsetzen. Er führt an den Zechengebäuden vorbei zur alten **Eisensteinstraße,** dem Verbindungsweg zwischen den Gruben und Hütten sowie zum Hermannschacht (1830) und Augustenstollen (1783), zu einem Tagebau für Schwarzen Porphyrit (1870), schließlich an Schachthalden und Pingen (trichterförmige Einsturzgelände infolge des Bergbaus) vorbei wieder zurück zum Bergwerk.

Praktische Tipps

Anreise

- **Auto:** B 27.
- **Bus:** Regionalbus 260 (Wernigerode – Elbingerode – Hasselfelde – Güntersberge), 261 (Wernigerode – Elbingerode – Rübeland – Blankenburg), 264 (Wernigerode – Elbingerode/Drei Annen Hohne – Schierke/Braunlage), 265 (Wernigerode – Elbingerode – Benneckenstein – Hohegeiß), 274 (Wernigerode – Drei Annen Hohne – Elbingerode, „Ilsetaler").

Information

- www.oberharzinfo.de
- **Touristinformation Elbingerode,** Markt 3, Tel. (039454) 89487, Mo 9.30–15.30 Uhr, Di–Fr 9–16 Uhr, Sa 9–12 Uhr.

Grubenlok im Schaubergwerk Büchenberg

Camping

■ **Camping am Brocken,** Schützenring 6, Tel. (039454) 42589, www.campingambrocken.de, GPS N 51.776137, E 10.796429. Ganzjährig, ruhig am Wald, 140 Plätze, Kiosk, 10 Min. zum Bus.

Museum

Schaubergwerk Büchenberg, Büchenberg 2, Tel. (039454) 42200, www.schaubergwerk-buechenberg.de, Führungen tgl. 10.30, 12, 14, 16 Uhr (ab 4 Pers.), 10/5 €, Familienkarte 28 € (bis 3 Kinder). Für Rollstuhlfahrer geeignet. Außenanlagen frei zugänglich. Imbiss. Angebote für Gruppen. Parkplatz 400 m, Linienbusse 260, 264, 265, von der Haltestelle 15 Min. Fußweg. Von Elbingerode Markt über Büchenbergstraße 3 km.

Einkaufen

■ **Edeka,** Alte Waldbreite 5a, Mo–Sa 8–20 Uhr.

Tropfsteinhöhlen in Rübeland

Zwischen Elbingerode und der Rappbodetalsperre an der B 27 erwarten zwei der spannendsten Orte des Harzes ihre Besucher tief im Berg. Die beiden **Tropfsteinhöhlen** in Rübeland zählen zu den attraktivsten in Europa.

Sie liegen rund 400 m voneinander entfernt direkt an der B 27 und können nur mit Führungen besichtigt werden. Bei großem Andrang kann es zu Wartezeiten bis 1 Stunde kommen und auf den Parkplätzen eng werden. Der Linienbus 260 (Wernigerode – Elbingerode – Rübeland – Hasselfelde – Güntersberge) hält direkt an der Hermannshöhle.

Zwei kurze Wanderwege führen aus dem Höhlenort hinaus auf den **Schornsteinberg,** von dem aus sich schöne Blicke über die aparten Bögen des Bodetals bieten (Stempelstelle Harzer Wandernadel), entweder steil vom Parkplatz des Erlebnisbades Bodeperle aus oder etwas moderater von der Baumannshöhle. In ihrem kräftigen Rot fällt gegenüber der Hermannshöhle die harztypische **Christuskirche** (1868) auf. Von der Hermannshöhle führt der **Harzer Hexen-Stieg** zum Aussichtspunkt **Hoher Kleef** (Stempelstelle Harzer Wandernadel).

Baumannshöhle

Als *Georg Henning Behrens* 1703 in seiner „Hercyna Curiosa" (→ Exkurs „Der Harz in der Literatur", S. 73) die **Baumannshöhle** beschrieb, war diese seit beinahe zwei Jahrhunderten bei Harzreisenden bekannt. Offenbar so gut, dass in der Höhle „bey weiten nicht mehr so viel bewegliche Curiosa als vor Alters anzutreffen sind; indem die jährlich häufig ankommende curieuse Besucher von Jahren zu Jahren davon vieles zum Andencken mitgenommen haben auch selbige Höhle oftmals gar von ungewaschenen Händen und Dieben also bestohlen worden daß auch dahero zu Verhütung weiteren Ruins der Eingang zu derselben mit einer verschlossenen Thür hat müssen verwahret werden …" Gesichert ist die Höhle seit 1688, unerlaubte Andenken wird sich niemand mehr einstecken können, selbst mit gewaschenen Händen nicht, sogar das Fotografieren ist in der Höhle verboten.

Die Baumannshöhle ist rund 400 Mio. Jahre alt. Sie entstand, wie die nahe Hermannshöhle (siehe weiter unten), im Erdzeitalter Devon. Ein Bergmann namens *Friedrich Baumann* hat sie 1536 bei der Suche nach Erz entdeckt. Sensationell waren die Knochenfunde des ausgestorbenen Höhlenbären. Sie sind auf dem **Großen Knochenfeld** ausgebreitet.

Ihre außergewöhnliche Attraktivität erhält die aus mehreren Räumen zwischen 379 und 440 Höhenmetern bestehende Baumannshöhle durch die zahlreichen **Tropfsteine.** Sie stehen in der **Leuchterschlucht,** bilden das Hamburger Wappen und zieren den **Goethesaal,** den größten dieser Höhle, der mit 300 Zuschauerplätzen für Theateraufführungen und als Standesamt genutzt wird. In der Säulenhalle sind besonders ansehnliche **Stalagmiten und Stalagtiten** zu bewundern. Der Höhle höchster Punkt heißt **Himmelreich.**

Hermannshöhle

1866 wurde beim Straßenbau die am rechten Bodeufer gelegene **Hermannshöhle** entdeckt. Sie ist noch größer als die Baumannshöhle, besteht aus drei Etagen und zeichnet sich durch reiche **Tropfsteinplastik** und glitzernde **Kalzitkristalle** aus, besonders in der **Kristallkammer.** Auch in dieser Höhle wurden Knochen des Höhlenbären entdeckt.

In den Jahren 1932 und 1956 wurden insgesamt 18 aus dem Dinarischen Gebirge (Balkan) stammende Exemplare des **Grottenolms** in einem künstlichen Höhlengewässer (Olmensee) ausgesetzt. 1985 lebten noch 13 Tiere, 2015 wurden neun Tiere gezählt. Der Grottenolm ist ein in Larvenform verbleibender Schwanzlurch, von dem wenig bekannt ist. Eine Lebenserwartung von 70 bis 100 Jahren wird diesem nahezu ausgestorbenen Tier zugetraut. Informationen und Fotos auf der Webseite der Hermannshöhle.

■ **Baumannshöhle/Hermannshöhle,** Rübeland, Blankenburger Straße (B 27) in 400 m Entfernung, Tel. (039454) 49132, www.harzer-hoehlen.de, tgl. Führungen Feb.–Juni, Sept., Okt. 9/16.30 Uhr, Juli, August 9/17.30 Uhr, Nov.–Jan. 9/15.30 Uhr (Einlass zur ersten/letzten Führung, Änderungen möglich), Führungen nach Bedarf halb-, einstündlich. Wartezeiten bis 1 Stunde einplanen. 9/6,50 €, Familienkarte 29,50 € für 1 Höhle, Kombiticket „Himmel & Höhle“ für 1 Höhle u. Brückeneintritt Titan (siehe weiter unten unter Rappbodetalsperre) 13,50/8,50 €. Höhlen nicht barrierefrei, Fotografieren und Filmen verboten, Hunde haben keinen Zutritt. Veranstaltungen, thematische Führungen, Angebote auch unter www.oberharzinfo.de.

Rübelandbahn

Mein Tipp: An ausgewählten Wochenenden verkehrt die **Rübelandbahn** auf Sonderfahrt. Ein Erlebnis für Bahnfreunde, so viel ist geblieben von der einst wirtschaftlich wichtigen Bahnverbindung auf Normalspur zwischen Blankenburg und Tanne. Bis in die 1950er-Jahre hieß sie **„Harzbahn“** und transportierte vor allem Erz und Kalk. Spektakulär waren einige sehr steile Abschnitte, die sie mit **Zahnradstange** absolvierte. Ab den 1960er-Jahren wurde die Strecke schrittweise stillgelegt. Ein

Verein betreibt die Rübelandbahn für Fahrten zwischen Blankenburg und Rübeland. Die Fahrt mit der **„Bergkönigin“** genannten Dampflokomotive 95 027 dauert 40 Min.

Rübelandbahn, www.arbeitsgemeinschaft-ruebelandbahn.de, an ausgewählten Wochenenden zwischen Blankenburg und Rübeland, Fahrzeit 40 Min., 10/5 €.

Kick an der Rappbodetalsperre

Sie ist die **größte Wasserfläche** im Harz und belegt weitere Superlative: Die **Rappbodetalsperre** wurde 1952–1959 erbaut, mit 106 m hat sie die **höchste Staumauer** Deutschlands. Gestaut werden die Rappbode, die Hassel und weitere Gebirgsbäche. Dem Stausee folgt die kleinere **Talsperre Wendefurth,** von dort fließt das Wasser in die Bode. Mit der **längsten Doppelseilrutsche** Europas und einer der **längsten Fußgängerhängebrücken** weltweit sowie als **Bikertreff** ist die Rappbodetalsperre ein Abenteuerspielplatz für Erwachsene.

Über die Staumauer führt eine viel befahrene Landstraße (L 96), die von der B 27 (Rübeland) und B 81 (Wendefurth) kommt und von der Buslinie 260 (Wernigerode – Elbingerode – Hasselfelde – Güntersberge) ebenfalls bedient wird. An beiden Zufahrten zur Staumauer gibt es Parkplätze und je eine Bushaltestelle (Rübeland Talsperre und Wendefurth Oberbecken). Seit Eröffnung der Seilbrücke an der Talsperre sind an sonnigen Tagen die Parkplätze oft überlastet.

Aussichten von der Staumauer

Von Rübeland kommend, erreicht man den Parkplatz vor dem **Tunnel** mit Zugang zum Informationspavillon und zu Imbissbuden. Inschriften am wasserseitigen Tunnelportal erinnern an den Bau der Talsperre als „Großbau des Sozialismus“. Am 10. Jahrestag der DDR 1959 wurde die Talsperre übergeben. Das DDR-Staatsemblem wurde 2009 bei der Sanierung durch Kreise ersetzt.

Für Ausblicke von der 415 m langen Mauerkrone auf die Wasserflächen und Attraktionen kann man den Tunnel auf Fußwegen durchqueren. Gesünder ist es jedoch, den **ausgeschilderten Fußweg** zu nutzen, der vom Startturm der Megazipline (siehe unten) über den Tunnel hinweg direkt zur Staumauer führt. Für Rollstuhl ist er nicht geeignet, mit Kinderwagen nur dann, wenn dieser auch einige Meter getragen werden kann.

Nervenkitzel und Soundcheck

Der Grund für diesen empfohlenen Umweg ist nicht allein die ohnehin schon starke Verkehrsbelastung, sondern ein fragwürdiges Vergnügen unzähliger **Motorradfahrer,** die im Tunnel ihren „Soundcheck“ erleben wollen. Dabei werden **extreme Lautstärken** und überhöhte **Geschwindigkeiten** erreicht, trotz der Rüttelstreifen auf der Straße. Abgesehen davon, dass hier nach der Durchsetzung von Verkehrsregeln zu fragen wäre: Wer die Leidenschaft für PS nicht teilt, wird sich dabei weniger wohl fühlen.

Seilrutsche und Hängebrücke

Den größten Andrang gibt es am **Turm zum Kick** an der Luftseite der Talsperrenmauer. Wer schon immer mal mit Tempo 80 am Seil 1000 m über einen See jagen wollte, hier ist der Start. In luftigen 120 m Höhe beginnt die Fahrt an der **Megazipline.** Das ist eine **Doppelseilrutsche,** an der auch Paare gemeinsam starten können. Talstation ist das Ufer des Wendefurther Stausees, für die sanfte Ankunft sorgt eine Fliehkraftbremse.

Direkt daneben, über denselben Turm zu erreichen, führt eine 483 m lange **Seilbrücke** in rund 100 m Höhe über das Wendefurther Wasser. Dabei schwankt sie ein bisschen, auch stärkerem Wind hält sie stand, als Spaziergänger bewegt man sich dennoch sicher zwischen den Seilen, mit Blick in die Tiefe und in die Natur. Oder nur in den Nebel. Wem das noch zu alltäglich ist, der oder die kann sich von der Mitte der Brücke an einer 75 m langen **Seilschaukel** in die Tiefe stürzen und hat dabei Zuschauer gewiss. Mit 458,5 m hat diese Brücke im Harz das längste frei überspannte Teilstück aller derartiger Konstruktionen. Die Brücke kann von beiden Seiten betreten werden, das Ticket schließt den jeweiligen Rückweg ein.

Aktivitäten, Essen und Trinken

■ **Megazipline (Doppelseilrutsche),** www.harzdrenalin.de, April–Okt. Di–So, Fe 9.30–18 Uhr, Nov., Dez., Febr., März Mi–So 10.30–16 Uhr. 39 €, Familien (2 Erw./2 Kinder) 120 €. Ab 10 Jahren (mit

332h dk

331h dk

Erlaubnis der Eltern), Körpergewicht 40–120 kg. Flüge können am Vortag online gebucht werden. 1 h Zeitaufwand einplanen, Rückweg zu Fuß.

■ **Titan RT (Fußgängerhängebrücke),** www.titan-rt.de, tgl. 8–21,30 Uhr, 6/4 €, Gruppen 5 € p.P., Tickets am Automaten vor beiden Zugängen an der Rappbodestaumauer oder im Besucherzentrum beim Parkplatz Nordseite. Verlassen jeweils auf beiden Seiten möglich. Kinderwagen, Rollstuhl nach Anmeldung von der Nordseite.

■ **Gigaswing,** Pendelsprung unter der Hängebrücke, ab 79 €. Terminvereinbarung online unter www.harzdrenalin.de.

■ **5D-Kino** zwischen Hängebrücke und Aussichtsturm, barrierefrei. Virtuelle Reise an, über und unter der Rappbodetalsperre, 20 Min., 4,50/3 €. Kino, Turm und Brücke 14/9 €.

■ **Fettluke,** Kiosk am Parkplatz Rappbodetalsperre, Tel. (0160) 96485675, www.fettluke.de, April–Okt. tgl. 11–18 Uhr, Nov.–März Mi–So 11–16 Uhr. Fix und Fett, Bratwurst, Pommes, Brötchen. Dazu regionales und saisonales Fingerfood. Beliebter Treffpunkt mit Volksfeststimmung.

⌃ Wandern über dem Wasser

‹ Nur zum Spaß: Flug an der Megazipline über die Hängebrücke und den Stausee

Stausee Wendefurth

Vom südlichen Zugang zur Hängebrücke führt ein Pfad hinab an die **Wendefurther Talsperre.** In knapp 1 Stunde gelangt man bis zu deren Staumauer (1957–1964). Ein angenehmer Weg durch den Wald, auch mit Kinderwagen machbar. Anfangs passiert man das **Pumpspeicherwerk** (1967) mit seinen

333h dk

mächtigen Fallrohren. Von der **Staumauer** bietet sich ein schöner Blick auf den See und zum Dorf Wendefurth. In der blattarmen Jahreszeit lohnt sich der kurze steile Aufstieg von der Staumauer zum **Talsperrenblick** (Stempelstelle Harzer Wandernadel), der am Harzer Hexen-Stieg liegt. Spektakulär ist das Angebot, die Staumauer hinunterzulaufen: **Wallrunning,** 43 m.

Es geht aber auch geruhsamer, etwa bei einer **Bootsfahrt** auf dem Stausee, bei einer Forelle in der **Schwimmenden Gaststätte** oder im Gasthaus „Zum Fischer". Frisch aus dem Rauch, so sind die Restaurants auch leicht zu finden.

■ **Wallrunning an der Staumauer Wendefurth,** www.harzdrenalin.de, tgl. April–Okt. nach Anmeldung, 49 €, Kombination mit Megazipline möglich.

■ **Schwimmende Gaststätte Zum Hecht**①, Wendefurth, Am Stausee 2, Tel. (039456) 569697, www.erlebnis-talsperre-harz.de, April–Okt./Anf. Nov. tgl. 10–18 Uhr (witterungsabhängig). Fischrestaurant, Café mit Gastraum und Terrasse auf dem Stausee, Floßfahrten (ab 15 Pers.), Bootsverleih (Wassertreter, Ruderboote), Angebote für Angler, Fischbrötchen und Getränke zum Mitnehmen.

■ **Gasthaus Zum Fischer**②, Wendefurth, Am Stausee 2, Tel. (039456) 945, www.zum-fischer.de, Mai–Okt. Mi–So ab 11 Uhr, Nov.–April Sa/So ab 11 Uhr. Mai–Okt. Fischverkauf ab 9.30 Uhr. Fischspezialitäten, vor allem Forelle.

Anschluss an den Hexen-Stieg

Wendefurth (Ortsteil von Thale) liegt an der B 81, der Linienbus 263 (Benneckenstein – Hasselfelde – Blankenburg) hält an der Station Wendefurth Mühlenweg und bietet damit **Anschluss an den Harzer Hexen-Stieg.** Es handelt sich hier noch um die Variante **„Alte und neue Bergbauregionen"**, die den Rappbode-stausee über Rübeland nördlich passiert (→ auch unter „Königshütte“ im Kapitel „Sorge und Elend“, S. 191). In Altenbrak vereint er sich mit der Südvariante **„Köhlerpfad“** zum Wanderweg durch das Bodetal nach Thale (→ „Wandern im Bodetal“, S. 162; Wendefurth - Thale 19 km).

Erlebnis Harzköhlerei

Eben dieser **Köhlerpfad** hält die Erinnerungen an ein einsames Handwerk lebendig, das im Harz einst weit verbreitet war und dessen anscheinend weltferne Betreiber in so vielen Märchen vorkommen. Nahe der Rappbode-Talsperre ist es noch heute erlebbar. Wanderziel ist die **Harzköhlerei Stemberghaus** (Stempelstelle Harzer Wandernadel), eine Ausflugsgaststätte mit **Köhlereimuseum.** Dahin führt der Harzer Hexen-Stieg, die weniger bergige Südvariante, von Altenbrak über den **Aussichtspunkt Schöneburg** (Stempelstelle Harzer Wandernadel) und den Siebengründeweg (4 km), oder man fährt mit dem Linienbus 260 bzw. mit dem Auto zum Stemberghaus. Ein **Sack Holzkohle** ist das beste Souvenir, dazu gibt es deftigen Köhlerschmaus. Der Köhlerpfad setzt sich dann fort bis Hasselfelde.

■ **Harzköhlerei Stemberghaus②,** Hasselfelde, Stemberghaus 1, Tel. (039459) 72254, www.harzkoehlerei.de, tgl. 11–17 Uhr. Kleine Karte mit Harzer Küche und was beim Köhler auf den Tisch kam, schmackhaft zubereitet. Köhlerliesel und Flüssige Holzkohle. Aktive Köhlerei: Harzer Buchenholzkohle zum Mitnehmen. Köhlerladen, Köhlereimuseum, barrierefrei. Angebote für Gruppen, Busparkplatz, Linienbus 260.

Wildwest in Hasselfelde

Der Wilde Westen liegt östlich des Brockens. In **Pullman City** am Rande von Hasselfelde (2 km vom Markt) lebt die legendäre Geschichte fort. Hier geht's zu wie in einer amerikanischen Westernstadt Mitte des 19. Jahrhunderts. Ohne Gewalt, wie die Betreiber betonen. Täglich gibt es Vorführungen mit wilden Pferden und knallenden Peitschen, Tomahawk und Pfeil & Bogen, dazu Livemusik, merkwürdige Gestalten und ein festes Dach über dem Kopf für alle, die in der Westernstadt die lange Nacht erleben möchten.

■ **Westernstadt Pullman City,** Am Rosenthal 1, Tel. (039459) 7310, www.westernstadt-im-harz.de, April–Okt. tgl. 10–18 Uhr, Saloon/Dance Hall bis 1 Uhr. 22/16/13 €, Tonky-Ticket: 2 Erw., bis 6 Kinder 49 €. Geburtstagskinder frei. Angebote für Gruppen und Mehrtagesbesucher. Günstigere Tickets bei Übernachtungen. Erlebnispark, Pferdekoppel, Tiergehege, Abenteuerspielplatz, Livemusik, Tanz, Läden. Übernachtung im **Grand Silver Star Hotel** ②, **Hogan**②, **Ranch House**② sowie mit eigener Campingausrüstung in der **Blockhütte**① bis 8 Pers., im **Fort William Clark**① bis 12 Pers. Linienbus 260, 263.

◁ Cosplayerinnen nehmen die Talsperre in den Blick

Hexen-Stieg und Talsperrenblick

Das auf einem Hochplateau gelegene **Hasselfelde** (3000 Einwohner) ist nach einem Stadtbrand 1893 neu entstanden. Sehenswert sind die **Breite Straße** mit ihren Fachwerkhäusern (Touristinformation) und der **Marktplatz** mit der neogotischen **Antoniuskirche** (1851) des Schinkel-Schülers *Carl Theodor Ottmer.* Neben der zentralen **Busstation** gibt eine Tafel Auskunft über den hier passierenden Harzer Hexen-Stieg und nahe Wanderziele, so die Hassel-Vorsperre (Rundweg 8 km), die Kleine (5,3 km) und Große Rabenklippe (6 km) mit Aussichten auf die Talsperre. Eine Tour bis Rübeland (16 km) unternimmt man am besten mit dem Fahrrad. Dabei überquert man auf dem Hexen-Stieg die Überleitungssperre am Rappbode-Vorbecken und folgt dann der Wanderstraße „Die Lange" durch den Wald. Für Autofahrer relevant ist der Waldparkplatz **Murmelbachtal** (GPS N 51.697914, E 10.843427). Auch dort informiert eine Tafel über nahe Wanderziele.

Praktische Tipps

Anreise

- **Auto:** Kreuzung von B 81 und B 242 (Harzhochstraße).
- **Bus:** Regionalbus 260 (Wernigerode – Elbingerode – Hasselfelde – Güntersberge), 263 (Benneckenstein – Hasselfelde – Blankenburg).
- **Bahn:** Selketalbahn über Stiege nach Harzgerode, Eisfelder Talmühle, Nordhausen.

Information

- www.oberharzinfo.de.
- **Touristinformation Hasselfelde,** Breite Straße 17, Tel. (039459) 71369, Mo–Fr 9–16 Uhr, Sa 9–12 Uhr.

Essen und Trinken

- **Zum Erpel**②-③, Hammelstraße 19a, Tel. (039459) 71379, www.zumerpel.de, Di–So ab 17 Uhr. Deutsche Küche.

Einkaufen

- **Netto,** Nordhäuser Straße 4, Mo–Sa 7–20 Uhr.
- **Fleischerei am Bahnhof,** Am Bahnhof 6, Mo–Fr 8–12, 15–18 Uhr, Sa 8–11 Uhr.

Baden

- **Waldseebad,** B 81 (südlich), Tel. (039459) 71291, Juni–August Mo–Fr 12–18 Uhr, Sa/So 10–18 Uhr. Parkplatz, Linienbus 263 Waldseebad. 2 km von der Touristinformation.

Ballenstedt

An der nordöstlichen Ecke des Unterharzes liegt die einstige **Residenzstadt** Ballenstedt (8000 Einwohner). In ihrem historischen Zentrum hat sie sich mit den sanierten Schlossbauten und der Allee **fürstliche Eleganz** bewahrt. Zudem ist sie ein Einkaufs- und Kulturzentrum der Region.

Geschichte

Ballenstedts Geschichte ist seit dem 11. Jahrhundert mit dem **Geschlecht der Askanier** verbunden. *Graf Esico*, Bruder der durch ihre Darstellung als Stifterin im Naumburger Dom weltberühmten *Uta*, gründete im Jahr 1043 ein Kollegiatstift. Sein Enkel *Otto der Reiche* erhielt nach einer Erbeteilung die Stammbesitzungen des Hauses und nannte sich ab 1106 *Otto von Ballenstedt.* Dessen Sohn *Albrecht I.* wandelte das Stift 1123 in ein **Benediktinerkloster** um. 1297 wurde Ballenstedt erstmals als „Dorp" erwähnt. 1525 wurde das Kloster säkularisiert und als Residenz ausgebaut. 1543 erhielt Ballenstedt das Stadtrecht. *Fürst Friedrich Albert von Anhalt-Bernburg* erklärte Ballenstedt 1765 zur Residenzstadt. Damit erlebte die Stadt ihre Blütezeit. Einen zweiten Glanz erfuhr Ballenstedt mit der touristischen Erschließung des Harzes bis zum Ersten Weltkrieg.

Sehenswertes

Barockschloss

Das dreiflügelige **Residenzschloss** wurde in der 1. Hälfte des 18. Jh. errichtet. Von der romanischen Stiftskirche St.

☑ Schloss Ballenstedt mit dem romanischen Westwerk des einstigen Klosters

329h dk

Pancratius und Abundius der einstigen Klosteranlage blieben das Westwerk (Turm) und die Krypta erhalten, die besichtigt werden können. In der Nikolaikapelle liegt das Grab *Albrechts des Bären,* des 1170 verstorbenen Askaniers. Im Schloss werden Ausstellungen zur Geschichte der Askanier und zum „Höfischen Wohnen" gezeigt.

Peter Josef Lenné gestaltete 1858 den **Schlosspark.** Rund um den Schlossteich führt ein Wanderpfad; die Sichtachse von der Erinnerungstafel für König *Gustav Adolph* von Schweden über den Teich zum Schloss ist leider zugewachsen. Der Park gehört zum Landesprojekt **„Gartenträume Sachsen-Anhalt"** (www.gartentraeume-sachsen-anhalt.de). Das frühklassizistische Schlosstheater (1788) ist die älteste Theaterspielstätte Sachsen-Anhalts. *Albert Lortzing* dirigierte hier seine Märchenoper „Undine", *Franz Liszt* Werke von Zeitgenossen. Heute werden Theater-, Operetten- und Konzertgastspiele gegeben und weitere vielfältige Veranstaltungen angeboten.

■ **Schloss Ballenstedt,** Schlossplatz 3, Tel. (039483) 82556, Mai–Okt. Di–So 10–16 Uhr. 5/3 €, Ausstellungen zur Geschichte der Askanier und „Höfisches Wohnen". Turm, Krypta, Grablege.

■ **Schlosstheater,** Schlossplatz 1, Spielplan unter www.ballenstedt.de.

Museen und Bibliotheken

In Ballenstedt lebte von 1833 bis zu seinem Tod 1867 der Porträt- und Historienmaler, Schriftsteller, anhaltinische Kammerherr und Hofmaler *Wilhelm von Kügelgen.* Seine „Jugenderinnerungen eines alten Mannes", eine autobiografisch-literarische Schilderung der Frühromantik, verfasste Kügelgen in der Residenzstadt am Harz. Das **Stadtmuseum im Barockpalais** an der Schlossallee widmet ihm zwei Räume neben der umfangreichen volkskundlichen Sammlung. Das **Filmmuseum** im Nordflügel des Schlosses zeigt ein Jahrhundert Filmgeschichte.

■ **Stadtmuseum „Wilhelm von Kügelgen",** Allee 37, Tel. (039483) 8866, www.ballenstedt.de, Di–So 11–16 Uhr, 4/2 €. Auch Sonderausstellungen, Lesungen, Konzerte.

■ **Filmmuseum,** Schlossplatz 3, Tel. (039483) 979590, www.filmmuseum-ballenstedt.de, geöffnet Di–So 10–16 Uhr. 4/2 €. Filmprojektoren und weitere Exponate aus 100 Jahren Film und Kino, Kinoraum.

Stadtbummel bis zum Bauhaus

Die schnurgerade, 1 km lange **Allee** verbindet den Schlossplatz mit der Altstadt. Am **Anhaltiner Platz** und in dem Viertel bis zum Alten Markt gibt es schöne kleine Bürgerhäuser zu entdecken. Hinter dem 1906 erbauten Neuen Rathaus, zwischen Mühlstraße und Badstuben, kann die einschiffige spätgotische Kirche **St. Nicolai** besucht werden. Ihre heutige Ausstattung entstand ab 1500, die Glasfenster Ende des 19. Jh. Sehenswert sind vor allem die Emporenbilder mit Darstellungen aus dem 16. Jh. (Di–Sa 10–16 Uhr).

Die **Fürstin-Pauline-Bibliothek** im Alten Rathaus (1683) und einem modernen Anbau am Alten Markt vereint die herzogliche Bibliothek des Fürstenhauses Anhalt-Bernburg mit 17.800 Bänden, die öffentliche Bibliothek und das Stadtarchiv.

■ **Fürstin-Pauline-Bibliothek,** Alter Markt 9, Tel. (039483) 96765, www.bibliothek-ballenstedt.de, Mo–Mi 10–16 Uhr, Do 10–18 Uhr, Fr 10–12 Uhr. Lesesaal, Veranstaltungsprogramm.

Außerhalb dieses Quartiers, aber nicht weit davon an der B 185, steht die Kirche **St. Elisabeth** (Quedlinburger Straße 27). Sie entstand 1931–1933 im **Geist des Bauhauses.** Ihre äußerst schlanken Rundbögen sind gleichwohl Reminiszenz an die Architektur der Romanik und die Geschichte der Stadt.

Zu den Gegensteinen

Nördlich der Stadt (Rundweg 6 km) liegen die beiden markanten **Gegensteine,** die zur Teufelsmauer (→ auch „Blankenburg“ und „Thale“) gehören. Auf den Großen Gegenstein führt ein durch Geländer gesicherter Stufenweg. Vom Gipfel, auf dem ein Kreuz (1863) steht, öffnet sich ein weiter Blick zum Harz und über das Gebirgsvorland.

Praktische Tipps

Anreise

■ **Auto:** B 185.
■ **Bus:** Regionalbus 240 (Quedlinburg – Bad Suderode – Ballenstedt – Aschersleben; Hst. Alter Westbahnhof, 15 Min. bis Schlossplatz), 241 (Quedlinburg – Ballenstedt – Opperode, Hst. Schlossplatz) und 244 (Harzgerode – Alexisbad – Ballenstedt, Hst. Alter Westbahnhof).

Information

■ www.ballenstedt.de
■ **Tourist-Information,** Anhaltiner Platz 7, Tel. (039483) 263, Mo–Fr 10–16 Uhr.

Essen und Trinken

■ **Klosterstuben**②, Schlossplatz 3, Tel. (039483) 97660, Mai–Okt. Mi–So ab 11 Uhr, Nov.–April Mi–Sa 11–18 Uhr. Harzer Küche im ehem. Speisesaal des Schlosses. Keine Kartenzahlung.
■ **Cafeteria Marstall,** Schlossplatz 5, Tel. (039483) 53279, tgl. 13–18 Uhr, Mai–August auch Sa, So ab 13 Uhr. Einkehren nach dem Schlossbesuch. Hausgemachte Kuchen und Torten, italienisches Eis.
■ **Café Merle,** Allee 52a, Tel. (039483) 532046, Mo–Fr 7–13 Uhr. Vormittags in Ballenstedt? Frühstück bei Merle!
■ **Zum Treffpunkt**②, Breitscheidplatz 17, Tel. (039483) 480, www.zumtreffpunkt.com, Do–Sa, Mo. ab 17 Uhr, So ab 10 Uhr. Wie der Name sagt. Bürgerliche Küche, Straßenplätze.
■ **Kassner**②, Breitscheidplatz 18, Tel. (039483) 81373, www.restaurant-kassner.de, Di–So ab 10 Uhr. Bürgerliche Küche, Straßenplätze.

Einkaufen

■ **NP-Markt,** Wasserstraße 6–8, Mo–Sa 7–20 Uhr.

336h dk

5 Nördliches Harzvorland

»Nördlich des Harzgebirges stehen geöffnete Schatzkammern tausendjähriger Kultur- und Kunstgeschichte. Es sind die von farbenfrohen Fachwerkbauten gezeichneten Altstädte, die Domschatzkammern von europäischem Rang in Halberstadt und Quedlinburg, Terrassengärten für Verliebte und des Raubgrafen Burg. Das lebendig mittelalterliche Quedlinburg gehört zum Weltkulturerbe.

‹ Fachwerkhaus im Wernigeröder Heideviertel

NÖRDLICHES HARZVORLAND

Im niedersächsischen *Hornburg* an der Ilse beginnt die Reise zu den Fachwerkstädtchen am nördlichen Harzrand, weiter geht es nach Sachsen-Anhalt. Von *Wernigerode* dampfen betagte Schmalspurbahnen bis zum Brocken oder quer durch den Harz. Der Stadtrundgang führt vom märchenhaften Rathaus zu schiefsten Wänden, schmalsten Gässchen und zum kleinsten Häuschen. Vom Schlossberg schweift der Blick über die verwinkelte Altstadt am nahen Gebirge. Die Residenzstadt *Blankenburg* gibt sich festlich im Garten zwischen den Schlössern. Der Großvater blickt über das Gebirgsvorland und auf die *Teufelsmauer*, dort locken Kletterspaß und zahlreiche Ausblicke.

Romanische und gotische Baukunst von höchstem Rang ist am Domplatz in *Halberstadt* zu erleben. Der Domschatz ist der umfangreichste in Deutschland. Von liebevoll restaurierten Gassen und Plätzen in Fachwerkpracht geht es über Vater *Gleims* Literatenherberge in das neu entstandene Zentrum der Einkaufsstadt. In der romanischen Klosterkirche St. Burchardi erklingt *John Cage*, noch bis zum Jahr 2640.

In *Quedlinburg* lässt sich das Weltkulturerbe mit Händen greifen. Die

NICHT VERPASSEN!

- Wanderweg entlang der **Teufelsmauer** | 229
- **Halberstädter Domschatz** | 238
- **Finkenherd** in Quedlinburg | 254

Diese Tipps erkennt man an der gelben Markierung.

Nördliches Harzvorland

Altstadt und der sie überragende Schlossberg mit der romanischen Stiftskirche sind ein Flächendenkmal zum Umherstreifen, Besuchen und Staunen.

Ein Stadtbesuch im nördlichen Harzvorland lässt sich mit dem Auto vom gesamten Gebirge aus spontan unternehmen, umgekehrt lässt sich der Harz von dort aus in Tagestouren erkunden. Für die Reise mit öffentlichen Verkehrsmitteln bieten sich die Harzer Schmalspurbahnen sowie die Buslinien der Harzer Verkehrsbetriebe an. Außerdem sind die Städte mit Regionalzügen über Halle/Saale und Magdeburg erreichbar.

Hornburg

Wo der Hopfen gedeiht, ist gut schlendern. Sonnig trockenes Klima ließ das Städtchen an der namengebenden Hornburg ab dem 16. Jh. durch **Hopfenanbau** vermögend und hübsch werden. Die pittoreske niedersächsische Fachwerkstadt an der Ilse erhielt ihr Antlitz praktisch mit dem Bierdurst der Nachbarn, die Braustadt Einbeck etwa ist gar nicht weit entfernt. Heute wird das angenehme Klima vor allem von den Besuchern dieses **Kleinods der Renaissancebaukunst** gelobt. Mehr als 300 Fachwerkhäuser, die meisten aus dem 16. und 17. Jh., sind hier zu besichtigen. Der Ortsteil von Schladen-Werla mit 2600 Einwohnern liegt rund 23 km nördlich von Ilsenburg und von Goslar, 42 km sind es bis Wernigerode.

397h dk

Stadtgeschichte

Die Hornburg war eine **Grenzveste** an der Handelsstraße von Halberstadt und Wernigerode nach Braunschweig. Sie wird erstmals in einer Urkunde aus dem Jahr 994 erwähnt, in der es um die Marktrechte von Quedlinburg geht. Im 16. Jh. erlebte die Stadt Hornburg ihre erste **Blütezeit** durch den Hopfenanbau. Im Jahre 1552 erhielt sie schließlich das **Marktrecht.**

In der Zeit der deutschen Teilung lag die Stadt an der Staatsgrenze. Seit 2013 ist Hornburg ein Ortsteil der Gemeinde Schladen-Werla. Die Geburtsstadt des Papstes *Clemens II.* (er lebte von 1005 bis 1047), mit ihren farbenfrohen Fachwerkgassen und der grünen Umgebung, lebt heute hauptsächlich vom Tourismus, daneben ist die Landwirtschaft wichtigster Wirtschaftszweig.

Zeughaus am Knick

Am Damm

Sehenswertes

Die malerischen **Fachwerkgassen** der kleinen, von der Hornburg überragten Innenstadt laden zum Bummeln und Entdecken ein. Beachtenswert sind an den Fachwerkhäusern die farbigen, geschnitzten Rosetten. Sie waren ein beliebtes Motiv der Renaissance und belegen hier, dass die meisten Häuser in dieser Blütezeit der Stadt erbaut wurden. Besonders wertvoll sind die **Wasserstraße** mit ihren Fachwerkhäusern aus fünf Jahrhunderten, zum Beispiel das liebevoll restaurierte Haus Wasserstraße 15, und der **Markt** sowie die Marktstraße. Die **Ratsapotheke** (Marktstraße 14) gilt als attraktivstes Fachwerkhaus der Stadt. Sie wurde 1609 erbaut. Das Astwerk im Wellenband ist noch ein Schmuckelement der Spätgotik. Markt 10 ist eines der ältesten Fachwerkhäuser, erbaut 1530. Marktstraße 4 ist ein spätbarocker Nachfolgebau der einstigen Amtsmühle.

Fachwerk von Damm bis Knick

Eines der prächtigsten und wertvollsten Bauwerke war das **Neidhammelhaus** auf der Wasserstraße 2, direkt neben der Kirche. Seinen Namen erhielt es wegen der fantasievollen Dekorationen aus der Zeit der Renaissance an den Balken. Neben dem Familienwappen des Erbauers sind Fratzen zu sehen, die als Neidkopf böse Nachbarn und als Schalkkopf böse Geister vom Hause fernhalten sollen. Das Haus wurde 1563 vom damaligen Stadtkämmerer erbaut, den Ratsakten zufolge war es das höchstbesteuerte Haus der Stadt. Im Jahr 1972 fiel es einer Brandstiftung zum Opfer, bei der zum Glück die Schmuckfassade stehenblieb, wenn auch baufällig. In den Jahren 1994/95 wurde die Fassade denkmalgerecht wieder aufgebaut, sie verkleidet nun einen historisierenden Neubau.

An der **Dammstraße 7** (umgangssprachlich einfach „Am Damm") zieht der frühbarocke Hopfenspeicher (1672) mit seinem rostroten Netzfachwerk die Blicke auf sich. Das Haus Dammstraße 20 (1569) diente als Schule der jüdischen Gemeinde. Im Hof stand bis 1924, als sie wegen Baufälligkeit abgetragen wurde, die barocke Synagoge.

An der Ecke Knick/Vorwerk steht das **Alte Zeughaus,** ebenfalls in der Blütezeit

398h dk

der Stadt errichtet. Die vorkragenden Obergeschosse wurden 1609 erbaut.

Im 17. Jahrhundert, aber noch in den Formen der Spätgotik errichtet wurde die evangelische **Kirche Beatae Mariae Virginis** am Markt. In der prächtig ausgestatteten Kirche sind besonders der manieristische Altar und die Kanzel sehenswert, ein Meisterwerk der Schnitzkunst in der Spätrenaissance. In der Barockzeit entstand der Orgelprospekt. Die Orgel erklingt zu den beliebten Konzerten.

- **Kirche Beatae Mariae Virginis** (Marienkirche), Di–So 14–16 Uhr.

Der erste „deutsche Papst"

Im ehemaligen Gutshaus (18. Jh.) am Montelabbateplatz lädt das **Heimatmuseum** ein. Dort begegnet man dem berühmtesten Hornburger, *Clemens II.*, dem „deutschen Papst" des 11. Jh. Ihm ist ein Zimmer des Museums gewidmet.

- **Heimatmuseum,** Montelabbateplatz 1, Tel. (05334) 2234, www.museum-hornburg.de, Do–So 14–16 Uhr. Fachwerkhaus von 1769, Stadt- und Burggeschichte, Druckerei, Drechsler- und Sattlerwerkstatt, Grenze zur DDR u.a.

Die Hornburg

Die kleine **Burg** über der Stadt hat eine bewegte Geschichte. Allein im 12. Jh. wurde sie dreimal erobert und zerstört, denn unter den Kaisern *Barbarossa* und *Heinrich VI.* diente sie als Truppenlager. Im 15./16. Jh. wurde sie zur Festung ausgebaut. Kurz vor Ende des Dreißigjährigen Krieges, am 16. Januar 1645, machten die Schweden sie für lange Zeit unbewohnbar. 1921/22 wurde sie wieder aufgebaut, sie befindet sich heute in privatem Besitz und kann nicht besichtigt werden.

In der Umgebung

Die nahe Umgebung des Städtchens bietet sich für Radtouren – etwa auf dem Grünen Band der einstigen innerdeutschen Grenze – und für Wanderungen an. Geologische Erkundungen an Steinbrüchen, einer ehemaligen Kiesgrube und einem Quellteich oder einfach wieder mal ein Naturerlebnis bietet der Erlebnispfad „Hornburg – Großes Bruch – Fallstein". Geführte Wanderungen durch diesen **Geopark** kann man in der Touristeninformation buchen, dort gibt es eine Broschüre. Besonders freundlich ist dieser Weg im Frühjahr, wenn am Fallstein das gelbe Adonisröschen blüht.

Praktische Tipps

Anreise

- **Auto:** A 395, B 82.
- **Bus:** Regionalbus 755 von Börßum und Schladen (Haltepunkte an der Bahnlinie RB 42 Bad Harzburg – Braunschweig)

Information

- **Touristeninformation,** Pfarrhofstraße 5, Tel. (05334) 94910, www.hornburg-erleben.de, Mo, Do, Fr 9–12 Uhr, Di 9–12 und 14–16 Uhr, Ostern bis Okt. Sa 10.30–12 Uhr.

Übernachtung

■ **Hotel und Restaurant Adams Schützenhof** ②, Vor dem Vorwerkstor 3, Tel. (05334) 1211, www.schuetzenhof-hornburg.de, Mo, Mi–Fr ab 17 Uhr, Sa, So 11–14 und ab 17 Uhr. Fachwerkhaus in der Altstadt, traditionell eingerichtete Zimmer, Harzer und gutbürgerliche deutsche sowie internationale Küche, Terrasse unter Bäumen.

■ **Reinhards Pension**①, Vorwerk 1, Tel. (0171) 9102196, www.reinhards-pension.de. Sechs Doppel- und ein Dreibettzimmer, alles für Nichtraucher, Frühstücksbuffet mit regionalen Produkten.

Essen und Trinken

■ **Café Zuckerblume,** Marktstraße 14, Tel. (05334) 9484303, Di–Fr 9–13, 14.30–17 Uhr. Für die Pause beim Stadtrundgang. Sehr schmackhafter Kuchen.

■ **Pizzeria und Eiscafé La Rocca**②, Vorwerk 2, Tel. (05334) 948448, Do–Di 11.30–19.45 Uhr. Gut und preisgünstig mitten in der schönen Altstadtatmosphäre.

Weitere Museen

■ **Biedermeierhaus,** Burggraben, So 14–16 Uhr. Außenstelle des Heimatmuseums, vollständig erhaltene Kleinbürgerwohnung um 1900.

■ **Heimathaus „Alte Mühle“,** Schladen, Mühlenstraße 1, www.heimathaus-schladen.de, erster So im Monat 14–17 Uhr. 1704 erbaute Wassermühle, archäologische Funde, Ortsgeschichte, Wohnen und Gewerbe im 19. Jh.

Essen und Trinken

■ **NP-Markt,** Schladener Straße 1, Tel. (05334) 94901, Mo–Sa 7–21 Uhr.

Wernigerode

Das Unvermeidliche gleich zu Anfang: Wernigerode ist „die bunte Stadt am Harz“. Wohl selten hat ein Werbeslogan für eine Stadt eine derartige Alltagspräsenz erreicht wie dieser nicht etwa von einer Agentur, sondern im Jahr 1909 von dem Schriftsteller *Hermann Löns* (1866–1914) formulierte Spruch. Ja, der Heidedichter, auch er war im Harz, und als er seinen Reisebericht veröffentlichte, sicherte sich die Stadt gleich die Rechte an dem einprägsamen Satz. Die Gassen und Plätze des sehr lebendigen historischen Stadtkerns sind fast lückenlos mit niedersächsischen **Fachwerkhäusern** bebaut, die sich durch eine Vielzahl farbenfroher Schmuckformen auszeichnen und harmonische Ensembles bilden. Denkmalgerecht restauriert, dienen die meisten den Wernigerödern als Wohnhäuser; aber auch Pensionen, Gasthäuser, Ferienzimmer und kleine Läden sind darin zu finden. Spaziergänger laden sie zu abwechslungsreichen Entdeckungsreisen ein.

Wernigerode mit seinen 35.000 Einwohnern liegt verkehrsgünstig am Nordostrand des Harzes, an den Bundesstraßen 6 und 244 sowie an der Eisenbahnstrecke (Leipzig – Halle –) Halberstadt – Vienenburg (– Hannover). Von Wernigerode verkehren die Brockenbahn sowie mehrere Buslinien direkt ins Gebirge. Bis Ilsenburg sind es 10, bis Schierke 18 km.

Mit seiner großartigen Architektur und der günstigen Lage ist Wernigerode **ein Zentrum des Harztourismus.** Das bekannteste Unternehmen ist wohl die

www.fotolia.de © Uwe Graf

Hasseröder Bierbrauerei, die 1872 in dem heutigen Stadtteil Hasserode gegründet wurde.

Stadtgeschichte

Die **Entstehung** des Ortes liegt im Dunkeln, der Ortsname weist auf eine Siedlung hin, die durch Rodung entstanden ist, wahrscheinlich im 9./10. Jh. Erstmals urkundlich erwähnt wurde Wernigerode 1121. Damals war auf dem Klint, hinter dem heutigen Rathaus, eine Siedlung entstanden, die sich bald zum Marktflecken entwickelte. Am 17. April 1229 erhielt Wernigerode **Stadtrecht.** Erstmals 1279 wird eine „Neustadt" erwähnt, in der Tuchhändler und Ackerbürger lebten. Nach dem Tod des letzten Wernigeröder Grafen, 1429, übernahm der Stolberger Graf *Botho* die Herrschaft.

Zwar konnten im Zuge der Reformation protestantische Prediger in der katholischen Grafschaft ungehindert auftreten, erstmals 1534, doch wurden vor allem Frauen Opfer des in der Harzregion verbreiteten Teufels- und Hexenglaubens. Zwischen 1521 und 1638 sind in Wernigerode 28 **Hexenverbrennungen** urkundlich belegt.

Als 1626, in der ersten Phase des **Dreißigjährigen Krieges,** *Wallenstein* mit seinen Truppen die Stadt besetzte, blieb Wernigerode zwar von größeren Zerstörungen verschont, nicht aber von der **Pest,** die unter den Soldaten ausbrach und 1000 Wernigeröder mit in den Tod riss. Über Jahrzehnte litt die Stadt an Plünderungen und Kontributionen, die den Wohlstand aufzehrten.

Im 18. Jh. prägte der dem **Pietismus** verbundene Graf *Christian Ernst* das **Sozialleben** der städtischen Gemeinschaft, so durch eine Reform des Schulwesens, die Armenversorgung und die Öffnung der gräflichen Bibliothek für die Allgemeinheit. Die mit diesen Wohltaten ver-

[<] Das Rathaus von Wernigerode

bundene Forderung nach gelebter Frömmigkeit fand allerdings nicht nur Zustimmung beim städtischen Bürgertum.

1806 bis 1813 stand die Grafschaft unter **französischer Herrschaft,** sie wurde 1807 in das von *Napoleon* als Satellitenstaat geschaffene **Königreich Westphalen** einvernommen. Von 1813 an war Wernigerode der preußischen Provinz Sachsen zugeordnet. In der Gründerzeit entstanden zahlreiche **Betriebe,** vor allem Nahrungsmittelbetriebe und Fabriken der Papierverarbeitung. 1872 erhielt Wernigerode **Eisenbahnanschluss** nach Halberstadt. Der **Fremdenverkehr** im Harz gewann an Bedeutung, und die kleine Stadt wurde ein beliebter Alterssitz von Beamten und Offizieren.

Während der nationalsozialistischen Diktatur diente die vielgestaltige Industrie der Stadt weitgehend der **Rüstungsproduktion,** Tausende Zwangsarbeiter und Kriegsgefangene lebten in Barackenlagern am Stadtrand. Der Stadtkommandant Oberst *Gustav Petri* verweigerte im April 1945 den Befehl, die Stadt gegen die anrückende US-Armee zu verteidigen. Damit rettete er unzähligen Zivilisten das Leben und bewahrte Wernigerode vor der Zerstörung. *Petri* wurde am 11. April 1945 bei Drei Annen Hohne „standrechtlich" erschossen.

Wernigerode wurde im Juli 1945 der sowjetischen Besatzungszone zugeordnet und war während der DDR-Zeit die südlichste Kreisstadt des **Bezirks Magdeburg,** nur rund 10 km entfernt von der innerdeutschen Grenze. Für den durch die deutsche Teilung amputierten Harztourismus war Wernigerode wieder eines der beliebtesten Reiseziele. Seit 2007 gehört die Stadt zum neugebildeten Landkreis Harz.

Sehenswertes

Marktplatz

Der Marktplatz mit dem verspielt wirkenden Fachwerkbau des Rathauses und mehreren Restaurants und Cafés ist das Zentrum der Altstadt. Wegweiser erleichtern die Orientierung zu den sehenswerten Orten. Lebensader der Altstadt ist die **Breite Straße** zwischen dem Marktplatz und der einstigen Stadtmauer, auf diesem Weg gelangt man am besten vom **Bahnhof** (halblinks, dann geradeaus Rudolf-Breitscheid-Straße, dann rechts Breite Straße) in die Altstadt.

Das **Rathaus** ist zweifellos eines der lieblichsten in Norddeutschland. 1277 wurde für diesen Ort ein „Spelhaus" erwähnt, was man jedoch nicht zu geradlinig interpretieren sollte. Neben den öffentlichen Vergnügungen wurden hier Gerichtsprozesse vollzogen. Ab 1429 entstand der Neubau, wie wir ihn jetzt sehen, mit Weinkeller und einem Saal, der Gerichtsverfahren und Theateraufführungen diente. Kneipe anbei. 1530 ging das anschließende Ackerbürgerhaus in städtischen Besitz über und wurde Stadtwaage. Bereits 1498 waren die beiden Erker mit Türmen angebracht worden.

Seit dem Stadtbrand von 1528, der das alte Rathaus zerstörte, dient das 1539 umgebaute „Spelhaus" als Rathaus. Der Giebel wurde durch das markante Dach ersetzt, Gewölbe herausgebrochen, um Dienststuben zu schaffen. In den 1930er Jahre wurden einige der architektonischen Korrekturen aus der Gründerzeit wieder korrigiert, und so begeistert das Wernigeröder Rathaus seine Betrachter und Fotografen, die Hochzeitspaare und Besucher der Touristeninformation.

Wernigerode

Übernachtung
- 1 Ferienwohnungen Altstadtidylle
- 2 Hotel Zur Tanne
- 7 Gothische Haus
- 7a Ratsstübchen
- 10 Weißer Hirsch
- 14 Hotel Schlossblick
- 15 Pension Am Zillierbach

Essen und Trinken
- 2 Restaurant Zur Tanne
- 7 Gothische Haus
- 7a Ratsstübchen
- 8 Restaurant Praha
- 9 Café Burgstraße
- 10 Weißer Hirsch
- 11 Café am Markt
- 12 Rest. Orchidea Huong
- 13 Gaststätte Eselskrug

Einkaufen/Sonstiges
- 3 Sühls Harzspezialitäten
- 4 Feinste Harzer Spezialitäten
- 5 Edeka Lange
- 6 Rasch Getränkemarkt
- 16 Atelierschmiede

Die Knaggen (Stützbalken unter den Balkenköpfen), sind mit 33 **holzgeschnitzten farbigen Figuren** verziert, da sind Narren und Heilige zu entdecken, Gaukler und Spielleute. Über dem Portal steht der Leitspruch: „Einer acht's, der andere betracht's, der dritte verlacht's, was macht's."

Mitten auf dem Platz steht der farbenfrohe, neogotische **Marktbrunnen** von 1848, ein Werk aus der Ilsenburger Eisenkunsthütte. Eine Gedenktafel erinnert an den Stadtkommandanten *Gustav Petri,* der mit seiner Befehlsverweigerung im April 1945 die Stadt vor der Zerstörung bewahrte (→ „Stadtgeschichte").

Das **Gothische Haus** (Nr. 2) wurde 1360 erstmals erwähnt. Hinter der historischen Fassade lädt ein modernes Vier-Sterne-Hotel und Gourmetrestaurant ein. Dem Rathaus gegenüber steht der **Weiße Hirsch.** 1650 erbaut, diente er als Gastwirtschaft und Bäckerei, unter dem heutigen Namen spätestens seit 1830. An der Stelle von drei Fachwerkhäusern, die bei einem Stadtbrand vernichtet wurden, steht das 1898 erbaute Haus **Café am Markt.** Von hier gibt es den Postkartenblick auf das Ensemble von Rathaus, Brunnen und Gothischem Haus.

Klint

Hinter dem Rathaus liegt der Klint, das **älteste Siedlungsgebiet** und einer der malerischsten Winkel der Stadt. Im 9. Jh. haben Benediktinermönche hier den Wald gerodet und das Land urbar gemacht. Das **Harzmuseum** im Fachwerkhaus aus dem Jahr 1821 erzählt die Geschichte von Wernigerode und zeigt die Natur des Harzes sowie dessen Bergbaukultur.

■ **Harzmuseum,** Klint 10, Tel. (03943) 654454, www.harzmuseum.de, Mo–Sa 10–17 Uhr, So, Fe 11–16 Uhr, 4/2 €. Fossilien, Minerale, Gesteine, Kunst im Harz.

In der **Klintgasse** droht nichts einzustürzen, obwohl es doch so aussieht. Das **Schiefe Haus** hat mit 7 Grad eine fast doppelt so starke Neigung wie der Schiefe Turm von Pisa. Als es 1680 für die Tuchmachergilde erbaut wurde, stand noch alles lotrecht. Der Mühlgraben unterspülte die Grundmauer und senkte die Ostfassade. Heute kann man das Haus als Museum und Galerie besichtigen.

■ **Museum Schiefes Haus,** Klintgasse 5, Tel. (03943) 69110, www.museum-schiefes-haus.de, Di–So 11–17 Uhr, 2 €. Museum seiner selbst und Galerie für Gegenwartskunst, vor allem Fotografie.

Inmitten des **Oberpfarrkirchhofes** steht die neogotische **Sylvestrikirche.** Hier wurde schon von den Mönchen eine kleine Kirche errichtet, von der nichts mehr erhalten ist. Um 1100 entstand ein Bauwerk, dessen romanische Pfeiler in den Neubau 1880–1886 einbezogen wurden. In der Sylvestrikirche werden in der Sommerzeit öfter Konzerte gegeben.

Auch die Fachwerkhäuser am Kirchhof sind besonders sehenswert. Das **Gadenstedtsche Haus** (Nr. 13) wurde im Jahre 1582 erbaut. Markant sind der vorkragende Erker und das aus Steinen errichtete Erdgeschoss. Am Haus Nr. 11 (um 1500) gibt es einen sehr schmalen, niedrigen Durchgang zur Stadtmauer, den viele Besucher nur gesenkten Hauptes durchlaufen können. Vom Volks-

340h dk

mund wird sie „Demutsgasse“ genannt. Früher hieß sie „Rosengasse“; und das nicht etwa, weil es dort nach allem außer Rosen gerochen hat. Wahrscheinlicher ist, dass der in der Renaissancezeit verbreitete euphemistische Name auf den Weg zu einem Bordell an der Stadtmauer hinweist.

Zum Kleinsten Haus

Weitere städtebauliche Perlen Wernigerodes sind die nebeneinander verlaufenden **Oberengengasse** und **Unterengengasse** sowie die sie verbindende **Kochstraße.** Auf dem Weg dahin muss man die Marktstraße überqueren. Beides sind sehr schmale, mit sehenswerten Fachwerkhäusern bebaute Gassen.

An der Ecke Kochstraße/Marktstraße, kurz vor der B 244, steht das **Kleinste Haus** der Stadt. Das barocke Fachwerkhäuschen wurde 1792 erbaut und war bis 1976 bewohnt. Bis zur Dachtraufe sind es 4,20 m, die Tür ist 1,70 m hoch. Hinter der Wohnungstür liegen Diele und Küche, der Wohnraum im Obergeschoss misst knapp 10 m², geschlafen wurde unter dem Dach. Für ein Erinnerungsfoto vor der Tür muss man auch mal Schlange stehen. Das Haus ist Museum seiner selbst, ein sozialgeschichtliches Denkmal.

■ **Das Kleinste Haus,** Kochstraße 43, Tel. (03943) 606016, tgl. 10–16 Uhr, Nov.–April Mo geschl.

Liebfrauenkirche und Burgstraße

Die Oberengengasse führt nach wenigen Schritten auf den **Liebfrauenkirchhof.** Die barocke Kirche wurde 1762 erbaut, nachdem ihr Vorgängerbau durch einen Stadtbrand vernichtet worden war. Sehenswert ist der barock ausgestattete Saal mit dem als Himmel gestalteten Tonnengewölbe aus Holz und einem gotischen Taufstein. Unter Leitung der Kulturstiftung Wernigerode wurde die

⌃ Schiefes Haus, schön schräg

› Das kleinste Haus von Wernigerode ist auch Museum

Liebfrauenkirche zu einem Konzerthaus mit großartiger Akustik umgebaut.

■ **Konzerthaus Liebfrauen,** Liebfrauenkirchhof 2, Tel. (03943) 94950, www.konzerthaus-wernigerode.de. Domizil des Philharmonischen Kammerorchesters Wernigerode, vielfältiges Konzertprogramm.

Die angrenzende **Burgstraße** ist als Verbindung zum Schloss – wie die Breite Straße, in die sie mündet –, eine der Magistralen der Altstadt. Nach dem Stadtbrand von 1751 wurde sie begradigt und komplett neu bebaut. Von der Ecke Breite Straße/Burgstraße läuft man bis zum Schloss (über Burgberg, Schlossallee) rund 40 Min. (115 m Anstieg).

Die vorwiegend mit Fachwerkhäusern bebaute Handelsstraße ist Fußgängern vorbehalten. Sie wartet mit vielen kleinen Läden auf. Beliebt bei den Wernigerödern ist das **Café Burgstraße,** ein Fachwerkhaus mit verglastem Innenhof, eigener Bäckerei und Konditorei.

Breite Straße

Die Breite Straße ist in historischen Altstädten in der Regel jene, die vom Haupttor zum Marktplatz führte. So auch in Wernigerode. Mit ihren Läden, Cafés und Restaurants ist sie die Hauptstraße der Altstadt. Als Fußgängerpromenade verführt sie zum Flanieren, Einkaufen und Einkehren. Zu entdecken sind **stattliche Fachwerkhäuser** mit bemerkenswerten Details.

Von der Einmündung der Burgstraße nach rechts gehend, gelangt man zum **Haus Behrends** (Nr. 62), das Ende des 16. Jh. erbaut wurde. In der ersten Etage sind die Brüstungsfelder und Ständer, in der zweiten Etage nur die Brüstungsfelder mit den harztypischen **Palmetten** (Abstraktion eines Blattes der Fächerpalme) farbenfroh verziert.

Das barocke **Krummelsche Haus** (1674) ist mit seiner prächtigen holzgeschnitzten Fassade eines der bekanntesten Wernigeröder Bürgerhäuser. Vorlage für die allegorischen Schnitzereien waren Kupferstiche des Flamen *Adrian Collaert* (um 1560–1618). Bauherr war der Berliner Kornhändler *Heinrich Krummel.* Das Erdgeschoss wurde 1875 umgebaut. Heute lädt hier eine Bier- und Cocktailbar ein.

Schräg gegenüber dem Krummelschen Haus steht das 1696 erbaute **Haus Preysser** (Nr. 71). Eine breite Toreinfahrt kennzeichnet das Ackerbürgerhaus. Die beiden Torpfosten tragen gro-

339h dk

Schloss Wernigerode

Weithin sichtbar ragt das spitztürmige Schloss Wernigerode als ein Wahrzeichen über der Stadt auf. Als Leitbau des Historismus wird es **„Neuschwanstein des Ostens"** genannt. Seine heutige märchenhafte Gestalt erhielt es Ende des 19. Jh. unter Graf *Otto zu Stolberg-Wernigerode.*

Eine schon bald nach der Rodung des Siedlungsgebietes der künftigen Stadt entstandene Burg wurde im Jahr 1213 urkundlich erwähnt. Zu Füßen der Burg kreuzten sich zwei Handels- und Heerstraßen. Während des **Dreißigjährigen Krieges** wurde die Burg **als Herrschaftssitz aufgegeben** und die stolbergische Residenz nach Ilsenburg verlegt. Erst der ab 1710 regierende Graf *Christian Ernst zu Stolberg-Wernigerode* besann sich wieder auf Wernigerode und ließ die Burg zum barocken Schloss umbauen.

Sein Nachfolger **Graf Otto zu Stolberg-Wernigerode** war Oberpräsident der preußischen Provinz Hannover, Botschafter in Wien, schließlich als Vizekanzler des Deutschen Reiches Stellvertreter *Bismarcks.* Er verpflichtete den bereits im Schloss Ilsenburg tätigen Architekten *Carl Frühling* für den **Umbau** des Schlosses zu einer Residenz im Geiste der Zeit. Die Schlosskirche wurde 1880 durch den Wiener Architekten *Friedrich von Schmidt,* den Baumeister des Wiener Rathauses, errichtet.

Ab 1930 standen Teile des Schlosses zur Besichtigung offen, aber schon *Heinrich Heine* hat gegen Ende seiner „Harzreise" den Berg hinaufgeblickt, wohl wissend, dass es dort oben „manches Bemerkenswerte" zu sehen gebe, indes, den Grafen zu begrüßen, hatte er keine Lust.

399h dk

1946 wurde in dem Schloss ein Feudalmuseum eingerichtet, aus dem das heutige **Museum** hervorgegangen ist. Zu besichtigen sind auf zwei Rundgängen fast 50 original eingerichtete Wohnräume des Hochadels sowie die Schlosskirche und die Terrassengärten. Auf dem Programm der jährlichen Schlossfestspiele stehen die „Wandelkonzerte" in verschiedenen Räumen, Opern- und Konzertaufführungen sowie Puppentheater.

Zwischen Weihnachten und Neujahr lädt das Winterschloss ein zum **Wintermarkt,** auf dem sich auch ein nostalgisches Karussell dreht. Es gibt Konzerte, Märchenstunden und einen heißen Backofen. Der Eintrittspreis zum Schloss erhöht sich um 1 €.

Schloss Wernigerode war **Drehort** unter anderem für die Filme „Das kleine Gespenst", nach dem Buch von *Otfried Preußler* (2012), und „Die Gänseprinzessin" (2022).

Schloss Wernigerode, Am Schloss 1, Tel. (03943) 553030, www.schloss-wernigerode.de, April–Nov. tgl. 10–18 Uhr, 7/3,50 €. Wohnräume des Hochadels, im Sommer Schlossfestspiele mit Opernaufführungen im Schlosshof. Zum Schloss führen vom Bahnhof sowie aus der Altstadt (Burgstraße) markierte Fußwege (20–40 Min.), die Zufahrt ist mit der Schlossbahn (z.B. ab Krummelsches Haus, Breite Straße, Hin- und Rückfahrt 7/4 €, die Preise gelten für beide Bahnen) oder mit der Bimmelbahn (ab Blumenuhr, hinter dem Rathaus) möglich, nicht mit dem eigenen Pkw. Fotografieren und Filmen im Schloss ist verboten.

Schloss Wernigerode

teske Männerköpfe mit orientalischen Kopfbedeckungen. Männerfratzen zieren auch die zehn Balkenköpfe; es sind Neidmasken, die das Böse von dem Haus fernhalten sollten.

Breite Straße 95 ist das Fachwerkhaus der historischen **Krellschen Schmiede.** 1678 wurde es von *Michael Krell* als Huf-, Beschlag- und Wagenschmiede erbaut. Die Namen des Erbauers und seiner Ehefrau entdeckt man eingeritzt über der vierflügeligen Eingangstür. Ein Pferdekopf an der Fassade weist auf eine Sattlerei hin, die ebenfalls in diesem Haus betrieben wurde. Das kulturelle Erbe dieses Handwerksbetriebes wird in der **Atelierschmiede am Hauptbahnhof** gepflegt. Dort können Besucher Geschmiedetes kaufen, den Schmieden bei der Arbeit zuschauen und sogar selbst unter Anleitung zum Hammer greifen.

MEIN TIPP: 16 **Atelierschmiede,** Feldstraße 12, Tel. (03943) 557373, www.atelierschmiede-harz.de, Mo–Sa 10–17 Uhr. Ehemalige Güterbodenhalle hinter dem Hauptbahnhof. Verkauf, Besichtigung, Kurse.

Direkt neben der Krellschen Schmiede steht das dreigeschossige Fachwerkhaus der **Alten Brennerei,** erbaut 1641. Das Zwerchhaus im Dachgeschoss erinnert daran, dass dort mit Flaschenzug über einen Kefferbalken das Getreide und andere Lasten hinauftransportiert wurden.

Johanniskirche

Die Breite Straße mündet hier bald in die Grünanlagen vor der Altstadt. Bis zum Bahnhof und der zentralen Busstation sind es noch 10 Min. Fußweg. Für den

343h dk

weiteren Stadtrundgang geht man die Breite Straße zurück bis zur Einmündung der **Johannisstraße,** kurz nach der Krellschen Schmiede. In dieser stillen Seitengasse stehen kleinere Fachwerkhäuser, sehenswert sind das barocke Handwerkerhaus Nr. 17 und das Ensemble an der Ecke zum ländlich wirkenden Neuen Markt. Im 13. Jh. siedelten sich hier Bauern aus nahen Dörfern vor den Toren der Stadt in einer Neustadt an.

Über die Pfarrstraße geht es zum **Johanniskirchweg.** Die Johanniskirche wurde im letzten Drittel des 13. Jh. für die Neustadt erbaut. Sie ist die Kirche mit der **ältesten erhaltenen Bausubstanz in Wernigerode.** Wertvollstes Kunstwerk in der Kirche ist der im Jahr 1415 geschaffene vierflügelige Marienaltar. Er wird der niedersächsischen Schule sowie böhmischen Einflüssen zugeordnet.

Heideviertel

Über die Pfarrstraße und Albert-Bartels-Straße gelangt man zur Mittelstraße (5 Min.) und damit in das Heideviertel. Zwischen Heidestraße und Hinterstraße ist es neben dem Klint eines der **romantischen Altstadtviertel,** das seinen besonderen Reiz aus der harmonischen Reihe farbenfroher zweigeschossiger Fachwerkhäuser gewinnt. Wo die beiden Straßen im spitzen Winkel zusammentreffen, bildet sich ein kleiner Platz mit einem Ziehbrunnen unter alten Bäumen, eine der klassischen Ansichten der Fachwerkstadt. Vielleicht hat *Löns* sich ja hier seinen Einfall notiert: die bunte Stadt am Harz.

Hinterstraße 48 ist das wahrscheinlich **älteste Haus von Wernigerode.** Es wurde um 1400 als Ständerbau errichtet, ohne Zierrat auf das Funktionale konzentriert (→ den Ständerbau in Quedlinburg). Auch die benachbarten Häuser sind sehenswert. Hinterstraße 50, 52 und 32 (1597 erbaut), sollen hier nur als besondere Kleinode erwähnt werden.

‹ Krellsche Schmiede von 1678

› Im Heideviertel

Zur Harzquerbahn

Die Hinterstraße beschreibt einen sanften Bogen (der sich im Rahmholz, also zwischen den Geschossen, einiger Häuser findet, wie ein freundliches Zitat) bis zur Westernstraße. Hier steht, am einstigen Westerntor, der trutzige **Westerntorturm.** Auf dem quadratischen Grundturm erhebt sich die achteckige Spitze bis auf 38 m. Sie wird von vier Turmhäuschen mit Spitzdach flankiert. Der Turm diente neben der Stadtbefestigung der Feuerwache und enthielt eine „Bürgergehorsam" genannte Arreststube.

Den spitzbogigen Durchlass im Turm passierend, gelangt man auf die Straße „Unter den Zindeln" – ein Hinweis auf die äußere Ringmauer der einstigen Stadtbefestigung – und nach wenigen Schritten zum **Bahnhof Westerntor der Harzquerbahn** (kürzer ist es, schon von der Mittelstraße am Ziehbrunnen die Gasse geradeaus zu gehen, bis zum Bahnhof).

Vom Bahnhof Westerntor verkehren Schmalspurbahnen in Richtung Brocken und Nordhausen. Bis Drei Annen Hohne fährt sie rund 30 Min., bis zum Brocken rund 100 Min. (mit Aufenthalt in Drei Annen Hohne). Wenn die Züge nach Wernigerode Hauptbahnhof und ins Gebirge auf den Gleisen nebeneinander stehen und fast zur gleichen Zeit abfahren, sind fotografierende Bahnfreunde zur Stelle. Baumeister des Westerntorbahnhofes war 1936 der Hamburger *Fritz Höger* (1877–1949), ein führender Architekt des norddeutschen Backsteinexpressionismus (Chilehaus in Hamburg). Hier arbeitete er im Heimatschutzstil mit Holz und Granit.

Am Nikolaiplatz

Vom Westerntor führt die belebte Westernstraße in die Altstadt, zum Marktplatz. Zum Abschluss lohnt sich erneut ein kurzer Gang in die Breite Straße.

060h dk

Noch nahe des Marktes steht das **Café Wien** (Nr. 4). Das Renaissancehaus wurde 1583 für einen Kaufmann gebaut. Seit 1897 wird es als Café betrieben. Ein Ruheplatz etwas abseits des Marktgewimmels ist der Nikolaiplatz, direkt an der Breiten Straße. Hier kann man an einem Brunnen sitzen, es gibt Imbisskioske. Bis 1873 stand hier auf diesem Platz die **Nikolaikirche.** Das die ganze Nordwestseite des Platzes ausfüllende klassizistische Bauwerk wurde um das Jahr 1750 als Hospital errichtet, es dient jetzt der Polizei als Dienststelle.

Praktische Tipps

Anreise

- **Auto:** A 36, B 244.
- **Bus:** zahlreiche regionale Linienbusse, www.hvb-harz.de.
- **Bahn:** Regionalexpress Halle/Saale – Goslar, Harzer Schmalspurbahn (Harzquerbahn, Brockenbahn).

Information

- **Touristeninformation,** Marktplatz 10, Tel. (03943) 5537835, www.wernigerode-tourismus.de, Mo–Fr 9–18 Uhr, Sa 10–16 Uhr, So 10–15 Uhr. Neben dem Rathaus.

Übernachtung

1 **Ferienwohnungen Altstadtidylle**, Grüne Straße 16, Tel. (03943) 606736, www.altstadtidylle-wernigerode.de. Vier Wohnungen im Fachwerkhaus, das um das Jahr 1700 erbaut wurde, für zwei bis acht Personen, komplett eingerichtet, Nichtraucherhaus, am Nordrand der Altstadt gelegen, wenige Hundert Meter vom Bahnhof, Parkplatz vor dem Haus.

344h dk

2 2 **Hotel und Restaurant Zur Tanne**②, Breite Straße 57–59, Tel. (03943) 632554, www.zur-tanne-wernigerode.de, Fr–Mi 10–24 Uhr. Ruhig gelegenes Fachwerkhaus mitten in der Altstadt, Restaurant Fr–Mi 11–22 Uhr, Biergarten, Harzer Spezialitäten.

7A 7A **Ratsstübchen**②, Breite Straße 10, Tel. (03943) 634664, www.ratsstuebchen.de. Kleines Fachwerkhaus mit Restaurant in der Altstadt, Doppelzimmer und Appartements für zwei Personen: 55 €.

14 **Hotel Schlossblick**③, Burgstraße 58, Tel. (03943) 557540, www.hotel-schlossblick-wernigerode.de. Stattliches Fachwerkhaus in der Altstadt, Sauna im Preis enthalten.

15 **Pension Am Zillierbach**②, Mühlental 22c, Tel. (03943) 47097, www.pension-am-zillierbach.de. Fachwerkhaus am grünen Stadtrand, 15 Min. Fußweg zum Markt oder zum Schloss, 16 Zimmer.

7 7 **Gothisches Haus**③, Marktplatz 2, Tel. (03943) 639006, www.travelcharme.com. Vier-Sterne-Hotel neben dem historischen Rathaus. Klassisch-moderne, großzügige Zimmer. **Restaurant „Die Stuben"** Mo–Fr 12–14, 18–21 Uhr, Sa/So 18–21 Uhr.

10 10 **Weißer Hirsch**③, Marktplatz 5, Tel. (03943) 267110, www.hotel-weisser-hirsch.de. Vier-Sterne-Hotel im historischen Fachwerkhaus gegenüber dem Rathaus. Restaurant mit Straßenplätzen tgl. 7–23 Uhr, warme Küche 11.30–21 Uhr.

Essen und Trinken

■ **Hotelrestaurants** → „Übernachtung".

13 **Gaststätte Eselskrug**②, An der Malzmühle 1b, Tel. (03943) 632788, Di–So ab 12 Uhr. Am Westerntorbahnhof der Schmalspurbahn, 1799 eröffnet als Schmugglerkneipe, älteste Gastwirtschaft der Stadt. Deutsche und harztypische Küche. Biergarten mit Dampflokblick.

8 **Restaurant Praha**②, Große Bergstraße 2a, Tel. (03943) 5109881, Mo, Di, Do, Fr 16–22 Uhr, Sa, So 11–14.30, 17–22 Uhr. Kleines Lokal mit böhmischer Küche und böhmischem Bier.

9 **Café Burgstraße**①, Burgstraße 18, Tel. (03943) 634023, tgl. 6–19 Uhr, www.cafe-burgstrasse.de. Ein beliebtes Tagescafé in der Fußgängerpromenade, mit eigener Bäckerei und Konditorei, Harzer Blechkuchen, Sonntagsbrunch ab 9 Uhr. Ferienwohnung 2 Pers.: 80 €.

MEIN TIPP: 12 **Orchidea Huong**③, Klintgasse 1, Tel. (03943) 625162, www.orchidea-huong.de, Mo, Mi–Fr ab 17 Uhr, Sa, So 12–15 Uhr, ab 17 Uhr. Japanische und vietnamesische Küche vom Feinsten, Garten-, Mond- und andere fernöstliche kulinarische Feste.

11 **Café am Markt**②, Marktplatz 6, reservierung@cafe-wiecker.de, www.cafe-wiecker.de, tgl. ab 8 Uhr. Traditionsreiches, mehrfach preisgekröntes Haus mit eigener Konditorei und Eismanufaktur. Pizza, Burger, Vegetarisches, zwei Etagen mit großen Fenstern, Straßenplätze mit Blick auf das Rathaus.

Einkaufen

5 **Edeka Lange,** Ringstraße 37, Mo–Fr 8–19 Uhr, Sa 8–16 Uhr.

4 **Feinste Harzer Spezialitäten,** Breite Straße 31, tgl. 9–18 Uhr.

3 **Sühls Harzspezialitäten,** Breite Straße 53, tgl. 9–18 Uhr. Mit Imbiss.

6 **Rasch Getränkemarkt,** Ilsenburger Straße 4, Mo–Sa 10–19.30 Uhr, So 10–12 Uhr.

☐ Dampflok am Westerntor fotografieren

Weitere Museen

■ **Museum für Luftfahrt und Technik,** Gießerweg 1, Tel. (03943) 633126, www.luftfahrtmuseum-wernigerode.de, tgl. 10–18 Uhr, 10/7 €, Familienkarte ab 23 €. 50 Flugzeuge und Hubschrauber, technische Raritäten.

■ **form gestaltung in der ddr,** Gießerweg 2a, www.form-gestaltung-ddr.de, Sa, So 10–14 Uhr. Gebrauchsgegenstände aus 40 Jahren DDR.

■ **Feuerwehrmuseum,** Steingrube 4a, Tel. (03943) 601063 oder über Harzmuseum, Do 14.30–16.30 Uhr, Sa 14.30–17 Uhr. Löschfahrzeug von 1938, Feuerwehrtechnik. www.feuerwehrmuseum-wernigerode.de, 4/2 €.

Aktivitäten

■ **Bürger- und Miniaturenpark Wernigerode,** Dornbergsweg 27, Tel. (03943) 4089111, www.buerger-und-miniaturenpark-wr.de, April, Sept., Okt. tgl. 9–18 Uhr, Mai–August tgl. 9–19 Uhr, Anfang Nov. tgl. 9–16 Uhr. Beide Anlagen: 9/5 €, Familienkarte 20 €. Nur Bürgerpark: 4/2 €, Familienkarte 9 €. Landschaftspark mit 60 Themengärten, Spielplätze, Spielzimmer, Kletterfelsen, Pferdekoppel, Haustiergehege, Kunst im Park. Relaxliegen, Strandkörbe. 60 Modelle Harzer Sehenswürdigkeiten im Maßstab 1:25. Quer durch den Harz an einem Tag. Mini-Schmalspurbahn auf 400 m Strecke. Restaurant. Linienbus 272, 273, 275 bis Miniaturenpark, vom Hbf. 5 Min., Fußweg von 15 Min. Kostenlose Parkplätze.

Blankenburg

Zwischen den Bergen am Rande des Nordharzes liegt Blankenburg (22.000 Einwohner): über dem Städtchen das Große Schloss, im Herzen das Kleine, dazwischen verspricht die Idylle des barocken Gartens den Hochzeitspaaren und Spaziergängern, was sie sich wünschen. Im Städtequartett mit Quedlinburg, Halberstadt und Wernigerode markiert Blankenburg die Nähe zu Wanderwegen im Gebirge. Rund 10 km sind es zur Rappbodetalsperre und zum Bodetal, schon am Stadtrand beginnt die Teufelsmauer. Villen aus der Gründerzeit erinnern an den Aufstieg Blankenburgs als Kurstadt.

Stadtgeschichte

Im Jahr **1123** wurde Blankenburg erstmals urkundlich erwähnt und der Name der Stadt geprägt. Es ging um den vom Sachsenherzog eingesetzten neuen Burggrafen, und die Burg stand auf einem blanken Kalkfelsen, dort wo sich das Schloss befindet. Ein Aufstieg zur Metropole wurde ihr schon frühzeitig versagt; nach zweimaliger **Verwüstung** (1182 und 1386) und nachdem sie 1599 als „erledigtes Lehen" an die Herzöge von Braunschweig-Lüneburg gefallen war, erlebte sie im Dreißigjährigen Krieg die Besetzung durch Truppen *Wallensteins.* Erst im späten 17. Jh., als Nebenresidenz des Herzogs, erlebte Blankenburg eine **Blütezeit.** Dabei entstanden die begeisternden Prachtanlagen des Schlosses mit Lustgarten. Bergbau (Kalk,

Eisenerz) und vor allem das Hüttenwesen brachten neue Gewerke und Einwohner. Die Stadt machte sich einen Namen im Fremdenverkehr und als Wohnsitz für Pensionäre.

Die **Nationalsozialisten** betrieben in der Stadt Arbeitslager und KZ-Außenlager. In den letzten Kriegstagen erlebte Blankenburg mehrere alliierte Bombenangriffe. Auf der Potsdamer Konferenz wurde der Landkreis Blankenburg der britischen Besatzungszone zugeordnet, da er aber nur durch eine Straße mit dem Kern der Zone verbunden war, wurde er im Austausch mit Bad Sachsa der sowjetischen Besatzungszone zugeschlagen. Somit geriet Blankenburg in die Grenzen der DDR, der Rest des ehemaligen Landes Braunschweig nach Niedersachsen.

Heute ist Blankenburg wieder als **Kurstadt** und touristisches Ziel für Harzreisende bekannt.

Sehenswertes

Am Kreisverkehr vor dem **Schnappelberg** (B 81) teilen sich die Fußwege: nach rechts über die **Marktstraße** in die kleine, am Schlossberg zusammengedrängte **Altstadt** mit ihren Fachwerkhäusern, dem Rathaus (16.–18. Jh.) und der Ladenpassage Lange Straße, geradeaus zu den Barockanlagen und zur Teufelsmauer. Vom Bahnhof (dort links) läuft man bis hierhin 10 Min. (Herzogstraße).

Das die Stadt auf dem „Blanken Stein“ (305 m) überragende **Große Schloss** ist ein schlichter Barockbau. Schon ab dem 12. Jh. hatte es hier eine Burg gegeben, deren Reste 1546 abbrannten. Sie war Sitz des Sachsenherzogs und späteren Kaisers *Lothar von Supplinburg*, sowie der Blankensteiner und Regensteiner Grafen. Die heutige Anlage ließ Herzog *Ludwig Rudolph von Braunschweig-Wolfenbüttel* zwischen 1705 und 1718 errichten. Während der DDR-Zeit war das Schloss Sitz der Fachschule für Binnenhandel. Ein Verein engagiert sich für die Sanierung der Anlage und lädt zu Schlossführungen und **Wiederaufbaukonzerten** ein. Die **Burghöfe** können frei besichtigt werden.

■ **Großes Schloss,** Tel. (03944) 3676223, Innenhof März–Dez. Di–So 10–16 Uhr, Führungen Sa 14 und 15 Uhr, 5/3€, Schlosscafé.

Ein Parkweg führt zum barocken Terrassengarten mit dem **Kleinen Schloss.** Es wurde 1725 als Gartenschloss errichtet und ist als Touristeninformation geöffnet.

Im **Terrassengarten** kann man zwischen Wasserspielen, Brunnen, Hecken und Skulpturen lustwandeln. Wer zu zweit mal ganz allein sein möchte, findet im Heckengrün verborgene Bänke. Hochzeitspaare lassen sich gern auf den Terrassen und auf dem **Prinzessinnenturm** im Berggarten fotografieren. Ein Teil der unteren Terrasse wurde als **Orangerieplatz** gestaltet, von dort führt der kürzeste Weg in die Altstadt.

Wandern an der Teufelsmauer

GPS↓ Am Blankenburger Schlosshotel kann man die Barockanlage durch die **Stadtmauer** verlassen und gelangt über die verkehrsreiche Hasselfelder Straße (B 81) bergan zum Großvaterweg. Die-

345h dk

ser führt direkt zu einem der beliebtesten Wanderwege im Harzvorland, der **Teufelsmauer** (→ Kap. „Thale“, S. 164).

So liegt sie nun wie ein Bogen in der Landschaft zwischen Blankenburg, Timmenrode, Weddersleben und Neinstedt. Eröffnet wird sie vom **„Großvater“** (Stempelstelle Harzer Wandernadel), vielleicht, weil dieser, anders als der Teufel, die Übersicht immer behält. Jedenfalls bietet sich von dieser Felsformation ein wunderbarer Rundblick über das Harzvorland; der Weg hinauf führt über ausgewaschene Felsstufen, gesichert durch Geländer und Klammern. Gefährlich ist das nicht, wenn man trittsicher ist; für Kinder ein kleines **Kletterabenteuer,** das sich auf der 7 km langen, gut markierten Rundwanderung – auf dem Teufelssteig über die Heidelbergwarthe (GPS N 51.781014, E 10.985102) bis zur Felsformation „Hamburger Wappen“ (Stempelstelle Harzer Wandernadel, Etappe des Harzer Klosterwanderweges, → Exkurs „Harzer Wandernadel“, S. 165), zurück über den etwas tiefer gelegenen Harzer Klosterwanderweg/Südhangweg fortsetzt und mit Grotten, Höhlen und weiteren Aussichtsplätzen belohnt wird. An der **Heidelbergwarthe** kann die Runde auf 3 km abgekürzt werden. In Timmenrode (Kegelhalle) hält der Linienbus 250 Wernigerode – Blankenburg Thale, 10 Min. Fußweg vom Hamburger Wappen.

Burgruine Regenstein

Nördlich von Blankenburg liegen die Ruinen der einst uneinnehmbaren mittelalterlichen Burg und späteren preußischen Festung Regenstein. Vom Bahnhof (rechts, Weinbergstraße) sind es 3 km. Das malerische Burggelände bietet einen

⌃ Der Großvater, schön verwittert

› Die Burgruine Regenstein bietet einen fantastischen Rundblick fantastischen Rundblick. Erstmals beurkundet wurde Regenstein 1162. Die Regentschaft des *Albrecht II. von Regenstein* (1310–1349) hat der Dichter der Aufklärung *Gottfried August Bürger* in seiner Ballade „Der Raubgraf“, nun, nicht gerade aufgeklärt, eher verklärt, ebenso der Quedlinburger *Julius Wolff* in dem 1848 erschienenen Roman „Der Raubgraf“.

Schon im 15. Jh. verfiel die Burg. Ab 1671 wurde sie von den Preußen zur Festung ausgebaut. Nachdem die Franzosen sich während des Siebenjährigen Krieges fünf Monate lang als Festungsherren fühlen durften, wurde der Regenstein im Februar 1758 von den Preußen zurückerobert und samt den Pulvervorräten gesprengt. Von 1815 bis 1945 war der Regenstein eine preußische Exklave mitten im Braunschweigischen.

Im **Freilichtmuseum** sind besonders sehenswert die aus dem Sandstein herausgearbeitete Architektur sowie die Aussichten; „das Gemäuer ist verschwunden, aber alles, was in den Felsen selbst eingehauen ist, steht wie eine mächtige Riesenmumie und erzählt von vergangenen Zeiten“ (*Hans Christian Andersen,* 1831).

Regenstein ist ein beliebter Ausflugsort mit Kindern, nicht nur der **Höhlenverstecke** wegen, die sie dort finden können. Die Burg ist einfach ein Schauplatz der Geschichte zum Selberspielen, der Aufstieg vom Parkplatz oder von der Bushaltestelle leicht zu absolvieren. Alljährlich zu Ostern werden auf der Burg die Wikingerfestspiele gefeiert. Die Ruinen geben das authentische Ambiente für Ritterspiele und Garnisonsfeste.

Burg und Festung Regenstein, Tel. (03944) 61290, April–Okt. tgl. 10–18 Uhr, Nov. bis März Mi–So 10–16 Uhr. Mehr als zwei Dutzend Felsräume und Gräben erhalten. Eintritt 4/2 €. Bei Sturmwarnung wird die Anlage geschlossen. Imbisskiosk (keine Gaststätte). Parkplatz, Linienbus 250 (Wernigerode – Blankenburg – Thale).

190h-mss

Höhlen im weichen, weißen Stein

Am Fuße des Regensteins, auf einer „Heers“ genannten Waldlichtung (GPS N 51.816704, E 10.966686), liegen mehrere kleine **Sandsteinhöhlen**, die einst zum Befestigungssystem der Burg gehörten (daher der auf das Militär deutende Name). Hier ist das **Reich des Waldgeistes** in der zur Defa-Verfilmung von 1957 kongenialen Neuverfilmung des Grimm-Märchens „Das singende klingende Bäumchen“ von 2016. Ein wunderbares Fleckchen Harzerde, Stempelstelle der Harzer Wandernadel. Und, es muss gesagt werden: kein Abenteuerspielplatz, kein Werkstoff für Gravuren, für Lagerfeuerromantik der falsche Ort. Diese Höhlen sind nichts als weicher, weißer Sandstein. Jedes Körnchen, das abgerieben, weggeklopft oder schwarzgeräuchert wird, trägt zum Verfall der Höhlen bei, da der Sandstein dabei abgenutzt wird. Er wird schlicht zu Sand.

Klingendes Kloster Michaelstein

Westlich der Stadt Blankenburg (4,5 km) liegt am Harzwald das im Jahr 1146 geweihte **Zisterzienserkloster Michaelstein.** Es bestand bis 1543. Erhalten blieben Bauten aus der Spätromanik und Gotik. Das Kloster ist Sitz der **Musikakademie Sachsen-Anhalt** für Bildung und Aufführungspraxis. Dementsprechend werden hier das ganze Jahr über die Michaelsteiner Klosterkonzerte sowie Akademiekonzerte gegeben. Zudem werden Konferenzen und Tagungen veranstaltet. Das Museum im Kreuzgang und in der Klausur lädt zu einer interaktiven Exkursion ein: „Dem Geheimnis der Musik auf der Spur“. Sie wendet sich in besonderer Weise auch an Kinder. Das weitläufige Klostergelände ist in der warmen Jahreszeit ein reizvoller Ort für Spaziergänge zwischen blühenden **Bauerngärten** und blinkenden **Fischteichen.**

Kloster Michaelstein, Tel. (03944) 90300, www.kloster-michaelstein.de, Außengelände des Klosters frei zugänglich, Museum April–Okt. tgl. 10–18 Uhr, Nov.–März Mi–So, Fe 11–16 Uhr, 6/4 €, Familienkarte 13 €. Geschichte des Zisterzienserklosters, interaktive Ausstellung: „Dem Geheimnis der Musik auf der Spur“, Klostergärten. Parkplatz (A 36, Abfahrt Blankenburg Zentrum, 2,5 km), Linienbus 230 (Wernigerode – Blankenburg – Quedlinburg).

Wanderung zur Heimburg-Ruine

An den Fischteichen beginnt ein Wanderweg (Geschichtslehrpfad) bis zum **Schaubergwerk Büchenberg** (8 km, → „Elbingerode“). Er führt etwa auf halbem Weg über den **Volkmarskeller** (Stempelstelle Harzer Wandernadel), eine Karsthöhle, die vor tausend Jahren durch den Einsiedler Volkmar bewohnt gewesen sein soll; seine Anhänger, die Volkmarsbrüder, hatten sich den Zisterziensermönchen angeschlossen. Kurz darauf passiert der Wanderweg die Waldsiedlung **Eggeröder Brunnen,** deren namengebende Quelle dem Bergbau um Elbingerode Wasser geliefert hat.

Nur 2,7 km sind es vom Klostergelände bis zu der von einem Aussichtspavillon überbauten Ruine der **Heimburg** (Stempelstelle Harzer Wandernadel). Die Burg wurde um 1070 erbaut und nach dem Dreißigjährigen Krieg nur noch als Steinbruch genutzt. Sie bietet

196h-dk

heute einen sehenswerten Rundblick zum Gebirge und Gebirgsvorland.

Praktische Tipps

Anreise

- **Auto:** A 36, B 27, B 81.
- **Bahn:** RE 31 Magdeburg – Halberstadt – Blankenburg.
- **Bus:** Regionalbus 230 (Wernigerode – Blankenburg – Quedlinburg), 250 (Wernigerode – Blankenburg – Thale) und weitere Linien.

Information

- **Touristen- und Kurinformation,** Schnappelberg 6, Tel. (03944) 362260, www.blankenburg.de, Mai–Okt. Mo–Fr 10–17 Uhr, Sa, So, Fe 10–15 Uhr, Nov.–April Mo–Fr 10–17 Uhr, Sa 10–15 Uhr.

Der Wirtschaftshof des Klosters Michaelstein

Übernachtung

- **Zum Klosterfischer**②, Kloster Michaelstein, Tel. (03944) 351114, Mi–So 11.30–21 Uhr, www.klosterfischer.de. In klösterlicher Ruhe gelegenes Fachwerkhotel mit Fischrestaurant. Auch vegetarische Speisen. Wanderergaststätte mit Fischverkauf im Sommer tgl. 10–19 Uhr.
- **Hotel Gut Voigtländer**③, Am Thie 2, www.gut-voigtlaender.de, Tel. (03944) 36610. Landgutshof am Kurpark, Wellnessangebote, Restaurant mit Innenhof, Harzer Wildspezialitäten, Fischgerichte.
- **Berggasthaus und Pension Ziegenkopf**②, Tel. (03944) 353260, www.ziegenkopf.de. Historisches Ausflugslokal auf dem Ziegenkopf, 3 km von Blankenburg. Terrasse mit Fernblick, erreichbar über B 27 und auf Wanderwegen. Küchenspezialität: Hefeklöße.

Essen und Trinken

- **Hotelrestaurants** → „Übernachtung“.
- **Kartoffelhaus**①, Marktstraße 7, Tel. (03944) 351261, www.kartoffelhaus-blankenburg.com, tgl. ab 11 Uhr. Die Knolle in allen schmackhaften Varianten. Uriger Gastraum, Terrasse.

■ **Teehaus in den Barocken Gärten,** Schloßberg 2b, Tel. (03944) 90440, www.blankenburger-teehaus.de, Sa, So 13–17 Uhr. Barockes kleines Haus mit tollem Ausblick über die Gärten. Tee, Kaffee, Kuchen und Torte.

Weitere Museen

■ **Herbergsmuseum,** Bergstraße 15, Tel. (03944) 365007, www.blankenburg.de, Mo–Fr 10–17 Uhr, Eintritt 3 €. Einzige historische Gesellenherberge Deutschlands, die als Museum genutzt wird, Fachwerkhaus von 1684. Historische Wanderschaft und die Walz der Gegenwart.

Aktivitäten

■ **Hüttenröder Volleyballturnier,** größtes offenes Open-Air-Volleyballturnier Deutschlands. www.volleyballturnier-huettenrode.de. Jährlich Anfang Juni in Hüttenrode (7 km von Blankenburg).

Halberstadt

Halberstadt (41.000 Einwohner) ist **Schauplatz von 1200 Jahren deutscher Geschichte.** Aber auf den ersten Blick ahnen Besucher dies allenfalls beim Anblick der vier weithin sichtbaren Turmpaare des Domes, der Liebfrauenkirche und Martinikirche. Halberstadt will entdeckt werden, und diese Reise wird reich belohnt. Tiefste Wunden der jüngsten Geschichte wurden erst in den letzten zwei Jahrzehnten geheilt, als die Altstadt wieder ein Antlitz bekam. Baukunst der Romanik und Gotik, pittoreske Fachwerkgassen und einen mittelalterlichen Domschatz von Weltrang, einen Freundschaftstempel deutscher Literatur des 18. Jh. und Avantgardemusik für künftige Generationen – all dies vereint das „Tor zum Harz". Während in den geretteten Fachwerkwinkeln und am Domplatz von Halberstadt die Zeit zu verharren scheint, pulsiert kleinstädtisches Leben in dem auf historischem Raster neu entstandenen Zentrum.

Nahe gelegene Höhenzüge sind die **Spiegelsberge** und der **Huy** (sprich: Hü, von Höhe). Der Bahnhof ist einer der wichtigsten **Verkehrsknotenpunkte** am Harzrand, mit Verbindungen nach Ilsenburg, Bad Harzburg, Goslar, Quedlinburg, Thale, Blankenburg sowie Hannover, Halle/Saale, Magdeburg und Berlin.

Halberstadt ist Verwaltungssitz des Landkreises Harz sowie Sitz des Fachbereiches Verwaltungswissenschaften der Hochschule Harz. Das bekannteste Produkt aus der Stadt sind wohl die rauchigen Halberstädter Würstchen.

Stadtgeschichte

Schon vor über 1200 Jahren trat das heutige Halberstadt in die Geschichte ein. *Karl der Große* erwählte den Missionsstützpunkt im Jahr 804 zum **Bischofssitz.** Im Jahr 989 verlieh *Otto III.* dem Bischof das Markt-, Münz- und Zollrecht, ebenso die weltliche Gewalt. Das war der Grundstein für die Entwicklung der künftigen Stadt.

Zur Durchsetzung politischer und wirtschaftlicher Interessen gründeten Halberstadt, Quedlinburg und Aschersleben im Jahr 1326 den **Halberstädter Dreistädtebund,** der bis 1477 Bestand hatte. Während dieser Zeit traten diese Städte der **Hanse** bei. Infolge der Reformation und der Glaubenskriege im 16./ 17. Jh. erlebte Halberstadt sowohl ein **gemischtkonfessionelles Domkapitel** als auch die **Rekatholisierung** durch *Wallenstein,* der 1630 persönlich in der Stadt weilte.

1807 wurde Halberstadt Teil des von *Napoleon* geschaffenen Satellitenstaates **Königreich Westphalen,** der bis 1813 bestand. Anschließend gehörte Halberstadt zur **Provinz Sachsen,** die Hauptstadt war Magdeburg. Mit der Eröffnung der Magdeburg-Halberstädter Eisenbahn 1843 begann die **Industrialisierung** der Stadt. Der bei einem Fleischer angestellte 20-jährige Würstchenverkäufer *Friedrich Heine* gründete im Jahr 1883 von seinem Verkaufserlös eine **Würstchenfabrik** mit Räucherei, der Beginn einer bis heute währenden Halberstädter Firmengeschichte und Markentradition.

Während des **Ersten Weltkrieges** produzierten die Halberstädter Flugzeugwerke für das deutsche Heer, infolge des Versailler Vertrages musste der Flugzeugbau eingestellt werden. Die **Nationalsozialisten** betrieben ab 1935 in der Stadt einen Zweigbetrieb der Dessauer Junkers-Werke, in denen ab 1944 Häftlinge des Konzentrationslagers Buchenwald arbeiten mussten. Mit der Rüstungsfabrik zog die Stadt mehrere alliierte **Bombenangriffe** auf sich. Der verheerendste erfolgte am 8. April 1945 durch britische Bomber. Dabei wurden 82 % der Innenstadt zerstört, 2500 Menschen kamen ums Leben.

In der **DDR-Zeit,** die Stadt gehörte nunmehr zum Bezirk Magdeburg, wurde ein großer Teil der Innenstadt nach damaligen Prämissen der Stadtgestaltung neu errichtet. Die Reste der von Fachwerkbau geprägten Altstadt verfielen und wurden teilweise abgerissen. Nach der friedlichen Revolution im Herbst 1989 erfolgte die **Restaurierung** der verbliebenen Bauwerke und, von 1995 bis 1998, der **Neubau der Innenstadt** auf dem historischen Raster. Halberstadt war – unter anderem neben Stralsund, Meißen und Görlitz – eine der vom Bund geförderten Modellstädte Stadtsanierung. Das Ergebnis wurde in einem bundesweiten Wettbewerb „Leben in historischen Innenstädten und Ortskernen“ im Jahr 2002 mit einer Goldmedaille gewürdigt.

Mit ihren historischen Bauten, dem höchstrangigen Domschatz, der John-Cage-Aufführung und der wiedererstandenen Innenstadt profiliert sich Halberstadt für den **Kulturtourismus.** Sie ist für die Bewohner des Umlandes und für die Harzbesucher zudem eine gefragte Einkaufsstadt.

Sehenswertes

Ausgangsort dieses Stadtrundganges durch 1000 Jahre Geschichte ist der langgestreckte **Domplatz,** der schon im Jahre 996 durch Bischof *Arnulf* gesegnet und seiner Gerichtsbarkeit unterstellt wurde. An den Schmalseiten erheben sich, einander gegenüberstehend, der hochgotische Dom St. Stephanus und Sixtus sowie die romanische Liebfrauenkirche. Beiderseits des Platzes laden mehrere Museen ein, und von hier aus lässt sich die Altstadt am besten auf einem Spazierweg erkunden.

Dom und Domschatz

Der **Dom St. Stephanus und Sixtus** wurde zwischen 1236 und 1491 errichtet. Er gilt als einer der schönsten gotischen Kirchenbauten Deutschlands. „Es ist ein liebenswürdiger gotischer Dom, er hat gute Laune und beschert mir auch welche", schrieb der Feuilletonist *Joseph Roth* (1884–1939). Seine Architektur orientiert sich an nordfranzösischen Kathedralen.

Zwei Vorgängerbauten waren im 9. und 10. Jh. entstanden. Nachdem der erste 965 eingestürzt war, hatte man den zweiten im Jahr 992 geweiht und nach Zerstörungen Ende des 12. Jh. restauriert und neu eingewölbt. Der Bau des heutigen Doms begann mit dem Westportal, da man so lange wie möglich noch den romanischen Dom nutzen wollte. Deshalb vereint das Hauptportal Elemente spätromanischer und frühgotischer Architektur, im oberen Teil aber auch des 19. Jh. Mit dem Bau der ersten drei Joche (jeweils der Raum zwischen den Pfeilern) des dreischiffigen Langhauses wurde 1260 begonnen. 1401 wurde nach 60-jähriger Bauzeit der – nach französischem Vorbild von den Seiten-

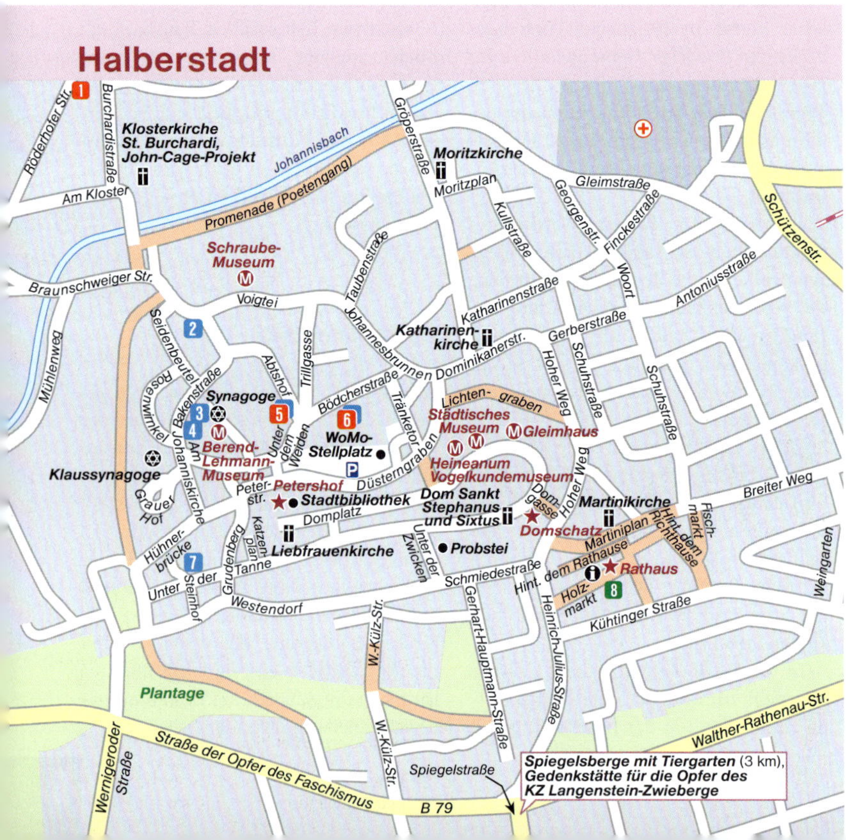

schiffen (Chorumgang) eingefasste – Chor fertiggestellt. Bald darauf wurde der Rest des ottonischen Langhauses abgebrochen und der Dom mit gotischem Lang- und Querhaus bis 1491 vollendet. Als gotisches Gesamtkunstwerk ist er erhalten geblieben, lediglich wurden Ende des 19. Jh. die oberen Bereiche der Westtürme neu aufgemauert. Gleich nach dem Krieg wurde der von mehreren Bomben getroffene Dom wiederhergestellt.

Das Innere der dreischiffigen Basilika wird geprägt von den nahe beieinander stehenden Pfeilern, die das Kreuzrippengewölbe tragen. Querhaus und Chorraum werden durch einen spätgotischen **Lettner** (1505) getrennt. Darauf steht die holzgeschnitzte **Triumphkreuzgruppe** (1220) aus dem Vorgängerbau. Sie gehört zu den kunsthistorisch wertvollsten Skulpturengruppen aus der Übergangszeit der Spätromanik zur Frühgotik in Deutschland. Christus wird hier schon als Leidender gezeigt, nicht mehr als göttlicher Sieger, aber noch stehend auf der Schlange, die Füße sind nicht ans Kreuz genagelt.

Das aus Rübeländer Marmor gefertigte **Taufbecken** (1195) nahe des Haupteingangs stammt ebenfalls aus dem otto-

nischen Bau. Die **Kanzel** (1592) zeigt Bilder der Evangelisten und eine Darstellung der Ostergeschichte. In den **Chorfenstern** leuchten originale mittelalterliche Glasmalereien.

Eine kulturgeschichtliche Rarität ist im Chorumgang zu entdecken: das **Büchergitter.** In dem kleinen „Gefängnis" lagen Bücher aus, die von den Gläubigen gelesen werden konnten, ohne dass die Möglichkeit bestand, diese zu entwenden. Wertvolle Bücher, die unter diesem Gitter lagen, sind in der Domschatzkammer ausgestellt. Sehenswert ist der zweigeschossige, kreuzgratgewölbte **Kreuzgang** an der Südseite des Doms. Das Obergeschoss bildet den Kapitelsaal und kann bei der Dombesichtigung ebenfalls betreten werden.

Vor dem Dom erinnert ein **Mahnmal** an die letzten jüdischen Bürger Halberstadts, die 1942 deportiert wurden.

Domschatz

Im Kreuzgang, in der Domklausur sowie in einem modernen Anbau (2008) wird der **größte in Deutschland in einer Kirche erhaltene Domschatz** ausgestellt. Er umfasst 650 altchristliche, byzantinische und mittelalterliche Kunstgegenstände, darunter Goldschmiedearbeiten, Meisterwerke der Textilkunst und Elfenbeinschnitzereien. Zu den Schätzen gehören liturgische Gewänder des 11. bis 16. Jh., der Christus-Apostel-Teppich von 1170 und weitere romanische Wandteppiche sowie wertvoll eingefasste Reliquien. Bücher und Handschriften sowie die Halberstädter Madonna von 1230 bewahren in dieser Kammer das Mittelalter.

■ **Dom und Domschatz,** Domplatz 16, Tel. (03941) 24237, www.kulturstiftung-st.de, April–Okt. Di–So 10–17 Uhr, Nov.–März Mi–So 10–16 Uhr., Eintritt 8/6 €.

346h dk

Liebfrauenkirche

Die Liebfrauenkirche mit den beiden schlank aufragenden Turmpaaren an der Westseite des Domplatzes gehört zu den **eindrucksvollsten romanischen Kirchen Mitteldeutschlands.** Sie wurde um 1005 erbaut und im 12. Jh. erneuert. Es gibt in Mittel- und Norddeutschland keine zweite romanische Basilika mit vier Türmen. Die Untergeschosse der Westfassade sind die ältesten erhaltenen Bereiche der Kirche. Das Langhaus und die Osttürme wurden 1200 vollendet, das Portal und die Westtürme folgten im 13. Jh. Später erfuhr die Kirche mehrere **Umgestaltungen,** von denen als besonders tragisch gelten muss, dass in der Barockzeit die **Fresken** aus dem frühen 13. Jh. **übertüncht** wurden. *Napoleon* wusste die Liebfrauenkirche als Waffenlager und Pferdestall zu nutzen. Ein 1830 von *Karl Friedrich Schinkel* angeregter Versuch, die Fresken zu restaurieren, scheiterte am Unvermögen der Ausführenden. Erhalten sind Reste der Malereien in der Barbarakapelle. Zwischen 1946 und 1950 sowie um das Jahr 2000 wurde die Kirche restauriert.

Von besonderem kunsthistorischem Rang sind die **Chorschranken,** die den Gemeindesaal vom Altarraum trennen. Es sind Stuckfiguren der 12 Apostel aus der Zeit um 1200/1210 in fast lebensgroßen Vollreliefs. Das Besondere für die damalige Kunstauffassung ist ihre Natürlichkeit in der Gestik, Haltung und im Faltenwurf der Gewänder. Hier wirkten wohl byzantinische – 1204 hatten die Kreuzfahrer Konstantinopel erobert – und nordfranzösische Vorbilder.

Im westlichen Vierungsbogen findet sich das **Triumphkreuz** aus dem 13. Jh. Es ist, wie das etwa gleich alte Triumphkreuz im Dom, ein seltenes Zeugnis für den Übergang von der Romanik zur Gotik: Christus wird hier am Kreuz zwar noch stehend, aber schon mit genagelten Füßen dargestellt. Die Kirche steht zur Besichtigung offen, es werden Konzerte gegeben und Ausstellungen gezeigt.

Rund um den Domplatz

Den stillen, baumbestandenen Platz säumen mehrere Museen und interessante Bauwerke. Beim Dom ist es das **Städtische Museum,** das 1905 eröffnet wurde und Exponate zur Stadt- und Bistumsgeschichte versammelt. Zu sehen sind ein Stadtmodell um 1780, eine Handschuhmacherwerkstatt, eine Apothekeneinrichtung sowie ein Zinnfigurendiorama zum „Todesritt der Halberstädter Kürassiere 1870“.

■ **Städtisches Museum,** Domplatz 36, Tel. (03941) 551474, www.museum-halberstadt.de, Di–So 13–17 Uhr, 7/5 €, bis 18 Jahre frei.

Das **Vogelkundemuseum** im Heineanum gleich daneben, gegründet Mitte des 19. Jh. durch *Ferdinand Heine,* gehört zu den größten seiner Art in Europa. Zu sehen sind „Vögel der Welt“,

☒ Domplatz mit dem Dom St. Stephanus und Sixtus

347h dk

„Vögel des Harzes und seines Vorlandes“ und – über bedrohte Arten – „Faszination Vogelwelt“.

■ **Heineanum,** Domplatz 36, Tel. (03941) 551460, Di–So 13–17 Uhr, 7/5 €, bis 18 Jahre frei.

Hinter dem Dom, an der Domtreppe zum verkehrsreichen Hohen Weg, steht das einstige Wohnhaus des Schriftstellers *Johann Wilhelm Ludwig Gleim* (1719–1803). Das Werk des bei Aschersleben gebürtigen Autors ist es nicht, was den Namen überdauern ließ; gelesen wird er wohl nur noch von einigen Germanisten. Als „Trommelwirbel mit Vergißmeinicht“ und „Krieg in der Gartenlaube“ würdigte *Joseph Roth* in seinem Halberstadt-Feuilleton *Gleims* „Preußische Kriegslieder eines alten Grenadiers“. Dennoch ist das **Gleimhaus** in die Literaturgeschichte eingeschrieben. In der zweiten Hälfte des 18. Jh. war „Vater Gleim“ eine Instanz im literarischen Leben, als Gastgeber und Förderer von Schriftstellern im Zeitalter der Aufklärung (→ Exkurs „Der Harz in der Literatur, Literaten im Harz“, S. 73).

Gleim, als Verwaltungsleiter des Domstifts recht gut situiert, empfing in seinem Fachwerkhaus *Basedow, Claudius, Herder, Anna Louisa Karsch, Klopstock, Lessing, Wieland* und viele andere; er förderte den jungen *Jean Paul* und wollte diesen gar dafür gewinnen, nach Halberstadt zu ziehen. Das „Genie der Freundschaft“ trug die umfangreichste Porträtsammlung der geistigen Größen des

⌃ Romanisches Schatzkästchen: die Halberstädter Liebfrauenkirche

18. Jh. zusammen: seinen **„Freundschaftstempel“**. Als eines der ältesten deutschen Literaturmuseen beherbergt das Gleim-Haus neben diesen Porträts mehr als 10.000 Handschriften sowie *Gleims* Bibliothek.

■ **Gleimhaus,** Museum der deutschen Aufklärung und Forschungsstätte, Domplatz 31, Tel. (03941) 68710, www.gleimhaus.de, Mai–Okt. Di–So 10–17 Uhr, Nov.–April Di–So 10-16 Uhr, 7/5 €. Grafiksammlung, Künstlernachlässe, Sonderausstellungen, besondere Angebote für Kinder. Bis 16 Jahre freier Eintritt. Barrierefrei.

Die frühere **Dompropstei** (1592–1611) am Südrand des Platzes ist Sitz der Hochschule Harz. Daneben steht das neoromanische Postgebäude.

Der **Petershof** als ehemaliger Bischofspalast wurde 1550–1560 im Stil der Renaissance, mit einem prächtigen Portal, errichtet. Er schließt direkt an die Liebfrauenkirche an, mit der ihn vermutlich auch eine gemeinsame Baugeschichte seit dem 11. Jh. verbindet. Heute ist er Sitz der Stadtverwaltung. Ein öffentlicher Ort ist die anschließende **Peterskapelle** aus dem 14. Jh. Erstmals urkundlich erwähnt wurde sie 1195. Unter Kreuzgewölben lädt die **Stadtbibliothek „Heinrich Heine“** in ungewöhnlicher Atmosphäre zum Lesen ein. Die freundlichen Bibliothekare gestatten gern einen neugierigen Rundgang. Kinder kommen gleich ins Gefängnis: Ihre Lieblingsbücher finden sie im Untergeschoss in den ehemaligen städtischen Zellen.

Neben der Bibliothek führt die **Peterstreppe,** die schon seit 1278 einen der Zugänge zum Domplatz bildet, in die Altstadt, deren Fachwerkgassen nun der weitere Rundgang gelten soll. Wer zunächst auf einen Kaffee und ein Stück hausgebackenen Kuchen einkehren möchte, geht an der Liebfrauenkirche vorbei, über den Katzenplan hinunter zum Steinhof. In diesem stillen Fachwerkwinkel lädt das sympathische **Café zum Steinhof** ein, mit reizender Cafestube und kleinem Garten.

Farbenfrohes Fachwerk: die Altstadt

Auch vom Steinhof (über den Grudenberg) aus erreicht man mit wenigen Schritten die **Bakenstraße** in der Altstadt. Zunächst aber bringt sich wieder die deutsche Geschichte in Erinnerung. Im Hof zwischen Bakenstraße und Judenstraße stand, für Unkundige weitgehend verborgen, die **Synagoge** der Halberstädter Jüdischen Gemeinde. Der prächtige Barockbau musste 1938 auf Weisung der Baupolizei durch die Gemeinde abgerissen werden, zurück blieben nur ein Mauerrest und die Fundamente mit Fußboden. Durch den bei Halberstadt lebenden Künstler *Olaf Wegewitz* wurde an ihrer Stelle ein „Denk Ort“ geschaffen. Das **Berend-Lehmann-Museum** im ehemaligen Mikwenhaus (Ritualbad) informiert über jüdische Geschichte und Kultur.

■ **Berend-Lehmann-Museum für jüdische Geschichte und Kultur,** Judenstraße 25/26, Tel. (03941) 567050, http://museen.de/berend-lehmann-museum-halberstadt.html, Di–So 12–18 Uhr, 7/5 €. Geschichte der jüdischen Gemeinde Halberstadt, *Berend Lehmann* als Hofjude im europäischen Raum, Mikwenhaus. **Café Hirsch**②, jüdische Küche.

Wo die Bakenstraße sich zu einem kleinen Platz ausweitet, münden der **Rosen-**

winkel, der **Graue Hof** und Am Johanniskloster ein. Hier reihen sich nahtlos besonders schöne Fachwerkhäuser aneinander. Der schlichte barocke Klinkerbau der **Klaussynagoge** ist Sitz der Moses-Mendelsohn-Akademie, ein Lern- und Begegnungsort in jüdischer Tradition. Das Lehrhaus wurde durch den Hofjuden *Augusts des Starken, Berend Lehmann* (1661–1730) gestiftet. Von dessen Wohnhaus ist nur das Portal erhalten, es steht einsam wie eine Skulptur an seinem Platz in der Judenstraße.

Über den intimen Rosenwinkel gelangt man zum Seidenbeutel und zur Voigtei, einer ebenfalls von Fachwerkhäusern geprägten Straße. Gleich zu Beginn geht es links zur Straße Am Kloster und dort zur **Klosterkirche St. Burchardi,** dem Aufführungsort des längsten Konzertes der Musikgeschichte: *John Cages Orgelstück* „As slow as possible" (→ gleichnamigen Exkurs, S. 244).

Voigtei 48 ist die Adresse des **Schraube-Museums** für bürgerliche Wohnkultur um 1900. Benannt ist es nach der letzten Bewohnerin, *Margarete Schraube.* Ihre alteingesessene Halberstädter Familie prägte die Einrichtung des Hauses.

■ **Schraube-Museum,** Voigtei 48, Tel. (03941) 621245, Fr–So 13–17 Uhr, 7/5 €.

Das Turmpaar des Domes weist den Rückweg zum Domplatz (10 Min.). Zuvor lohnt es sich noch, zur romanischen **Moritzkirche** (Moritzplan, über Taubenstraße, 5 Min.) zu gehen. Sie wurde Anfang des 13. Jh. erbaut und 1237 an das Augustiner-Chorherrenstift übergeben. Es ist eine hochromanische Pfeilerbasilika mit zwei Westtürmen, einem Querhaus und quadratischem Chor. Von der Ausstattung sind der spätgotische Schnitzaltar, das spätromanische Taufbecken sowie der barocke Orgelprospekt sehenswert. Am Weg zum Dom steht die gotische **Katharinenkirche** (1360) mit ihrem schlanken Dachreiter.

Neu auf alt: das Zentrum

Vom Domplatz gelangt man über die Hauptstraße Hoher Weg hinüber ins neu entstandene Zentrum. Das markanteste Bauwerk, mit dem ungleichen, durch eine Brücke verbundenen Turmpaar – Halberstadts Wahrzeichen –, ist die gotische **Martinikirche.** Sie wurde im 13./14. Jh. erbaut. Für die verschieden hohen Türme gibt es mehrere Theorien, eine besagt, dass man dem Türmer unverstellte Sicht gewährleisten wollte, damit dieser bei Feuer alarmieren konnte.

Halberstadts neues Stadtzentrum ist ab 1995 auf den Grundmauern und dem Grundriss der 1945 zerstörten und in den darauffolgenden Jahrzehnten verfallenen Altstadt erbaut worden. Dabei entstanden Wohn- und Geschäftsbauten, die sich dem historischen Gassencharakter des Viertels einordnen. 1998 wurde das neue Rathaus mit der kopierten Fassade seines Vorgängerbaus eröffnet. Das alte Halberstädter **Rathaus** von 1381 war der prächtigste gotische Profanbau der Stadt. Vor dem Rathaus steht wieder der steinerne **Roland** von 1433, das Symbol weltlicher Macht: Markt-, Münz- und Zollrecht sowie Gerichtsbarkeit.

Hinter dem Rathaus hat die **Touristeninformation** ihren Sitz, in den neuen alten Gassen kann man umherstreifen, einkaufen und einkehren.

Ins Grüne am Stadtrand

Das „Tor zum Harz“ ist ein verlockendes, doch so weit muss man noch gar nicht fahren, um einen kleinen Ausflug ins Grüne zu unternehmen. Direkt am südlichen Stadtrand liegen die **Spiegelsberge,** ein ehemals kahle Sandsteinklippe, die 1761 durch den Rittergutsbesitzer und Domherrn *Ernst Ludwig Christoph von Spiegel* zu einem Landschaftspark umgestaltet wurde, den er den Halberstädtern zur Erholung öffnete. Vom Aussichtsturm Belvedere hat man einen Blick auf die Stadt, das **Jagdschlösschen** ist Ausflugsgaststätte. Heimische Tiere lassen sich im **Tiergarten** beobachten.

Nördlich der Stadt erstreckt sich über 18 km der **Bergrücken Huy,** er erreicht bis 314 m Höhe über dem Meer. Der abwechslungsreiche Bergwald wird von mehreren Wanderwegen erschlossen. In der **Klosterkirche St. Maria** des Klosters Huysburg, das 1084 gegründet, 1804 aufgelöst und 1972 als einzige Klosterneugründung in der DDR wiederentstanden ist, begegnet Besuchern die seltene Symbiose von Romanik und Barock. Die dreischiffige Kirche wurde 1121 geweiht und erhielt im 18. Jh. ihre spätbarocke Ausstattung. Als sich 1972 die Benediktinergemeinschaft neu gründete, wurde sie von der polnischen Abtei Tynic bei Krakau unterstützt.

Praktische Tipps

Anreise

- **Auto:** B 79, 81, 245.
- **Bahn:** Regionalexpress Magdeburg – Halle/Saale – Halberstadt – Thale/Blankenburg, Halle/ Saale – Halberstadt – Vienenburg, Halle/Saale – Halberstadt – Vienenburg – Goslar – Hannover. Vom Bahnhof 20 Min. Fußweg über Richard-Wagner-Straße, dann rechts auf der B 79 in Richtung der

Im Grauen Hof

349h dk

John Cage: As slow as possible

Die romanische Klosterkirche **St. Burchardi** ist eine der ältesten Kirchen von Halberstadt. Turmlos, mit Langhaus, Querhaus und quadratischem Chor, steht sie am Rande der Altstadt auf dem weitläufigen, im Jahr 1802 unter *Napoleon* säkularisierten Klostergelände. Die Kirche diente als Brauerei, als Speicher und der Landwirtschaft, bevor sie 1995 in der Substanz gesichert und wiederhergestellt werden konnte.

Schon durch die geschlossenen Türen und Fenster der Kirche ist ein **anhaltender Orgelton** zu vernehmen. Öffnet sich dem Gast die Kirche, betritt er nicht nur den Raum, sondern einen Klang. Es ist, als ob das Bauwerk allein aus diesem Orgelton bestünde.

Seit dem **5. September 2001** wird in dieser Kirche das Orgelstück „As slow as possible" des US-amerikanischen Komponisten *John Cage* (1912–1992) aufgeführt. „So langsam wie möglich", hatte der **Avantgardemusiker** vorgegeben, die Uraufführung in Metz 1987 dauerte 30 Minuten. In Halberstadt wird das nur acht Partiturseiten umfassende Stück über den **Zeitraum von 639 Jahren** erklingen, bis zum **Jahr 2640.**

Die **Idee** zu diesem Musikprojekt entstand bei einem Orgelsymposium in Trossingen (Baden-Württemberg) im Jahr 1997. Theoretisch könne man, so der Gedanke, das Stück auf jede beliebige Zeit hin ausdehnen, praktisch so lange, wie eine Orgel durchhält und Frieden sowie die Kreativität kommender Generationen diese Aufführung ermöglichen würden. Halberstadt kam ins Gespräch, weil dort im Jahr **1361** die erste Orgel der Welt mit 12-töniger Klaviatur gebaut wurde: Damit ist Halberstadt die Geburtsstätte der modernen Musik. 639 Jahre waren es seitdem bis zum Jahr 2000, diese Zahl gab das Maß vor.

Halberstadt, wo *John Cage* nie gewesen ist, war sofort einverstanden und ist nun mit dieser privat und durch Spenden finanzierten Aufführung weltweit im Gespräch. Die Orgel wird allmählich aufgebaut, so wie die Töne eben gebraucht werden. Als Kulturfeste mit zahlreichen Besuchern werden die **„Klangwechsel"** begangen. Der nächste Klangwechsel erfolgt am 5. Februar 2024. Im Jahr 2072 wird der erste Teil des Stückes abgeschlossen sein. Für das Abschlusskonzert am 4. September 2640 kann ein Final Ticket erworben werden.

■ **John-Cage-Konzert,** Klosterkirche St. Burchardi, Am Kloster 1, Tel. (03941) 621620, www.aslsp.org, Do–So 12–16 Uhr. Eintritt frei, Spende erbeten. Die John-Cage-Stiftung hat ihren Sitz im benachbarten Gutshaus.

267h-dk

[>] Sankt Burchardi mit einer Skulptur von Johann-Peter Hinz (1941–2007)

Kirchtürme ins Zentrum, weitere 5 Min. zum Domplatz.

■ **Bus:** 210 (Halberstadt – Osterwieck – Vienenburg), 233 (Halberstadt – Quedlinburg).

Information

■ **Halberstadt-Information,** Holzmarkt 1, Tel. (03941) 551815, www.halberstadt.de, Mo–Fr 10–18 Uhr, Sa 10–14 Uhr, So 10–13 Uhr.

Übernachtung

1 **Pension am Burchardikloster**②, Röderhofer Straße 15, Tel. (03941) 573411, www.pension-halberstadt.de. Ein Neubau im Fachwerkstil, nur wenige Schritte vom John-Cage-Projekt, ruhig gelegen. Hier residiert man in hellen, großzügigen Nichtraucherzimmern.

5 5 **Hotel Antares**③, Sternstraße 6, Tel. (03941) 5956060, www.hotel-antares.de, kleineres Hotel mit modern gestalteten, großzügigen Zimmern am Rand der Altstadt, knapp 2 km bis zum Domplatz.

6 6 **Halberstädter Hof**②, Bödcherstraße, Tel. (03941) 27080, www.halberstaedter-hof.de. Fachwerkhaus in der Altstadt, modern eingerichtete Zimmer, Restaurant tgl. 11.30–14, ab 17.30 Uhr. Gutbürgerliche, saisonale Küche.

■ **WoMo-Stellplätze:** 5 kostenlose Stellplätze am Düsterngraben im Stadtzentrum, mit Stromanschluss (Automatenzahlung), GPS N 51.896664, E 11.045793, ganzjährig.

Essen und Trinken

■ **Hotelrestaurants** → „Übernachtung".

2 **Restaurant Olive**①, Bakenstraße 1, Tel. (03941) 625159, www.olive-halberstadt.de, Di–Do 12–14, 18–22 Uhr, Fr, Sa 17–22 Uhr. Mediterrane Küche in einem der reizvollsten Winkel der Altstadt, mit Terrasse.

3 **Kulturwirtschaft Papermoon,** Bakenstraße 63, Tel. (03941) 624441, www.kulturwirtschaft.info, tgl. ab 16 Uhr. Kneipe und Konzerthaus. Bar, Wintergarten, Biergarten.

4 **Museumscafé Hirsch**②, Bakenstraße 57, Tel. (03941) 583238, www.moses-mendelssohn-akademie.de, Di–So ab 11 Uhr. Jüdische Speisen aus Osteuropa und Nahost werden beim Standort der ehemaligen Barocksynagoge und des Berend-Lehmann-Museums aufgetischt. Auch vegetarische Gerichte sind im Angebot.

MEIN TIPP: 7 **Café zum Steinhof**①, Steinhof 2, Tel. (03941) 6214075, Di–So 11–18 Uhr. Charmantes kleines Café mit einem schattigen Gärtchen. Der Kuchen ist hausgebacken.

Einkaufen

8 **Rathauspassagen,** Holzmarkt 7, Mo–Fr 9–19 Uhr, Sa 9–18 Uhr, mehrere Läden und Imbisse.

Schach in Ströbeck

Ein Dorf spielt Schach. Seit 1000 Jahren. Der Dorfplatz von Ströbeck (1100 Einwohner), 8 km nordwestlich von Halberstadt, heißt Platz am Schachspiel, es gibt den Schachturm, das Gasthaus zum Schachspiel und den Schachsouvenirladen. Die internationalen Schachturniere im Mai, mit Lebendschach, werden als Volksfeste gefeiert. Im Jahr 1011 soll ein adliger Gefangener des Bischofs seinen netten Bewachern im Ströbecker Wartturm das Schachspiel beigebracht haben, und schon war allen nicht mehr langweilig. Es heißt, die **Ströbecker Schachtradition** sei fast so alt wie die europäische. Kinder lernen Schach in der

Grundschule. Die Eröffnung der Partie und alle Züge erfährt man in Deutschlands einzigem **Schachmuseum.** „Man trinkt Korn und Bier im Wirtshaus, schreibt seinen Namen in ein Fremdenbuch und redet vom Schach, aber auch von Politik", notierte *Joseph Roth* auf seiner Reise durch Halberstadt und Umgebung im Herbst 1930.

■ **Schachmuseum Ströbeck**, Platz am Schachspiel 97, Tel. (039427) 99850, www.schachmuseum-stroebeck.de, April–Okt. Di–So 13–17 Uhr, Nov. bis März Di–So 13–16 Uhr, 3/1 €. Linienbus 210 (Halberstadt – Osterwieck – Vienenburg), Stadtbus 16.

Besondere Orte in Langenstein

Zwei Erinnerungsorte, die gegensätzlicher kaum sein können, gibt es in Langenstein zu besichtigen. Der Ortsteil von Halberstadt liegt 6 km südlich von Halberstadt und ist auch mit dem Regionalexpress Magdeburg – Halberstadt – Blankenburg erreichbar.

Gedenkstätte

Die Gedenkstätte für die **Opfer des Konzentrationslagers** Langenstein-Zwieberge erinnert an 7000 Häftlinge, die hier 1944/45 ein **Stollensystem** für die Junkers-Werke errichten mussten. 2000 Menschen starben bei dieser **Zwangsarbeit.** Die Ausstellung thematisiert die Entstehung des Lagers, den Alltag dort, den Evakuierungsmarsch der Häftlinge und die Gedenkkultur an diesem Ort.

■ **Gedenkstätte für die Opfer des KZ Langenstein-Zwieberge**, Vor den Zwiebergen 1 (Quedlinburger Straße, 5 km vom Bahnhof, Wegweiser), Tel. (03941) 567326, www.gedenkstaette-langenstein.sachsen-anhalt.de, Dauerausstellung Mo–Fr 9–15.30 Uhr, Stollenabschnitt April–Okt. jedes letzte Wochenende im Monat 14–17 Uhr, zu dieser Zeit ebenfalls die Dauerausstellung. Das Freigelände kann tagsüber frei besichtigt werden. Dazu gibt es ein Besucherleitsystem mit 24 Tafeln auf Deutsch und Englisch. Es werden Führungen und Projekttage angeboten.

Höhlenwohnungen

Noch bis 1910 waren die in den 1850er-Jahren mitten im Ort von jungen Landarbeiterfamilien in den Sandstein geschlagenen Höhlenwohnungen bewohnt. Später dienten sie als Ställe und Vorratskammern. Heute werden sie von einem Verein betreut und zugänglich gemacht. Nur etwa 5 km sind es bis zu den Sandhöhlen im Heers bei der Burg Regenstein (→ Ortsbeschreibung).

■ **Höhlenwohnungen in Langenstein,** B 81, 6 km südlich von Halberstadt. Einzigartige Zeugnisse einer Wohnkultur zwischen 1850 und 1910. Felsenwohnungen mit jeweils Wohn-, Schlaf- und Kinderstube. Keine festen Öffnungszeiten, Tel. (03941) 602108/-104 für Führungen (1 Stunde). Wegweiser im Ort.

■ **Die katholische Franziskus-Kapelle** an der Bahnhofstraße wird auch für die evangelischen Gottesdienste genutzt. Vor dem Fachwerkbau wurde im Jahr 2003 ein freistehender Glockenturm geweiht, in dem eine Glocke aus dem Jahr 1694 läutet. Die Kapelle kann besichtigt werden, Tel. (03941) 663611.

Quedlinburg

Die Wiege Deutschlands. In Quedlinburg trugen im Jahre 919 die deutschen Stämme dem Sachsenherzog *Heinrich* die Königskrone an. Die Fachwerkstadt ist ein lebendiges Museum deutscher und europäischer Geschichte. Als hervorragendes Ensemble deutscher Städtebaukunst mit über 1200 denkmalgeschützten Bauwerken gehört Quedlinburg zum **Weltkulturerbe.** Die Besucher aus aller Welt anziehende Kleinstadt (21.000 Einwohner) liegt an der Bode nördlich des Harzes. Sie ist Station der Selketalbahn und sowohl mit dem Auto als auch mit der Regionalbahn gut zu erreichen.

In Quedlinburg **geboren** wurden *Dorothea Christiane Erxleben* (1715–1762), die erste deutsche promovierte Ärztin, der Dichter *Friedrich Gottlieb Klopstock* (1724–1803), der „Vater der Gymnastik" und Reiseschriftsteller *Johann Christoph Friedrich GutsMuths* (1759–1839) und der – neben *Alexander von Humboldt* – Begründer der wissenschaftlichen Geografie, *Carl Ritter* (1779–1859).

In der Fachwerkstadt wurde mehrere **Filme** gedreht, so die Märchen „Hans Röckle und der Teufel" (1974), und „Schneeweißchen und Rosenrot" (1979), *Rainer Simons* Till-Eulenspiegel-Film nach dem Buch von *Christa* und *Gerhard Wolf* (1975) sowie der Film „Goethe!" von 2010 und eine Neuverfilmung des Till Eulenspiegel 2014.

Stadtgeschichte

Schon in der **Altsteinzeit** war die fruchtbare Landschaft des heutigen Quedlinburg besiedelt. Aus dem 8. Jh. sind mehrere Namen von Siedlungen überliefert, die längst wüst liegen. Um 835 wurde die Wipertikirche gegründet. Die **Königspfalz** des 10. Jh. wird in einer Urkunde König *Heinrichs I.* aus dem Jahr 922 erwähnt: *villa quae dicitur quitilingaburg. Heinrich* bestimmte diesen Ort zu seiner Grablege. Seine Witwe *Mathilde* ließ sich von ihrem und *Heinrichs* ältestem Sohn, dem neuen König *Otto I.,* die Gründung eines **Damenstifts** bestätigen. Dieses Stift auf dem Schlossberg leitete sie über 30 Jahre. 966 wurde *Ottos I.* Tochter *Mathilde* (955–999) zur Äbtissin berufen. Sie erhielt 994 durch ihren Neffen, den König und späteren Kaiser *Otto III.,* das Privileg des **Münz-, Markt- und Zollrechts** für den Marktflecken Quedlinburg. Daraufhin legte sie den Marktplatz im Bereich der heutigen Marktkirche fest, von wo aus die Siedlung rasch zum Marktplatz heranwuchs. 973 gab *Otto I. (der Große)* in Quedlinburg den größten und glanzvollsten seiner Hoftage. Bald darauf starb er.

Kaiserpfalz

Im 11. und 12. Jh. hatte Quedlinburg als Osterpfalz der deutschen Herrscherhäuser eine **hohe reichspolitische Bedeutung.** Zugleich erstarkte das städtische Gemeinwesen. Im 12. Jh. wurde neben der Altstadt die **Neustadt** gegründet, sie kam 1330 als Lehen zur Altstadt, beide Städte handelten gemeinsam als Quedlinburg. Allmählich erlangte die Stadt

Quedlinburg

0 200 m ©Reise Know-How Harz_19 4/23

Übernachtung

1 Romantik Hotel am Brühl
2 Flair Hotel Schlossmühle
3 Appartementhaus am Brunnen
5 Ferienwohnungen am Finkenherd
7 Hotel Lüdde
11 Appartement Silberne Lilie
13 Hotel „Vorhof zur Hölle“
16 Pension „Zum Landsknecht“
17 Pension Alte Druckerei

Essen und Trinken

1 Weinstube am Brühl
4 Café Kaiser
7 Brauhaus Lüdde
8 Restaurant Le Feu
14 Café Zum Roland

Einkaufen

6 Ladengalerie Clara
9 Quedlinburger Stiftsgarten
10 Regionalladen Harz
12 Buchhandlung Gebecke
15 Nahkauf
18 Harzer Weingut Kirmann

größere **Unabhängigkeit von der Äbtissin,** was sich im Beitritt zur **Hanse** im Jahr 1426 manifestierte. 1477 entlud sich der Machtkampf zwischen Stadtrat und Äbtissin gewaltsam. Der Versuch, die Äbtissin aus der Stadt zu vertreiben, endete in einem für die Bürger verlustreichen **Kampf** gegen die in die Stadt gerufenen Truppen der Brüder der Äbtissin. Daraufhin musste die Stadt aus sämtlichen Bündnissen austreten, der Roland am Markthaus wurde gestürzt und zerschlagen.

Erst mit der **Reformation** endete die Macht des Stiftes, das 1539 in ein weltliches Damenstift umgewandelt wurde. Nach dem Dreißigjährigen Krieg nahm Quedlinburg eine rasanten Aufschwung, zahlreiche Fachwerkhäuser wurden errichtet und bestimmen das Stadtbild. Jedoch brachen 1676 und 1797 zwei verheerende **Brände** aus. 1698 besetzten die **Preußen** die Stadt, sie lösten 1802 das Damenstift auf.

Industralisierung mit Blumensamen

Die **Blumen- und Saatgutzucht** kam im 18. Jh. auf und brachte Quedlingburg im 19. Jh. neuen Wohlstand. Zwischen der Alt- und Neustadt und dem 1863 erbauten Bahnhof des Nordharzer Eisenbahnnetzes entstanden prächtige Villen. Die Entwicklung neuer Saatgutzuchtverfahren in Quedlinburg erlangte Weltruhm, und im frühen 20. Jh. waren Saatzuchtfirmen die größten Arbeitgeber vor Ort.

Während der **NS-Diktatur** entdeckte *Heinrich Himmler* die Geschichte der Stadt für seine Propagandainszenierungen. Zum 1000. Todestag *Heinrichs I.,* 1936, wurden St. Servati und die Krypta der Wipertikirche als „Weihestätten der SS“ umgebaut und ausstaffiert. In der Stadt waren drei Außenstellen von Konzentrationslagern tätig. Am 19. April 1945 konnte die amerikanische Armee die Stadt kampflos und ohne Zerstörungen einnehmen.

Verfall und Rettung der Altstadt

Während der **DDR-Zeit** wurde in Quedlinburg, das ab 1952 zum Bezirk Halle/Saale gehörte, die Saatzuchttradition fortgeführt. Die Altstadt verfiel, nur einige ausgewählte Bauwerke wurden saniert. Planungen in den 1960er Jahren sahen sogar vor, die gesamte Altstadt abzureißen und stattdessen ein Neubauquartier zu errichten. In den 1980er Jahren waren ganze Straßenzüge abrissreif. Unmittelbar nach der friedlichen Revolution begann die **Rettung der Fachwerkstadt.** Der Bund erklärte Quedlinburg zur Modellstadt Stadtsanierung. So konnten durch Privatinitiative und Förderungen viele Häuser und ganze Straßen wiederhergestellt werden. **1994 erklärte die UNESCO Quedlinburg zum Weltkulturerbe.**

Mit einem eigenen Förderprogramm unterstützt die Stadt Gewerbetreibende in der historischen Innenstadt. So soll die einzigartige Altstadt, die jährlich von mehr als einer Million Gästen besucht wird, auch hochwertige, vielfältige Einkaufserlebnisse in über 150 Geschäften bieten. Als Standort des bundeseigenen **Julius-Kühn-Forschungsinstituts für Kulturpflanzen** pflegt Quedlinburg seinen weltweiten Ruf in der **Saatgutzucht.**

Ihr faszinierendes Ambiente empfiehlt die Welterbestadt auch als **Ta-**

gungsort. Das wussten ja in der einstigen Pfalz schon die Kaiser zu schätzen. Quedlinburg profiliert sich zudem im Denkmalschutz, die Stadt ist Sitz des Deutschen Fachwerkzentrums und einer Jugendbauhütte der Deutschen Stiftung Denkmalschutz.

Sehenswertes

Der Stadtrundgang durch ein Jahrtausend Kulturgeschichte erschließt zunächst die Altstadt mit ihren Fachwerkgassen rund um den Markt und die hist. Neustadt, wendet sich dem Schlossberg zu, mit der die Stadt überragenden romanischen Stiftskirche St. Servatii, besteigt den Münzenberg, wo der Panoramablick auf Quedlinburg zu erleben ist, und kehrt danach auf den Markt zurück.

Bahnreisende erreichen die Stadt an einem modernisierten, das heißt vor allem **barrierefreien, denkmalgeschützten Bahnhof** (1862/2022). Der Fußweg bis zum Markt – Bahnhofstraße über die Bode, links die Heiligegeiststraße und Steinbrücke – dauert keine 15 Min.

Markt und Kornmarkt

Die für Quedlinburg charakteristischen Fachwerkhäuser verschiedener Bauepochen prägen das Bild des langgestreckten Marktplatzes. Im Zentrum steht das im Jahr 1310 erstmals erwähnte **Rathaus.** Die heutige, von Efeu überwachsene Renaissancefassade entstand um 1616, weitere Umbauten erfolgten in der Gründerzeit. Sieben Stufen führen zu dem Portal mit Sitznischen, das gleichfalls 1616 erbaut wurde. Im Aufsatz über dem Portal trägt der schwarze Reichsadler als Brustschild das Quedlinburger Stadtwappen. Über allem steht die Abundantia, die römische Göttin des Überflusses.

Neben dem **Archivturm** (14. Jh.) an der südwestlichen Ecke des Rathauses steht der **Roland** als Symbol städtischer Souveränität. Die Figur wurde im Jahr 1869 aus Bruchstücken des 1477 nach einem gescheiterten Aufstand der Bürger gegen die Klosterherrschaft zerstörten Rolands restauriert. Ein Mosaik im Marktpflaster stellt den Reichsadler mit dem Quedlinburger Wappen dar.

Den Rang des Handels für das Selbstverständnis der Quedlinburger betont das westlich vom Rathaus, mit dem schlanken Giebel zum Markt stehende **Hokenhaus** (Hoken 1), ein Handelshaus aus dem 16. Jh., und wie die weiteren Häuser im Hoken (von *hökern* = handeln) aus den Krämerbuden des Mittelalters entstanden. Der Giebel des Hokenhauses, der spitze Archivturm des Rathauses und die hinter den Fachwerkhäusern des Hoken aufragenden Türme der Marktkirche bilden eines der meistfotografierten architektonischen Ensembles der Stadt.

Die **Marktkirche** hinter dem Rathaus befand sich inmitten der ab dem Jahr 966 entstehenden Marktsiedlung. Vom romanischen Bau ist das Westwerk erhalten. Die gotische Hallenkirche ist barock ausgestattet.

Nördlich der Marktkirche liegt der kleine, schattige **Kornmarkt.** Beachtenswert ist das Haus Kornmarkt 7 aus dem

⊳ Rathaus Quedlinburg (um 1616)

Jahr 1690. Es diente bis 1850 als Ratswaage, dann wurde der Laden im klassizistischen Stil geschaffen.

Die östlich am Rathaus vorbeiführende **Breite Straße** vereint farbenfrohe Fachwerkhäuser, deren Überraschendsten sind wohl die an der Ecke zum Marktkirchhof. Es sind sieben, und allesamt zu einem gemütlichen, verwinkelten Café vereint. Im Café Roland mit seinen schattigen Straßenplätzen braucht man also mehrere Besuche, um seinen Lieblingsplatz zu finden.

Zur Hölle

Wo die Breite Straße am schmalsten ist, direkt an der Ecke zum Rathaus, führt ein gerade noch so ausreichend hoher sowie enger und langer Gang durch das Haus zum **Schuhhof.** Aufgelockert durch einen lichten, schlanken Innenhof, in dem früher die Schuhflicker arbeiteten, endet diese Gasse direkt in der Hölle. Ein kleines Hotel an diesem intimen Ort heißt folgerichtig **„Vorhof zur Hölle"**.

Die Hölle ist deutlich besser als ihr Ruf; in Quedlinburg jedenfalls erweist sie sich als **eine der anmutigsten Straßen der Stadt.** Ihren Namen könnte sie der Lage zwischen der inneren und äußeren Stadtmauer im Mittelalter zu verdanken haben. Zu dem vielgestaltigen Fachwerkquartier gehören die anschließenden Straßen Pölle und Stieg. In dem kleinen Fachwerkhaus Pölle 39 wurde der Turnpädagoge und Reiseschriftsteller **Johann Christoph Friedrich GutsMuths** (1759–1839) geboren. Auf dem nach ihm benannten Platz an der Ecke

407h dk

353h dk

Hölle/Pölle steht ein Denkmal (1904), es zeigt den Pädagogen mit seinem Lieblingsschüler, dem späteren Mitbegründer der wissenschaftlichen Geografie, *Carl Ritter* (1779–1859).

Neustadt

Von der Pölle gelangt man über den Mühlgraben und die Straße „Zwischen den Städten" auf den Steinweg und damit in die Neustadt. Anders als der Name vermuten lässt, ist sie schon **800 Jahre alt.** Damals ließen sich Handwerker, Händler sowie Bauern aus den umliegenden Dörfern hier nieder, denn in der Altstadt war kein Platz mehr. 1330 wurde die Neustadt der Altstadt als Lehen zugeordnet, was praktisch eine Zusammenlegung war.

Der **Steinweg** war eine befestigte Handelsstraße und ist die zentrale Verkehrsader der Neustadt. Seine frühere Funktion erkennt man noch an den Seilrollen und Ladeluken in den Speicheretagen über den Wohnungen der Fachwerkhäuser. Steinweg 51 ist das Geburtshaus von **Dorothea Christiane Erxleben** (1715–1762), der ersten promovierten deutschen Ärztin (→ Exkurs „Harzer Frauen", S. 258). Gewohnt und ihre Dissertation geschrieben hat die junge Frau wenige Schritte von hier, in der Kaplanei 10, am Neustädter Kirchhof.

Der Weg trifft am **Mathildenbrunnen** auf die **Pölkenstraße.** Die platzartige Straßenweitung rund um den Brunnen ist das Herz der Neustadt. Hier geht es kleinstädtisch geschäftig zu. Parallel zum berühmten Quedlinburger Weihnachtsmarkt öffnet hier während der gesamten Adventszeit und über Weihnachten hinaus ein **Wintermarkt** mit Angeboten besonders für Familien (www.winterzauber-quedlinburg.de).

Hinter der Fachwerkhausreihe ragen die Doppeltürme der gotischen **Nikolaikirche** auf. Sie ist die größte Kirche der Stadt. Vom romanischen Vorgängerbau blieben nur Rudimente erhalten. Ihre Ausstattung ist barock. Am Durchgang vom Kirchhof zum Konvent steht eines der ältesten Fachwerkhäuser dieses Viertels. Es wurde 1420 erbaut.

◁ In der „Hölle"

▷ Ständerbau von 1350 mit Fachwerkmuseum

In den Gassen und Höfen dieses Quartiers lässt sich noch manches reizvolle Fachwerkhaus entdecken. Besuchenswert sind die Buchhandlung und das Antiquariat Gebecke, da lässt sich vortrefflich stöbern und entdecken, man vergisst als Bücherfreund leicht die Zeit.

Über die schmaler werdende Pölkenstraße und die Heilige-Geist-Straße gelangt man auf die Steinbrücke mit ihren vielen kleinen Läden und auf den Markt.

Die Word

An der schmalen Südseite des Marktes, also dem Rathaus gegenüber, zweigt südwestlich die Word ab (der Name wird deutsch gesprochen), ein im 13. Jh. trockengelegtes Gebiet entlang des Mühlgrabens. Hier steht schwarz und weiß **eines der ältesten Fachwerkhäuser Deutschlands,** ein **Ständerbau** aus dem Jahr 1350. Charakteristisch sind die vom Sockel bis zum Dach reichenden Holzbohlenständer. Das bis 1965 noch bewohnte Haus ist heute ein **Museum** für die Fachwerkarchitektur.

■ **Fachwerkmuseum Ständerbau,** Wordgasse 3, Tel. (03946) 3828, April–Okt. Fr–Mi 10–17 Uhr, 3/2 €. Museum im Hochständerbau aus dem 14. Jh., Geschichte der Fachwerkbaukunst vom 14.–19. Jh., Restaurierung und Rekonstruktion in Quedlinburg.

Wenige Schritte weiter öffnet sich ein Hoftor in den **Adelshof** (auch Fleischhof genannt). Das vierflügelige Anwesen liegt direkt an der Stadtmauer. Vom **Spiegelsturm** der Stadtbefestigung ist das Erdgeschoss erhalten. Inmitten des Hofes steht auf einem Sandsteinsockel ein **Taubenturm** aus dem 18. Jh. Der seit dem 13. Jh. belegte Hof hatte viele Eigentümer und stand zuletzt 20 Jahre leer, bis er 2008 wieder privat erworben und gemeinsam mit einem Bürgerverein saniert wurde. Eine bezaubernde Adresse ist der Adelshof während des Advents in den Höfen (→ Exkurs „Advent in den Höfen", S. 254).

Das „Le Feu" im Westflügel ist der Elsass im Harz: hier gibt es vorzügliche Flammkuchen.

Die Wordgasse führt direkt zur **Kirche St. Blasii.** Sie ist wahrscheinlich die älteste Kirche der Altstadt, denn frühromanische Elemente im Turm lassen vermuten, dass sie schon um das Jahr 1000 im Zentrum einer Siedlung stand, aus der die Altstadt hervorgegangen ist. Um 1715 wurde sie im Barockstil neu errichtet. Im Saal, mit schlichtem Kastengestühl und ornamentierten Holzemporen, ziehen der barocke Kanzelalter

355h dk

Advent in den Höfen

Ein romantischer **Weihnachtsmarkt** ist an den ersten drei Adventswochenenden überall in der historischen Stadt zu erleben. Zum „Advent in den Höfen" öffnen sich Tore, die für Besucher sonst geschlossen sind, zu einer märchenhaften Weihnachtswelt. Künstler treten auf, Handwerker aus der Stadt und Region bieten ihre Erzeugnisse an, und was aus den Küchen duftet, ist vom Feinsten. Der Quedlinburger ist zweifellos **einer der besinnlichsten Adventsmärkte** hierzulande. Den Marktbummel kann man mit einer weihnachtlichen Stadtführung eröffnen.

■ **Infos:** www.adventsstadt.de

(1723) und die an barocke Gärten erinnernde Stuckdecke die Blicke auf sich. Die Kirche ist Konzertsaal und Ausstellungsort.

An der sehenswerten Blasiistraße lädt das **Eisenbahn- und Spielzeugmuseum** Kinder jeden Alters zum Schauen, Staunen und Träumen ein.
Das Fachwerkhaus Word 28, ein Speicher aus dem 17. Jh., ist sowohl Museum seiner selbst, als auch Schauwerkstatt des **Museums für Glasmalerei und Kunsthandwerk.**

■ **Eisenbahn- und Spielzeugmuseum,** Blasiistraße 22, Tel. (03946) 9019526, www.eisenbahn-spielzeug-museum.de, April–Okt., Dez. Mo–Sa 10–17 Uhr, So, Fe 11–16 Uhr, Nov., Jan.–März Mo–Sa 10–16 Uhr, So, Fe 11–16 Uhr. Modelleisenbahnsammlung, Spielzeug aus alten Zeiten, darunter große Puppensammlung, Spielzeugverkauf, Puppendoktor, Spielecken, Gartenbahn.

■ **Museum für Glasmalerei und Kunsthandwerk,** Word 28, Tel. (03946) 810653, Mai–Dez. Di–Fr 10–18 Uhr, Sa, So 11–16 Uhr.

Über die Hohe Straße und die Lange Gasse gelangt man nun in das Schlossbergviertel am legendären Finkenherd. Dabei passiert man linker Hand den großen Altstadtparkplatz an der Carl-Ritter-Straße, der wiederum zum **Wordpark** führt, einer Grünanlage mit Ruhebänken, für alle, die sich vom Pflaster erst einmal erholen möchten.

Finkenherd

Die verwinkelten Gassen am Schlossberg mit ihren zahlreichen Fachwerkhäusern laden zu einem unvergesslichen Altstadterlebnis ein. Sie sind das ganze Jahr über belebt von staunenden und entzückten Besuchern. Das mit seinem steilen Satteldach schlank aufragende Haus **Finkenherd 1** ist nicht zu verfehlen, als Kopfbau einer kurzen Häuserzeile steht es wie eine Insel zwischen zwei Gassen.

Der sagenhafte Ort, hier ist er. Am heutigen Finkenherd soll dem **Sachsenherzog Heinrich** (um 876–936) im Jahre 919 die Königskrone angetragen worden sein. Der Edelmann war unterhalb des Schlosses beim Vogelfang, seiner Lieblingsbeschäftigung. So berichtet es die haltbare Sage. Belege gibt es dafür nicht, und „jugendlich", wie mancherorts zu lesen ist, war *Heinrich* gewiss nicht mehr. Die Formulierung von der „Wahl zum deutschen König" ist ja eine arge Verkür-

348h dk

zung eines historischen Prozesses zur Herausbildung des deutschen Reiches. Fest steht, dass Quedlinburg die Lieblingspfalz *Heinrichs des Vogelers* war und dass die „Königserhebung" im Jahre 919 in der Königspfalz Fritzlar (Nordhessen) erfolgte.

Der Finkenherd, einer der schönsten Plätze des Harzes

Zweifellos ist der Finkenherd und der anschließende kleine Platz am **Schlossberg** mit seinen Fachwerkhäusern und dem buckligen Pflaster **einer der anmu-**

tigsten Stadträume Deutschlands. Überraschend sind die dem Schlossberg vorgelagerten Sandsteinklippen, die von einem Hohlweg durchquert werden. Zu den prächtigsten Fachwerkhäusern gehört das 1560 erbaute, als Museum geöffnete Geburtshaus des Dichters der „Gelehrtenrepublik" – *Friedrich Gottlieb Klopstock*. Im **Museum** werden Leben und Werk weiterer Persönlichkeiten gewürdigt, so das der Ärztin *Dorothea Christiane Erxleben*, des Turnpädagogen *Johann Christoph Friedrich GutsMuths* und des Geografen *Carl Ritter*. Am Platz laden mehrere Cafés ein.

■ **Klopstockhaus,** Schloßberg 12, Tel. (03946) 905691, www.quedlinburg.de, April–Okt. Mi–So 10–17 Uhr, 3,50/2,50 € (Familienkarte 8 €).

Ein schmaler Durchgang führt zur **Lyonel-Feininger-Galerie** und damit aus der Renaissance geradewegs in die Klassische Moderne. Das Werk des deutsch-amerikanischen Malers und Grafikers (1871–1956) gelangte mit der Sammlung des Quedlinburger Bauhausarchitekten *Hermann Klumpp* (1902–1987) in die Stadt, die damit den weltweit bedeutendsten Bestand von Druckgrafik *Feiningers* ausstellen kann. Zudem besitzt die Galerie grafische Blätter weiterer Künstler der Klassischen Moderne und der DDR-Zeit.

■ **Lyonel-Feininger-Galerie,** Finkenherd 5a, Tel. (03946) 6895930, www.feininger-galerie.de, April–Okt. Di–So 10–18 Uhr, Nov. bis März Di–So 10–17 Uhr, 6/4 € (bis 18 Jahre frei).

Schlossberg

Der Aufstieg zum Schlossberg nimmt den Schritten die Eile. Es ist ja ein außergewöhnlicher Ort, der nun betreten werden soll, der Stammsitz des ersten deutschen Königs. Auf dem Sandsteinfelsen hoch über der Stadt ragt die hochromanische **Stiftskirche St. Servatius** auf. Die monumentale Basilika wurde 1129 geweiht, hatte aber, vom Jahr 936 an, schon

356h dk

350h dk

drei Vorgängerbauten. Sie war die Kirche des Quedlinburger Damenstifts. Die Krypta ist Grabstätte *Heinrichs I.* und seiner Gemahlin *Mathilde* sowie der ersten Äbtissinnen. In der Fürstengruft ruhen die Äbtissinnen *Anna II. zu Stolberg* und *Anna III. zu Stolberg-Wernigerode* sowie die Geliebte *Augusts des Starken* und spätere Pröbstin, *Aurora von Königsmark*. Charakteristisch für das Mittelschiff ist der als „niedersächsischer Stützenwechsel" bezeichnete Rhythmus von jeweils zwei Säulen und einem Pfeiler, deren Kapitelle reich figuriert sind.

Zwischen 1938 und 1940 hatten die Nationalsozialisten den gotischen Chor zerstört, um ihn in der romanischen Form „wiederherzustellen". Dabei wurde eine pseudoromanische Apsis errichtet. Das Bauwerk wurde als „Weihestätte der SS" missbraucht.

St. Servatius ist als Denkmal hochromanischer Architektur und deutscher Geschichte sowie als Schatzkammer erlebbar. In einem Anbau des Altarraums

⌃ Am Schlossberg unter den Stiftsgärten

‹ Blick vom Finkenherd zur Altstadtgasse Gildschaft

Harzer Frauen

Von den **Hexen** ist oft zuerst die Rede, wenn es um Frauen im Harz geht. Tragisch genug ist diese häufig nur noch als Folklore wahrgenommene Geschichte religiösen Terrors. Im Jahr 1484 postulierte Papst *Innozenz VII.* das „Aufspüren von Hexen" als christliche Pflicht. Die Anleitung dazu erschien 1487 im „Hexenhammer", verfasst von zwei Dominikanermönchen. Vor allem Denunziation brachte die Opfer auf den Scheiterhaufen. Zu 70 Prozent waren es Frauen, die als Hexen ermordet wurden. Der Hexenglaube ist aber viel älter, vor der großen Hysterie galt er als Aberglaube und wurde als solcher von der Kanzel herab bekämpft. Ein Denkmal für die im Harz als Hexen ermordeten Frauen und Männer gibt es nicht. In Hornburg erinnert die Anna-Landmann-Straße an die aus Osterode stammende Frau, die im Jahr 1597 Opfer des letzten dortigen Hexenprozesses wurde.

Die Hexe ist im Harz in jeder nur denkbaren Form anwesend, als Andenken, Namensgeberin, Geschichtenerzählerin, wobei die Geschichte nicht selten zum Rummel verkommt. Andererseits wird die Hexe zunehmend auch als **Identifikationsfigur** der Menschen im Harz wahrgenommen und interpretiert. Die Hexe als stolze, selbstbewusste, kluge Frau, die es nicht nötig hat, Erwartungen zu erfüllen. In diesem Sinne ist sie Symbol des Harzes als zukunftsorientierte Natur- und Kulturlandschaft. Wer in den Harzwäldern wandert, wird ihnen begegnen: Frauen allein unterwegs, die den Weg kennen, die Beeren, die Pilze und alles.

Die **Kiepen- und Botenfrauen** waren vom 16. bis 20. Jh. im Harz unterwegs. Mit ihren Körben aus geflochtener Weide, den Kiepen, transportierten sie schwere Lasten kilometerweit auf dem Rücken durch den Oberharz. Sie besorgten den Warentausch und die Kommunikation aus den Bergorten ins Vorland und trugen mit ihrem Lohn zur Existenz der Berg- und Waldarbeiterfamilien bei. So gab es „Pulverträgerinnen", die „Landgängerinnen", die in der Waldpflege tätigen „Kulturfrauen", und allen war gemein, dass sie sogar die Zeit des Gehens nutzten, um für ihre Familien zu stricken. (Lesetipp: „Kräuterweiber, Kiepenfrauen und Botengängerinnen im Harz", Goslar 1991.)

Juliane von Stolberg (1506–1580) wurde auf Schloss Stolberg geboren. Sie heiratete den Grafen *Philipp II. von Hanau-Münzenberg* und als Witwe den ebenfalls verwitweten Grafen *Wilhelm von Nassau-Dillenburg*. Mit ihm hatte sie fünf Kinder, über deren beiden ältesten sie zur Stammmutter des niederländischen Hauses Oranien wurde.

Catharina Margaretha Linck (1687–1721) war Knopfmacherin und Kattundruckerin. Sie trug Männerkleidung, schloss sich den radikalpietistischen Täufern an und wurde 1705 Soldat. Im Jahr 1717 heiratete sie, als Mann verkleidet und unter dem Namen *Anastasius Lagrantinus Rosenstengel,* ihre Geliebte *Catharina Margaretha Mühlhahn* aus Halberstadt. Bald darauf musste das Paar aufgrund von Intrigen die Stadt verlassen. In Münster gelang es, sich von Jesuiten katholisch taufen zu lassen, doch die erhoffte Unterstützung blieb aus. *Catharina Mühlhahn* kehrte allein und mittellos nach Halberstadt zurück, während *Anastasius Rosenstengel* nach Helmstedt ging und sich dort lutherisch taufen ließ. Durch die Taufpaten – die Universität und der Rat der Stadt – kam sie an einen größeren Geldbetrag. Der Versuch, die Ehefrau in das sichere Helmstedt zu holen, scheiterte. Infolge einer Intrige der Schwiegermutter wurde *Anastasius Rosenstengel* verhaftet und der „Sodomie" angeklagt. Sie wurde zum Tode verurteilt und am 8. November 1721 öffentlich mit dem Schwert hingerichtet. (Lesetipp: *Angela Steidele:* „In Männerkleidern. Das verwegene Leben der

Catharina Margaretha Linck alias Anastasius Lagrantinus Rosenstengel", Köln 2004.)

Dorothea Christiana Erxleben (1715–1762) war die erste promovierte deutsche Ärztin. Als Kind interessierte sie sich besonders für die Naturwissenschaften und für Latein. Ihr Vater, Stadtphysikus in Quedlinburg, unterrichtete sie und ihren Bruder in praktischer und theoretischer Medizin und nahm sie mit zu seinen Patienten. Nachdem der Plan, gemeinsam mit ihrem Bruder zu studieren, durch dessen Einberufung zum Militär gescheitert war, bat der Vater *Friedrich den Großen*, sich für die begabte Tochter zu verwenden. Die Universität Halle wurde 1741 angewiesen, die Frau zur Promotion zuzulassen. Doch als Mutter von fünf angeheirateten und vier eigenen Kindern, die in Quedlinburg die Praxis ihres Vaters übernommen hatte, konnte *Dorothea Erxleben* erst 1752 das königliche Privileg in Anspruch nehmen. Zwei Jahre darauf legte sie ihre Dissertation vor. Sie praktizierte weiter in ihrer Heimatstadt, wo sie kurz vor ihrem 47. Geburtstag starb. Im Quedlinburger Klopstock-Museum ist ein Raum ihrem Leben gewidmet.

Elisabeth Gnauck-Kühne (1850–1917) gründete in Blankenburg ein Erziehungsinstitut für Töchter höherer Stände. Sie war eine wegweisende Programmatikerin der evangelischen und katholischen Frauenbewegung.

Minna Bollmann (1876–1935) war eine sozialdemokratische Politikerin. Sie wurde in Halberstadt geboren und arbeitete zunächst als Schneiderin. Mit ihrem Ehemann betrieb sie eine Gastwirtschaft, die der örtlichen SPD als Versammlungslokal diente. Von 1919 bis 1933 gehörte sie für die SPD der Stadtverordnetenversammlung von Halberstadt an, 1919/20 auch der Weimarer Nationalversammlung, von 1921 bis 1933 dem Preußischen Landtag. Nach dem Machtantritt der Nationalsozialisten diente das Lokal als verdeckter Treffpunkt. Angesichts der alltäglichen Bedrohung durch den NS-Terror nahm *Minna Bollmann* sich das Leben. In Halberstadt ist nach ihr eine Straße benannt.

Katharina von Kardorff-Oheimb (1879–1962) lebte in Goslar. Sie engagierte sich für das Frauenwahlrecht, organisierte Bildungskurse für Frauen und saß für die DVP als eine der ersten weiblichen Abgeordneten im Reichstag.

253h-dk

[>] Dorothea Erxleben an ihrem Geburtshaus in der Quedlinburger Neustadt

357h dk

wird der hochrangige **Quedlinburger Domschatz** ausgestellt. Seine Geschichte reicht zurück bis in die ottonische Zeit im 10. Jh. Er umfasst Reliquien in kostbaren Behältnissen, Handschriften, Tafelmalereien, Goldschmiedearbeiten sowie Elfenbeinschnitzereien. Ein Knüpfteppich aus dem 12. Jh. gilt als der älteste erhaltene in Europa.

⌃ Die Sandsteinklippen vor den Fachwerkhäusern auf dem Schloßberg waren auch schon Filmkulisse – in „Hans Röckle und der Teufel" (1974)

› Der Altstadtbummel führt in eines der Cafés am Klopstockhaus

■ **Stiftskirche mit Domschatz,** Schloßberg 1, Tel. (03946) 709900, www.domschatzquedlinburg.de, Di–So 10–16 Uhr. Unter www.stiftsberg-quedlinburg.de aktuelle Infos zu den Bauarbeiten und zur Neukonzipierung der Ausstellungen.

Das aus der Residenz der Stiftsdamen hervorgegangene Schloss wurde zwischen dem 16. und 18. Jh. erbaut. Im städtischen **Schlossmuseum** werden Ausstellungen zur Ur- und Frühgeschichte, zum frühen Mittelalter – im ottonischen Kellergewölbe „Auf den Spuren der Ottonen" und zur Entstehung des freiweltlichen reichsunmittelbaren Damenstifts – und zur jüngeren Stadtgeschichte gezeigt, und der Missbrauch dieser Geschichte durch die NS-Ideologie wird thematisiert. Auch adelige Prunkgemächer des 17./18. Jh. sowie eine Historische Bibliothek stehen Besuchern offen.

■ **Schlossmuseum,** Schloßberg 1, Tel. (03946) 905681, www.quedlinburg.de, Öffnung und Eintritt wie Domschatz.

Großartige Blicke über die Stadt und bis zum Höhenzug des Harzes mit dem Brocken bietet der weitflächige Terrassengarten auf dem Schlossberg.

■ **Schlosstor** geöffnet Mai–Okt. tgl. 7–22 Uhr, Nov.–April tgl. 8–20 Uhr.

In der malerischen kleinen Gasse unterhalb des Schlossberges stehen wiederum sehr schöne **Fachwerkhäuser,** hier gibt es neben Ferienwohnungen auch eine Kunstgalerie.

■ **Galerie am Schlossberg,** Brandgasse 1, Do, Fr 11–17 Uhr, Sa 11–15 Uhr.

Münzenberg und Wipertikirche

Nach dem Verlassen des Schlossberges führt der Stadtrundgang über die Mühlenstraße zur Wipertistraße als Teil des Ringes um die Altstadt und dort über Treppen hinauf auf den Münzenberg. Eine Treppe ist an der Grünanlage zu finden, die andere am kleinen Parkplatz.

Der Münzenberg liegt dem Schlossberg direkt gegenüber. Er war Sitz des **Marienklosters,** das 986 durch die erste Äbtissin des Quedlinburger Frauenstifts gestiftet worden war. Das Kloster bestand bis zur Einführung der Reformation. Ende des 16. Jh. besiedelten Kessel-

354h dk

flicker, Scherenschleifer, Bettelmusikanten und Hausierer den Berg, sie bauten sich kleine, einfache Häuser in die verfallende Klosteranlage und schufen so dieses pittoresk erscheinende Viertel, das damals eben ein Armenquartier war.

Gepflasterte Gassen mit Fachwerkhäuschen laden zum Verweilen ein. Von einer Terrasse bietet sich der prächtigste **Blick auf Quedlinburg** – der majestätische Schlossberg im Zentrum, und darunter die Dächerkristalle der Altstadt.

In der zum Teil erhalten gebliebenen ehemaligen Klosterkirche informiert ein **Museum** über die Geschichte des Münzenberges.

- **Münzenbergmuseum,** Münzenberg 16, April–Okt. Mo, Di, Fr–So 9–12 und 14–18 Uhr, Nov.–März Mo, Di, Fr–So 9–12 und 14–17 Uhr. Geschichte des 986 gestifteten Marienklosters und des Siedlungsgebietes auf dem Münzenberg.

Architekturinteressierte sollten noch zur nahegelegenen romanischen **Wipertikirche** gehen. Sie steht am Fuße des Schlossberges, aber ebenfalls jenseits der Ringstraße. Erbaut im frühen 10. Jh., gehört sie zu den ältesten romanischen Bauwerken Deutschlands. Einen Vorgängerbau gab es schon im 9. Jh. Umgeben ist sie von einem historischen Friedhof, der nahezu ausschließlich aus Grüften besteht. Im 17. Jh. wurde die Kirche barock umgestaltet. Von den romanischen Spuren ist vor allem die Krypta zu nennen.

Der **Abteigarten** bietet sich für einen abschließenden Bummel im Grünen an. Er diente einst als Garten der Äbtissin und wurde ab 1769 in der heutigen barocken Form umgestaltet. Hier ergibt sich eine historische Blickachse von der Parkanlage des Brühl über den Abteigarten bis zum Schlossberg, die nunmehr den Rückweg in die Altstadt weist. Vom Abteigarten bis zum Markt geht man 10 Min., bis zum Bahnhof 15 Min.

Praktische Tipps

Anreise

- **Auto:** B 6, B 6n, B 79, A 14.
- **Bahn:** Regionaexpress Halberstadt – Thale; Harz-Berlin-Express Berlin – Magdeburg – Halberstadt – Quedlinburg – Thale; Selketalbahn.

Information

- www.quedlinburg.de
- **Quedlinburg-Information,** Markt 4, Tel. (03946) 905624, Mai–Okt. Mo–Fr 9.30–18.30 Uhr, Sa 9.30–15 Uhr, So 9.30–14 Uhr, Nov.–April Mo–Fr 9.30–17 Uhr, Sa 9.30–14 Uhr (städtische Touristeninformation).
- **Quedlinburger Stadtinformation,** Markt 3, Tel. (03946) 6895950, www.quedlinburger-stadtinformation.com, tgl. 9.30–19.30 Uhr (private Touristeninformation).
- **Touristinformation am Finkenherd,** Tel. (03946) 5197340, April–Okt. Do–Di 10–15 Uhr, Nov., Jan.–März Mo, Di, Do–Sa 10–14 Uhr.

Übernachtung

1 1 **Romantik Hotel am Brühl**③, Billungstraße 11, Tel. (03946) 96180, www.hotelambruehl.de, April–Dez. tgl. ab 12 Uhr, Jan. bis März tgl. ab 18 Uhr. Vier-Sterne-Hotel in einem Fachwerkhaus in der Altstadt, mit **Weinstube,** Gartenhof.

2 Flair Hotel Schlossmühle③, Kaiser-Otto-Straße 28, Tel. (03946) 7870, www.schlossmuehle.de. Vier-Sterne-Hotel in der Altstadt am Schlossberg.

3 Appartementhaus am Brunnen②, Altetopfstraße 9/Steinweg 78, Tel. (0160) 8080404, www.quedlinburger-ferienwohnungen.de. Zehn komplett eingerichtete Wohnungen mit ein bis drei Zimmern in Fachwerkhäusern in der Altstadt, ideal für Familien.

16 Pension „Zum Landsknecht"①, Weberstraße 13, Tel. (03946) 706868, www.pension-zum-landsknecht-quedlinburg.de. Das Fachwerkhaus in der Neustadt hat einen lauschigen Innenhof mit Sitz- und Grillecke, die Doppel- und Mehrbettzimmer sind nostalgisch eingerichtet. Direkt daneben gibt es einen Kaufmannsladen für den kleinen Einkauf.

7 7 Hotel und Brauhaus Lüdde②, Carl-Ritter-Straße 1, Tel. (03946) 901481, www.hotel-brauhaus-luedde.de. In der Altstadt mit Blick zum Schloss, Brauereiführungen, Biergarten. Restaurant Mo–Sa ab 12 Uhr.

13 Fachwerkhotel „Vorhof zur Hölle"③, Breite Straße 52, Tel. (03946) 919334, www.vorhofzurhoelle.de. Vier Wohnungen für zwei bis fünf Personen in einem Fachwerkhaus mitten in der Altstadt.

17 Pension Alte Druckerei②, Weberstraße 32, Tel. (03946) 9019180, www.pension-altedruckerei.de. Großzügige, helle Zimmer in einer Villa, Frühstück im einstigen Drucksaal, 10 Min. Fußweg zum Markt.

11 Appartement „Silberne Lilie", Pölkenstraße 1–2, Tel. (03946) 979925, www.silberne-lilie.de, 2 Pers. 60 €. Aufbettung für Kind möglich. Im Hof eines Bürgerhauses aus dem 19. Jh, Zugang über steile Treppe.

5 Ferienwohnungen am Finkenherd, Gildschaft 11, Tel. (03946) 705417, www.harz-travel.de. Zwei sympathische Ferienwohnungen im Fachwerkhaus am legendären Ort unterhalb des Schlossberges für jeweils 2 Personen.

Essen und Trinken

■ **Hotelrestaurants** → „Übernachtung".

MEIN TIPP: **4 Café Kaiser**②, Finkenherd 8, Tel. (03946) 515 552, www.pfannkuchencafe.de, Di–So 10–19 Uhr. Hühnerhof und Restaurant am geschichtsträchtigen Ort, exzellente Pfannkuchen, Salate, Rührei und Harzer Knieste (das sind halbierte Pellkartoffeln vom Backblech).

14 Café Zum Roland②, Breite Straße 1, Tel. (03946) 4532, Tel. (03946) 4532, www.cafe-roland.de, Mai–Okt. tgl. 10–22 Uhr, Nov. bis April tgl. 10–19 Uhr. Sieben Fachwerkhäuser hinter dem Rathaus, die zu einem stimmungsvollen Café vereint wurden, mit Straßencafé.

8 Restaurant Le Feu②, Wordgasse 4, Tel. (03946) 9078040, www.lefeu.de, tgl. ab 12 Uhr. Flammkuchen im Fleischhof, auch vegetarische.

Einkaufen

15 Nahkauf, Breite Straße 19, Mo–Fr 7–21 Uhr, Sa 7–20 Uhr.

10 Regionalladen Harz, Steinbrücke 20, tgl. 10–18 Uhr.

9 Quedlinburger Stiftsgarten, Blasiistraße 5, Mo–Fr 10–17 Uhr, Sa 10–16 Uhr. Für Gartenfreunde: Quedlinburger Saatgut. Eiswaffel auf die Hand.

18 Harzer Weingut Kirmann, Westerhausen (zu Thale, zwischen Quedlinburg und Blankenburg), Westerhäuser Gartenstraße 532, Tel. (03946) 701466, www.harzer-weingut.de, Hofladen Mo–Fr 14–18 Uhr, Sa 10–14 Uhr (unverb., vorher anrufen). Einzellage Westerhäuser Königstein.

12 Buchhandlung und Antiquariat Gebecke, Pölkenstraße 3, Tel. (03946) 2698, Mo–Fr 9.30–18 Uhr, Sa 9.30–13 Uhr, www.gebecke.com. Einfach eine wunderbare Buchhandlung.

6 Ladengalerie Clara, Gildschaft 10, Tel. (03946) 810990, www.clara-quedlinburg.de, Mo–Sa 10–18 Uhr, So 11–17 Uhr. Mode, Schmuck, Bücher, Wein und Deko.

358h dk

6 Mansfelder Land und Östliches Harzvorland

Kupferbergbau und Reformation prägten das Mansfelder Land östlich des Harzes. Im Gebirgsvorland ragen die vom Bergbau hinterlassenen Pyramiden des Industriezeitalters auf. Die Wippertalsperre ist ein verschwiegenes Natur-Refugium.

◁ Besteigung der Hohen Linde. Die Abraumhalde bei Sangerhausen ist mit dem Kupferschieferbergbau entstanden und höher als die Cheops-Pyramide

MANSFELDER LAND UND ÖSTLICHES HARZVORLAND

Nach einem kulturhistorischen Gang durch die älteste urkundlich erwähnte Stadt von Sachsen-Anhalt, dem einstigen Askaniersitz *Aschersleben,* führt die Reise ins Mansfelder Land mit den Bergbaustädten *Mansfeld* und *Hettstedt* und folgt dort den Spuren *Martin Luthers* und denen des Kupferschieferbergbaus. Das Lutherhaus, das Mansfeld-Museum und die Bergwerksbahn in Hettstedt markieren diese Geschichte ebenso wie die zum UNESCO-Weltkulturerbe zählenden Lutherstätten in *Lutherstadt Eisleben* und die Abraumpyramide im Bergbaurevier vor der *Rosenstadt Sangerhausen.* Während diese kleinen alten Städte im Mansfelder Land vor allem geschichts- und kunstinteressierte

NICHT VERPASSEN!

- Fahrt mit der **Wipperliese** | 277
- **Geburts- und Sterbehaus von Martin Luther** in Eisleben | 283, 285
- **Rosengarten Sangerhausen** | 288

Diese Tipps erkennt man an der gelben Markierung.

Östliches Harzvorland Nord

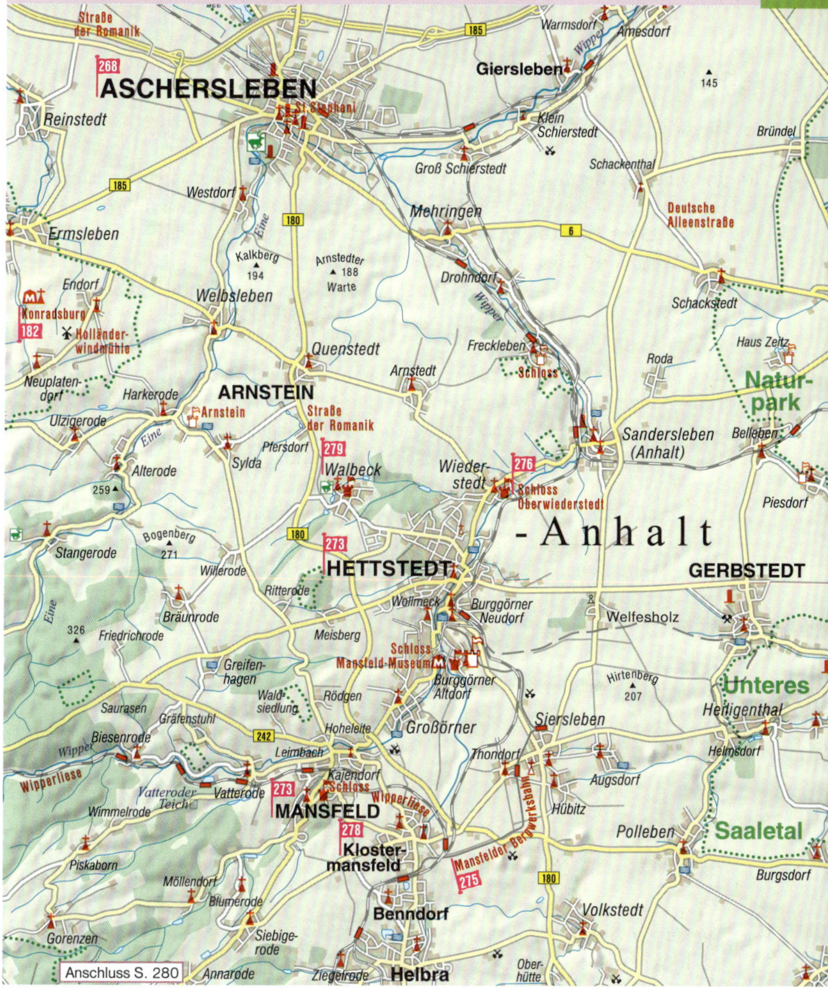

Besucher anziehen, ist das freundliche *Tal der Wipper* mit dem Stausee und der gemächlichen Bahn Wipperliese das Revier für Wander- und Naturfreunde.

Aschersleben

In einer Flussniederung der Eine, zwischen Harz und Magdeburger Börde, liegt die **älteste urkundliche erwähnte Stadt Sachsen-Anhalts.** Wenn es im Hochharz regnet, könnte ein Ausflug nach Aschersleben auf dem Reiseplan stehen, denn die Stadt liegt im Regenschatten des Harzes. Die historische Altstadt mit Bauten der Gotik und Renaissance wird von der weitgehend erhaltenen Stadtmauer umschlossen. Dicke Mauern weist, wenig überraschend, das Gefängnis auf, aber die Türen öffnen sich zum Museum für Kriminalgeschichte. Aschersleben liegt 30 km östlich von Quedlinburg, bis Schierke sind es 66 km.

Stadtgeschichte

Nachdem die fruchtbare Gegend im Vorharz bereits während der Völkerwanderung besiedelt war, wurde im Jahr 753 der Ort **Ascegereslebe** in einer Schenkungsurkunde des Klosters Fulda erwähnt. Im 11. Jh. kam der Ort in den Besitz des Ur-Hochadelsgeschlechtes unter *Albrecht dem Bären,* das sich nach der Burg Aschersleben benannte: die **Askanier.** Sie gehörten zu den mächtigsten Fürstengeschlechtern im Heiligen Römischen Reich. 1266 erhielt Aschersleben das **Stadtrecht.** Ab 1322 wurde die Stadtmauer errichtet. Von 1326 bis 1477 gehörte die Stadt dem **Halberstädter Dreistädtebund** an, ab 1426 der Hanse. 1541 wurde die Reformation eingeführt. Drei **Pestepidemien,** 1528, 1566 und 1628, forderten Tausende Opfer. Nach

359h dk

den Verheerungen im Dreißigjährigen Krieg, in den Schlesischen Kriegen und während der napoleonischen Zeit erlebte die Stadt erst wieder mit der **Industrialisierung** Mitte des 19. Jh. eine Blütezeit. Neben dem Kalibergbau etablierte sich aufgrund der günstigen klimatischen Lage der Anbau von Majoran in der Ackerbürgerstadt.

Die **Nationalsozialisten** errichteten in der Stadt mehrere Rüstungsbetriebe sowie eine Außenstelle des KZ Buchenwald. Aschersleben wurde mehrfach von den Alliierten bombardiert. Während der **DDR-Zeit** bestand in der Stadt zunächst eine Zentralschule der Deutschen Volkspolizei, aus der die bis 1990 betriebene Offiziersschule des Ministerums des Innern hervorging.

In den 1980er Jahren verlor Aschersleben mehrere **denkmalgeschützte Gebäude,** die dem Verfall preisgegeben worden waren.

Aschersleben (28.000 Einwohner) gehört zum Salzlandkreis in Sachsen-Anhalt. Die Stadt baut auf ihrer Wirtschaftsgeschichte des Maschinenbaus und des Majoran-Anbaus auf und hat ihren Besuchern eine kleine, liebevoll restaurierte Altstadt vorzuweisen.

☐ Johannistorturm mit der Skulptur des in Aschersleben gebürtigen Schriftstellers und Hofmathematikers Adam Olearius (1599–1671), des Konstrukteurs des „Gottorfer Globus", davor der „Torso" des Halberstädter Bildhauers Daniel Priese

Sehenswertes

Drei mit Informationstafeln versehene Wege führen die Besucher Ascherslebens durch die Stadt: die Architekturroute, die Stadtbefestigungsroute und die Route „Gärten und Parks". Die Stelen sind in unterschiedlichen Farben gefasst und erleichtern so die Orientierung.

Architekturroute

Die Architekturroute beginnt auf dem Markt klassisch am **Rathaus.** Es wurde 1517/18 im Stil der Renaissance errichtet, der Turm stammt noch vom gotischen Vorgängerbau. Zum Markt hin schließt sich ein Erweiterungsbau von 1935 an, den im Dachgiebel Fresken zur Stadtgeschichte zieren.

Das **Birnstilsche Haus** (Markt 27) ist ein prächtiger Fachwerkbau der Renaissance von 1545, der einst zum Franziskanerkloster gehörte. An der Stelle des einstigen Klosters steht das im 18. Jh. errichtete **Logenhaus,** Sitz des **Städtischen Museums.** Ihm zur Seite ein Bauwerk der Klassischen Moderne, das **Lichtspieltheater** (1930) im Bauhaus-Stil, ausgestattet im Art déco. Die frühgotische **Heilig-Kreuz-Kirche** (Marktkirche) diente den Franziskanern. Nachdem die Mönche während der Bauernkriege geflohen waren und das Kloster zerstört wurde, blieb sie als einziges Bauwerk der Franziskaner stehen. Der Glockenturm wurde 1909 aufgesetzt.

■ **Städtisches Museum,** Markt 21, Tel. (03473) 958430, www.aschersleben-tourismus.de, Di–Fr 10–16 Uhr, Sa 14–17 Uhr, So 10–16 Uhr, 3,50/2,50 €. Stadtgeschichte, Bergbau.

Das klassizistische Haus mit der **Krügerschen Apotheke** (Markt 8) ist die nächste Station, hier lohnt sich ein Blick auf die Ladeneinrichtung im Jugendstil (1905). Stolze Renaissance zeigt das **Krugmannsche Haus** mit seinem über zwei Etagen reichenden Eckerker. Nun sind die Fachwerkhäuser der ehemaligen Gasthöfe „Goldene Sonne" und „Grüner Baum" einen Blick wert, dann die im 16. Jh. aus einem mittelalterlichen Vorgänger neu erbaute **Margarethenkirche** mit ihrer romanischen Altarmensa (Tisch). Der **Graue Hof** (13. Jh.) ist ein frühgotischer Profanbau, das älteste weltliche Haus in Aschersleben. Als Wirtschaftshof diente er dem Kloster Michaelstein (s. Kapitel „Blankenburg"). Heute gibt's hier den Blues: der mittelalterliche Hof ist ein **Kulturzentrum** der Stadt. Am zweiten Oktoberwochenende wird das internationale Herbstbluesfestival gefeiert, mit nächtlicher Session, unvergesslich klingt die Lange Trommlernacht in diesem Gemäuer, und die Schwarze Küche serviert Kulinarisches.

■ **Kunstquartier Grauer Hof,** Am Grauen Hof 1, Tel. (03473) 809079, www.grauerhof.de, Blues, Jazz, Theater, Trommlernacht, Vorträge, Galerie und vieles mehr. Kulinarisches aus der Schwarzen Küche. Bistro: Mittagstisch Mo–Fr 11.30–14.30 Uhr.

Mit den schwarzen Seiten des Alltags dagegen befasst sich das Gefängnis, in diesem Fall nur museal als **„Kriminal-Panoptikum".** Das trutzige Bauwerk wurde 1896 errichtet und diente bis 1982 als Untersuchungsgefängnis. Jetzt präsentiert es eine Sammlung von Hand- und Fußfesseln, Folterinstrumenten und was sonst noch der Wahrheitsfindung diente,

254h-dk

eine Gefängniszelle und Requisiten der Kriminalfotografie.

Kriminalpanoptikum, An der Darre 11, Tel. (03473) 2265942, www.kriminalpanoptikum.de, Di–Do 14–17 Uhr, Sa/So 12–17 Uhr, 1/0,50 €. Im ehemaligen Gefängnis: Kriminalgeschichte, kuriose Kriminalfälle, Gefängsnisalltag, Tatwerkzeuge, Kriminaltechnik, mittelalterliche Rechtspraxis und andere Themen rund um den Rechtsbruch.

Die Architekturroute streift immer wieder sehenswerte Bürgerhäuser aus dem 16. bis 19. Jh., so das **Lederer Bräustübel** an der Kurzen Straße beim Markt. Hier, in einem der ältesten Profanbauten der Stadt (1512), wohnte der Kürasserieleutnant und Dichter der Romantik *Friedrich de la Motte Fouqué* (1777–1843), der Schöpfer der „Undine". Weithin über der Stadt ragt der deutlich geneigte Turm der gotischen **Stephanikirche** auf. Nebenan steht die 1325 erstmals erwähnte **Lateinschule,** sie war Ausgangsort der Reformation in Aschersleben. Besonders ansprechend sind der von Fischern an der Eine vor der Stadtmauer angelegte **Kiethof** aus dem 16.–19. Jh. und die Ackerbürgerhäuser am **Schuhstieg.**

An der Promenade vor der Stadtbefestigung, östlich des Marktes, steht das **Bestehornhaus.** Während der Graue Hof die Heimstatt für intime Kunsterlebnisse ist, steht dieses im Jahr 1908 errichtete Theater für den festlichen Auftritt. Die Verpackungsmittelfabrikanten *Otto* und *Richard Bestehorn* haben es für die Stadt als öffentliches Haus errichten lassen. Das Bühnenhaus wurde 1938 durch den renommierten Architekten *Hans Heckner* (1878–1949) erweitert. Hier gibt es noch immer ein vielfältiges Kulturprogramm.

Bestehornhaus, Hecknerstraße 6, Tel. (03473) 2266721, www.aschersleben-tourismus.de, Mo–Do 8–16 Uhr, Fr 8–12 Uhr sowie vor und nach Veranstaltungen.

Von hier lässt sich der Weg entlang der Stadtbefestigung oder in die Parkanlagen fortsetzen.

Route der Stadtbefestigung

Ein städtebaulicher Schatz ist die zu großen Teilen erhalten gebliebene **Stadtmauer.** Zwar wurden im 19. Jh. zahlreiche **Tore** abgebrochen, doch blieben von den einst 51 noch 15 erhalten. So viele hat kaum eine andere deutsche Stadt. Entlang der Stadtmauer lädt die grüne **Promenade** zum Flanieren ein.

Der **Johannistorturm** ist der einzige erhaltene von fünf Tortürmen, er wurde 1380 erbaut und ist 42 m hoch. Über die Johannispromenade und die Augustuspromenade erreicht man den **Turm am Marsfeld** (1443, 26 m). Der **Liebenwahnsche Turm** (1442, 27 m) sicherte das gleichnamige, nicht mehr bestehende Tor. Anschließend sind das vierstöckige **Rondell** (1507–1583) zu sehen, der **Stumpfe Turm** (1440, 23 m) und die **Spitze Bastion** (1467). Es folgt eine der beeindruckendsten Befestigungsanlagen, die **Große Schale** (1436). Sie hat 8,5 m Durchmesser und lugt mit 12 Schießscharten ins Land. Nach dem Zwinger (1461) in der Louisenpromenade sichert die **Rechteckige Schale** (1442)

Gefängnis mit offenen Türen

nicht mehr die Stadt, aber einen Schulhof. Der Name des gut erhaltenen **Rabenturmes** (1442) deutet auf den nahen Galgen hin, stadtauswärts gibt es dann folgerichtig die Armesündergasse. Und schließlich wacht der **Schmale Heinrich** (1442, Höhe 32 m) im Norden der Stadt. Die Wetterfahne zeigt einen Kranich, der in seinen Krallen einen Stein trägt. Ein Symbol der Wachsamkeit: Schläft der Vogel ein, lässt er den Stein fallen und wird davon wieder wach.

Die **Mauer** zwischen den Türmen und Bastionen ist 8 m hoch und 1 m dick, aber die Zeit hat einige Lücken gerissen.

Route der Gärten und Parks

Nun endlich ins Grüne. Einladende Parkanlagen umgeben die Altstadt. So lässt sich der Parkbummel gut mit der Besichtigung der Befestigungsanlagen verbinden, vom Markt aus sind es immer nur wenige Schritte. Zur Landesgartenschau 2010 wurden die historischen Parkanlagen neu gestaltet.

Den größten Park, die **Herrenbreite,** erleben Bahnreisende gleich zu Beginn des Stadtbesuchs, denn er erstreckt sich zwischen Bahnhof und Altstadt. Am Fontänenfeld erlebt man immer ein fröhliches Treiben. Es gibt Kinderspielplätze, einen Biergarten und Kunstinstallationen.

Der **Bestehornpark** schließt sich südlich an, er liegt auf dem Gelände der einstigen Fabriken Bestehorns. Exotisch ist es hier, wenn die japanischen Zierkirschen blühen. Am Rande des Parks hat die **Grafikstiftung Neo Rauch** ihren Sitz. Der in Aschersleben aufgewachsene, weltweit anerkannte Künstler überlässt der Stiftung von jedem seiner druckgrafischen Werke ein Exemplar, das hier ausgestellt wird. Für die Ausstellung wurde ein Industriebau des Stadtarchitekten *Hans Heckner* um einen modernen „Riegel“ erweitert.

Zwischen beiden Parks (Bestehornstraße 2) leuchtet die **Weiße Villa** der Unternehmerfamilie Bestehorn. Das neobarocke Gebäude (1903) gehört der Lebenshilfe Harzvorland und wird gern für Hochzeiten genutzt.

■ **Grafikstiftung Neo Rauch,** Wilhelmstraße 21–23, Tel. (03473) 9149344, www.grafikstiftungneorauch.de, Mi–So 11–17 Uhr (Nov.–Jan. 10–16 Uhr), 5/3 €.

Der **Stadtpark** entstand auf einem ehemaligen Friedhof. Daran schließt sich das **Rosarium** aus den 1930er Jahren an. Künstlerisch und wissenschaftlich bemerkenswert ist der **„Ascherslebener Globus“** des Berliner Bildhauers *Oliver Störmer,* der 2010 aufgestellt wurde. Er zeigt die „Potsdamer Kartoffel“, wie die Darstellung der Ungleichgewichte im Schwerefeld der Erde bildkräftig bezeichnet wird. Die Bronzeplastik schafft eine Verbindung zur Wissenschafts- und Stadtgeschichte des 17. Jh. Damals schuf der Ascherslebener Gelehrte *Adam Olearius* (1599–1671) den „Gottorfer Globus“ zur Darstellung der Welt. Beide sind mit rund 3 m Höhe etwa gleich groß.

Von der Burg der Askanier im Südwesten der heutigen Stadt überdauerte nur der Rest eines Wohnturmes, der nun dem Uhu des **Zoos** als Behausung dient. In dem hügeligen **Waldpark Alte Burg** leben auf 10 ha Jaguare, andere Großkatzen, Affenarten und weitere Exoten. 120 Tierarten sind hier zu Hause.

Zoo Aschersleben, Auf der Alten Burg 40, Tel. (03473) 3324, www.aschersleben-zoo.de, März–Okt. tgl. 9–18 Uhr, Nov.–Febr. tgl. 9–16.30 Uhr. Exoten und Einheimische im Waldpark. Begehbare Voliere, Streichelgehege, Sumpflandschaft für Jaguare, Zwergflamingokolonie. 6/4 €, Familienkarte 16 €. Anreise mit Linienbus 142.

Praktische Tipps

Anreise

- **Auto:** A 14 (20 km), B 6, B 180, B 185.
- **Bahn:** Regionalexpress Halle – Goslar – sowie Regionalbahn Magdeburg – Aschersleben.
- **Bus:** Regionalbus 240 (Aschersleben – Ballenstedt – Quedlinburg).

Information

- **Touristeninformation,** Hecknerstraße 6, Tel. (03473) 8409440, www.aschersleben-tourismus.de, Mo, Mi, Fr 10–16 Uhr, Di, Do 10–18 Uhr, Sa, So 10–13 Uhr, Mai–Sept. auch So 10–13 Uhr. Infomaterial auch an den Wochenenden im Museum erhältlich.

Übernachtung, Essen und Trinken

- **Hotel Stadt Aschersleben**②, Herrenbreite 17, Tel. (03473) 87260, www.hotel-stadt-aschersleben.com. Kleines Haus am Stadtpark Herrenbreite.
- **Lederer 25,** Über den Steinen 5a, Tel. (03473) 9632710, www.lederer25.de, Do–Sa ab 18 Uhr. Bar und Kneipe für die langen Abende.

Hettstedt und Mansfeld

Beschauliche Städtchen in großer Geschichte sind die **Kupferbergbauorte** Mansfeld (10.000 Einwohner) und Hettstedt (13.600 Einwohner). Die Stadtkerne sind vor allem Reiseziele für **kulturgeschichtlich interessierte Besucher.** Große und kleinere Kinder fahren mit der musealen **Bergwerksbahn** durch das Revier. Bequeme **Wanderwege** führen durch das Tal der Wipper, das bleibt ein Erlebnis auch für kleinere Füße, denn die **Wipperliese** kann einen Teil der Route übernehmen. Zwischen Hettstedt und Mansfeld liegen nur 7 km. Die Harzhochstraße verbindet beide Städte mit den interessantesten Orten des Gebirges.

Stadtgeschichte

Die an einer Furt über die Wipper entstandene Siedlung **Hettstedt** wurde im Jahr 1046 erstmals urkundlich erwähnt. 1199 wurde dort **Kupfer** und **Silber** entdeckt. Bis Mitte des 16. Jh. erlebte die Stadt eine erste Blüte durch den Bergbau. Insbesondere die Einführung des Saigerverfahrens, mit dem Silber von Kupfer getrennt werden kann, eine Hochtechnologie der damaligen Zeit, verbesserte die Ausbeute und den Gewinn. Erst der Holzmangel im Harz und der Abfall des Silberpreises setzten dem um 1560 ein vorläufiges Ende. Nach dem Dreißigjährigen Krieg belebte sich der Bergbau wieder, da die Erfindung des Schwarzpulvers neue Technologien beim Anlegen tieferer Stollen ermöglichte. Ende des 18. Jh. wurden dann Dampfmaschinen eingesetzt. Hettstedt entwickelte sich zu einem bedeutenden Standort der **Schwerindustrie.**

Während der **Märzkämpfe 1921** lag die Stadt im Zentrum des von der KPD und anderen ultralinken Kräften initiierten Aufstandes im Mansfelder Land. Schon die Weimarer Republik, besonders dann aber die DDR hielten den Kupferschieferbergbau durch Subventionen am Leben. Hettstedt verzeichnet eine hohe **Arbeitslosigkeit** und **sinkende Einwohnerzahl.** Der Bergbau ist nur noch museal erlebbar.

Mansfeld erhielt 1410 die Stadtrechte. Seine Wirtschaftsgeschichte ist eng mit der von Hettstedt verbunden. **Martin Luther** verlebte in Mansfeld seine Kindheit, nachdem sich seine Eltern dort 1484 niedergelassen hatten. Sein Vater war als Hüttenmeister tätig. Somit ist Mansfeld mit der Geschichte der Reformation in Deutschland verbunden.

Stadtrundgänge

Mit dem Auto sind es nur 15 Min., mehrere Buslinien verbinden beide Städte; mit der Bahn reisend, steigt man in Klostermansfeld in die Wipperliese (Klostermansfeld – Mansfeld – Wippra) um. So lässt sich das Erlebnis der Bergbau- und Reformationsgeschichte in einer Tagestour miteinander verbinden.

☒ Das Saigertor ist das Wahrzeichen Hettstedts

Hettstedt

Ein **Denkmal** aus rötlichem Porphyr steht vor dem **Rathaus** (1913) und illustriert die Bergbaugeschichte der Stadt. Es wurde 1950 aufgestellt. An der dem Rathaus zugewandten Seite sind die legendären Bergleute *Nappian* und *Neuke* zu sehen, die um 1200 das Kupferschiefer entdeckt haben sollen. Markant sind die Türme der Stadtbefestigung. Das Wahrzeichen der Stadt ist das **Saigertor** am Markt. Der Turm (33 m) wurde 1537 erbaut und erhielt nach einem Brand 1722 seine heutige Gestalt. An der Wipperbrücke zwischen Markt und Luisenplatz steht der **Brücktorturm,** in der Wilhelmstraße der Molmecker Torturm. Die Stadtmauer ist an einigen Stellen erhalten geblieben. Der **„Zuckerhut“** war ein Wachturm an der östlichen Stadtmauer. Seine pyramidenförmige Spitze gab ihm den Namen, gebräuchlich ist auch „Hexenturm“. Doch in dem 1434 errichteten Bauwerk wurde erst im 18. Jh. ein Gefängnis eingerichtet, das bis in die 1930er Jahre bestand.

Nur der **Bergfried** blieb von der mittelalterlichen Burg Hettstedt. Er steht beim heutigen Busbahnhof, dessen Bau im Jahr 1968 der Rest der Ruine weichen musste. Der Turm ist 17 m hoch und 8 m im Durchmesser.

Hettstedts älteste Kirche ist **St. Gangolf** auf dem Kupferberg (über die Wipper, 500 m vom Markt). Anfang des 13. Jh. wurde sie als Kapelle für die Bergleute errichtet. Am traditionsreichen Ort werden Orgel- und Chorkonzerte gegeben, der Tag des Bergmanns und Gartenfeste gefeiert.

Die spätgotische **Kirche St. Jakobi** wurde von 1418 bis 1517 erbaut. Als die

Kirche nach fast 100 Jahren endlich fertiggestellt war, wurde in Hettstedt die Reformation eingeführt. Beim Wiederaufbau nach einem Brand 1706 erhielt sie ihre barocke Turmhaube. Die Kirche ist mit einer Renaissancekanzel und einem spätgotischen Altar ausgestattet. 1905 wurden die Fenster neu gestaltet.

Im **Humboldt-Schloss** (1721) erzählt das **Mansfeld-Museum** spannend und sehenswert von der Geschichte des Kupferbergbaus im Mansfelder Revier. Zu den Exponaten gehört der funktionsfähige Nachbau der ersten deutschen Dampfmaschine Wattscher Bauart von 1785. Technik- und kulturinteressierte Besucher werden sich hier gern verlaufen. In der näheren Umgebung kann man übrigens, am besten mit dem Rad, das Revier erkunden und mehrere **Kegelhalden** besuchen. Informationen über die **Bergbaupfade** gibt es im Museum.

■ **Mansfeld-Museum Hettstedt,** Schlossstraße 7, Tel. (03476) 200753, www.hettstedt.de, Do, Fr 11–17 Uhr, Sa, So 13–17 Uhr (nicht am 1. Wochenende im Monat), 3/2 €, 4/3 € mit Vorführung der Dampfmaschine). Stadtteil Altdorf, B 86, 3 km vom Markt Hettstedt, 2 km vom Bahnhof.

Den stilvollen Abschluss des Sehenswerten bietet – wenn es der Fahrplan gerade zulässt – eine Runde mit der **Mansfelder Bergwerksbahn.** Sie wurde 1880 in Betrieb genommen, zwei Jahre darauf auch für den Personentransport. Als Museumsbahn dampft oder dieselt sie an Sonnabenden zwischen Mai und Oktober auf historischer Strecke zwischen Klostermansfeld und Hettstedt.

Mansfelder Bergwerksbahn, Tel. (034772) 27640, www.bergwerksbahn.de. Mit Dampf- oder Diesellok April–Okt. 14.45 Uhr ab Benndorf (Klostermannsfeld) – an 15.23 Uhr Hettstedt Kupferkammerhütte, Rückfahrt 15.40–16.18 (Fahrzeiten 2022). Unterwegs sechs Haltestellen (Halt in Paradies nur auf Verlangen!). Hin- und Rückfahrt 12/6 €, Familienkarte 24 €.

Mansfeld

Die Erinnerungsstätten des berühmtesten Mansfelders stehen nah beieinander. In **Martin Luthers Elternhaus** – ganz sicher ist die Quellenlage ja nicht, aber wahrscheinlich war es dieses – sowie in einem modernen Museumsbau erzählt

360h dk

die Dauerausstellung: „Ich bin ein Mansfeldisch Kind" vom Alltag der Familie in der Stadt und zeigt dazu archäologische Fundstücke aus der Umgebung des Wohnhauses, das für die Ausstellung denkmalgerecht saniert wurde. 13 Jahre, so lange wie nirgends sonst, lebte Luther in Mansfeld.

■ **Luthers Elternhaus,** Lutherstraße 26/29, Tel. (034782) 9193810, www.martinluther.de, April–Okt. tgl. 10–18 Uhr, Nov.–März Di–So 10–17 Uhr, 5/2,50 €, Kombiticket „Mansfelder Land" für 10 € gilt auch im Geburts- und Sterbehaus in Lutherstadt Eisleben.

In **Luthers Schule** ist die Stadtinformation eingerichtet. Auf dem Lutherplatz steht der **Lutherbrunnen** (1913, *Paul Juckoff*), der vom drachentötenden heiligen Georg, dem Schutzpatron der Stadt, bekrönt wird. Medaillons zeigen Bildnisse (nach *Cranach*) der Eltern *Luthers*, Reliefs illustrieren Lebensstationen des Reformators.

Inmitten der Altstadt steht die aus einem romanischen Bau hervorgegangene spätgotische **Kirche St. Georgi.** Als *Martin Luther* Kind war, wurde die einschiffige Hallenkirche gerade erbaut, von 1497 bis 1518. Der spätgotische Hauptaltar zeigt die Kreuzigung Christi, weitere Altäre die Geburt Christi und die Marienkrönung. Größtes Interesse findet aber ein Bildnis aus dem 16. Jh., das einzige zeitgenössische Ganzporträt *Luthers.* Die Emporen zeigen auf 49 bemalten Holztafeln aus dem 17. Jh. das Leben Christi.

Bei Novalis auf Oberwiederstedt

Nordöstlich von Hettstedt liegt am Harzrand das **Schloss Oberwiederstedt.** Hier wurde am 2. Mai 1772 **Friedrich**

362h dk

361h dk

Freiherr von Hardenberg geboren. Unter dem Namen **Novalis** gilt er als einer der geistigen Wegbereiter der Romantik (→ Exkurs „Der Harz in der Literatur“, S. 73). Das Schloss ist Forschungsstätte und Sitz der Novalis-Gesellschaft. Ein **Museum** widmet sich dem großen Werk und kurzen Leben des Dichters, Naturwissenschaftlers und Philosophen. Als Reminiszenz an die von *Novalis* beschriebene „Blaue Blume“, dem Symbol der Romantik, gedeiht ein **Blauer Garten,** in dem zwischen März und Oktober mehr als 60 verschiedene blaue Blumenarten blühen, es gibt einen Märchenrosengarten und eine junge Lindenallee. Das Literaturmuseum bietet Konzerte, Kinder- und Seniorenprogramme.

MEIN TIPP: **Novalis-Museum,** Forschungsstelle für Frühromantik, Schäfergasse 6, www.novalis-stiftung.de, Di–So 10–16 Uhr, 5/2,50 €.

Im Tal der Wipper

Am Auerberg bei Stolberg liegen ihre Quellen. Um das Dorf **Wippra** fließt die Wipper, ein Nebenfluss der Saale, durch ein beschauliches Waldgebiet, das zu einer Wanderung einlädt. Von Mansfeld aus ist das Wippertal am besten mit der **Wipperliese** zu erreichen. So wird die hier seit 1920 verkehrende Nebenbahn

⌃ Luthers Elternhaus ist Teil des Museums

‹ Geburtsstätte des Dichters Novalis: Schloss Oberwiederstedt

genannt. Inzwischen fährt sie nur noch an den Wochenenden und Feiertagen zwischen April und Oktober. Betreiber ist der Verein „Mansfelder Bergwerksbahn". Auf ihrem bergigen Weg von rund 20 km ist sie nicht zu schnell unterwegs, sodass man als Fahrgast am Fenster die Natur genießen kann. Die grünen Berge erreichen hier zwischen 350 und 500 Höhenmeter.

■ **Wipperliese Saisonbahn,** Klostermansfeld-Wippra, zwischen Karfreitag und 31. Oktober, Fahrplan und Preise unter www.wipperliese.de.

In **Klostermansfeld** ist an der Straße der Romanik die Kirche des Benediktinerklosters (1040) sehenswert. Nah am Gleis liegt der **Vatteröder Teich,** dort kann man baden und wandern. Das Dorf **Wippra** gibt es schon seit über 1000 Jahren. In der Marienkirche mit Fachwerkturm aus dem 18. Jh. steht ein Marienaltar aus der Hildesheimer Schule von 1480. Bier gibt's hier auch, das „Original Wippraer Bier" aus der **Museumsbrauerei.**

■ **Museumsbrauerei Wippra,** Böttchenbachstraße 1, Tel. (034775) 20205, www.wippra-bier.de. Brauereianlage vom Anfang des 20. Jh., Führungen nach Anmeldung, Brau-Tageskurse, Flaschenbierverkauf.

Eine Wegstunde hinter dem Ort liegt im dichten Wald die **Wippertalsperre.** Sie wurde 1951/52 angelegt, vor allem zum Hochwasserschutz. Um den Stausee führt ein Rundweg (grün), von dem aus man immer mal wieder Abstecher an das Ufer unternehmen oder eine herrliche Aussicht genießen kann. In Wippra startet und endet der **Harzer Naturistenstieg,** der erste **Nacktwanderweg** Deutschlands. Der Rundweg (13,5 km) ist mit einem „N" ausgeschildert.

Praktische Tipps

Anreise

■ **Auto:** B 86, B 180, B 242 (Harzhochstraße).
■ **Bahn:** RE 10 Magdeburg – Hettstedt – Erfurt; Saisonbahn Klostermansfeld – Mansfeld – Wippra (Wipperliese, Fahrzeit für die Gesamtstrecke 27 Min.).
■ **Bus:** Regionalbus 242 (Wippra – Harzgerode – Alexisbad – Bad Suderode – Quedlinburg).

Information

■ **Stadtinformation Mansfeld,** Junghuhnstraße 2, Tel. (034782) 90342, www.mansfeld.eu, Mo–Mi 9–15 Uhr, Do, Fr 9–16 Uhr.

Übernachtung, Essen und Trinken

■ **Hotel Rammelburgblick**②, Klausstraße (Bundesstraße 242), Tel. (034775) 7530, www.rammelburg-blick.de, Mi–So 8–21 Uhr. Beliebte Ausflugsgaststätte (Böhmische Küche) an der Harzhochstraße, 12 km östlich von Mansfeld. Terrasse mit Blick auf die Burg, Spielplatz, Busparkplätze, Kiosk.
■ **Pension Alter König**③, Hettstedt, Molmecker Straße 86, Tel. (0170) 5894184, www.alter-koenig.de. Helle, große Zimmer im historischen Gasthof, rustikales **Restaurant**②, Di–Sa ab 18 Uhr. Biergarten an der Stadtmauer. 15 Min. Fußweg ins Stadtzentrum.
■ **Pension Bäckerei Schulz**②, Hettstedt, Bahnhofstraße 37, Tel. (03476) 810313, www.baeckerei-schulz-hettstedt.de. Einfache, bequeme Unterkunft im Stadtzentrum. Einzel- und Doppelzimmer. Straßencafé.

Feriendorf am Vatteröder Teich, Vatterode, Neue Straße 11, Tel. (034782) 872855, www.feriendorf-vatterode.de. Idyllisch am Waldteich gelegene Feriensiedlung, kinder- und familienfreundlich, für vier Pers. 55–70 €. 4 km von Mansfeld entfernt.

Einkaufen

NP Markt Mansfeld, Teichstraße 3b, Mo–Sa 7–20 Uhr.

NP Markt Klostermansfeld, Bahnhofstraße 16, Mo–Sa 7–20 Uhr.

Tierpark

Tierpark Walbeck, Unterdorf 1, www.tierparkwalbeck.wordpress.com, April–Okt. tgl. 9–19 Uhr, Nov.–März tgl. 9–15.30 Uhr. Einheimische Tiere, viele Angebote für Kinder, Imbisskiosk.

Blaue Bummelbahn – die Wipperliese am Bahnhof Klostermansfeld

363h dk

Lutherstadt Eisleben

In seiner Geburts- und Sterbestadt ist *Martin Luther* (1483–1546) allgegenwärtig. 2017 jährte sich zum 500. Mal die Geburtsstunde der Reformation. Die Lutherstadt Eisleben (26.000 Einwohner) mit ihren Baudenkmalen aus der Gotik und Renaissance und den originalen Lutherstätten, die zum Weltkulturerbe gehören, ist ein Reiseziel für geschichts- und kunstinteressierte Besucher aus aller Welt. Bei der Anreise fallen die Pyramiden des Kupferschieferbergbaus auf, der im Herzen des Mansfelder Landes über sieben Jahrhunderte den Alltag prägte.

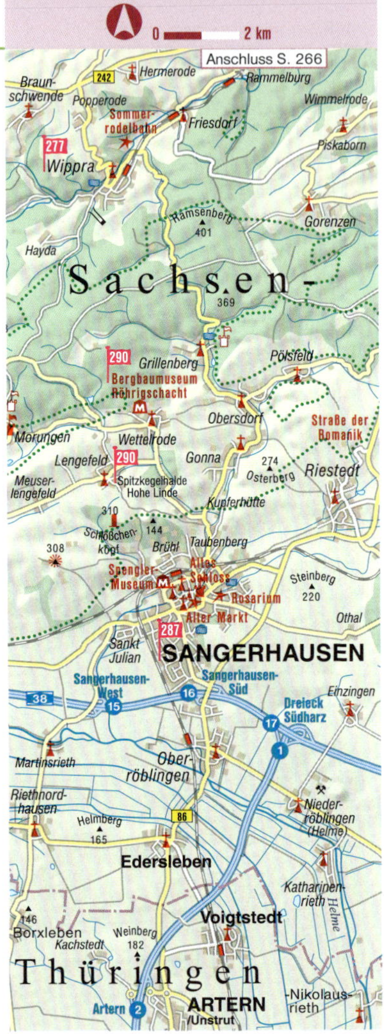

Stadtgeschichte

Die Stadt ist eine von über 100 in der Gegend zwischen Elbe, Saale und Thüringer Wald, deren Name auf „-leben" endet und somit anzeigt, dass sie in der Zeit der Völkerwanderungen im 3. bis 5. Jh. gegründet wurden und das Erbe des jeweils in der ersten Silbe genannten Grundherren darstellten. Eisleben wird erstmals im Jahr 994 in einer Urkunde genannt, da verfügte es schon über die Marktprivilegien. Der Ort lag zu Füßen einer königlichen Wasserburg und an der Kreuzung zweier Handelsstraßen.

Im 11. Jh. residierte **Hermann von Luxemburg** in der Eisleber Wasserburg, er war durch die sächsischen Fürsten als Gegenkönig zu *Heinrich IV.* aufgestellt worden, was dieser sich freilich nicht bieten ließ. Schließlich scheiterte *Hermann* mit der Durchsetzung seines Thronanspruchs. Er verließ 1084 die Stadt, der Überlieferung nach quer durch die vor der Burg wuchernden Knoblauchfelder, was ihm den Spitznamen „Knoblauchkönig" eintrug. Als solcher ist er an der Nordwand des Rathau-

Östliches Harzvorland Süd

©Reise Know-How Harz_K6b 4/23

ses in Sandstein und in den Prospekten der Stadt als Abbildung zum Maskottchen aufgestiegen.

Erstmals als Stadt wird Eisleben in einer Urkunde von 1180 erwähnt. Ab 1200 begann man, bei Hettstedt Kupfererzvorkommen zu erschließen. Über sieben Jahrhunderte wird der **Bergbau** die Entwicklung und das Gesicht der Stadt prägen. 1342 wurde schon zum fünften Mal die Stadtmauer erweitert und somit das Zisterzienserinnenkloster St. Maria in das Stadtgebiet einbezogen. Das Kloster wurde in den Bauernkriegen zerstört

364h dk

und im Zuge der Reformation im Jahr 1546 aufgelöst.

In der Zeit der **Renaissance** erlebte die Stadt eine neue Blüte, die mit dem großen Stadtbrand von 1601 abbrach. 1653 gab es einen weiteren Stadtbrand, 1681 griff die Pest um sich. Die Liberalisierung des Bergbaus durch kurfürstlichen Erlass 1671 belebte die Wirtschaft erneut, es bildeten sich Bergbaugesellschaften. 1798 wurde in Eisleben eine Bergschule gegründet.

Napoleon gliederte die Stadt in sein **Königreich Westphalen** ein, nach 1813 geriet sie an die **Preußen.** Die **Industrialisierung** im 19. Jh. prägte das Mansfelder Bergbaurevier, bis in die Stadt hinein reichten die Schächte. Infolge von Erdabsenkungen mussten Häuser abgerissen werden. Anfang des 20. Jh. hatte Eisleben 25.000 Einwohner. 1921 lag die Stadt im Zentrum der **Märzkämpfe** in Mitteldeutschland, einem von extrem linken politischen Kräften initiierten Arbeiteraufstand im Hallenser und Mansfelder Revier.

Der **Zweite Weltkrieg** endete für Eisleben am 13. April 1945 mit der kampflosen Übergabe der Stadt an die amerikanischen Alliierten. Bis zum 23. Mai 1945 betrieb die Besatzungsarmee am Stadtrand ein Kriegsgefangenenlager mit bis zu 90.000 Inhaftierten, das durch seine unmenschlichen Zustände berüchtigt war. Am 2. Juli übernahm die sowjetische Armee die Stadt. 1946 erhielt Eisleben im Gedenken an den 400. Todestag *Martin Luthers* den **Beinamen „Lutherstadt“.** 1969 endete der Bergbau im Mansfelder Revier. Seit 1997 gehören die beiden Lutherhäuser zum **UNESCO-Weltkulturerbe.**

Der Markt von Eisleben

Luthers Geburtshaus

Sehenswertes

Alle sehenswerten Orte liegen in unmittelbarer Nähes des **Marktes** und der umliegenden Gassen, Wegweiser erleichtern die Orientierung. Wer mit der Bahn anreist, läuft bergab am Rande des Stadtparks auf der Bahnhofstraße bis zur **Bösen Sieben,** dem aus sieben Quellen gespeisten Flüsschen, dem man nicht ansieht, dass es böse werden, sprich verheerende Hochwasser führen kann. Am Flussufer erreicht man den Petrikirchplatz (vom Bahnhof 15 Min.). In der dreischiffigen, spätgotischen **Hallenkirche St. Petri Pauli** (1447–1513) wurde *Martin Luther* am 11. November 1483 getauft.

Bis zu **Luthers Geburtshaus** in der Langen Gasse (Lutherstraße 16) sind es 2 Min. Fußweg. Hier lebte der Bergmann *Hans Luther* mit seiner Frau *Margarethe,* die am 10. November 1483 ihren Sohn *Martin* zur Welt brachte. Die junge Familie zog wenig später ins nahe Mansfeld um. Bereits 1693 wurde in dem nach einem Stadtbrand 1689 wieder aufgebauten Geburtshaus ein Museum eingerichtet. Saniert und einfühlsam mit moderner Architektur erweitert, öffnete das Museum 2007 erneut. Die Ausstellung folgt *Luthers* Kindheit und Jugend bis zum Eintritt in das Erfurter Augustinerkloster 1505. Zu sehen sind rund 250 Exponate, darunter ein Taufstein von 1518, die um 1290 entstandenen Konsolsteine mit der Darstellung der beiden legendären ersten Bergmänner des Mansfelder Landes sowie die nachempfundene Wohnung der Familie Luther.

■ **Geburtshaus von Martin Luther,** Lutherstraße 15, Tel. (03475) 602124, www.martinluther.de, April–Okt. tgl. 10–18 Uhr, Nov.–März Di–So 10–17 Uhr, 5/2,50 €. Kombitickets 8/10 €.

365h dk

Lutherstadt Eisleben

0 100 m ©Reise Know-How Harz_21 4/23

Über die Lutherstraße und Badergasse gelangt man zum Markt, dessen Bild vom ernsten **Standbild** des Reformators (1883 von *Hans Siemering,* einem Schüler von *Christian Daniel Rauch*) vor dem spätgotischen **Rathaus** (1519–1530) und der **Kirche St. Andreas** (1498) geprägt wird. Am Rathaus gibt es viele architektonische Details zu entdecken, so das aufwendige Kielbogenportal aus Sandstein (1516) an der Nordseite unter der Freitreppe.

Die von drei mächtigen Türmen überragte Andreaskirche enthält an der Westfassade noch romanische Elemente, ebenso unter der Orgelempore. Besonders wertvoll ist der spätgotische Flügelaltar (1520) mit der Darstellung der Marienkrönung. *Luther* hielt in dieser Kirche mehrere Predigten, die letzte zwei Tage vor seinem Tod.

Am 28. Januar 1546 war *Luther* in seine Geburtsstadt zurückgekehrt, um einen Erbstreit des Landesherren zu schlichten. Er verstarb in der Nacht zum 18. Februar im Alter von 62 Jahren in dem Haus Markt 56 (Hotel Graf von Mansfeld). Irrtümlich wurde jedoch eine Notiz in der Mansfelder Chronik über den Sterbeort auf ein anderes Haus bezogen, und so gilt nun seit Mitte des 18. Jh. Andreaskirchplatz 7 als **Luthers Sterbehaus.** Neben dem historischen Bauwerk aus der Lutherzeit wurde im Jahr 2012 ein moderner Anbau eröffnet. Das seit dem 19. Jh. bestehende Museum konnte somit erweitert werden. Zu sehen sind *Luthers* Totenmaske, die Ein-

☑ Luthers Sterbehaus

366h dk

richtung des Sterbehauses und weitere Exponate zur Sterbekultur in der damaligen Zeit.

■ **Sterbehaus von Martin Luther,** Andreaskirchplatz 7, Tel. (03475) 602124, www.martinluther.de, April–Okt. tgl. 10–18 Uhr, Nov.–März Di–So 10–17 Uhr, 5/2,50 €. Gedenkort an den Tod *Luthers* sowie Ausstellung zu seinem Leben, Werk und Wirken im Mansfelder Land.

Im Westen der Stadt liegt die im Jahr 1511 als Bergmannsiedlung gegründete **Neustadt.** Sie hatte einen eigenen Rat. Das **Rathaus Neustadt** (Ecke Breiter Weg/Annengasse, 8 Min. vom Markt) wurde 1589 im Renaissancestil fertiggestellt, ab dem 19. Jh. wurde es vor allem als Gerichtsgebäude genutzt. Als Bergmannskirche wurde im Jahre 1516 die auf einer Anhöhe errichtete **Kirche St. Annen** geweiht. Damals schloss sich das kurz zuvor gestiftete Augustinerkloster an, das aber im Jahr 1523 wieder aufgelöst wurde. St. Annen gilt als eine der schönsten Renaissancekirchen Deutschlands. Ohnegleichen ist die **Eisleber Steinbilder-Bibel** mit Szenen aus dem Alten Testament, die 1585 vom Bildhauer *Hans Thon Uttendrup* aus Münster geschaffen wurde. Sie besteht aus 29 Sandsteinrelieftafeln in der Brüstung des Chorgestühls. Der gotische Schnitzaltar datiert auf 1510/15, aus dieser Zeit sind die sechs Farbfenster, die Taufe aus dem Jahr 1622. Auf der Kassettendecke ist die Dreieinigkeit Gottes dargestellt, umgeben von den 12 Jüngern.

■ **St. Annen,** Annenkirchplatz 2, Tel. (03475) 604115, Mai–Nov. Mo–Sa 10–16 Uhr, So 11.30–16 Uhr, Nov.–April Mo–Fr 10–16 Uhr, So kurz nach dem Gottesdienst. Spende.

Praktische Tipps

Anreise

■ **Auto:** A 38 (Südharzautobahn), Anschluss Eisleben, B 80, B 180.
■ **Bahn:** Regionalexpress Halle – Nordhausen – Kassel, Regionalbahn Halle – Lutherstadt Eisleben.
■ **Bus:** Regionalbus 410 (Eisleben – Hettstedt – Aschersleben), 420 (Eisleben – Mansfeld – Hettstedt), 440 (Eisleben – Seeburg – Halle) u.a.

Information

■ **Touristeninformation,** Markt 22, Tel. (03475) 602124, www.lutherstaedte-eisleben-mansfeld.de, Mo–Fr 10–15 Uhr.

Übernachtung

1 Hotel Graf von Mansfeld③, Markt 56, Tel. (03475) 66300, www.hotel-eisleben.de, Mo–Fr ab 17.30 Uhr, So 11–14 Uhr. 500 Jahre altes Stadtschloss, individuell eingerichtete Zimmer.
3 Hotel Alter Simpel①, Glockenstraße 7, Tel. (03475) 696507, www.hotelaltersimpel-eisleben.de. Einfaches, kleines historisches Haus in Marktnähe mit modernen Zimmern. Mit Pub.

Essen und Trinken

4 Lutherschenke②, Lutherstraße 19, Tel. (03475) 614775, www.lutherschenke-eisleben.de, Mo, Di, Do–Sa 11–15 und 18–22, So 11–17 Uhr. Gemütliches Lokal gleich beim Geburtshaus des kulinarischen Genüssen nicht abgeneigten Reformators, böhmische Küche, böhmisches Bier, Biergarten.
2 Ratsstube②, Markt 12, Tel. (03475) 602971, www.ratsstube-eisleben.de, Di–Sa 11.30–14 Uhr, ab 18 Uhr, So 11.30–14 Uhr. Deutsche und mediterrane Küche.

Sangerhausen

Die Stadt des Bergbaus und der Rosen. Von den Gassen und Plätzen der denkmalgeschützten Altstadt Sangerhausens öffnet sich der Blick immer wieder nach Norden zum Abraumkegel des Kupferschieferbergbaus. Mit 145 m ist er höher als die Cheops-Pyramide in Ägypten.

18 Fußballfelder voller Rosen: Das **Rosarium** erblüht als der größte Rosengarten der Welt.

Stadtgeschichte

Die kleine Stadt in der Goldenen Aue zwischen Südharz und Kyffhäuser (30.600 Einwohner) entstand im 6. Jh. als fränkische Gründung, aber die fruchtbare Gegend war schon in der Jungsteinzeit besiedelt. Der **Name** „Sangerhausen" erzählt, dass die Siedler den Wald durch Absengen rodeten, er wird erstmals im Urkundenverzeichnis des Klosters Fulda um 800 erwähnt und 991 durch Kaiser *Otto III.* beurkundet. Das Stadtrecht ist seit 1204 belegt. Die heutige Altstadt entstand vor allem im 15. bis 18. Jh. und blieb in weiten Teilen als geschlossenes Ensemble erhalten.

Sehenswertes

Ein Rundgang durch die Altstadt beginnt am besten am Bahnhof, dort gibt es mehrere Parkplätze. Das denkmalgeschützte **Bahnhofsgebäude** wurde 1963 errichtet. Gleich beim Bahnhof (Wegweiser) bekommt ein Mammut zahlreiche Besucher. Im **Spengler-Museum** steht das Skelett eines Steppenelefanten (oder Altmammuts) aus der Elsterkaltzeit, das 1930–1932 von dem Sangerhausener Natur- und Heimatforscher *Gustav Adolf Spengler* (1869–1961) in Edersleben, südlich von Sangerhausen, ausgegraben wurde. Rund um diese Attraktion ist eine spannende Ausstellung zur Naturkunde, Ur- und Frühgeschichte sowie zur Stadtgeschichte zu erleben.

367h dk

▷ Romanik in der Rosenstadt – die Ulrichkirche

■ **Spengler-Museum,** Bahnhofstraße 33, Tel. (03464) 573048, www.spenglermuseum.de, Di–So 13–17 Uhr, 3/2 €. Geologie, Naturkunde vom Südharz bis zum Kyffhäuser, Einar-Schleef-Zentrum.

Am Markt

An der gotischen Marienkirche vorbei, geht es auf der Bahnhofstraße über das Flüsschen Gonna hinweg und weiter auf der Göpenstraße zum Kornmarkt und Markt. Das **Rathaus** wurde 1431–1437 erbaut und 1604 erweitert. An der östlichen Giebelwand führt eine Freitreppe in das Renaissancegebäude. Westlich des Rathauses steht die 1457–1542 erbaute **Jacobikirche.** Der von einem barocken Helm gekrönte Kirchturm weist eine deutliche Neigung nach Westen auf („der schiefe Jacob"). In dem reich ausgestatteten Sakralbau sind das Netzgewölbe des Chores, der Flügelaltar (14. Jh.) sowie das eichene Chorgestühl und der bronzene Taufkessel (16. Jh.) besonders sehenswert.

■ **Jacobikirche,** Mai–Okt. Mo–Sa 10–12 und 14–16 Uhr, So 14–16 Uhr (im Sommer Konzerte und Ausstellungen).

Die Kylische Straße mit einigen Metern Stadtmauer und der Harz – so heißt hier eine der Altstadtgassen – laden nun zum Bummeln ein. Als imposantes Renaissancebauwerk steht am Markt das **Neue Schloss.** Es wurde 1616–1622 erbaut und war 1711–1736 Nebenresidenz des Herzogs *Carl Christian von Sachsen-Weißenfels.* Jetzt ist es Sitz des Amtsgerichts. Das **Alte Schloss** am Alten Markt entstand im 13. Jh. auf dem höchsten Gelände der Stadt. Von den Türmen ist der „Hexenturm" erhalten geblieben. Aus offenen Fenstern der Räume, die dem Landsknecht, als Zeughaus oder Gefängnis dienten, erklingt Musik; die Kreismusikschule ist hier zu Hause. Die Außenanlagen des Schlosses bieten das passende Ambiente für Konzerte und Aufführungen.

Trillerei und Ulrichkirche

Vom Alten Markt lohnt sich eine Runde durch die Rittergasse und die Trillerei. Dieses Viertel entstand zwischen 11. und 14. Jh. Die dreischiffige romanische **Ulrichkirche** ist das **älteste Bauwerk von Sangerhausen.** Sie wurde 1116–1123 errichtet, im Auftrag von Mönchen des Klosters Reinhardsbrunn (Thüringen). Als singulär unter den romanischen Bauwerken im Osten Deutschlands gilt der aus fünf Apsiden gebildete östliche Abschluss des Kirchenbaus. Die Bauweise wird der Hirsauer Klosterbauschule zugeordnet. Markant im Sangerhausener Stadtbild ist der Vierungsturm aus dem 15. Jh. Die Ulrichkirche ist eine der Stationen auf der Straße der Romanik in Sachsen-Anhalt.

■ **Ulrichkirche,** Tel. (0160) 91654017, Mai–Okt. Mo–Sa 10–12 und 14–16 Uhr, So 14–16 Uhr, Nov.–April (nur nach telefonischer Anmeldung) Mo–Fr 10–16 Uhr.

Rosengarten

Den Abschluss des kleinen Rundgangs durch ein Jahrtausend Kulturgeschichte bildet ein Ausflug in die Jahreszeiten der

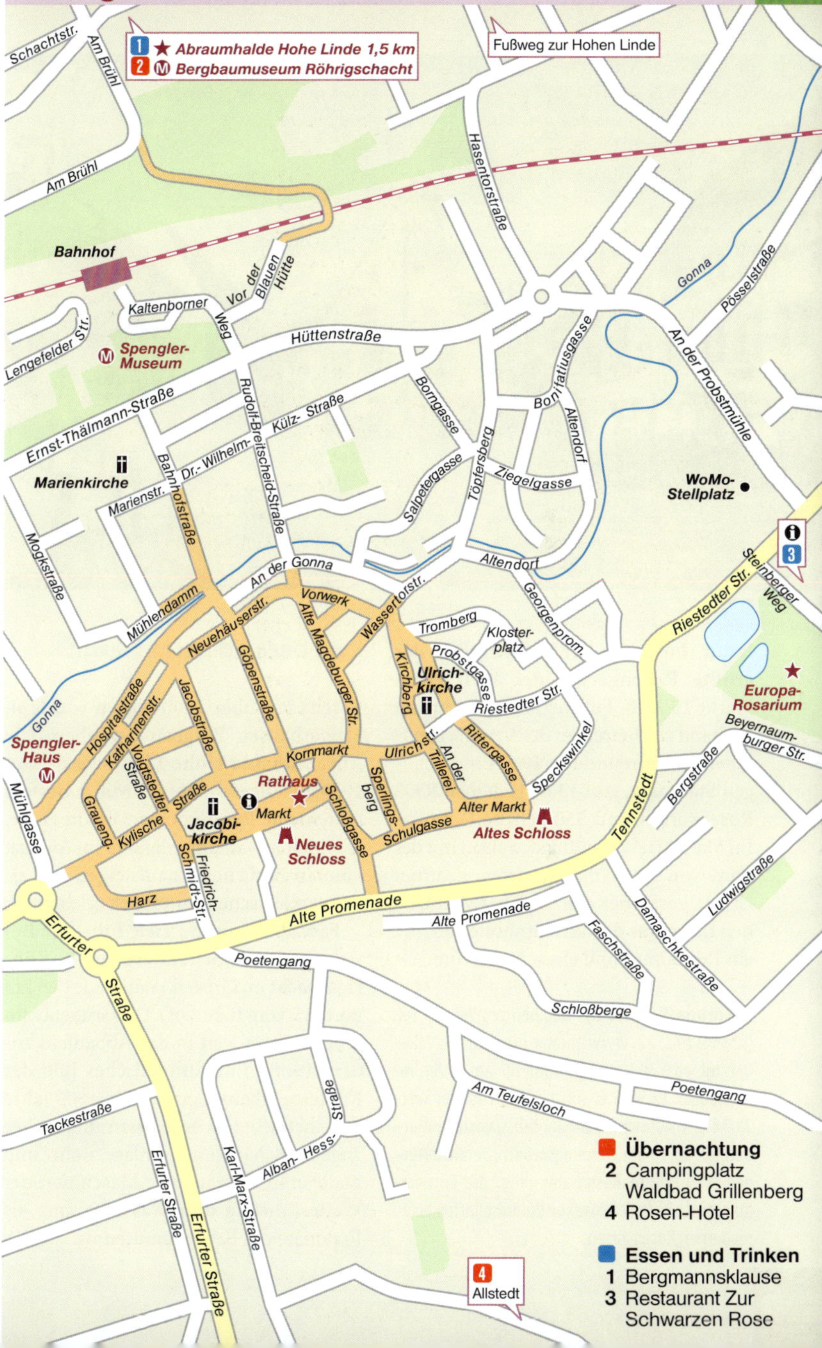
0 200 m
©Reise Know-How Harz_22 4/23
1 ★ Abraumhalde Hohe Linde 1,5 km
2 Ⓜ Bergbaumuseum Röhrigschacht
Fußweg zur Hohen Linde
Schachtstr.
Am Brühl
Am Brühl
Bahnhof
Vor der Blauen Hütte
Kaltenborner Weg
Lengefelder Str.
Spengler-Museum
Hüttenstraße
Hasentorstraße
Gonna
Pösselstraße
An der Probstmühle
Bonifatiusgasse
Borngasse
Altendorf
Ernst-Thälmann-Straße
Dr.-Wilhelm-Külz-Straße
Rudolf-Breitscheid-Straße
Marienkirche
Marienstr.
Bahnhofstraße
Töpfersberg
Salpetergasse
Ziegelgasse
WoMo-Stellplatz
Mogkstraße
An der Gonna
Altendorf
Steinberger Weg
3
Mühlendamm
Vorwerk
Wassertorstr.
Georgenprom.
Riestedter Str.
Neuehäuserstr.
Alte Magdeburger Str.
Tromberg
Klosterplatz
Probstgasse
Kirchberg
Ulrichkirche
Europa-Rosarium
Göpenstraße
Jacobstraße
Hospitalstraße
Katharinenstr.
Riestedter Str.
Gonna
Spengler-Haus
Voigtstedter Straße
Kornmarkt
Ulrichstr.
An der Trillerei
Rittergasse
Speckswinkel
Beyernaumburger Str.
Bergstraße
Rathaus
Markt
Sperlingsberg
Schloßgasse
Alter Markt
Tennstedt
Mühlgasse
Grauenq.
Kylische Straße
Jacobikirche
Neues Schloss
Schulgasse
Altes Schloss
Schmidt-Str.
Friedrich-
Harz
Alte Promenade
Alte Promenade
Ludwigstraße
Damaschkestraße
Faschstraße
Erfurter Straße
Poetengang
Schloßberge
Am Teufelsloch
Poetengang
Straße
Tackestraße
Alban-Hess-
Erfurter Straße
Karl-Marx-Straße
Erfurter Straße
4 Allstedt
Übernachtung
2 Campingplatz Waldbad Grillenberg
4 Rosen-Hotel
Essen und Trinken
1 Bergmannsklause
3 Restaurant Zur Schwarzen Rose

085h dk

Natur. Im Osten der Stadt erblüht der **größte Rosengarten der Welt** (vom Markt 15 Min. Fußweg). Das Rosarium entstand auf Betreiben des Vereins Deutscher Rosenfreunde ab 1903 im damaligen Stadtpark. Auf 13 ha gedeihen 8300 Rosensorten und 350 seltene Gehölze. Im Mai startet die duftende Saison mit der Blüte von 500 Wildrosenarten, geöffnet ist der Park aber ganzjährig. Es gibt einen Laden für die Gartenträume daheim, ein Restaurant und ein Infozentrum.

■ **Europa-Rosarium,** Steinberger Weg 3, Tel. (03464) 572522, www.europa-rosarium.de, Mai–Okt. tgl. ab 9.30 Uhr, Nov.–April tgl. ab 10 Uhr, Juni–August 12,50/5 €, sonst 6/2 €, Familienkarte 28/14 €, im Winter frei zugänglich. Gaststätte Mai–Okt. tgl. ab 10 Uhr. Sonntagsbrunch, Veranstaltungen. Weltgrößte Rosensammlung, die Entwicklungsgeschichte der Rose von Wildrosenarten bis zu modernen Rosensorten.

Hohe Linde, Schicht im Schacht

Bereits vor über 1000 Jahren wurde in Sangerhausen Bergbau betrieben. Die **Abraumhalde Hohe Linde** wurde von 1956 an aufgeschüttet. 15 Mio. t Gestein bilden eine Pyramide von 145 m Höhe. Zweimal im Jahr, im Mai und im August, können Besucher hinaufsteigen und einen fantastischen Rundblick erleben.

Fast 300 m in die Tiefe führt die Besichtigung des **Schaubergwerkes Röhrigschacht** im Ortsteil Wettelrode (5,5 km nördlich vom Bahnhof). Die Grubenbahn fährt 1000 m weit in das Abbaufeld aus dem 19. Jh. Ein authentisches Bild des Kupferbergbaus, der hier über 800 Jahre lang betrieben wurde, vermitteln über Tage die Schachtförderanlage, Bohr- und Ladegeräte, Geräte und Maschinen der Wetterführung und Wasserhaltung als Exponate des Bergbaumuseums.

■ **Schaubergwerk und Bergbaumuseum Röhrigschacht,** Lehde, Tel. (03464) 587816, www.roehrigschacht.de, Mi–So 10–16 Uhr, Seilfahrtszeiten 10.30, 11.45, 13.00, 14.15 Uhr, 16/6 € (unter Tage), 3,50/1,50 € (über Tage). Bergmannsklause → „Essen und Trinken".

■ **Besteigung der Abraumhalde „Hohe Linde",** Termine unter www.roehringschacht.de, 3 €, Aufstieg dauert rund 20 Min. Zutritt nur mit festem Schuhwerk. Parkplatz in Lengefeld (Sportplatz), Fußweg 2 km, vom Bahnhof Fußweg durch den kleinen Park, dann links auf die Hüttenstraße, am Kreisverkehr links auf die Hasentorstraße (Brücke), dieser immer geradeaus folgen bis zur Förderschule, weiter geradeaus auf der Straße Brühlberg, am Feldrand auf dem markierten Rundwanderweg Hohe Linde/Wildrosenpfad bis zum Abzweig links in den Wald (GPS N 51.493731, E 11.292077), von dort sind es noch 400 m bis zum Fuß der Hohen Linde, gesamt 3 km, 137 Höhenmeter, 1 Std.

Praktische Tipps

Anreise

■ **Auto:** A 38 (Südharzautobahn), A 71, B 80.

■ **Bahn:** Regionalexpress Halle/Saale – Kassel, Magdeburg – Sangerhausen – Erfurt.

■ **Bus:** Regionalbus 450 (Sangerhausen – Stolberg – Hasselfelde).

Information

■ **Touristeninformation,** Am Rosengarten 2a, Tel. (03464) 19433, www.sangerhausen-tourist.de, Mo–Fr 10–15 Uhr, Juni–August auch Sa, So 10–15 Uhr.

Übernachtung

4 **Rosen-Hotel**②, Juri-Gagarin-Straße 31, Tel. (03464) 544644, www.rosenhotel.net. Modernes Haus am Stadtrand von Sangerhausen.

2 **Campingplatz Waldbad Grillenberg,** Harzstraße 68, Tel. (03464) 582309, www.grillenberg.de, GPS N 51.536815, E 11.311050. Am Wald gelegene Anlage mit vielen Zeltstellplätzen.

■ **WoMo-Stellplatz:** An der Probstmühle, GPS N 51.477329, E 11.307683, kostenlos, ohne Anschlüsse. Ver- und Entsorgungssäule am Parkplatz vor dem Haupteingang des Rosariums, Nutzung 5 €, Schlüssel gegen Kaution im Gartenträume-Laden am Rosarium.

Essen und Trinken

1 **Bergmannsklause im Bergbaumuseum Röhrigschacht**①, Wettelrode, Lehde, Tel. (03464) 5447266, www.roehrigschacht.de, Sa, So 11–16 Uhr. Bergmannstypisch deftig.

3 **Zur Schwarzen Rose**①, Rosarium, Am Rosengarten 2a, Tel. (03464) 589810, www.rosarium-kulinarisch.de, Juni–Aug. tgl. 10–20 Uhr, Mai, Sept. tgl. 10–19 Uhr, April, Okt. tgl. 10–18 Uhr, Nov.–Anfang April Di–So 10–17 Uhr. Modernes, geräumiges Restaurant am Rosengarten. Übersichtliches, schmackhaftes Speisenangebot.

Weitere Museen

■ **Spengler-Haus,** Hospitalstraße 56, Tel. (03464) 573048, www.spenglermuseum.de, So 13–17 Uhr, 2/1 €. Original eingerichtetes Wohnhaus des Tischlermeisters, Natur- und Heimatforschers *Gustav Adolf Spengler.*

☐ Am Markt in Sangerhausen

368h dk

7

Südharz, Kyffhäuser

» Die Goldene Aue ist eine fruchtbare Ebene zwischen Südharz und Kyffhäuser. Bei Frankenhausen wurde am 15. Mai 1525 die letzte große Schlacht des Deutschen Bauernkrieges geschlagen. Die Fachwerkperlen Stolberg, Nordhausen und Osterode, gotische Klosterruinen in Walkenried, die Kurorte Bad Sachsa und Bad Lauterberg und eine der größten Gipskarstlandschaften Europas zeichnen das Bild des Südharzes.

‹ Thomas Müntzer – Skulpturengruppe von Klaus Messerschmidt (1989) auf dem Markt von Stolberg/Harz

Anschluss S. 313

Sachsen-Anhalt
Süd-harz
Biosphärenreservat Karstlandschaft Südharz
Naturpark Kyffhäuser
Goldene Aue
Kyffhäuser-Gebirge
Kyffhäuserland
Breitenstein
Straßberg
Besucherbergwerk Grube Glasebach
Teufelsteich
Schielo
Königerode
Neudorf
Dankerode
Dankeröder Berg
Fuchsberg
Frankenteich
Großer Auerberg
Josephskreuz
Martini-kirche
Schloss
Fachwerkhäuser
Stolberg (Harz)
Freizeitbad "Thyragrotte"
Deutsche Fachwerkstraße
Hayn (Harz)
Wipper
Vorsperre Wipper
Randbansberg
Sperberhöhe
Schwenda
Kulmer Berg
Wolfsberg
Rotha
Breitenbach
Horla
Rodishain
Stempeda
Rottleberode
Dietersdorf
Roter Kopf
Hoher Kopf
Großer Brandkopf
Hainrode
Großleinungen
Heimkehle
Uftrungen
Reesberg
Breitungen
Agnesdorf
Questenberg
Drebsdorf
Leine
Großer Buchberg
Urbach
Rodeberg
Rosperwenda
Dittichenrode
Roßla
Wickerode
Kleinleinungen
Wallhausen
Berga
Bösenrode
Görsbach
Bennungen
Hohlstedt
Schloss
Rückhaltebecken
Helme
Langes Rieth
Thürungen
Talsperre Kelbra
Kelbra
KELBRA (Kyffhäuser)
Sittendorf
Mittelkopf
Brücken-Hackpfüffel
Tilleda (Kyffhäuser)
Auleben
Badraer Schweiz
Stöckei
Rothenburg
Reichsburg Kyffhausen
Königspfalz
Straße der Romanik
Kulpenberg
Kyffhäuserdenkmal
Königslehde
Badra
Schneeberg
Steinthaleben
Rathsfeld
Schersen
Zimmerberg
Udersleben
Ichstedt
Barbarossahöhle
Schersental
Bendeleben
Bauernkriegsdenkmal
Rottleben
Thomas-Müntzer-Gedenkstätte
BAD FRANKENHAUSEN /Kyffhäuser
Thomas-Müntzer-Siedlung
Flutgraben
Esperstedt
Berka
Hachelbich
Göllingen
Bier- und Burgenstraße
Seehausen
Steinberg
Seega
Heidelberg
Kuhberg
Standortübungsplatz

SÜDHARZ UND KYFFHÄUSER

Gebirge aus Gips: Weiß schimmernde Felsen und Kegel, unzählige Höhlen, Senken, Quellen, üppige Wiesen und dichte Wälder bilden die *Gipskarstlandschaft* des Südharzes, die zwischen Osterode und Sangerhausen von einem über 230 km langen Wanderweg durch drei Bundesländer erschlossen wird.

Die Geburtsstadt *Thomas Müntzers* liegt farbenprächtig in den Tälern der jungen Thyra und ihrer Zuflüsse. *Stolberg* ist ein Kleinod der Fachwerkarchitektur. Das war auch *Nordhausen;* was vom Krieg und seinen Folgen blieb, ist restauriert und in Gässchen und Altstadtwinkeln zu erleben.

Vom *Kloster Walkenried* aus erschlossen die weiß gewandeten Mönche den Harz für den Bergbau. Der „weiße Konzern" begründete damit eine über neun Jahrhunderte währende Kulturgeschichte. Gotische Ruinen und ein modernes Museum erzählen davon.

Bad Sachsa und *Bad Lauterberg* sind traditionsreiche Kurorte in den Bergen; dieser ein Kneipp-Heilbad, jener für sein Heilklima berühmt. Zahlreiche Angebote für die Gesundheit erwarten die Gäste; Luft, Licht und Wasser müssen nicht erst gebucht werden.

Ein prächtiges Fachwerkschloss erwartet die Besucher in *Herzberg* am Südwestrand des Harzes. In der Einhornhöhle und in der Steinkirche leben die Mythen des Harzgebirges.

Malerische Vielfalt der Fachwerkarchitektur ist auch im niedersächsischen *Osterode* zu erleben. Hier beginnt der Harzer Hexen-Stieg.

Mit der deutschen Geschichte, ihren Sagen und Mythen in besonderer Weise verbunden, ist das dem Harz südlich vorgelagerte *Kyffhäusergebirge.*

Der Südharz wird über die A 38 und B 243 erreicht, mit der Bahn auf der Südharzlinie von Nordhausen über Ellrich, Walkenried, Bad Sachsa, Bad Lauterberg, Herzberg nach Northeim/Göttingen.

NICHT VERPASSEN!

Diese Tipps erkennt man an der gelben Markierung.

Markt Stolberg mit Rathaustreppe

Stolberg

Das Stadtbild von Stolberg ist eines der lieblichsten des Fachwerkharzes. Farbkräftige Häuser aus dem 16. und 17. Jh. schmiegen sich in den engen grünen Tälern aneinander und bilden am Marktplatz ein hinreißendes Ensemble. Über dem Ort thront das Schloss. Literaturfreunde verweilen vor dem Wohnhaus des Verfassers der „Insel Felsenburg".

Stadtgeschichte

Der Ort entstand vor über einem Jahrtausend als Bergmannssiedlung. Erstmals urkundlich erwähnt wurde Stolberg 1210. Der Theologe und Reformator *Thomas Müntzer* wurde 1498 in Stolberg geboren, er war einer der intellektuellen Köpfe und Heerführer des Deutschen Bauernkrieges. Während der Bergbau allmählich zurückging, gewann im 17. Jh. das Handwerk an Bedeutung. Die Reisenden entdeckten die malerische Stadt. Heute ist Stolberg/Harz ein Luftkurort an der Fachwerkstraße, Historische Europastadt und als Geburtsstadt *Thomas Müntzers* eines der authentischen Reiseziele zu Stätten der Reformation und des Großen Bauernkrieges.

Sehenswertes

Dem besonderen Erlebnis des Marktplatzes nähert man sich am besten schrittweise über die Niedergasse. Dort steht ein sehenswertes Fachwerkhaus neben dem anderen, darunter fällt besonders die prächtige **Alte Münze** (Niedergasse 19) auf. Sie wurde 1535 erbaut. Mehrere Münzmeister waren hier tätig. Davon erzählt das Museum.

■ **Museum Alte Münze,** Stolberg, Niedergasse 19, Tel. (034654) 454, tgl. 10–17 Uhr, Nov.–März bis 16 Uhr. 4/2,50 €.

■ Direkt neben der Alten Münze befindet sich die **Touristeninformation.**

369h dk

0 150 m
©Reise Know-How Harz_24 4/23
6 ★ Josephs-kreuz, Auerberg
Kaltes Tal
Schloßberg
Schloss mit Museum
Hinterg.
Töpfergasse
Neustadt
Zechental
Alter Markt
Reicher Winkel
Schnabel-Wohnhaus
Bus-haltestelle
Kleines Bürgerhaus
Kirche St. Martini
Am Markt
Rittergasse
Rathaus
Markt
Saigerturm
Lude
Niedergasse
Museum Alte Münze
Thyra
Stubengasse
Hintergasse
Übernachtung
2 Hotel Weißes Roß
3 Hotel zum Kanzler
5 Gasthaus Kupfer
8 Hotel FreiWerk
Essen und Trinken
1 Sonjas Café
3 Hotel zum Kanzler
4 Café Alt
5 Gasthaus Kupfer
6 Bergstübl Josephshöhe
7 Friwi-Café
8 Restaurant 20zwanzig
ehem. Bahnhof
Bahnhof
Thyratal
Thyrahöhe
Bahnstrecke stillgelegt
Silberbachstraße
Thyrtal

Durch das enge Tor des **Saigerturms** (13. Jh.) betritt man nun den von imposanten Häusern eingefassten Marktplatz. Hier laden mehrere Restaurants mit Straßenplätzen zum Schlemmen ein. Motorradbiker legen hier gern eine Pause ein, wenn sie auf den kurvenreichen Straßen etwa zur Rappbodetalsperre unterwegs sind.

Am Markt

Zwischen dem spitzgiebeligen **Rathaus** und einem Fachwerkwohnhaus führt eine Freitreppe zur spätgotischen **Kirche St. Martini.** Das sieht nicht nur feierlich aus, sondern hat für die Stolberger einen ganz praktischen Wert, denn im Rathaus gibt es kein Treppenhaus. Nun wurde das damals, beim Bau im Jahre 1454, gewiss nicht vergessen, wie zuweilen in Anspielung auf das fensterlose Rathaus der Schildbürger kolportiert wird. Die Treppe im Freien erfüllt immerhin seit Jahrhunderten ihre Funktion, und die Baumeister gewannen den Platz für Zimmer in dem anmutigen und in dieser Form wohl einzigartigen Ratsgebäude.

Vor dem Rathaus steht eine **Figureninstallation** zum Gedenken an *Thomas Müntzer.* Sie stammt von dem Hallenser Bildhauer *Klaus Messerschmidt* und wurde im Jahr 1989 aufgestellt, zum 500. Geburtstag des Revolutionstheologen. *Müntzer* und *Luther* haben in der Stolberger Stadtkirche gepredigt. In der Sommerzeit werden in der Kirche Orgel- und Chorkonzerte aufgeführt.

■ **Stadtkirche St. Martini,** Markt 11, Di–So 13–16 Uhr.

Renaissanceschloss und „Felsenburg"

Auf einem Bergsporn über der Stadt, liegt das Schloss. Vom 13. Jh. bis 1945 war es Sitz des Grafengeschlechts *von Stolberg.* Seine Gestalt erhielt es wesentlich in der Zeit der Renaissance. Als Geburtsort und Kindheitsstätte von *Juliane von Stolberg und Wernigerode* (1506–1580), der Mutter von *Wilhelm von Oranien,* gilt das Schloss auch als die Wiege der Oranier, weshalb es gern von niederländischen Gästen besucht wird.

Nachdem es nach dem Verkauf durch die Treuhand jahrelang leergestanden hatte, übernahm es im Jahr 2002 die Deutsche Stiftung Denkmalschutz in katastrophalem Zustand in ihr Eigentum. Inzwischen sind große Bereiche für Besucher zugänglich. Von der Terrasse öffnet sich ein Blick über die Dächer der Stadt.

Am Weg von der Kirche zum Schloss steht das Haus Am Schlossberg 5. Eine Plakette weist darauf hin, dass dort der Schriftsteller **Johann Gottfried Schnabel** (1692–vor 1760) gewohnt hat, als Verfasser der „Insel Felsenburg" einer der bedeutendsten deutschen Schriftsteller des 18. Jh. und darüber hinaus (→ Exkurs „Der Harz in der Literatur", S. 73). *Schnabel* diente in Stolberg als Hofbarbier und Hofagent (was die Zuständigkeit für das Nachrichtenwesen am Hof benennt). Sein Haus ist Sitz der Schnabel-Gesellschaft, die sich zu ihren Jahrestagungen immer in Stolberg trifft.

■ **Schloss Stolberg,** Tel. (0151) 16177131, April–Okt. Di–So, Fe 10–17 Uhr, Nov.–März Di–So, Fe 11–16 Uhr. Führung 6 €. Auskünfte: Stadtinformation. Sanierung durch Deutsche Stiftung Denkmalschutz, Teile der Anlage aus dem 14.–17. Jh. und eine Aus-

370h dk

stellung sind frei zugänglich, Spende erwünscht. Aufstieg über Treppe neben dem Rathaus oder über Schlossstraße, kleiner Parkplatz am Schloss.

Rittergasse

Vom Marktplatz zweigt die Rittergasse ab, dort ist in der Perlenkette der Fachwerkhäuser besonders das spätgotische **Kleine Bürgerhaus** beachtenswert. Es wurde um 1470 erbaut. Als Museum zeigt es Mobiliar und Hausrat aus dem 17. bis 19. Jh. Es lohnt sich unbedingt, der Rittergasse noch bis an das Ende der jungen Buchenallee zu folgen und sich von der Harmonie und Detailvielfalt der Fachwerkhäuser einnehmen zu lassen.

■ **Museum Kleines Bürgerhaus,** Rittergasse 14, Tel. (034654) 85955, April–Okt. Mi–So, Fe 13–16 Uhr, Nov.–März Fr–So, Fe 14–16 Uhr.

Wohnhäuser in der Rittergasse

Fernblick vom Auerberg

Das nächstgelegene Wander- und Ausflugsziel ist der Auerberg (580 m). Ein markierter Wanderweg (4 km) führt dort zu einem Aussichtsturm der Superlative. Das **Josephskreuz** gilt als das größte eiserne Doppelkreuz der Welt. Es erinnert in seiner Bauweise an den Eiffelturm und ist sogar zwei Jahre älter als dieser. 1896 wurde der Turm eröffnet, die Wiedereröffnung nach der Restaurierung 2004 gefeiert. Die Stahlfachwerkkonstruktion ist 38 m hoch, wiegt 246 Tonnen und wird von 100.000 Nieten zusammengehalten. 200 Stufen führen auf den Gipfel, der als Landmarke zwischen Brocken und Kyffhäuser vermittelt. Ein hölzerner Vorgängerbau wurde schon im 17. Jh. erwähnt, ein weiterer bestand ab 1833 und brannte 1880 nieder.

■ **Josephskreuz,** Tel. (0151) 16177149, April–Okt. Di–So, Fe 10–17 Uhr, Nov.–März Di–So, Fe 10–

16 Uhr, 4/2,50 €. Bemerkenswerte Aussicht zum Brocken und Kyffhäuser. GPS N 51.580823, E 11.005549. *Bergstübl* → unter „Essen und Trinken".

Ein auch für Kinder geeigneter **Rundweg** (9 km) führt von der Stolberger Neustadt in das Zechental (rotes Kreuz) bis zur Wegkreuzung Silberner Nagel (der Name erinnert an eine Legende aus dem frühen Bergbau), zur Wegkreuzung Sieben Wege und weiter bis zum Josephskreuz. Der Rückweg folgt zunächst der „Straße der Lieder" – das sind 14 beschilderte Stationen am Auerberg, die an Volkslieder erinnern und zum Singen einladen sollen – bis zur Schutzhütte, dann (blauer Punkt) links auf den befestigten Wanderweg „Große Auerbergstraße" bis hinunter nach Stolberg.

Praktische Tipps

Anreise

- **Auto:** A 38 (Südharzautobahn) bis Abfahrt Berga, dann Landstraße; B 242 (Harzhochstraße) bis Friedrichshöhe, dann Landstraße.
- **Bahn:** Regionalexpress Halle – Nordhausen bis Berga-Kelbra, dann Regionalbuslinie 450.
- **Regionalbusse:**

– **254** Harzgerode – Alexisbad – Stolberg,
– **255** Quedlinburg – Gernrode – Stolberg.

Information

- **Touristeninformation Stolberg,** Niedergasse 17, Tel. (034654) 454, www.gemeinde-suedharz.de, April–Okt. tgl. 10–17 Uhr, Nov.–März tgl. 10–16 Uhr. Neben dem Museum „Alte Münze".

Übernachtung

5 5 **Gasthaus Kupfer**②, Markt 23, Tel. (034654) 422, www.gasthaus-kupfer.de. Prächtiger Fachwerbau im Marktensemble, Komfortzimmer im historischen Ambiente, **Restaurant** tgl. ab 7 Uhr.

2 **Weißes Roß**②, Rittergasse 5, Tel. (034654) 403, www.weisses-ross-stolberg.de. Komfortable Nichtraucherzimmer im ältesten Gasthof der Stadt. Wohnen in einer Adels- und Ritterherberge aus dem Jahre 1627.

3 3 **Hotel zum Kanzler**②, Markt 8, Tel. (034654) 205, www.zum-kanzler.de. Prächtiger Fachwerkbau im Marktensemble, komfortable Zimmer im hist. Ambiente, **Restaurant** tgl. ab 7 Uhr.

8 8 **Hotel FreiWerk**③, Thyrahöhe 24, Tel. (034654) 85900, www.hotel-freiwerk.de. Fachwerkhaus, 18 komfortable Zimmer, frische Produkte der Saison im **Restaurant „20zwanzig".** Café 14–17 Uhr, Dinner und Bar ab 18 Uhr.

Essen und Trinken

- **Hotelrestaurants** → „Übernachtung".

MEIN TIPP: 4 **Café Alt,** Stubengasse 1, Tel. (034654) 859972, Di–So 12–17 Uhr, gemütliches Café mit hausgemachtem Kuchen und Eisspezialitäten, Hofplätze an der Thyra.

MEIN TIPP: 1 **Sonjas Café,** Rittergasse 38, Tel. (034654) 393, Sa, So, Mo 7–8 Uhr, Sa 12–16, So, Mo 13–16 Uhr. Hausgemachte Kuchen und Torten, herzhafte Küche, Hofterrasse, Weihnachtszimmer.

7 **Friwi-Café,** Niedergasse 21, Tel. (034654) 502, www.friwi.de, Mo 11–18 Uhr, Di–Sa 10–18 Uhr. Uhr. Das Original in der traditionsreichen Keksfabrik im Zentrum der Stadt.

6 **Bergstübl Josephshöhe**①, Josephskreuz, Tel. (034654) 476, www.bergstuebl-josephskreuz.de, Mai–Okt. tgl. 10–18 Uhr, Dez.–April Di–So 10–16 Uhr. Ausflugsgaststätte auf dem Auerberg, Harzer Küche, an Wochenenden Grillspezialitäten.

Nordhausen

Zwei Kornflaschen lugen aus dem Stadtbild heraus; Nordhausen ist die Quelle des edel Gebrannten, seit 1490. Sie war Freie Reichs- und Hansestadt, eine Perle der Fachwerkarchitektur. Davon blieben der nordthüringischen Kreisstadt (42.000 Einwohner) nach Weltkrieg und Vernachlässigung nur kleine, hingebungsvoll restaurierte Winkel. Der Dom überragt mit seinen Doppeltürmen die Stadt des Doppelkorns. Von Nordhausen dampft die Harzquerbahn durch das Gebirge nach Wernigerode.

Stadtgeschichte

Die Nordhäuser Gegend war schon Jahrhunderte besiedelt, als der Ort im Jahr **927** in einer Schenkungsurkunde erstmals erwähnt wurde. Um 910 hatte **Heinrich I.** die Burg Nordhausen bauen lassen. *Heinrichs* Ehefrau *Mathilde* gründete 961 neben der Burg ein Stift und begründete damit die Geschichte des Nordhäuser Doms. Am 27. Juli 1220 wurde Nordhausen zur **Freien Reichsstadt** erhoben. 1430 trat die Stadt der Hanse bei. 1507 wurde in der Stadt erstmals **Branntwein** erzeugt und eine Tradition begründet, die bis zum heutigen Nordhäuser Doppelkorn reicht. 1523 setzte sich die **Reformation** durch. Mehrere **Brände** vernichteten schon bis Anfang des 18. Jh. große Teile der mittelalterlichen Bebauung.

1802 kam Nordhausen an **Preußen,** von 1807 bis 1813 an das napoleonische **Königreich Westphalen,** dann wieder zu Preußen. Die Grenzlage zum Königreich Hannover förderte das **Schmugglerwesen,** vor allem von Tabakwaren und Kaffee, denn diese Genussmittel wurden bei den Hannoveranern deutlich geringer besteuert. Mit der **Industrialisierung** entwickelten sich vor allem die Lebensmittelindustrie und der Maschinenbau.

Unter den **Nationalsozialisten** wurde Nordhausen ein Zentrum der **Rüstungsindustrie.** Ab 1943 mussten 60.000 Häftlinge und 10.000 ausländische Zwangsarbeiter im KZ Dora-Mittelbau an den „Vergeltungswaffen" V 1 und V 2 arbeiten.

Am 3. und 4. April 1945 wurde die Stadt durch britische **Bomber** zu 74 Prozent zerstört, vor allem in der Altstadt und den Wohngebieten; dabei kamen 8800 Menschen ums Leben. Am 11. April 1945 wurde Nordhausen kampflos an die US-amerikanische Armee übergeben. Die sowjetische Armee übernahm die Verwaltung am 2. Juli 1945.

In den 1950/60er Jahren wurden vor allem die dringend benötigten Wohnungen erbaut, dabei aber die **historische Stadtstruktur weitgehend missachtet.** Lediglich die nicht zerstörte Gegend um den Dom blieb erhalten. Nordhausen wurde 1952 dem neu gebildeten Bezirk Erfurt zugeordnet. Der VEB Nordbrand wurde zum größten Spirituosenhersteller, der VEB Tabak zum größten Zigarettenhersteller der DDR. Nach der friedlichen Revolution wurde Nordhausen wieder dem Land Thüringen zugeordnet. Mit der **Stadtgestaltung** im Zuge der Landesgartenschau 2004 gelang es, die vernachlässigte Innenstadt wiederzugewinnen und neu zu erschließen.

Sehenswertes

Nordhausen liegt terrassenförmig am Südrand des Harzes, oberhalb der Goldenen Aue, einer fruchtbaren Ebene, die sich bis zum Kyffhäuser hin erstreckt. Diese prominente Lage ist schon bei einem Rundgang durch das überschaubare Stadtzentrum mit der Altstadt vielfältig erlebbar. Auffallend sind zum Beispiel die zahlreichen Treppenwege im Zentrum.

Zwischen Bahnhof und Rathaus liegt die sanft ansteigende Wohn- und Einkaufspromenade (Bahnhof-/Rautenstraße) mit Bauten aus den letzten fünf Jahrzehnten. An diesem Weg steigt rechts der **Petersberg** auf, der für die Landesgartenschau 2004 zu einem Park mit Terrassengärten, Spielplätzen, Ritterburg und Kletterfelsen gestaltet wurde (20 Cent Eintritt am Drehkreuz) und Aussichten über die Stadt und die Goldene Aue bietet. Wahrzeichen der Stadt ist der **Petriturm** als Rest der 1945 zerstörten gotischen Petrikirche.

Vom Roland zum Tabakspeicher

Das **Alte Rathaus** (1610) mit seinem markanten achteckigen Treppenturm ist als einziges historisches Bauwerk am Marktplatz erhaltengeblieben. An der Ecke präsentiert sich (als Kopie) der 3 m hohe **Roland** (1717) mit Krone, Wappen und erhobenem Schwert als Sinnbild der Stadtfreiheit. Das Original wurde restauriert und bekam seinen Platz im Neuen Rathaus gegenüber. Den Nordhäusern gilt ihr Roland als Sinnbild für den Überlebenswillen ihrer Stadt, hat er doch einsam inmitten der Zerstörungen den Krieg überstanden. Eine steinerne Stele des Hoyerswerdaer Bildhauers *Jürgen von Woyski* (1929–2000) erinnert an die Opfer des alliierten Luftangriffs im April 1945.

Über Lutherplatz und Poststraße gelangt man zur Bäckerstraße. Dort hat in einem 1712 erbauten Tabakschober das hochinteressante **Museum Tabakspeicher** für Handwerks- und Industriegeschichte seine Ausstellungsräume und einen sehenswerten Innenhof. Es zeigt die stadtprägenden Gewerke – Tabak- und Kautabakherstellung, Brennerei, Brauerei, Böttcherei und Kaffeerösterei – mit zahlreichen und oft bestaunenswerten Kulturgütern. Ausführlich dargestellt wird die Geschichte von Nordhäuser Produktionsbetrieben, so des Motoren- und Maschinenbaus und des Schacht-

089h dk

▷ Der Roland am Nordhäuser Rathaus

Nordhausen

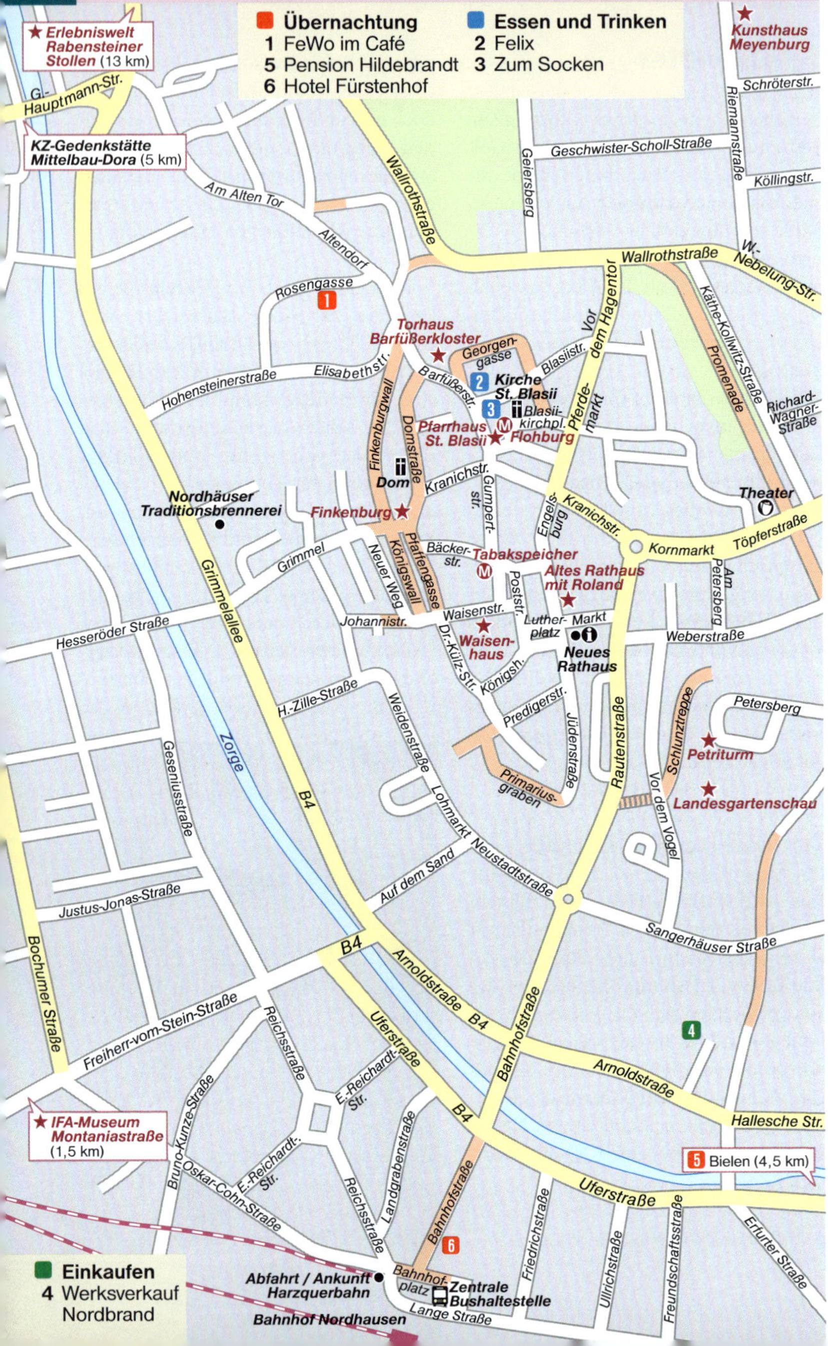
0 200 m
©Reise Know-How Harz_25 4/23
Übernachtung
1 FeWo im Café
5 Pension Hildebrandt
6 Hotel Fürstenhof
Essen und Trinken
2 Felix
3 Zum Socken
Einkaufen
4 Werksverkauf Nordbrand
Erlebniswelt Rabensteiner Stollen (13 km)
KZ-Gedenkstätte Mittelbau-Dora (5 km)
IFA-Museum Montaniastraße (1,5 km)
5 Bielen (4,5 km)
Kunsthaus Meyenburg
Torhaus Barfüßerkloster
Kirche St. Blasii
Pfarrhaus St. Blasii
Flohburg
Dom
Finkenburg
Nordhäuser Traditionsbrennerei
Tabakspeicher
Altes Rathaus mit Roland
Waisenhaus
Neues Rathaus
Theater
Petriturm
Landesgartenschau
Abfahrt / Ankunft Harzquerbahn
Zentrale Bushaltestelle
Bahnhof Nordhausen
G.-Hauptmann-Str.
Am Alten Tor
Altendorf
Wallrothstraße
Geiersberg
Geschwister-Scholl-Straße
Riemannstraße
Schröterstr.
Köllingstr.
W.-Nebelung-Str.
Käthe-Kollwitz-Straße
Promenade
Richard-Wagner-Straße
Rosengasse
Georgengasse
Blasiistr.
Vor dem Hagentor
Barfüßerstr.
Blasiikirchpl.
Pferdemarkt
Elisabethstr.
Hohensteinerstraße
Finkenburgwall
Domstraße
Kranichstr.
Gumpertstr.
Engelsburg
Kornmarkt
Töpferstraße
Am Petersberg
Grimmel
Grimmelallee
Neuer Weg
Königswall
Pfaffengasse
Bäckerstr.
Poststr.
Hesseröder Straße
Johannistr.
Waisenstr.
Lutherplatz
Markt
Weberstraße
Dr.-Külz-Str.
Königshof
H.-Zille-Straße
Weidenstraße
Predigerstr.
Jüdenstraße
Rautenstraße
Schlunztreppe
Petersberg
Primariusgraben
Vor dem Vogel
Zorge
Geseniusstraße
B4
Lohmarkt
Neustadtstraße
Auf dem Sand
Justus-Jonas-Straße
Sangerhäuser Straße
Bochumer Straße
Arnoldstraße
Bahnhofstraße
Freiherr-vom-Stein-Straße
Uferstraße
Reichsstraße
E.-Reichardt-Str.
Hallesche Str.
Bruno-Kunze-Straße
Oskar-Cohn-Straße
Landgrabenstraße
Friedrichstraße
Ullrichstraße
Freundschaftsstraße
Erfurter Straße
Bahnhofplatz
Lange Straße

baus. Historisches Handwerk ist erlebbar, und in der stadtarchäologischen Schatzkammer gleich mehrtausendjährige Geschichte.

■ **Museum Tabakspeicher,** Bäckerstraße 20, Tel. (03631) 982737, Di–So 10–17 Uhr, 5/3 €. Im Mai findet hier eine Kautabak-Sammlerbörse statt. Ausstellungen und Veranstaltungen.

In diesem Quartier sind weitere **Fachwerkhäuser** zu entdecken, so das ehemalige Waisenhaus (Waisenstraße 7), erbaut 1707. Auffallend ist das an der Nordseite vorkragende Obergeschoss.

Romanik und Frühgotik – der Dom

Die nahe Domstraße führt zum **bedeutendsten sakralen Bauwerk der Stadt.** Die Geschichte des Doms begann mit der Errichtung eines Frauenstifts im Jahr 961 durch Königin *Mathilde* auf dem Boden einer Burganlage, die ihr von ihrem Gatten, *Heinrich I.*, als Witwensitz geschenkt worden war. Von der romanischen Klosterkirche blieben der untere Teil der Westtürme sowie Gewölbebögen im Kreuzgang erhalten, vor allem aber die dreischiffige **Krypta** von 1130, ein Zeugnis der Romanik. Die Krypta ist während der Öffnungszeiten des Doms frei zugänglich. Ihre Gewölbe ruhen auf Säulen mit abwechselnd verzierten Würfelkapitellen. Die Kapitelle lassen vermuten, dass hier Bauleute des Klosters Hirsau im Schwarzwald tätig waren. An der Rückwand der Krypta steht der älteste Grabstein von Nordhausen (1327).

1220, mit der Umwandlung in ein Domherrenstift, begann die frühgotische Bauetappe. Der **Chor** wurde 1267 geweiht. Drei farbige Schlusssteine zieren die Gewölbe: eine Rosette, der Adler und ein Kübelhelm mit verzierten Büffelhörnern. Die sechs lebensgroßen **Stifterfiguren** aus Sandstein (1270–1300) sind *Heinrich I.* und *Mathilde, Otto I.* und *Adelheid, Otto II.* und *Theophanu.* Zwischen 1370 und 1400 entstand das figürlich reich geschnitzte Chorgestühl. Nachdem der gotische Flügelaltar im Dreißigjährigen Krieg zerstört worden war, bekam der Dom im Jahre 1726 den jetzigen barocken Hochaltar. Sein Künstler ist unbekannt. Das Altarbild zeigt das letzte Abendmahl. Ihm zur Seite stehen vier Altarfiguren, deren obere die heilige *Mathilde* als Gründerin des Domes sowie und die heilige *Helena,* Mutter des römischen Kaisers *Konstantin,* zeigen.

1450 wurde das hochgotische Langhaus fertiggestellt. Wie schon im Chor, sind die Gewölbe mit farbigen Schlusssteinen gefasst, vorwiegend Wappenschildern. Das frühgotische Taufbecken ist um 1200 entstanden und stammt aus dem ehemaligen Kloster im nahen Ilfeld.

Von der Finkenburg zu St. Blasii

In der Barfüßerstraße blieb das Torhaus des **Barfüßerklosters** erhalten, später war es die Wohnung des Totengräbers. Von den **Fachwerkhäusern** sollen hier nur das an der Ecke Domstraße/Barfüßerstraße stehende mit gotischem Sockel und Renaissanceobergeschoss sowie die **Finkenburg** (Domstraße 23) genannt werden. An diesem Ort soll sich die Heinrichsburg befunden haben, also die Königspfalz *Heinrichs I.*

Zum **Einkehren** mit herrlicher Aussicht bis zum Harz bietet sich das **Felix** an, ein sympathisches Familienrestaurant in zwei Fachwerkhäusern, mit Galerie, Bier- und Wintergarten, Kinderspielecke und Wickelplatz. Schräg gegenüber geht's **Zum Socken,** in Nordhausens älteste Kneipe, klassisch mit bürgerlicher Küche und gemütlichem Garten.

Auf der Barfüßerstraße sieht man bald hinter den Häusern wieder Kirchtürme aufragen, die aber etwas unegal wirken. Es ist **St. Blasii,** die evangelische Hauptkirche der Stadt. Sie wurde 1490 geweiht, aber ihre beiden ungleich hohen und etwas schrägen achteckigen Türme stammen noch von der 1234 erbauten Vorgängerkirche. Sehenswert in der Kirche ist die Renaissancekanzel. Eines der prächtigsten Fachwerkhäuser der Stadt ist das **Pfarrhaus St. Blasii** (1713) an der Ecke Barfüßerstraße.

1000 Jahre Stadtgeschichte erzählt die **Flohburg** (Barfüßerstraße 6), das Stadtmuseum in einem Fachwerkhaus aus dem 16.–19. Jh. Das Haus wurde um einen modernen Anbau erweitert.

268h-dk

- **Flohburg, das Nordhausen-Museum,** Barfüßerstraße 6, Tel. (03631) 4725680, Di–So 10–17 Uhr, 5/3 €, Kombiticket für Tabakspeicher, Flohburg und Kunsthaus Meyenburg 12/7 €. Freitag Museumstag 2 €. Gotisches Fachwerkhaus mit modernem Anbau, Stadtgeschichte, historischer Bohlenstube und romanischem Tiefkeller.

Für den Rückweg bietet sich die grüne **Promenade** an, zu der man über den Pferdemarkt und Hagen gelangt. Entlang der **Stadtmauer** führt ein Weg durch die Parkanlage mit Neptunbrunnen und dem neoklassizistischen **Theater** (1917), abschließend auf den Petersberg oder wieder auf die zentrale Rautenstraße mit dem Verkehrsknotenpunkt Kornmarkt.

Praktische Tipps

Anreise

- **Auto:** A 38 (Südharzautobahn), B 4, B 243.
- **Bahn:** Regionalexpress Halle – Nordhausen (– Kassel); Regionalexpress Halle – Nordhausen – Leinefelde; Harzquerbahn aus Drei Annen Hohne, Wernigerode.

■ **Bus:** Regionalbuslinie 23 (Nordhausen – Benneckenstein – Hohegeiß).

Information

■ **Stadtinformation,** Markt 1, Tel. (03631) 696 797, www.nordhausen.de, Mo–Fr 9–16 Uhr, Sa 10–13 Uhr.

■ **Neues Rathaus,** Markt 1, Besichtigung der originalen Roland-Figur, Mo, Di 8.30–15.30 Uhr, Do 8.30–18 Uhr, Fr 8.30–12 Uhr.

Übernachtung

1 **Ferienwohnung im Café**①, Rosengasse 10, Tel. (03631) 974940. www.ferienwohnung-rosengasse. de. Kleines, ehemaliges Café in der Altstadt, für 2 Pers. 55 €.

6 **Hotel Fürstenhof**③, Bahnhofstraße 12-13, Tel. (03631) 6250, www.nordhaeuser-fuerstenhof.de. Im Stil der 1920er-Jahre. 48 Zimmer, Nordhausens höchste Bar. Direkt am Bahnhof.

5 **Pension Hildebrandt**①, Bielen, Nordhäuser Straße 37, Tel. (03631) 601001, www.pension-nordhausen.de. Einzel-, Doppel- und Mehrbettzimmer, Ferienwohnung, bis 37 Betten. In der Nähe Textil- und FKK-Strand, Tauchsportzentrum, Aussichtsplattform zur Goldenen Aue. Linienbus. Ab 27,50 €.

Essen und Trinken

MEIN TIPP: 2 **Felix**②, Restaurant und Bar, Barfüßerstraße 12, Tel. (03631) 602200, www.felix-nordhausen.de,Di–Sa ab 16 Uhr. Zwei Fachwerkhäuser, ein Restaurant, eine Aussicht zum Harz. Deutsche und internationale Küche. Mit Spielplatz.

3 **Zum Socken**①, Barfüßerstraße 23, Tel. (03631) 983436, Di–Sa ab 11.30 Uhr. Älteste noch bestehende Gaststätte in Nordhausen, rustikales Ambiente, Innenhof, Gerichte nach Harzer und Thüringer Art.

Weitere Museen

■ **Echter Nordhäuser Traditionsbrennerei,** Grimmelallee 11, Tel. (03631) 3631-636363, www.traditionsbrennerei.de, Di–So 10–16 Uhr, Führung 14 Uhr, 8/5 €. Brennerei, Fasskeller, Museum, Echter Nordhäuser Shop. Straßenbahn 1 bis Nordbrand, weiter mit Linie 2 bis Wiedigsburghalle.

■ **IFA-Museum,** Mountaniastraße 13, Tel. (03631) 4791543, www.ifa-museum-nordhausen.de, Di–Sa 10–16 Uhr, 5/3 €. Ein Jahrhundert Nordhäuser Maschinenbautradition, mehr als 50 originalgetreu restaurierte Exponate, darunter Gruben- und Feldbahnloks, Traktoren, Motoren.

■ **Kunsthaus Meyenburg,** Alexander-Puschkin-Straße 31, Tel. (03631) 881091, Di–So 10–17 Uhr. 1907 erbaute Villa, wechselnde Ausstellungen.

■ **KZ-Gedenkstätte Mittelbau-Dora,** Kohnsteinweg 20, Tel. (03631) 495820, www.dora.de, März–Sept. Di–So 10–18 Uhr, Okt.–Febr. Di–So 10–16 Uhr. Ausstellung zur Entstehung und Funktion des Lagers, tgl. 11 und 14 Uhr kostenlose Führungen im Lagergelände und in den Stollenanlagen. Straßenbahn Linie 10 oder Harzquerbahn bis N.-Krimderode, 20 Min. Fußweg.

Einkaufen

4 **Werksverkauf Nordbrand Nordhausen,** Sundhäuser Straße 4, www.nordbrand-nordhausen.de, Di, Do 13.30–17 Uhr. Das Sortiment der Traditionsbrennerei, dazu Wein und Sekt. Ab 18 Jahre.

◁ Die schrägen Türme von St. Blasii

Von Nordhausen in den Naturpark Südharz

Mit dem Auto oder der Harzquerbahn sowie mit der Harzbuslinie 23 (Nordhausen – Ellrich – Benneckenstein – Hohegeiß) ist der thüringische **Naturpark Südharz** von Nordhausen aus gut zu erreichen. Zentrale Verkehrsadern sind die B 4 und B 81, somit ist auch eine schnelle Anreise aus Richtung Goslar/Bad Harzburg und Halberstadt möglich. Deutsche Bahn und Abbelio Rail verbinden auf der Südharzlinie (Halle/Saale –) Nordhausen und Ellrich (– Göttingen).

Wanderungen und Ausflüge im Naturpark Südharz führen durch die üppig grüne **Gipskarstlandschaft** (→ Exkurs „Die Gipskarstlandschaft Südharz", S. 324), zu Bergwiesen und Aussichtspunkten (mehrere Stempelstellen Harzer Wandernadel), mittelalterlichen Burgruinen und in die Welten des Bergbaus.

Der Naturpark Südharz umfasst 267 Quadratkilometer und bildet den nördlichsten Zipfel Thüringens. Höchste Erhebung ist der **Große Ehrenberg** (635,5 m) bei Rothesütte.

■ **Informationen zum Naturpark:** www.naturpark-suedharz.de. Broschüren, Karten und Wanderrouten zum Download.

Burgruine Hohnstein

Am Rand des Südharzes, 10 km nördlich von Nordhausen, liegt der Luftkurort **Neustadt/Harz** (1300 Einwohner). Sehenswert sind das Ensemble der Fachwerkhäuser, das gotische Alte Tor, die gotische Feldsteinkirche St. Georg und der Roland, eine der wenigen noch erhaltenen Rolandsfiguren aus Holz. Ein markierter Wanderweg (1,5 km) führt zur **Burgruine Hohnstein.** Die im Jahr 1202 erstmals beurkundete Burg war in der Renaissancezeit Sitz der Stolberger Grafen und galt als eine der größten im Harz. 1627, während des Dreißigjährigen Krieges, wurde sie zerstört. Ihre noch stattlichen Ruinen können frei besichtigt werden (Stempelstelle Harzer Wandernadel). Ein erlebenswerter Ausblick öffnet sich über die Goldene Aue zum Kyffhäusergebirge. Am Fuß der Burg lädt ein Gasthof ein, der auch Veranstaltungen anbietet – von Sommernachtsträumen bis zur Gruselparty.

■ **Burggasthof Hohnstein**②, Tel. (036331) 49049, www.burghohnstein.de, Mi–Sa 12–21 Uhr, So 12–20 Uhr. Uriger Landgasthof mit deftiger Küche, passend zur Burg.

Von der nahe gelegenen **Burgruine Henrichsberg** ist nahezu nichts mehr zu sehen – aber ihre letzten Steine werden malerisch vom Wald überwachsen.

Poppenberg bei Ilfeld

Der 9 km nördlich von Nordhausen an der B 4 gelegene Harzort **Ilfeld** (3000 Einwohner) ist Station der Harzquerbahn. Ein Wanderziel nordöstlich von Ilfeld ist der **Poppenberg** (600 m) mit dem frei zugänglichen, stählernen Aussichtsturm von 1894, der einen beein-

Wandertipp: Südharzer Dampfloksteig

GPS Über rund 42 km führt der Südharzer Dampfloksteig zwischen Sophienhof, Ilfeld, Neustadt und Nordhausen durch die liebliche Landschaft des Naturparks und immer wieder zu Gleisen und Stätten der Harzer Schmalspurbahnen (HSB). Ein Wanderweg für Natur- und Bahnfreunde. Er nutzt abwechslungsreiche, naturnahe Pfade und trägt das Qualitätsprädikat **„Wanderbares Deutschland"**. Auf der Gesamtstrecke sind 977 m Aufstieg und 1262 m Abstieg zu absolvieren. Wanderer können nach Lust und Laune Teilstrecken mit der Bahn zurücklegen oder den dampfenden Loks unterwegs begegnen. Eine einfache Fahrt mit der HSB kostet von Nordhausen nach Ilfeld 2,60 €, nach Eisfelder Talmühle oder Netzkater 4,50 €, nach Sophienhof 6,50 €, von Netzkater nach Eisfelder Talmühle 2 €; weitere Informatonen unter www.hsb-wr.de.

Etappenvorschlag

- **Sophienhof (HSB) – Netzkater (HSB) 12 km** (über Ziegenalm, Bergwiesen, Waldweg am Gleis, HSB Eisfelder Talmühle, Brandesbachtal), mittelschwer, 4h.
- **Netzkater (HSB) – Neustadt 18,5 km** (über Drei-Täler-Blick, Poppenberg, HSB Ilfeld, Burg Hohnstein), mittelschwer, 6h.
- **Neustadt – Nordhausen (HSB) 12 km** (über Burgruine Hohnstein, Harzungen, HSB Krimderode, Weg an den Bahngleisen, Altstadt Nordhausen. Übergang zum Normalspurbahnhof, Parkplätze), leicht, 3h, Abkürzung mit der Straßenbahn möglich.

Am Wanderweg liegen mehrere Gaststätten, Herbergen und Erlebnisorte (→ dazu sowie zu den Ortsbeschreibungen unter: „Von Nordhausen in den Naturpark Südharz").

- **Information:** www.region-suedharz-kyffhaeuser.de.
- **Wegmarkierung:** rote Dampflok auf weiß.
- **Buchungen:** Touristinformation Nordhausen (siehe dort).
- **Wanderkarte:** Südharz, 1:30.000, Schmidt-Buch-Verlag 2018.

Halt an der Eisfelder Talmühle. Hier begegnen sich die Züge der Harzquerbahn und der Selketalbahn

371h dk

druckenden Ausblick über den Südharz und hinüber zum Kyffhäuser ermöglicht (Stempelstelle Harzer Wandernadel).

Erlebnis Bergbau in Netzkater

Drei Täler im Wald, kurvenreiche Straßen, die Station der Harzquerbahn und einige Villen bilden den Ilfelder Ortsteil **Netzkater.** Den Aussichtspunkt **Dreitälerblick** – ins Brandesbachtal, Ilfelder Tal und Kalte Tal – erreicht man auf kurzem, aber steilem Weg direkt vom Schmalspurbahnhof aus (Stempelstelle Harzer Wandernadel). Die Raststätte an der Kreuzung von B 4 und B 81 ist ein beliebter **Bikertreff** zwischen Parkplatz und Bratwurstgrill.

■ **Raststätte Netzkater**, Kreuzung B 4/B 81, www.netzkater-raststaette.de, Mo–Fr 7–19 Uhr, Sa, So 9–20 Uhr.

Unmittelbar an den Gleisen neben dem Bahnhof führt die **Erlebniswelt Rabensteiner Stollen** über und unter Tage in die Geschichte des Harzer Steinkohlebergbaus. Sie reicht hier zurück bis ins 18. Jahrhundert, 1949 wurde die letzte Kohle zu Tage gebracht. Heute ist das Bergwerk ein spannender Ort auch für Kinder. Im Freigelände stehen Grubenloks und Abbautechnik aus unterschiedlichen Zeiten. Der Grubenzug hält am Untertagebahnhof, von dort geht es weiter zu Fuß in die Abbaubereiche. Dabei sind die Reste des Flözes zu sehen, ausgekohlte Flözbereiche und originale Maschinen. Auch Fossilien können hier entdeckt werden.

Erlebniswelt Steinkohlebergwerk Rabensteiner Stollen, Netzkater, Tel. (036331) 48153, www.rabensteiner-stollen.de, Bergwerksführungen unter Tage April–Okt. Di–So 10.15, 11.30, 12.45, 14.00, 15.15 Uhr, Nov./Dez. So 10.15, 11.30 Uhr, 27.12.–31.3. Di–Do, Sa, So 10.15, 11.30, 12.45 Uhr, 12/6,50 €, Familienkarte 28 €. Angebote für Schüler- und Jugendgruppen. Museumsbistro, Kaffeegarten. In der Weihnachtszeit: Grubenfahrten im Kerzenschein. Zur Übernachtung für Gruppen bis 26 Pers. (Selbstversorgung) auf dem Museumsgelände: **Rabensteiner Hütte, Rabensteiner Lokschuppen,** je 210 €/Nacht. Buchung über Museum.

Eisfelder Talmühle

Alles begann mit **Branntwein.** Im Jahr 1826 erbaute der Brennherr *Karl-Heinz-Ludwig Eißfeld* im Tal der Bere, am Fuß des Großen Schumannsberges (497 m), eine **Schrotmühle.** 1828 begann er, dort Branntwein auszuschenken, was allerdings nicht den erhofften Erfolg brachte. Neuen Eigentümern kam der dort eingerichtete **Posthalt** zugute, sie eröffneten eine **Gaststätte.** 1905 wurde an der neuen Bahnstrecke das noch heute bestehende Bahnhofsgebäude errichtet, die Schrotmühle brannte im Jahr 1913 ab. Heute wird der Bahnhalt im Wald an der B 81 von den **Harzer Schmalspurbahnen** betrieben; hier begegnen sich die Züge der Harzquerbahn und der Selketalbahn, ein beliebter Ort für Eisenbahnfreunde und Station des Südharzer Dampfloksteigs (→ dazu auch Wandertipp, S. 309).

■ **Gaststätte Eisfelder Talmühle②**, Harztor, OT Ilfeld, Tel. (036331) 47518, Fr–So 12–17 Uhr. Thüringer Küche mit Dampflokblick.

Dreiländerstein bei Rothesütte

Rund 20 km nördlich von Nordhausen liegt an der B 4 die historische Holzfäller- und Köhlersiedlung **Rothesütte** („Rote Senke“, heute zu Ellrich). Eine liebliche **Bergwiesenlandschaft** am Mischwaldrand und zwei beliebte Ausflugslokale zeichnen den winzigen Ort aus, der auch mit dem Linienbus 23 erreichbar ist. Die 9 km bis zum Bahnhof Eisfelder Talmühle der Harzquerbahn legt man am schnellsten mit dem Auto oder Fahrrad zurück.

■ **Kaminstube Harz**②, Rothesütte, Alte Nordhäuser Straße 17, Tel. (036331) 496017, www.kaminstube-harz.de, Sa, So, Fe 12–17 Uhr. Historisches Landhaus, Ausflugslokal an der B 4. Hausgebackener Kuchen, Thüringer Küche.

■ **Gasthaus Waldfrieden**②, Rothesütte/Ellrich, Alte Poststraße 10, Tel. (036331) 48206, www.gasthaus-waldfrieden.de, Do–Mo 11.30–14 Uhr, 17–20 Uhr. Thüringer Küche, Hausmannskost am Waldrand.

Knapp 2 km nordwestlich, am **Dreiländerstein** (GPS N 51.641520, E 10. 702330, Parkplatz Jägerfleck) begegnen sich die Grenzen von Sachsen-Anhalt, Niedersachsen und Thüringen (Station des Harzer Grenzweges).

Ziegen, sonst Stille

An der Dorfstraße zwischen Eisfelder Talmühle und Rothesütte liegt **Sophienhof.** Hier leben mehr Ziegen als Menschen. Auf der **Ziegenalm** geht es beiden gut, den Menschen als Naturbeobachter, Gast und Genießer. Ziegenkäse wird in der Almstube serviert und im Hofladen verkauft. Der Spaziergang nach dem Mahl führt zum Dorfteich und auf nahen Wanderwegen über die Wiesen. Rund 15 Min. sind es bis zum einsam gelegenen **Haltepunkt der Harzquerbahn** (GPS N 51.641222, E 10. 789487). So klein und versteckt im Wald das Dorf auch ist, es hat sein eigenes Bier.

■ **Ziegenalm Sophienhof,** Dorfstraße 44, www.ziegenalm.de, Hofladen Di–So 10–18 Uhr, **Almstube**① Di–So 11–18 Uhr. 120 Ziegen geben schmackhaften Käse, dazu wird regionale und saisonale Kost angeboten. Auch Heidschnucken, Schweine und Hühner auf dem Hof. Hofführungen Mai–Okt. 1./3. Sa 15 Uhr ohne Anmeldung, auch zu Ostern und Pfingsten. 4/1,50 €. Mehrere **Ferienwohnungen** am Hof für 2–6 Pers., z.B. 55–65 € p.P. Ferienhaus und Heuhotel für 15 Pers.

■ **Braugasthof Brauner Hirsch**①-②, Sophienhof, Dorfstraße 42, Tel. (036331) 48144, www.braunerhirsch-sophienhof.de, Mo–Do 11–22 Uhr, Fr, Sa 11–22 Uhr, So 11–21 Uhr. Sophienhofer Biere, Thüringer Küche, Hausmannskost. **Hotel:** Doppelzimmer mit Frühstück 75/80 €, Ferienwohnung 75 € für 2 Pers.

-ZELLERFELD
CLAUSTHAL-
Einersberg 591
Große Mineral-sammlung
Holzkirche
Universität
Pfauen-teiche
Kräuterpark
ALTENAU
Stauffenburg
Lauseberg 343
Bad Grund (Harz)
Kalteberg 591
Gittelde
Laubhütte
Seidelskopf 579
Mühlenberg
601
648
Windhausen
Naturpark
Buntenbock
Teichhütte
Badenhausen
Bornsberg 566
Heidelbeerköpfe 621
Wolfskopf 669
Deutsche Fachwerkstraße
Eisdorf
Oberhütte
N i e d e r - H a r z
Knöppelberg 421
Lerbach
Kamschlacken
Auf dem Acker
Katzenstein
Förste
OSTERODE am Harz
Riefensbeek-
Söse
Sösestausee
Lasfelde
Freiheit
Marktkirche
Schulberg 257
Petershütte
Alte Burg
423
Sösenkopf
Osteroder 478
Hanskühnenburg
811
Großer Breitenberg
Rohrtalskopf 596
Sieber
862
Historische Altstadt
Stadtmauer
Haspelkopf 749
Staatsforst
Königsberg
Augustental
300 Moosberg
Ührde
305
Braakberg 646
Stadtwald
Rosenberg 312
Wartberg
Schwiegershausen
Lonau
Große Lonau
Langfast 606
Koboltstaler Köpfe 673
Adlersberg 593
Düna
Deutsche Fachwerkstraße
Himmelsberg 250
Klusberg 260
Hörden
Großer Knollen 687
Wulften
Hattorf am Harz
Eichelnkopf 546
Herzberg
Sieber
Oder
Elbingerode
Ochsenberg 281
Welfenschloss Herzberg
HERZBERG am Harz
S a c h
Bismarckturm 536
Bilshäuser Kopf 236
R o t e n b e r g
Steinkirche
Burgruine Scharzfels
Einhornhöhle
Hausberg 422
BAD LAUTERBERG im Harz
Aue
Scharzfeld
Heimkenberg 263
Bilshausen
Pöhlde
Kühle 298
Besucherbergwerk Scholmzeche
Paradies
Industriedenkmal Königshütte
Kleiner Lohberg 194
Elvingen
Hohe Warte 241
Beber
269
Zandersberg
Barbis
Westerstein 359
Wollershausen
Mittelberg 236
Bartolfelde
Giebolde-hausen
Rhume
Lütgenhausen
Rhumequelle
Großer Bornberg 323
Wollbrandshausen
Brückenberg 201
Rollshausen
Rhumspringe
239 Spitzenröder Berg
Weilrode
Lutteranger
Suhle
Bernshausen
Rüdershausen
Eller
Silkerode
Seeburger See
Kuhhirtsberg 270
Wunderberg 304
Germershausen
Obernfeld
Hilkerode
Zwinge
Bockelnhagen
Kleeblatt 295
Tellenberg 320
346
Seulingen
Breitenberg
Langenhagen
Brochthausen
Weißenborn-Lüderode
U n t e r e i c h s f e l d
S o n n e n s t e i n
Esplingerode
Hörberg 198
Mingerode
Deutsche Fachwerkstraße
Jützenbach
Gerode
Sulberg 226
Fuhrbach
Desingerode
Deutsche Alleenstraße
Westerode
DUDERSTADT
Werxhausen
Nahle
Euzenberg 286
Ecklingerode
Bischofferode

Sachsen-Anhalt
Nationalpark Harz
Naturpark Harz
Naturpark Südharz
Thüringen
Oberharz am Brocken
Brocken
1141
Brockengarten
Brockenbahn
Kleiner Brocken
Nationalparkhaus
Torfhaus
Untere Zeterklippen
Obere Zeterklippen
Leistenklippe
Feuersteinklippen
Feuerstein-Arena
Schierke
Drei Annen Hohne
Elbingerode (Harz)
Deutsche Fachwerkstraße
Rothehütte
Königshütte (Harz)
Königshof
Ruine Königsburg
Mandelholztalsperre
Elend
Kalte Bode
Erlebnisstraße der deutschen Einheit
Bärenbrücke
Bodefälle
Jemenstein
Wurmberg
Oderbrück
Oderteich
Achtermannshöhe
BRAUNLAGE
Harz-Hochstraße
Harzquerbahn
Sankt Andreasberg
Grube Samson
Glockenturm
Oderhaus
Silberhütte
Tanne
Sorge
Trautenstein
Benneckenstein (Harz)
Hohegeiß
Zorge
Wieda
Walkenried
Siedlung Uhdenberg
Unterzorge
Rothesütte
Sophienhof
Eisfelder Talmühle
Schaubergwerk Rabensteiner Stollen
Anschluss S. 294
Odertal
Oder-Stausee
Dietrichstal
"Vitamar"
Harzfalkenhof
"Salztal-Paradies"
Erlebnisbad
BAD SACHSA
Steina
Osterhagen
Kloster Walkenried
ELLRICH
Werna
Appenrode
Ilfeld
Wiegersdorf
Sülzhayn
Tettenborn-Kolonie
Neuhof
Tettenborn
Branderode
Wiedigshof
Gudersleben
Woffleben
Klettenberg
Obersachswerfen
Niedersachswerfen
Johanniskirche
Krimderode
Limlingerode
Mackenrode
Liebenrode
Holbach
Mauderode
Hörningen
Gedenkstätte Dora
Herreden
Steinsee
Stöckey
Hohenstein
Helme
Speicher Schiedungen
Schiedungen
Pützlingen
Günzerode
Hochstedt
NORDHAUSEN
Epschenrode
Trebra
Werningerode
Gratzungen
Etzelsrode
Immenrode
Haferungen
Klein-Wechsungen
Niedersalza
Hesserode
Salza
Dom zum Heiligen Kreuz

Kloster Walkenried

Wie für die Ewigkeit geschaffen stehen die Torsi der gotischen Klosterkirche auf dem Klosterplatz von Walkenried. Das **Zisterzienserkloster** mit dem Kreuzgang und den Ruinen der Kirche gehört zum Weltkulturerbe. Eines der spannendsten und modernsten Museen des Harzes und eines der größten Klostermuseen Europas ist das Zisterzienser-Museum im frühgotischen Kreuzgang. Über dem dörflichen Walkenried liegt besinnliche Ruhe. Alljährlich im September wird auf dem Klostermarkt Geschichte kulinarisch gefeiert.

372h dk

Geschichte

Ora et labora

Der **mittelalterliche Bergbau** im Harz fand hier sein **intellektuelles und unternehmerisches Zentrum.** Zisterziensermönche aus dem Kloster Walkenried begannen vor über 850 Jahren mit der Urbanisierung von Gegenden des südlichen, später auch nördlichen Harzes. Ab etwa 1150 betrieben sie am Rammelsberg bei Goslar Erzbergbau, bald gehörten ihnen Bergwerke und Wälder im gesamten Harz. Die weiß gewandeten Mönche waren nicht nur für Glaubensfragen zuständig, in ihrem Leitspruch „ora et labora" steht neben dem Gebet die Arbeit. Zum Selbstverständnis des zentralistisch organisierten Ordens gehörte, nicht von erzwungenen Abgaben der Bauern, sondern von der eigenen Hände Arbeit zu leben, das heißt, sich wirtschaftlich zu organisieren und zu entfalten. Der **„Weiße Konzern"**, wie die Zisterzienser aufgrund ihrer wirtschaftlichen und finanziellen Unternehmungen genannt werden, trat als Geschäftspartner und Arbeitgeber auf, er konzentrierte das ingenieurtechnische Wissen seiner Zeit, schuf progressive Produktions- und Verwaltungsformen. Das Zisterziensermuseum thematisiert in besonderer Weise dieses „labora" im Leben der Walkenrieder Zisterziensermönche und dessen Folgen bis in die heutige Zeit.

< Gotisches Gewände des Klosters Walkenried

Blütezeit in der Hochgotik

Gegründet wurde das Kloster Walkenried auf einem Gründungskonvent als eines der ersten deutschen Zisterzienserklöster im Jahr **1129.** Zwei Jahre zuvor war das Kloster durch *Adelheid von Walkenried* gestiftet worden. 1137 wurde die romanische Klosterkirche geweiht. Schon um 1150 betrieb das Kloster neben dem Bergbau zahlreiche Wirtschaftshöfe im Harz. 1215 begannen die Bauarbeiten für eine neue, nunmehr gotische **Kirche.** 1290 wurde sie geweiht. Sie war eine der größten Kirchen Norddeutschlands. Ihre romanische Vorgängerin wurde abgebrochen. Um 1330 wurde die Klausur fertiggestellt. Um diese Zeit zeigte der Bergbau erste Krisenanzeichen, die Mönche hielten mit Finanzgeschäften und Kapitalanlagen dagegen. Doch der **Niedergang** im 14. Jh. ließ sich nicht aufhalten. Nachdem im 13. Jh. rund 100 Mönche und über 200 Laienbrüder im Kloster tätig waren, zählte der Konvent im Jahr 1509 nur 12 Mönche und einen Abt. Überfälle während der Bauernkriege und die Reformation brachten das Ende der Zisterziensergeschichte in Walkenried. Mehr als 100 Jahre lang, bis zum Verbot 1817, wurde die zerstörte Klosterkirche als Steinbruch abgetragen. Schrittweise und unterschiedlich intensiv wurden dann die Reste des Klosters gesichert und restauriert, zielstrebig erst ab 1977. Im Jahr 2006 konnte das Museum eröffnet werden. Die Klosteranlage wurde bis 2019 saniert und lädt heute in ihrer einzigartigen Harmonie von gotischer Architektur, Ausblicken in die Natur und moderner Bestimmung zum Besuchen, Meditieren und Erholen ein.

Besichtigung

Dorf und Kloster fließen ineinander über, die Anlage mit der **Ruine der Klosterkirche** und der gut erhaltenen **Klausur** kann jederzeit frei besichtigt werden. Lediglich für das **Museum** in der Klausur ist Eintritt zu bezahlen.

MEIN TIPP: **ZisterzienserMuseum Kloster Walkenried,** Tel. (05525) 9599064, www.kloster-walkenried.de, Di–So 10–17 Uhr, 7/5 €. Weltkulturerbestätte, vollständig erhaltenes Klausurgebäude aus dem 13. Jh., akustische und visuelle Inszenierungen des Mittelalters, Alltag und Wirken der Zisterzienser, Kreuzgangkonzerte und Klostermarkt, Führungen und Überraschungen für Kinder, Ostersonntag: Nacht der offenen Pforte. Klostercafé, vom Bahnhof Walkenried 10 Min. Fußweg.

Zwei **Zugänge** empfehlen sich für einen Rundgang, vom Dorf über den Pfarrplatz sowie über die Wiedigshofer Straße (K 24), am Schlosspark vorbei (Parkplatz) zur Brücke über der Wieda. Dort steht ein Wegweiser für **Wanderungen** in die nähere Umgebung, in der vor allem die vielen von den Mönchen angelegten Teiche ein lohnendes Ziel sind.

Bahnreisende gelangen vom Haltepunkt Walkenried über die Bahnhofstraße ins alte Dorf und in den Klosterbezirk, den Zugang markiert ein mit Feldsteinen gemauertes Torhaus (1822) mit Fachwerkaufsatz.

Praktische Tipps

Anreise

- **Auto:** B 243 und Landstraße.
- **Bahn:** Regionalbahn Nordhausen – Herzberg –

255h-Zisterziensermuseum Kloster Walkenried, Günter Jentsch

Göttingen (Südharzbahn), vom Haltepunkt bis zum Kloster 10 Min. Fußweg.

■ **Bus:** Regionalbuslinie 470 (Bad Sachsa – Walkenried – Zorge – Hohegeiß – Braunlage), 471 (Walkenried – Bad Sachsa – Bad Lauterberg).

Information

■ **Touristeninformation,** Walkenried, Steinweg 4, Tel. (05525) 9989000, www.walkenried-tourismus.de, Di–Fr 10–16 Uhr, Sa, So 10–14 Uhr. Direkt am Klostergebäude. Im selben Haus UNESCO-Welterbezentrum, Di–So 10–17 Uhr. Barrierearm, kostenfrei, eine informative Reise durch das Welterbe im Harz.

Übernachtung

■ **Jagdschloss Walkenried②**, Schlossstraße 15, Tel. (05525) 638, www.jagdschloss-harz.de. Ehemals herzogliches Jagdschloss von 1725 mit großem Park, großzügige, helle Zimmer, 200 m zum Kloster.

■ **Ferienwohnung Helga,** Erlenweg 9, Tel. (05525) 2285, www.ferienwohnung-waschke.de. Geräumige, preisgünstige Ferienwohnung für fünf Personen, mit Balkon.

■ **Ferienwohnungen Presse,** Bahnhofstraße 1a, Tel. (05525) 2103, www.ferienwohnungen-presse.de. 4 Appartementwohnungen für 2–6 Personen direkt am Klostertor.

■ **Knaus Campingpark,** Ellricher Straße 7, Tel. (05525) 778, www.knauscamp.de, GPS N 51.589720, E 10.624594. 4-Sterne-Campingplatz, ganzjährig, Hallenbad und Sauna, Restaurant, Sportanlagen, Veranstaltungen und Animationsprogramme. Wohnmobilstellplatz ab 18 €.

Essen und Trinken

■ **Klosterhof①**, Pfarrplatz 8, Tel. (05525) 823 4951, www.klosterhof-walkenried.de, Mi–Mo 15–21 Uhr. Japanische Küche im historischen Zentrum von Walkenried.

■ **Kloster-Eck②**, Schloßstraße 13a (am Klosterhof), Tel. (05525) 639, tgl. ab 12 Uhr. Deutsche Küche.

Klostercafé am Museum, Mi–So 11–17 Uhr. Auch kleine warme und kalte Speisen. Kontakt über Museum (s.o.).

Markt

Klostermarkt am letzten Wochenende im Sept. 10–18 Uhr, Produkte aus Gärten, Küchen und Werkstätten deutscher und österreichischer Klöster. 6 €, inkl. Museumsbesuch, Kinder Eintritt frei.

Wieda und Zorge

In Flusstälern und einem vielgestaltigen Wandergebiet liegen die Dörfer Wieda und Zorge. Von **Wieda** wandert man in einer Stunde auf asphaltiertem Weg oder auf Nebenwegen zum **Stöberhai** (720 m, Aussichtspunkt auf 699 m), dem höchsten Berg des Südharzes. Dort stand in der Zeit der deutschen Teilung das Gegenohr zum Horchposten auf dem Brocken (→ Exkurs „Der Harz im Kalten Krieg", S. 338). Im ehemaligen **Bahnhof Stöberhai** der Schmalspurbahn Walkenried – Braunlage (1899–1963) am Fuß des Berges lädt eine **Waldgaststätte** ein. Sie liegt am Harzer Baudensteig. Pünktlich wie der Hunger findet sich allabendlich Rot- und Schwarzwild zur Fütterung ein.

Waldgasthaus Bahnhof Stöberhai②, Wieda, GPS N 51.662006, E 10.575882, Tel. (01511) 4972265, Di–Fr 16–20.15 Uhr, Sa, So 12–20.15 Uhr. Harzer Küche, draußen vor dem Fenster speisen die Wildtiere. **Linienbus** 472 Bad Sachsa – Walkenried – Braunlage bis Steigertal Stöberhai, 20 Min. Fußweg.

◁ Kloster Walkenried, Blick in den Kreuzgarten

▽ Hundert-Morgen-Wiese bei Zorge

373h dk

Campingplatz im Waldwinkel, Zorge, Kunzental 2, Tel. (05586) 1048, www.campingplatz-im-waldwinkel.de, GPS N 51.642016, E 10.649463. Ganzjährig, sehr ruhige Lage am Wald. Freibad, Restaurant. Wohnmobilstellplatz 19,90 €, außerhalb der Schranke für 2 Nächte je 7,50 €.

Im Luftkurort und ehemaligen Eisenhüttenstandort **Zorge** beginnt eine markierte Rundwanderung (8,2 km) an der Hammerschmiede – der Spirituosenmanufaktur direkt am Ufer der **Zorge.** Der Weg führt um die sehr schöne **Hundert-Morgen-Wiese** herum, eine farbenfroh blühende Bergwiese am Staufenberg (554 m), weiter zur Wegmarke „Schwangere Jungfer" und zu den Stempelstellen Wendel-Eiche (der markante, bis zu 300 Jahre alte Einzelbaum wurde 2022 durch einen Orkan entwurzelt) und Stiefmutter.

Kurort Bad Sachsa

Tief eingeschnittene, steile Talzüge verbinden den heilklimatischen Kurort Bad Sachsa (7500 Einwohner) mit dem Südharzgebirge.

Sehenswertes

Zwischen dem kleinen Rondell des **Uffeplatzes** und dem Kurpark liegt die **Flaniermeile** des beschaulichen Kurortes. Beim **Rathaus,** einem Jugendstilbauwerk, steht die **Nikolaikirche,** deren romanischer Westturm (12. Jh.) das Ortsbild dominiert. Spaziergänge führen zum **Märchengrund,** einem der größten und ältesten Märchenparks Deutschlands, zum benachbarten **Harzfalkenhof** und zum **Erlebnisbad „Salztal-Paradies".**

Märchengrund, Katzentalstraße 3 (GPS N 51.60872, E 10.53412), Tel. (0152) 2654377, April–Nov. Do–So 10–17 Uhr, Nov., Febr.–März Sa, So 11–16 Uhr. 4/1 € (Kinder ab 3 Jahre). Wo wohnen Schneewittchen, Hänsel und Gretel, Zwerg und Hexe? Na hier. Spielen, Märchen lesen, sich verzaubern lassen.

Harzfalkenhof, Auf dem Katzenstein, Tel. (0151) 67191956, April–Okt. tgl. 10–17 Uhr, danach telef. Vereinbarung. 8/5 € (Kinder ab 4 Jahre). Kinderwagen, Rollstühle u.Ä. sowie Hunde dürfen nicht auf das Gelände. Vom Kurpark Wanderweg 2 km, Richtung Ravensberg.

Erlebnisbad Salztal-Paradies, Talstraße 28, Tel. (05523) 950902, www.salztal-paradies.de, Erlebnisbad tgl. 9–21 Uhr, Badeland 8–21 Uhr, Sauna tgl. ab 10 Uhr. Erlebnisland ab 6 € (Tageskarte 14,50 €), Badeland 4,50 €/1 Std. Ermäßigungen für Kinder bis 17 Jahre; Tageskarte Paradies-Ticket 2 Erw., bis 3 Kinder 35 €.

Die Geschichte der deutschen Teilung thematisiert das **Grenzlandmuseum** gleich neben der Touristeninformation. Bad Sachsa war im Austausch mit Blankenburg am 23. Juli 1945 aus der sowjetischen Besatzungszone ausgegliedert und der britischen zugeordnet worden.

Grenzlandmuseum, Am Kurpark 6, Tel. (0170) 3189199, geöffnet wie Touristeninformation, 4/3,50 €, bis 12 Jahre frei.

Beliebtes Wanderziel ist der **Ravensberg** (660 m), der großartige Panoramablicke über den Südharz bietet. Die gut markierte Wanderung auf dem Harzer Baudensteig absolviert auf 4 km 340 Höhenmeter. Auf dem Gipfel gibt es eine **Baude** und einen **Spielplatz.**

■ **Berghof Ravensberg**①, Tel. (05523) 953895, www.berghof-ravensberg.de, Do–So 11–17 Uhr. Deftige Suppen, Flammkuchen und Süßes für hungrige Wanderer.

Praktische Tipps

Anreise

■ **Mit eigenem Fahrzeug:** B 243, B 4 (Hohegeiß).
■ **Per Bahn:** Regionalexpress Nordhausen – Göttingen (Südharzbahn). Vom Haltepunkt Bad Sachsa bis Ortszentrum 2 km.

Information

■ **Touristeninformation Bad Sachsa,** Am Kurpark 6, Tel. (05523) 474990, www.bad-sachsa.de, Mo–Fr 9–17 Uhr, Sa 10–14 Uhr.

Übernachtung

■ **Hotel Romantischer Winkel**③, Bismarckstraße 23, Tel. (05523) 3040, www.romantischer-winkel.de. 5-Sterne-Wellnesshotel mit Bade- und Saunalandschaft, regionale, saisonale Küche, diverse Pauschalangebote.
■ **Hotel und Restaurant Lindenhof**②, Bad Sachsa, Hindenburgstraße 4, Tel. (05523) 1053, www.lindenhof-badsachsa.de. Kleines Haus am Kurpark, rustikal eingerichtet.
■ **Jugendherberge Bad Sachsa**①, Jugendherbergsstr. 9–11, Tel. (05523) 8800, www.jugendherberge.de. Oberhalb des Ortes am Waldrand, 2–6-Bett-Zimmer. DJH-Mitgliedschaft erforderlich.
■ **Bienenhof Illers**②, Wieda, Waldstraße 18, Tel. (05586) 301689, www.bienenhof-illers.eu. Ferienwohnung 2–4 Pers., Garten, Grillplatz, Sauna. **Linienbus 472** Bad Sachsa – Walkenried – Braunlage.

Einkaufen

■ **Hammerschmiede,** Manufaktur für Spirituosen, Harzer Single Malt Whisky. Zorge, Elsbach 11a, Tel. (05586) 8282, www.hammerschmiede-spirituosen.de, Di–Fr 14–17 Uhr, Sa 11–14 Uhr. Geführte Besichtigungen auf Nachfrage.
■ **Bienenhof Illers** (Adresse → „Übernachtung"). Imkerei mit Hofladen, geöffnet Di, Do 15–19 Uhr, Sa 9–13 Uhr.

Weitere Museen

■ **„Unsere wahre Identität sollte vernichtet werden".** Ausstellung zu den nach dem Umsturzversuch gegen das NS-Regime am 20. Juli 1944 nach Bad Sachsa verschleppten Kindern der Widerstandskämpfer. Geöffnet wie Touristinformation.
■ **NatUrzeitmuseum Bad Sachsa,** Am Kurpark 6, Tel. (05523) 474990, Öffnungszeiten wie Touristeninformation, Eintritt 4/3 €. 290 Mio. Jahre Entwicklungsgeschichte des Südharzes, auch Saurier in Bad Sachsa. Nationalparkinformationsstelle.
■ **Heimatmuseum Sachsa,** Hindenburgstraße 6, Tel. (05523) 999436, Di 15–17 Uhr, Eintritt frei. Geschichte der Kur- und Wintersportstadt.
■ **Glasmuseum Steina,** Am Kirchplatz 2, Tel. (05523) 303362, www.glasmuseum-steina.de. Mitte März–Mitte Nov. Do–So 15–17 Uhr, sonst Sa, So 15–17 Uhr. Glashüttenzeit 16.–18. Jh. 3 km von Bad Sachsa.

Bad Lauterberg

Vom **Hausberg** schweift der Blick über mächtige grüne Bergkuppen und das enge Tal der Oder. Der Kneipp-Kurort Bad Lauterberg schlängelt sich dem Fluss entgegen bis zum **Oderstausee.**

Stadtgeschichte

Die Kurstadt (10.300 Ew.) hat eine reiche **Bergbau- und Hüttengeschichte.** 1521 hatte der Lutterberger Graf die Bergfreiheit erlassen. Bergleute aus dem Erzgebirge folgten diesem Ruf und kamen in den Ort, der rasch zur Bergbausiedlung heranwuchs. Gefördert wurde vor allem Kupfererz. Trotz schwerer Zerstörungen im Dreißigjährigen Krieg konnte sich die Stadt mit dieser Vita erneut behaupten. 1703 wurde die Kupferhütte, 1733 die Königshütte errichtet. Mitte des 19. Jh. endete der Kupferbergbau, bis 2007 wurde Schwerspat abgebaut.

1839 begann der Bau einer Kaltwasserheilanstalt, und um 1900 zählte man bereits soviel Kurgäste wie Einwohner. 1926 wurde die **Kneippsche Therapie** eingeführt und somit das Profil der Kurstadt geschaffen. Einen rasanten Zuzug erlebte die Stadt nach 1945 durch Vertriebene aus dem ehemaligen deutschen Osten, vor allem aus Schlesien und Pommern. Seit 1968 ist Bad Lauterberg anerkanntes Kneipp-Heilbad.

Sehenswertes

Die **Hauptstraße** zwischen Postplatz und Kirchplatz als verkehrsberuhigte Flaniermeile, der Kurpark mit seinen weiten Wiesen und der Hausberg sind die nur wenige Schritte voneinander entfernten touristischen Zentren des Kuror-

374h dk

tes. Auf der Hauptstraße gibt es zahlreiche kleine Läden, Cafés und Restaurants. Die barocke **Andreaskirche** wurde 1911/12 ausgemalt. Von der Kirche gelangt man über die Schulstraße zur **Talstation der Seilbahn** (GPS N 51.630778, E 10.466249). Mit ihr schwebt man ganz gemütlich auf den **Hausberg** (420 m), auf dem Ende des 12. Jh. mit dem Bau der Burg Lutterberg die Stadtgeschichte eröffnet wurde. Vom Gipfel bietet sich ein beeindruckender Panoramablick über die Stadt an der Oder und die sie säumenden Berge. Auf der Sonnenterrasse des Restaurants bekommt dieser Anblick noch eine besondere Qualität. Der Auf- oder Abstieg lässt sich zu Fuß absolvieren (Wegweiser).

Nicht zu verfehlen ist der kurze Weg von der Hauptstraße zum **Kurpark.** Hier kann man entspannt umhergehen, etwa zum Teich mit Blick auf den Hausberg, sich auf einer Bank oder direkt auf den Wiesen niederlassen. Am Rande des Kurparks liegt das **Besucherbergwerk Scholmzeche.** Hier wurde im 18. Jh. Eisenerz gesucht. Der Stollen wurde mit Schlägel und Eisen aufgefahren und kann bei Führungen in 250 m Länge befahren werden. Dabei lernt man bergbauliche Arbeitsplätze aus dem 19. Jh. kennen.

■ **Besucherbergwerk Scholmzeche,** Kurpark, Tel. (05524) 853190, Fr, Sa 15 Führungen, mit Kurkarte 3/2 €.

[>] Eingang zum Besucherbergwerk Scholmzeche

[<] Blick vom Hausberg auf Bad Lauterberg

375h dk

Ein in Norddeutschland einzigartiges Industriedenkmal ist die **Königshütte** von 1733. Rund um den Hüttenbrunnen liegt die Siedlung mit ihren Arbeits- und Wohnräumen, darunter die Maschinenfabrik, Verwaltungsgebäude, Schenke und Mühle. Ein kleines **Museum** vermittelt Hintergrundinformationen zu Produktion und Alltag in der Hochofenhütte. Vom Haus des Gastes am Kurpark bis zur Königshütte sind es 1,3 km.

■ **Gießerei Königshütte „Glückauf" mit Südharzer Eisenhüttenmuseum Bad Lauterberg,** Königshütte 2, Tel. (0551) 7700683, www.koenigshuette.com, Mai–Okt. Führungen Di 15 Uhr, Nov.–April an jedem 2. Di im Monat. Gießerei-Ensemble aus der Zeit des frühen 19. Jh., Museum zur Wirtschafts- und Sozialgeschichte des Eisenhüttenwesens in der Berghauptmannschaft Clausthal.

Der nordöstlich der Stadt im Wald gelegene **Oderstausee** ist ein mit Auto oder Fahrrad (B 27 mit Radweg) schnell erreichtes Ausflugsziel. Die Staumauer (vom Kurpark 4 km) kann überquert werden.

Praktische Tipps

Anreise

- **Auto:** B 27, 243.
- **Bus/Bahn:** Regionalbahn Nordhausen – Göttingen bis Bad Lauterberg/Barbis, weiter mit Regionalbus 450 (Herzberg – Sankt Andreasberg), vom Haltepunkt Barbis bis Bad Lauterberg Postplatz 5 km, von dort bis Dammkrone Odertalsperre 4,5 km.

Information

- **Haus des Gastes und Nationalparkinformationsstelle Bad Lauterberg,** Ritscherstraße 4, Tel. (05524) 953190, www.badlauterberg.de, Mo–Fr 9–12 und 14–17 Uhr, Sa 9.30–12 Uhr, So/Fe 10–12 Uhr.

Übernachtung, Essen und Trinken

- **Revita**③, Sebastian-Kneipp-Promenade 56, Tel. (05524) 831, www.revita-hotel.de. Fünf-Sterne-Hotel mit 3000 m^2 Wellnesslandschaft, sieben Restaurants und Fitnessangeboten.
- **Panoramic-Hotel**②, Dietrichtstal 1, Tel. (05524) 9620, www.panoramic-hotel.de. Appartementhotel am grünen Stadtrand von Bad Lauterberg, familien- und kinderfreundlich, wendet sich ausdrücklich auch an gleichgeschlechtliche Paare. Schwimm- und Saunalandschaft, Spielplätze drinnen und draußen, Restaurant und Bar.
- **Café Schnibbe**②, Hauptstraße 137, Tel. (05524) 92100, www.cafe-schnibbe.de. Mehrere Ferienwohnungen bis 4 Pers., Café Di–So 8.30–18 Uhr, Frühstück und Mittagstisch.
- **Gaststätte Hausberg**②, Tel. (05524) 2180, Di–So 10.30–18 Uhr, www.bg-hausberg.de. Rustikales Ausflugslokal mit Panoramablick, Harzer Küche, Flammkuchen. Zufahrt mit Seilbahn oder Shuttleservice, nicht mit eigenem Auto. Wanderweg vom Tal aus.
- **Villa Pangea**②, Kirchberg 12, Tel. (05524) 9993919, www.villapangea.de. Gemütliche Pension zwischen Wald und Stadt.

Einkaufen

- **Landwohl – Fleisch und Gut,** Hauptstraße 101, Mo–Fr 7.30–18 Uhr, Sa 7.30–14 Uhr. Mit Imbiss.
- **Kaffeemanufaktur Schnibbe,** Brauhardtgasse 2, Tel. (05524) 921040, www.schnibbe-kaffee.de, Mo–Fr 10–18 Uhr, Sa 10–14 Uhr. Alles für Kaffee- und Kakaofreunde. Café und Laden.
- **Tee- und Weinhaus,** Hauptstraße 153, Mo–Fr 9–18 Uhr, Sa 9–13 Uhr. Alles für Teefreunde. Teestube und Laden, Wein und süße Sachen.

Weitere Museen

- **Spielzeugmuseum** im Haus des Gastes Bad Lauterberg, Ritscherstraße 4, Tel. (05524) 92040, Do, Sa, So 10.30–12 und 14.30–17 Uhr, Di, Mi, Fr 14.30–17 Uhr, 2,20/0,50 €. Spielzeug, Kinderbücher, Kinderkleidung aus dem 19./20. Jh.

Herzberg

Die Fachwerkpracht des Welfenschlosses, die Ruinen einer tausendjährigen Burg und zwei legendenumwobene Höhlen zeichnen die kleine Stadt Herzberg (14.000 Einwohner) aus. Sehr gut verbunden ist sie mit Osterode, Sankt Andreasberg und Bad Lauterberg.

Stadtgeschichte

Die Geschicke der einstigen **Welfenresidenz** waren über Jahrhunderte mit der **Tuch- und Leinenweberei** und dem **Brauwesen** verbunden. Vom 18. Jh. bis in den Zweiten Weltkrieg hinein war Herzberg ein Zentrum der **Waffenproduktion.** Es begann mit Gewehren für die hannoversche Infanterie und endete mit Sprengstoff. Seit 2006 trägt Herzberg den Namenszusatz **„Esperanto-Stadt".** Zahlreiche internationale Kongresse befassen sich hier am Harzrand mit der Plansprache.

☑ Burgruine Scharzfels

Sehenswertes

Scharzfels, Einhornhöhle und Steinkirche

Oberhalb der Kreuzung der Bundestraßen 27 und 243 im Herzberger Ortsteil Scharzfeld ragt ein Zacken der **Burgruine Scharzfels** aus dem Wald. Die Burg war im 10. Jh. erbaut worden, im 17. und 18. Jh. diente sie als Staatsgefängnis. Ohne Urteil eingekerkert bis zu ihrer gelungenen Flucht war dort *Eleonore von dem Knesebeck* (ca. 1655–1717), die als Zofe der *Prinzessin Sophie Dorothea von Celle* zu viel wusste von deren Liebesbeziehungen. Ihre Geschichte erfährt man beim Rundgang durch die Ruine. Die

www.fotolia.de © larsmatthias

Die Gipskarstlandschaft Südharz

Während Granitgipfel und Klippen den nördlichen Harz prägen, wird das südliche Gebirge von dem hell schimmernden Gips und Dolomitgestein geformt. Wasser und Wetter haben in diesem Gestein eine **reich modellierte Landschaft** geschaffen. Als Biosphärenreservat ist sie durch strenge Kriterien der UNESCO geschützt, als Wanderlandschaft abwechslungsreich und voller Naturschönheiten und Überraschungen.

Die Gipskarstlandschaft Südharz erstreckt sich als schmales „grünweißes" Band zwischen Osterode und Mansfeld, also durch drei Bundesländer. Sie ist **einzigartig in Europa,** vereint sie doch geologische Besonderheiten mit den Lebensräumen einer Vielzahl seltener Tiere und Pflanzen. Entstanden ist sie in dem im ausgehenden Erdaltertum (vor 255 Mio. Jahren) im Flachmeer abgelagerten Gips und dem als Riffe ausgebildeten Dolomit, einem Karbonat-Gestein, das sich durch Härte und Sprödigkeit auszeichnet. Das Wasser sorgte für die Verkarstung, das heißt, die unter- und überirdische Ausformung des Gesteins durch Lösung und Verwitterung. Unzählige Höhlen, Erdfälle, Quellen, Kegel und Senken, verschwindende und wieder auftauchende Bäche gar, sind die Folge, besiedelt von einer **Fauna und Flora,** die es in dieser Vielfalt nur hier gibt. So bewirken die Erdfälle (etwa zehn im Jahr) die Ausbildung von Kleingewässern und Verlandungszonen, eine reichhaltige Vegetation mit den ihr eigenen Insekten, Lurchen und anderen Bewohnern.

So vielgestaltig und spannend diese Landschaft ist, so unerlässlich, auf den **Wanderwegen** zu bleiben, auch zur eigenen Sicherheit. Wanderungen sollten anhand guter Karten geplant werden. Der **Karstwanderweg Südharz** (Markierung: weißes Schild mit weißem K auf rotem Balken) erschließt mit 126 km Wegen zwischen Osterode, Nordhausen und Mansfeld diese Landschaft in ihrer Vielfalt. Die **Etappen:** Osterode – Herzberg – Bad Sachsa – Woffleben/ Nordhausen – Kalkhütte bei Rottleberode – Großleinungen – Wettelrode bei Sangerhausen/Grillenberg.

Schon während der Bahnfahrt auf der Südharzstrecke sieht man zwischen Nordhausen und Herzberg öfters die weiß schimmernden Berge und Wände. Südlich von Osterode, bei Bad Sachsa, Walkenried, südlich von Stolberg (Uftrungen, Rottleberode) und in der Kyffhäuserregion gibt es **kleinere Wandergebiete.**

Eine der größten deutschen **Karsthöhlen** ist die **Heimkehle Uftrungen.** Sie ist 2 km lang und kann bis 600 m begangen werden. 1357 wurde sie erstmals erwähnt, seit 1920 touristisch erschlossen. Die Nationalsozialisten richteten darin 1944 eine Produktionsstätte der Junkers-Werke ein, in der Häftlinge des KZ Dora-Mittelbau arbeiten mussten. 1957 wurde die Höhle für Besucher wiedereröffnet. Durch Verkarstung ist ebenfalls die **Einhornhöhle** bei Scharzfeld entstanden (→ rechte Seite).

■ **Schauhöhle Uftrungen,** An der Heimkehle 3, Tel. (034653) 305, www.hoehle-heimkehle.de, April–Okt. Di–So 10–17 Uhr, Nov.–März Fr–So 11–16 Uhr, 5,50/3,10 €. Restaurant mit Biergarten Mi–So 11–18 Uhr. Anreise: A 38, Abfahrt Berga, B 85 bis Berga, Richtung Stolberg. Regionalexpress Halle/Saale – Nordhausen bis Berga-Kelbra, weiter mit Buslinie VGS 450 Richtung Stolberg.

■ **Kartenmaterial:** „Karstwanderweg Südharz", 1:30.000, Nordhausen 2011; „Biosphärenreservat Karstlandschaft Südharz", hrsg. von Biosphärenreservatsverwaltung in Roßla, 2010.

■ **Internet:** www.karstwanderweg.de. Hintergrundinformationen und die Etappen des Wanderwegs; www.bioreskarstsuedharz.de. Offizielle Seite des Reservates, mit vielen Informationen.

mächtige **Burg Scharzfels** wurde während des Siebenjährigen Krieges 1761 von französischen Truppen belagert und gesprengt. Die Burgruine ist Stempelstelle Harzer Wandernadel.

■ **Burg Scharzfels,** Schlossbergweg, GPS N 51.628926, E 10.408924, Tel. (05524) 997099, www.burgruine-scharzfels.de, Do–So 11–18 Uhr, **Restaurant**① mit Hausmannskost, Harzer Küche.

Eine sagenhaft andere Welt betritt man in der über 5 Mio. Jahre alten **Einhornhöhle.** Hier hauste das Einhorn, so will es die Fabel; mit Sicherheit aber waren es Höhlenbären, Höhlenlöwen und Urmenschen. 1541 wurde die Höhle urkundlich erwähnt. Sie ist eine knapp 700 m lange Karsthöhle, die durch kohlensaure Verwitterung des Dolomitgesteins entstanden ist (→Exkurs „Die Gipskarstlandschaft Südharz“) und bis zur Tiefe von 270 m geführt besichtigt werden kann. Als größte Schauhöhle im Westharz steht das Naturdenkmal auf der Liste der Nationalen Geotope.

■ **Einhornhöhle,** Scharzfeld, Im Rott, Tel. (05521) 997559, www.einhornhoehle.de, April–Okt. Mi–So 11–16 Uhr, letzte Führung 15 Uhr, Erwachsene 10 €, Kinder (6–15 J.) 6 €, Kinder (unter 6 J.) 2 €. Warme Kleidung tragen. Die Höhle kann mit Kinderwagen und Rollstuhl befahren werden. Fotografieren verboten. Imbisskiosk, kostenloser Parkplatz auch für Busse. Mit der Bahn bis Lauterberg/Barbis, Fußweg 1 Stunde.

Gleichfalls nahe der B 27 bei Scharzfeld liegt die **Steinkirche.** Auch sie ist eine **Höhle** und wurde schon in der Steinzeit von Jägern genutzt. Im Mittelalter wurde sie zum Gebetsraum mit Friedhofsplatz gestaltet. Schon im Jahre 732 soll die Höhle als Kirche genutzt worden sein. Sagen und Legenden sind mit dieser Höhlenkirche verbunden. Sie liegt am Karstwanderweg und kann am besten zu Fuß von Scharzfeld aus (Parkplatz unter der B 27) besucht werden (Wegweiser, GPS N 51.633552, E 10.377537).

Welfenschloss Herzberg

Hoch über Herzberg ist das im Jahr 1510 in den Fachwerkformen der Renaissance erbaute Schloss zu sehen. Hervorgegangen ist es aus einer **mittelalterlichen Burg der Welfen,** die bis 1866 auf dem Schloss residierten. Neben dem Amtsgericht befindet sich darin ein **Museum** mit Ausstellungen zur Schloss- und Herrschafts- sowie zur Stadt- und Wirtschaftsgeschichte. Dazu gehören die Herzberger Gewehrmanufaktur und die Schau über Mühlen in der Stadt.

■ **Museum Schloss Herzberg,** Tel. (05521) 4799, www.museum-schloss-herzberg.de, April–Okt. Mi–So 10–16 Uhr, Dez.–März Mi–So 11–16 Uhr. Schloss-Café Mi–So 11–17 Uhr.

Praktische Tipps

Anreise

■ **Mit eigenem Fahrzeug:** B 27.
■ **Per Bus:** Regionalbuslinien aus Sankt Andreasberg, Bad Lauterberg (450).
■ **Per Bahn:** Regionalbahn Nordhausen – Göttingen (Südharzstrecke), Haltepunkt „Herzberg, Schloss“.

376h dk

Information

■ **Touristeninformation,** Marktplatz 32, Tel. (05521) 852111, www.herzberg.de, Mo–Fr 9–12.30 Uhr, außer Mi auch 14.30–17.30 Uhr, Sa 9–12.30 Uhr. Auch Fahrkarten für DB und regionalen Busverkehr.

Übernachtung

■ **Hotel Englischer Hof**②, Vorstadt 8–10, Tel. (05521) 89690, www.englischer-hof.de. Fachwerkbau am Schloss, großzügige helle Zimmer.

■ **Hotel Harzer Hof**②, Scharzfeld, Harzstraße 79, Tel. (05521) 994700, www.hotel-harzerhof.de, tgl. ab 18 Uhr, Fr–So auch 11–14 Uhr. Gemütliche Zimmer, Hoftheater nach Spielplan: *Loriot* und andere, Erlebnisgastronomie.

■ **Ferienhaus Am Langfast**②, Am Langfast 6, Tel. (05521) 1717, www.feha-langfast.de. Im Lonautal direkt am Wald gelegen, große Terrasse zum Garten, zwei bis fünf Personen, vom Bahnhof Herzberg 3 km.

Essen und Trinken

■ **Harzklause**①**,** Herzberg, Fabrikstraße 4, Tel. (05521) 996212, www.wirtshaus-harzklause.de, Mi–Fr ab 17 Uhr, Sa, So 11.30–14.30 Uhr, ab 17.30 Uhr, Hausmannskost und gutbürgerliche Küche.

Die Waagestraße in Osterode mit der Ratswaage

Osterode

„Diese Stadt hat so und so viel Häuser, verschiedene Einwohner, worunter auch mehrere Seelen ...“; *Heine* hat wie immer recht. Als der Dichter auf seiner Harzreise morgens aufbrach nach Clausthal, womöglich auf dem Weg, der heute als „Harzer Hexen-Stieg“ ins Gebirge führt, schaute er von einer der ersten Höhen „nochmals in das Tal, wo Osterode mit seinen roten Dächern aus den grünen Tannenwäldern hervorguckt, wie eine Moosrose“.

Dem niedersächsischen Städtchen an der Söse (21.300 Einwohner) ist dieses **liebliche Bild** mit seinen schattigen Gassen rund um den Kornmarkt erhalten geblieben. Als **Ausgangsort für den Harzer Hexen-Stieg** ist es in das Wanderwegenetz eingeschrieben. Die Söse-Talsperre und der Stadtwald mit seinen Wander- und Radwegen lassen sich von der Altstadt aus bequem erreichen. Bis Goslar sind es 32 km. Die Bahnlinie Braunschweig – Herzberg hält am Rande der Altstadt.

Stadtgeschichte

Das über 1000-jährige Osterode war im Mittelalter ein wichtiger **Handelsplatz** und Mitglied der Hanse. Zu Beginn der Neuzeit war die Stadt das Logistikzentrum für den **Erzbergbau** im Oberharz. Vom Kornspeicher am Söseufer zogen die Eseltreiber mit Getreidesäcken in die Bergstädte zu den Bergleuten. Auch die **Tuchmacherei** und **Eisenverhüttung** bestimmten das städtische Leben.

Der berühmteste Bewohner von Osterode war der Bildschnitzer und Bildhauer der Spätgotik und frühen Renaissance, **Tilman Riemenschneider** (um 1460–1531). Er wurde in Heiligenstadt im Eichsfeld geboren und verbrachte seine Kindheit und Jugend in Osterode, bevor das fränkische Würzburg zum Zentrum seines Schaffens wurde.

Sehenswertes

Mittelpunkt des städtischen Lebens ist der langgestreckte **Kornmarkt.** Hier gibt es kleine Läden, Cafés, die Post und schattige Ruhebänke. Unter den Fachwerkhäusern fällt gleich das prächtige **Rinnesche Haus** (Kornmarkt 12) auf. Es wurde um 1610 als Wohnhaus für den Juristen *Andreas Cludius* erbaut, dessen Wappen neben der Justitia über dem Torbogen zu sehen ist. Als Gasthaus „Englischer Hof“ beherbergte es 1824 den Dichter *Heinrich Heine* auf dessen berühmter Harzreise.

Ratswaage und Ritterhaus

Die Marktstraße an der südöstlichen Ecke des Platzes führt zur Waagestraße und dort zum **ältesten Fachwerkhaus der Stadt.** Die Ratswaage mit dem markanten hohen Giebel wurde 1550 erbaut und diente schon als Hochzeitshaus sowie als Posthalterei. Heute lädt dort eine kleine Gaststätte ein, im Sommer besonders verlockend mit den Straßenplätzen in diesem historischen Winkel.

Weiter auf der Waagestraße, gelangt man zur Petersilienstraße und auf den Rollberg, wieder eine von Fachwerk ge-

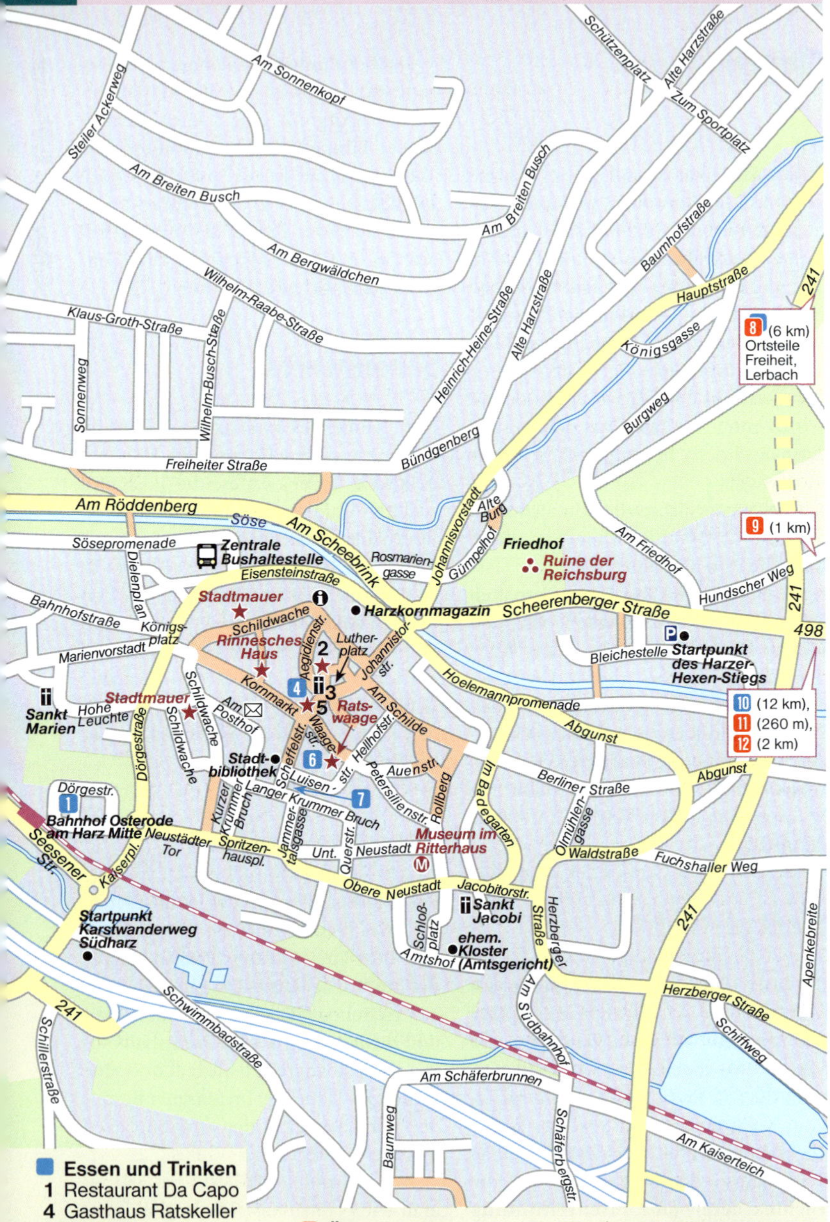

Essen und Trinken

1 Restaurant Da Capo
4 Gasthaus Ratskeller
6 Ratswaage
7 Hellas
8 Sauerbrey
10 Waldgaststätte Hanskühnenburg

Übernachtung

8 Hotel Sauerbrey
9 Ferienhaus am Hexenstieg
11 Tiroler Stuben
12 Campingplatz Eulenburg

★ 2 Kommandantenhaus (Lateinschule)
3 Marktkirche St. Aegidien
★ 5 Altes Rathaus

säumte Straße. Nach rechts führt diese zu einem Eckhaus mit lebensgroßer Holzfigur. Nach ihr hat das **Ritterhaus** seinen Namen erhalten, es wurde 1650/60 errichtet. Beachtenswert ist das Fachwerk: Andreaskreuze mit gebogenen Armen. Aufwendige Schnitzereien sind zu entdecken, so die Rokokoverzierung des Windfangs und das Familienwappen des Wollfabrikanten *Johann Ludolph Greve,* der das Haus 1784/85 umbauen ließ. Seit 1936 befindet sich im Ritterhaus das **Heimatmuseum.** Es präsentiert die Geschichte der Stadt, mit besonderen Räumen für Kirchenkunst, darunter Kopien von Riemenschneider-Werken, zur Apothekengeschichte sowie zur Ur- und Frühgeschichte.

■ **Museum im Ritterhaus,** Rollberg 32/Ecke Untere Neustadt, Tel. (05522) 919793, www.museum.osterode.de, Di–Fr 10–13 und 14–17 Uhr, Sa/So 14–17 Uhr, 2,50/1,50 €.

Ein kleiner Abstecher führt über den Rollberg zum Schlossplatz mit der **Schlosskirche St. Jacobi.** Hier lag vermutlich, damals an einer kleinen Kapelle, im 12. Jh. der älteste Marktplatz von Osterode. Ab 1233 bis zur Reformation lebten hier Nonnen in einem Kloster der Zisterzienserinnen. Die Schlosskirche entstand in ihrer heutigen Form 1751/52 durch den Umbau der Klosterkirche. Sehenswert sind der Taufstein (12. Jh.), eine Mosesfigur aus dem 16. Jh., der Altar (17. Jh.) sowie das von einem französischen Kriegsgefangenen während des Zweiten Weltkrieges geschaffene Kruzifix. Vom landesherrlichen Schloss, das 1561 durch den Umbau des Klosters entstanden ist, besteht noch der Südflügel als Sitz des **Amtsgerichtes.**

Der Stadtrundgang folgt nun vom Ritterhaus der Unteren Neustadt zum Spritzenhausplatz. Hier steht ein stattliches **Ackerbürgerhaus** in Fachwerk und mit künstlerischen Details, so die hier beliebten geschnitzten Sonnenrosen und ein Kordelfries. Erbaut wurde es Mitte des 16. Jh. Ähnlich wertvolle Ackerbürgerhäuser stehen in der Oberen Neustadt.

Jammertalsgasse und Krummer Bruch

Woher aber mag die **Jammertalsgasse** ihren Namen haben? Sie führt zu der ebenfalls sehenswerten Straße Langer Krummer Bruch. Parallel zur Jammertalsgasse liegt der Kurze Krumme Bruch. Als diese Gegend zwischen der Alt- und der Neustadt bebaut werden sollte, musste erst das Sumpfgebiet, niederdeutsch *Bruch,* trockengelegt werden. Am Gebäude Langer Krummer Bruch 18 erinnert eine **Gedenktafel** an die Jüdische Gemeinde, die hier ihre Synagoge und eine Schule hatte. In der nationalsozialistischen „Reichspogromnacht" am 9. November 1938 wurde die Synagoge geschändet und das Inventar zerstört.

Vom Langen Krummen Bruch zweigt rechtwinklig die Scheffelstraße ab, dort steht die 1827 erbaute Luisenschule für „Höhere Töchter", später Oberschule für Mädchen, jetzt Sitz der Stadtbibliothek.

Wieder am Markt

Nach wenigen Schritten ist wieder die Marktstraße erreicht, durch die schmale Güldengasse der Martin-Luther-Platz.

Die **Marktkirche St. Aegidien** überragt mit ihrem mächtigen Turm aus dem 13. Jh. die Altstadt, das Kirchenschiff wurde nach dem Stadtbrand von 1545 wieder errichtet. Sehenswert sind die bemalte Kassettendecke, der barocke Altar und der holzgeschnitzte Taufständer (1589).

Städtisches Selbstbewusstsein spricht aus dem 1552 erbauten **Alten Rathaus,** dessen prächtiger schieferverkleideter Giebel mit fünfseitigem Erker in die traditionell von Händlern und Handwerkern bewohnte Straße Am Schilde blickt. Vom Erker herab hängt an Ketten eine Walrippe, die Osterode vor Überflutungen durch die Söse bewahren soll. Die Bemalung unter dem Erker zeigt das „O" aus dem Stadtwappen und ein Füllhorn. Der Ratskeller bittet mit schattigem Garten zur Einkehr.

Es lohnt sich, um das Alte Rathaus und die Marktkirche einmal herumzulaufen, auf den kleinen Platz hinter der Kirche und in die **Aegidienstraße** zu gehen; das wohl malerischste Bauensemble der Osteroder Altstadt. Das sonnenverzierte Haus Aegidienstraße 1 ist die um 1600 erbaute Lateinschule; später diente es als Wohnhaus des Stadtkommandeurs, was ihm den Namen **„Kommandantenhaus"** eintrug.

Spätestens hier entdecken Besucher der Stadt einen weiteren städtebaulichen Schatz, die über weite Strecken noch gut erhaltene **Stadtmauer.** 1233 erstmals erwähnt, besaß sie einst vier Tore, die alle im 19. Jh. abgebrochen wurden. In dem kleinen, nachgebildeten Rundbau an der Stadtmauer bei der Aegidienstraße befindet sich die Touristeninformation.

Ein Hausdurchgang führt auf den Hof des **Harzkornmagazins,** des heutigen Sitzes der Stadtverwaltung. Zwischen 1719 und 1722 ließ das Oberbergamt diesen barocken Profanbau errichten, als Speicher für Brotgetreide, das dann in die Bergstädte des Oberharzes geliefert und den Bergleuten zu subventionierten Preisen verkauft werden konnte. Auf das historische Portal blickt man freilich nicht von der Hofseite, sondern am besten vom Fußweg an der Söse. Den Hauptgiebel ziert das Wappen des eng-

406h dk

lisch-hannoverschen Königshauses, über dem Eingang ist zu lesen: „Utilitati Herciniae" (Zum Nutzen des Harzes).

Eine **Bronzeskulptur** vor dem Alten Rathaus zeigt einen **Eseltreiber** mit bepacktem Grautier. So sind damals, mit Karawanen von Eseln, die schweren Brotgetreidesäcke in den Oberharz gebracht worden.

Nun wird es Zeit, die **Söse** zu besuchen, die hier in ihrem breiten gemauerten Bett rund 5 km seit der Talsperre zurückgelegt hat. Flussabwärts kann man über die Sösepromenade gehen oder sich auf Bänken ausruhen, Kinderspielgeräte stehen dort auch. Zwischen Promenade und Innenstadtring liegt die zentrale Bushaltestelle, für die Regionalbusse nach Clausthal-Zellerfeld und Bad Grund.

Zurück in die Altstadt gelangt man über den Stadtring und die Marientorstraße, die in den Kornmarkt mündet.

Zum Harzer Hexen-Stieg

Auf einem Bergsporn nördlich der Altstadt ragt wie ein mahnender Finger die Ruine der welfischen **Reichsburg** von 1130 auf. Es sind die Reste eines Bergfrieds dieser Anlage, die schon im 16. Jh. nicht mehr genutzt wurde. *Heine* hat sie noch besucht, sie ist aber auch aus der Ferne nett anzusehen. Vom Harzkornmagazin sind es 10 Min. Fußweg, zunächst über die Sösebrücke, dann durch die Johannisvorstadt in Richtung des Stadtteils Freiheit, bei der Rosmaringasse nach rechts über den Friedhof.

◁ Marktkirche St. Aegidien

Vom Kreisverkehr an der Sösebrücke zweigt die Scheerenberger Straße ab, mit dem Auto der direkte Weg zum Startpunkt des Harzer Hexen-Stiegs; ausgeschildert ist der Parkplatz Bleichestelle. Dort können Wanderer ihre Fahrzeuge kostenlos abstellen. Informationstafeln mit Karten geben einen Überblick des wahlweise 94 oder 107 km langen Weges. Wer den Hexen-Stieg zu Fuß erreichen möchte, geht besser am Altstädter Ufer der Söse stromaufwärts bis zur Fußgängerbrücke (markiert durch das Hexen-Symbol), überquert diese und sieht schon den Parkplatz. Der Einstieg in den Wanderweg ist deutlich sichtbar durch eine überlebensgroße holzgeschnitzte Hexe gekennzeichnet.

Wanderungen zur Sösetalsperre

- **Rundweg über Talsperre:**
  10 km, 285 Höhenmeter
- **Rundweg über Forststraße:**
  9 km, 261 Höhenmeter

GPS Der Harzer Hexen-Stieg eröffnet diese kleine Rundwanderung von Osterode zur **Talsperre der Söse** (8 km). Auf Schotter- und Waldwegen sind überraschende Ausblicke, die Stille des Waldes und die, je nach Füllstand, bis zu 124 ha große, von Bergen umgebene Wasserfläche zu erleben. Zunächst geht es immer der Hexe nach bis zum **Eselsplatz.** An dem historischen Rastplatz der Eseltreiber steht eine Schutzhütte. Oberhalb des Platzes gibt es einen Aussichtspunkt zum Stausee mit „Fenster" und Foto-

Hotspot zum Wald im Wandel. Halblinks neben der Hütte führt ein markierter Pfad recht steil hinab in den Wald. Er endet an der Straße Osterode – Altenau, der rund 50 m zu folgen ist (Wegweiser), bis zum Parkplatz an der Staumauer (Haltestelle Buslinie 462, hier auch Toiletten).

Die Talsperre wurde 1928–1931 erbaut. Sie dient als **Trinkwasserreservoir** sowie dem **Hochwasserschutz** – Baden und Wassersport sind deshalb nicht möglich – und der **Energiegewinnung.** Es gibt keinen Rundwanderweg um den Stausee. Der Blick über die Staumauer ist imposant. Vom anderen Ende der 485 m langen Dammkrone gibt es zum Tal hin einen markierten Weg nach Osterode. Nach rund 3 km an der Wegkreuzung dem Hinweis nach links zum Waldvogelpark folgen, um weiter durch den Wald nach Osterode zu wandern; rechts erreicht man die Landstraße, dort ist der Rückweg auf dem Rad-/Fußweg möglich (3 km).

Ohne Besuch des Stausees ist auch ein **etwas kürzerer Rundweg** möglich, nach dem Abstieg vom Eselsplatz (GPS N 51.744138, E 10.305999) nach rechts auf den kurvenreichen, stillen Forstweg (Scheerenberg) abbiegen, dieser führt wieder zum Harzer-Hexen-Stieg (GPS N 51.735737, E 10.281763).

Von der Talsperre bietet sich ein Rundweg zum Höhenzug „Auf dem Acker“ an, mit Einkehr in der beliebten **Waldgaststätte Hanskühnenburg,** die 1784 schon von *Goethe* besucht wurde. „Acker“ kommt hier von dem mittelhochdeutschen „agger“ für Kamm, Wall. Zu Fuß oder mit dem Fahrrad geht es nach Überquerung der Dammkrone nach links bergauf bis zur Vorsperre, weiter auf die Höhe bis zur Hanskühnenburg. Das ist ein empfehlenswerter Skiwanderweg. Der Rückweg führt über

378h dk

379h dk

Riefensbeek wieder an die Talsperre und dort zum Parkplatz. Diese Wanderung ist vom Parkplatz Bleichestelle in Osterode ausgewiesen, von dort sind es 23 km.

Praktische Tipps

Anreise

- **Auto:** B 243 Hildesheim – Nordhausen.
- **Bahn:** Regionalbahnlinie Braunschweig – Herzberg.

Information

- **Touristeninformation,** Aegidienstraße16, Tel. (05522) 318333, www.osterode.de, Mo–Do 9–13 Uhr, 14–16 Uhr, Fr 9–14 Uhr, Mai–Okt. auch Sa 9–13 Uhr.

Übernachtung

8 8 **Hotel Sauerbrey**③, Lerbach, Friedrich-Ebert-Straße 129, Tel. (05522) 50930, www.hotel-sauerbrey.de, Mo–Sa ab 18 Uhr. Familiengeführtes Haus seit 1850, komfortabel im Harztal, Restaurant, Biergarten, Harzer und saisonale Küche. Motorradfreundlich.

11 **Tiroler Stuben**①, Scheerenberger Straße 45, Osterode, Tel. (05522) 2022, www.tirolerstuben.de. Einfache Pension für Wanderer, Parkplätze am Haus, 450 m zum Hexen-Stieg, 1 km zur Altstadt, 2 km zum Bahnhaltepunkt.

9 **Ferienhaus am Hexenstieg,** Hundscher Weg 53, Tel. (05522) 5059676, Buchung über www.harz-travel.de. Sehr ruhig am Wald und am Wanderweg gelegenes Haus für 2 Pers., 65 €. Obstgarten, See-

⌃ Die Sösetalsperre ist kein Badesee, aber auf der Staumauer gönnt man sich gern eine Pause

‹ Fachwerkhaus an der Aegidienkirche

rosenteich, in der Nachbarschaft Hühner, Katzen und ein Hund.

12 Campingplatz Eulenburg, Scheerenberger Straße 100, Tel. (05522) 6611, www.eulenburg-camping.de, GPS N 51.727225, E 10.283617. Ganzjährig, ruhig im Wald gelegen, Schwimmbad, Kiosk, Biergarten, Sportanlagen, Spielplätze. Heuhotel 11 € p. P./Nacht. Wohnmobilstellplatz 15 €.

Essen und Trinken

1 Da Capo②, Osterode, Dörgestraße 28, Tel. (05522) 9168044, www.da-capo-osterode.de, Mi–Sa ab 17.30 Uhr, So 12–14 Uhr, ab 17.30 Uhr. Schnörkellos stilvoll eingerichtetes Restaurant neben der Stadthalle am Kurpark, überdachter Kaffee- und Biergarten, mehrere vegetarische Speisen im Angebot, Buffets, Lunchmenü.

4 Ratskeller②, Osterode, Martin-Luther-Platz 2, Tel. (05522) 76282, Di, Mi, Fr–So ab 11.30–21 Uhr. Stimmungsvolles Altstadtlokal, Straßenplätze im Baumschatten zwischen Altem Rathaus und Marktkirche. Schnitzel, Steaks, Pasta und Fisch.

6 Ratswaage①, Waagestraße 8, Tel. (05522) 71105, www.ratswaage-osterode.de, Mi–So 12–14 und ab 17 Uhr. Gemütliche Kneipe in der Altstadt, deutsche und internationale Küche, regionale Erzeuger, Currywurst um 9 €.

10 Waldgaststätte Hanskühnenburg①, Tel. (0170) 8640348, www.hanskuehnenburg-im-harz.de, April–Okt. Do–Di 9–17 Uhr, Nov–März Do–Di 9–16 Uhr. Genau richtig für Wanderers Rast, einfache warme und kalte Speisen, Altenauer Pils, Aussichtsturm, Station des Harzer Baudenstiegs.

7 Hellas②, Langer Krummer Bruch 24, Tel. (05522) 5060648, Mo–Sa 17–21.30 Uhr, So 11.30–14 Uhr, 17–21.30 Uhr. Griechische Küche, schöne ruhige Außenplätze.

[>] Barbarossa erwacht (offenbar schlecht gelaunt): Skulptur am Kyffhäuserdenkmal

Kyffhäuser

Das gewaltige **Kyffhäusermonument** ragt aus dem thüringischen Gebirgszug heraus und blickt streng zum Harz hinüber. Deutsche Kaisergeschichte und die Bauernkriege verbinden beide Gebirge miteinander, landschaftlich ist es die fruchtbare Goldene Aue. Durch diese Ebene führen die Südharzautobahn und die Südharzstrecke der Deutschen Bahn. Für eine kulturhistorische Visite oder einen längeren Aufenthalt bietet das Kyffhäusergebirge neben Zeugnissen tausendjähriger Geschichte waldreiche Wanderwege und Thüringens kulinarische Genüsse, gern bei einem Saale-Unstrut-Wein. Das Kyffhäusergebirge liegt nur eine Autostunde von der thüringischen Landeshauptstadt Erfurt entfernt.

Kyffhäusergebirge

„Der Kyffhäuser", wie das Gebirge meistens knapp genannt wird, erstreckt sich südlich des Harzes und der Goldenen Aue bis zur Höhe des Kulpenberges (474 m). Aus der Ferne des Harzes erscheint es als langgestreckter Kamm, aus dem der höchste Punkt durch seinen Fernsehturm und das berühmte Kyffhäuserdenkmal in seiner Erhabenheit herausragen. Mit dem Auto sind dieses Denkmal, die rekonstruierte **Pfalz Tilleda** und die **Barbarossahöhle** schnell auf gut ausgeschilderten Straßen erreicht.

Bahnreisende steigen zwischen April und Oktober am besten am Bahnhof Berga/Kelbra der Südharzstrecke in den

Kyffhäuserbus (Linie 494), der alle sehenswerten Orte anfährt (→ „Praktische Tipps").

Kyffhäuserdenkmal

Das 81 m hohe Kyffhäuserdenkmal wurde 1890–1896 nach dem Entwurf von *Bruno Schmitz* (Völkerschlachtdenkmal Leipzig) errichtet. Kaiser **Wilhelm I.** zu Pferde, eine Kupferskulptur von *Emil Hundrieser,* symbolisiert das von Preußen dominierte Kaiserreich als Nachfolger des mittelalterlichen Heiligen Römischen Reiches. Kaiser *Wilhelm I.* war 1888 verstorben. Ihm zu Füßen, gleichsam als die Wurzel nationalen Stolzes, erwacht **Barbarossa** grimmig mit langem Bart. Diese Skulptur schuf der in Berlin tätige Bildhauer *Nikolaus Geiger.*

Von der Terrasse des Monuments öffnet sich ein Blick über die Goldene Aue, an goldenen Tagen tritt klar der Brocken heraus. Um das Denkmal herum liegen die Ruinen der im 11. Jh. erbauten **Reichsburg Kyffhausen.** Von Deutschlands stärkster mittelalterlicher Burganlage sind sehenswerte Zeugnisse vor allem der Unterburg erhalten geblieben.

■ **Ruinen der Reichsburg Kyffhausen und Kyffhäuserdenkmal,** Steinthaleben im Kyffhäuserland, Tel. (034651) 2780, www.kyffhäuser-tourismus.de, April–Okt. tgl. 9.30–18 Uhr, So 15 Uhr kostenlose Führung, Nov.–März tgl. 10–17 Uhr, 8,50/4,50 €, Familie 18,50 € (Ober- u. Unterburg, Denkmals-Turm mit Reiterstandbild, Burgmuseum).

Königspfalz Tilleda

Unterhalb des Monuments, in Tilleda, illustriert das **Freilichtmuseum Königspfalz** die deutsche Geschichte vor 1000 Jahren. Unter *Heinrich I.* entstand in der ersten Hälfte des 10. Jh. die Pfalz Tilleda als Aufenthalts- und Repräsentationsort. 1174 weilte Kaiser *Barbarossa* dort, bald darauf verlor die Anlage an Bedeutung und verfiel. Archäologische Grabungen zwischen 1935 und 1979 lieferten die Grundlage für das Freilichtmuseum der Königspfalz. Auf wissenschaftlicher Grundlage rekonstruierte Wohn- und Arbeitsräume vermitteln unvergleichliche Bilder des mittelalterlichen Alltags.

■ **Freilichtmuseum Königspfalz,** Tilleda, Tel. (034651) 90268, www.pfalz-tilleda.de, März–Nov. tgl. 10–18 Uhr, 5/3 €, Familienkarte 13 €. Einzige komplett ausgegrabene und in wesentlichen Teilen rekonstruierte Pfalzanlage, hochmittelalterliche Herrschaftsresidenz des 8.–13. Jh.

Barbarossahöhle

Am südlichen Rand des Gebirges liegt Europas **einzige Schauhöhle in Anhydritgestein.** Über rund 800 m führt der Besucherweg in die Erde. Dabei wird in der „Neptungrotte“, der „Lohgerberei“ und im „Tanzsaal“ Erdgeschichte und Geologie erlebt. Sensationell ist, dass die von den Wänden und Decken bizarr herabwachsenden, bis 4 cm dicken „Gipslappen“ besichtigt werden können. Sie entstehen durch die Hydration des Anhydritgesteins zu Gips. Das ist in Europa nirgends sonst zu sehen. Das Besondere dieser Höhle ist, dass sie keinen natürlichen Eingang besitzt, der Höhlenraum bildet sich innerhalb des Gesteins durch eindringendes Wasser. Entdeckt wurde sie durch den Bergbau im 19. Jh., das ist noch erlebbar. Dagegen bleibt es den Wissenschaftlern vorbehalten, die erstaunlich artenreiche Fauna zu bewundern. Aber es ist gut zu wissen, dass da unten allerhand Leben vorzufinden ist, so beispielsweise der Ringelwurm – ein Relikt aus dem Tertiär –, die aus dem Pleistozän überlebende Lössschnecke sowie Käfer, Spinnen und noch deutlich kleineres Getier.

■ **Barbarossahöhle,** Rottleben, Mühlen 6, Tel. (034671) 54513, www.hoehle.de, April–Okt. tgl. Führungen 10–17 Uhr, Nov.–März Di–So Führungen 10–16 Uhr, 8,50/5 €, Familienkarte 24 €.

Bad Frankenhausen

Ein deutscher Erinnerungsort: Auf dem Schlachtberg – den Namen erhielt er aus diesem Grund – am Nordrand von Bad Frankenhausen wurde am 15. Mai 1525 die letzte große **Schlacht des Bauernkrieges** ausgetragen. Die Bauern kämpften unter Führung von *Thomas Müntzer* und erlitten eine vernichtende Niederlage. *Müntzer* wurde gefangengenommen und am 27. Mai 1525 in Mühlhausen enthauptet.

Am Ort des Gemetzels auf dem Schlachtberg steht seit 1989 im eigens dafür errichteten Museum das **Panoramabild** „Frühbürgerliche Revolution in Deutschland“ des Leipziger Malers *Werner Tübke* (1929–2004, → hierzu auch „Clausthal-Zellerfeld, Sehenswertes“). Der Maler hat ein Abbild der Renaissance mit zahlreichen allegorischen Bildern für die zeitlosen Fragen der Menschheitsgeschichte geschaffen.

■ **Panorama-Museum,** Am Schlachtberg 9, Tel. (034671) 6190, www.panorama-museum.de, Di–So 10–17 Uhr, Erwachsene 8 €, Ermäßigung 7 €, Kinder (6–16 J.) 3 €. Größtes Monumental-Rundgemälde Deutschlands.

■ **2025:** Thüringische Landesausstellung: **freiheyt 1525.** Beleuchtet wird der Bauernkrieg vor 500 Jahren in all seinen Facetten sowie die Rolle des charismatischen Reformers *Thomas Müntzer*, Kinder können sich während einer Zeitreise über die Probleme der Bauern vor 5 Jahrhunderten vertraut machen, weitere Informationen unter www.bauernkrieg2025.de.

Die **Stadt** Bad Frankenhausen (8700 Einwohner) ist ein Kurbadeort mit einer sehenswerten, von Fachwerk geprägten Innenstadt. Außerordentlich schräg ist der Turm der gotischen **Kirche Unserer Lieben Frauen am Berge** (Bergkirche oder Oberkirche) in der Oberkirchgasse/Schwedengasse. Mit der Neigung von 4,93 Grad und dem Überhang von

4,60 m zählt er zu den schiefsten Türmen Deutschlands und Europas (Turm von Pisa: 3,97 Grad, 3,90 m Überhang). Ursache ist eine unter dem Turm fließende Quelle.

In der Altstädter Kirchgasse südlich der Altstadt steht die romanische, in der Barockzeit umgebaute **Kirche St. Petri** (Altstädter Kirche). In der Halbkuppel der romanischen Apsis sind im 14. Jh. geschaffene und im 19. Jh. ergänzte Fresken zu sehen.

- **St. Petri,** Altstädter Kirchgasse, Mai–Okt. Sa 16–17 Uhr.

Praktische Tipps

Anreise

- **Auto:** A 38, AS Berga oder Roßla, B 85 Richtung Bad Frankenhausen.
- **Bus:** Kyffhäuserbus Linie 494: Berga (Bahnstation Berga/Kelbra, RE Halle–Nordhausen, dort auch Anschluss an Regionalbus VGS 450 Sangerhausen–Stolberg–Kyffhäuser–Barbarossahöhle–Bad Frankenhausen. Anrufbus nach Fahrplan, 1 Std. vor Abfahrt Tel. (0391) 5363 180. Gewünschte Haltestelle angeben. Fahrplan unter www.kyffhaeuser.de. Tageskarte 11 €.
- **Buslinie VGS 450** verkehrt zwischen Sangerhausen, Berga/Kelbra Bhf. und Stolberg über Tilleda, Königspfalz, von dort 3,7 km Wanderweg („Barbarossaweg") zum Kyffhäuserdenkmal, 270 Hm.

Information

- **Touristeninformation Frankenhausen,** Anger 14, Tel. (034671) 71717, www.kyffhaeuser-tourismus.de, tgl. 10–17 Uhr. Buchungen von Kuraufenthalten im Sole-Heilbad möglich.

Übernachtung

- **Burghof Kyffhäuser**②, Tel. (034651) 45222, www.burghof-kyffhaeuser.de, tgl. 10–20 Uhr. Historisches Gasthaus am Fuß des Kyffhäuserdenkmals, Zwei-Bett-Zimmer, Gastwirtschaft mit Thüringer Küche und Saale-Unstrut-Weinen.
- **Herberge und Wirtshaus „Alte Hämmelei"**①, Bornstraße 33, Tel. (034671) 5120, www.alte-haemmelei.de, historisches Fachwerkhaus im Zentrum, gemütliche Zimmer, auch für Gruppen bis 12 Pers. Restaurant, Kneipe mit Biergarten an der Stadtmauer. Mo–Fr ab 17 Uhr, Sa, So, Fe ab 11.30 Uhr. Thüringer Küche.

Essen und Trinken

- **Hotelrestaurants** → „Übernachtung".
- **Restaurant Zum Schwan**①, Bad Frankenhausen, Erfurter Straße 9, Tel. (034671) 56757, www.schwan-badfrankenhausen.de, tgl. außer Mi 11–14 Uhr und ab 17 Uhr. Deutsche Küche, auch Vegetarisches.
- **Kiosk „Kaiser-Picknick"**① Schnellrestaurant mit Selbstbedienung am Kyffhäuserdenkmal, tgl. 11–17 Uhr.

Weitere Museen

- **Regionalmuseum im Schloss Bad Frankenhausen,** Schlossstraße, Tel. (034671) 62086, www.bad-frankenhausen.de, Di–So 10–17 Uhr, 4/2,50 €. Im modern ergänzten Renaissanceschloss Ausstellungen zur Geologie, Naturkunde des Kyffhäusergebietes sowie zur Stadtgeschichte.

Der Harz im Kalten Krieg

Noch am 8. April 1945 erklärte das Oberkommando der Wehrmacht den Harz zur Festung. Erst am 7. Mai kapitulierten die letzten Einheiten der Wehrmacht und Waffen-SS vor den US-amerikanischen Alliierten. Im Zuge des Potsdamer Abkommens wurden der Ostteil des Harzes und der Brocken im Juli von sowjetischen Truppen besetzt und unter **sowjetische Verwaltung** gestellt. Fortan verlief die Grenze zwischen der amerikanischen Besatzungszone – die schon bis März 1948 mit der französischen und britischen zur grenzfreien Trizone zusammengeschlossen wurde – und der sowjetischen Besatzungszone mitten durch den Harz. Mit der Formierung der beiden deutschen Staaten 1949 wurde sie zur **Staatsgrenze.**

Ab 1952 siedelten die DDR-Behörden als politisch unzuverlässig bewertete Bürger aus der grenznahen Region aus. Zunächst war es noch möglich, den Brocken zu besuchen und unter bestimmten Voraussetzungen die Grenze legal zu überqueren. Doch mit der Abriegelung der Grenze am 13. August 1961 wurden die Befestigungen im Harz ausgebaut. Eine **5 km breite Sperrzone** durfte nur noch von den scharf reglementierten Bewohnern sowie von Besuchern mit Sondergenehmigung betreten werden. Dies betraf zum Beispiel den renommierten Kurort Schierke, der gleichwohl in DDR-Reisekarten, so „Reiseland DDR" (1980), als Wintersportplatz und Urlauberort des Freien Deutschen Gewerkschaftsbundes (FDGB, Einheitsgewerkschaft) deklariert wurde.

Der Harz, das vielzitierte „deutscheste aller Gebirge", wurde von Stapelburg/Eckertal im Norden bis Ellrich/Walkenried im Süden durch Stacheldrahtzaun und Todesstreifen getrennt,

098h dk

der Brocken zum Militärischen Sperrgebiet erklärt (→ Exkurs „Der Brocken", S. 48). In den Harzwäldern, etwa bei Halberstadt und Quedlinburg, waren Einheiten der sowjetischen Armee stationiert, dazu kamen die Standorte der Nationalen Volksarmee der DDR. Einziger Grenzübergang im Bereich des Harzes war die Bahnlinie zwischen Ellrich und Walkenried, die ausschließlich für den Güterverkehr genutzt wurde. Der nächste Personenübergang lag bei Helmstedt/Marienborn (45 km westlich von Magdeburg).

Ab 1973 wurde im Zuge der Entspannungspolitik der **„Kleine Grenzverkehr"** eingerichtet. Er ermöglichte Bundesbürgern Tagesbesuche in den grenznahen Orten der DDR. In Duderstadt im südlichen Harzvorland wurde dafür ein Grenzübergang eröffnet.

Auf dem Brocken wurden **Abhörstationen** der Sowjetunion („das westlichste Ohr Moskaus") und der DDR-Staatssicherheit eingerichtet. Das Ohr zum Osten dagegen stand ab 1967 auf dem Stöberhai bei Wieda, einer der fünf Aufklärungstürme der Bundeswehr.

Wie sich die Harzbewohner beiderseits der Mauer gefühlt haben, die den Brocken zwar immer wieder aus der Ferne zu sehen bekamen, aber wussten, dass er für sie unerreichbar ist und vielleicht ihr Leben lang bleiben würde, können die Menschen dort nur selbst erzählen. Harzbesucher aus dem Westen kamen dem Brocken am nächsten auf der Aussichtsterrasse Torfhaus.

099h dk

▷ Grenzmarkierung im Eckertal

◁ Gedenkskulptur an der Brücke zwischen Stapelburg und Eckertal

Nur wenige Stunden nach dem friedlichen **Fall der Berliner Mauer** – etwa in Stapelburg am 11. November 1989, 16 Uhr – öffnete sich die den Harz teilende Grenze. Lediglich auf dem eisigen **Brocken** mussten tausende Protestwanderer am 1. Advent dafür sorgen, dass dort der Kalte Krieg beendet wird. An jene über vier Jahrzehnte erinnern noch immer **Relikte** in der Landschaft, wie die Kolonnenwege und überwachsenen Grenzstreifen. Im Grenzlandmuseum Bad Sachsa, im Grenzmuseum Sorge und im Ski- und Heimatmuseum Braunlage werden Zeitzeugnisse ausgestellt. Gedenksteine erinnern an die Öffnung der Grenze und an Opfer des Grenzregimes. Der **Harzer Grenzweg** (91,5 km) ist als markierter Wanderweg Teil des Grünen Bandes entlang der einstigen Staatsgrenze zwischen der DDR und der Bundesrepublik Deutschland.

8 Praktische Reisetipps von A bis Z

◁ Die Rosstrappe in Thale ist zu jeder Jahreszeit eines der attraktivsten Wanderziele im Harz. Das ist gar nicht mal zuerst der sagenumwobenen Hufspur im Fels zu verdanken, sondern viel mehr der überwältigenden Aussicht über das Bodetal. Mehrere mit Geländer gesicherte Aussichtsplätze laden zu diesem einzigartigen Naturerlebnis ein. Der naheliegende „Geheimtipp“ lautet deshalb, nicht unbedingt an einem Hochsommerwochenende dort zu erscheinen

Anreise

Flug

Nächstgelegene **Flugplätze** sind Leipzig/Halle (123 km bis Halberstadt), Erfurt/Weimar (83 km bis Nordhausen) und Hannover-Langenhagen (98 km bis Goslar).

Auto

Der Harz ist über die **Autobahnen 36 im Norden** (bis Vienenburg), die **A 14 im Osten** (Magdeburg – Halle/Saale), die **A 38 am Südrand** (Südharzautobahn, Sangerhausen – Nordhausen) und die **A 7 im Westen** (Hildesheim – Göttingen) erreichbar. Das Gebirge ist vor allem durch die **Bundesstraßen** 4, 6, 27, 242 und 244 erschlossen.

Reisende **aus Österreich** nutzen die **A 9** oder (durch Tschechien) **A 14,** Reisende **aus der Schweiz** die **A 5** oder **A 7.**

Auto fahren im Harz

Ein komfortables Netz von Bundes- und Landesstraßen mit dem entsprechenden Service erschließt das Gebirge und sein Vorland. Die **B 242** führt von Seesen quer durch den Harz nach Mansfeld (242 km, Fahrzeit 2 Std.), die **B 4** von Bad Harzburg nach Nordhausen (60 km, Fahrzeit 1 Std.). Charakteristisch sind die kurvenreichen, oft bergigen Straßen, die von steilen Hängen begleitet werden.

Bahn

Mit der Bahn ist der Harz aus allen Himmelsrichtungen gut erreichbar. Nächstgelegene **IC-Bahnhöfe** sind in **Niedersachsen:** Göttingen, Northeim, Hildesheim, in **Sachsen-Anhalt:** Halle/Saale. Wichtigste Bahnhöfe für den **Regionalverkehr** sind Goslar, Wernigerode, Halberstadt, Halle/Saale und Nordhausen.
→ Verkehrsmittel

Fernbus

Das Unternehmen **Flixbus** bedient folgende Haltestellen im und am Harz: Halberstadt, Goslar, Bad Harzburg, Wernigerode, Blankenburg, Quedlinburg, Aschersleben, Osterode, Herzberg, Sangerhausen.

Reisende **aus Österreich** können u.a. die Direktverbindungen Wien-Halle/Saale oder Salzburg-Halle/Saale nutzen, weiter mit der Bahn. Für Reisende **aus der Schweiz** gibt es Verbindungen von Basel über Wien oder von Bern über München nach Halle/Saale. Alle Verbindungen unter www.flixbus.de.

Barrierefreies Reisen

Mehrere **Hotels** und **Pensionen** sind barrierefrei ausgestattet und warten zudem mit Angeboten auf für Reisende, deren Mobilität eingeschränkt ist. Informationen gibt es in den Fremdenverkehrsämtern sowie unter:

- www.harzinfo.de
- www.harz-online.de/barrierefrei
- www.runa-reisen.de
- www.behindertenreisen.de

Der **Wandererbus „Ilsetaler"** Wernigerode – Drei Annen Hohne verkehrt als Niederflurbus mit zusätzlicher Klapprampe, ebenso einige **Linienbusse** von Bad Harzburg. **Rollstuhlgerecht** sind das Brockenhaus (Anfahrt mit Schmalspurbahn, drei Tage vorher anmelden), das Nationalparkhaus Torfhaus.

Camping

Ausgewählte **Camping- und Wohnmobilstellplätze** sind in den „Praktischen Tipps" der Ortsbeschreibungen zu finden, weitere Adressen sind über die **Fremdenverkehrsämter** zu erfahren.

Am Rande mehrerer Städte, zum Beispiel in Quedlinburg, werden **Wohnwagen-Stellplätze** angeboten. Höchstgelegener Campingplatz des Harzes heißt „Am Schierker Stern" und liegt zwischen Schierke und Elend (→ „Unterharz/Sorge und Elend", S. 193).

Wildes Campen ist in Deutschland nicht erlaubt. Möglich ist es jedoch, auf einem Parkplatz zu übernachten, um die Fahrtüchtigkeit wieder herzustellen. Dabei dürfen keine Campingmöbel aufgestellt werden. Im **Nationalpark** ist das Übernachten im Freien verboten.

Adressen und kurze Beschreibungen der Campingplätze und Wohnwagenstellplätze sind unter www.harzinfo.de und www.oberharz.de zu finden. Die Preisangaben verstehen sich ohne **Kurtaxe** (→Gästebeitrag, S. 349). Auch bei der Nutzung kostenloser Stellplätze ist die Kurtaxe in der Touristinformation zu entrichten.

→Unterkunft

Einkaufen

→ Essen und Trinken

Neben den kulinarischen Köstlichkeiten und guten Tropfen sind als Souvenirs vor allem die **Brockenhexen** beliebt, die es in allen Abstufungen zwischen Kunsthandwerk und Kitsch gibt. Weit verbreitet sind **Töpferwaren.** Im Oberharz und in den anderen Bergbaurevieren gibt es Harzer **Mineralien** zu kaufen.

Zu den besten Souvenirs gehören immer noch **Bücher,** die man in die Hand nehmen kann. Es sind zahlreiche Bildbände sowie Bücher zur Geschichte, Harzkrimis und Kinderbücher mit Bezug zum Harz erschienen. Anhand einer guten **Wanderkarte** kann man sich daheim nochmal an die schönsten und anstrengendsten Touren erinnern.

Neben den Großmärkten an den Stadträndern sind für den täglichen Einkauf vor allem die kleinen **Nahkauf**- und **NP-Märkte** unweit der Marktplätze interessant. Sie punkten mit kurzen Wegen und regionalen Angeboten. Vielfältige Waren regionaler Erzeuger gibt es in den **Hofläden,** so zum Beispiel auf der Ziegenalm Sophienhof und beim Brockenbauern Thielecke in Tanne (beide → Ortsbeschreibungen), im Landgut Klamroth, in Tiebes Hofladen und auf dem Westerhäuser Käsehof, alle in Westerhausen bei Thale.

Essen und Trinken

Die traditionelle Harzer Küche kommt aus dem Alltag naturnaher, schwerer körperlicher Arbeit der Bergleute, Köhler und Waldarbeiter. Da kommt **Deftiges** auf den Teller, und ein Stück Fleisch gehört dazu, am liebsten ein Schnitzel. So wird von vielen Lokalen „deftige Harzer Küche" angeboten. Die besseren darunter beziehen ihr Fleisch, das Gemüse und die Kartoffeln von regionalen Erzeugern, die Pilze und Wildkräuter aus dem Harzer Wald.

Wer diese landläufig „gutbürgerlich" genannte Küche mag, findet in den Harzorten und den Gebirgsbauden eine gute Auswahl. Beliebt sind **Fischgerichte,** am besten natürlich dort, wo zum Beispiel frische Forelle aus den Gebirgsbächen angeboten wird.

Vegetarische und vegane Küche wird in Restaurants der touristischen Zentren und in den Hotels angeboten, ist aber noch etwas Exotisches im Gebirge, wenngleich es Lokale gibt, die einfallsreich agieren.

⊡ Harzer Spezialitäten in einem Schaufenster in Braunlage

Harzer Spezialitäten

An der Regionalmarke **„Typisch Harz"** sind Erzeuger und Produkte zu erkennen, die in besonderer Weise mit der Kulturlandschaft Harz verbunden sind. Das begehrte Label wird für Lebensmittel und handwerkliche Produkte vergeben. Gaststätten können es für besondere Gerichte auf der Karte erhalten, Betriebe und touristische Einrichtungen für ihr Sortiment und für Dienstleistungen. Auf Läden mit harztypischen Angeboten wird in den Ortsbeschreibungen dieses Buches hingewiesen. Einige Geschichten um die Menschen hinter „Typisch Harz" sind unter www.harzinfo.de zu lesen.

In einigen Gaststätten gibt es Fleisch- und Wurstwaren von heimischem Wild sowie vom **„Harzer Roten Höhenvieh"**, einer wieder erfolgreich gezüchteten alten Rinderrasse.

Harzer Käse ist ein Sauermilch-Magerkäse, so deftig im Geschmack, wie man sich den Harzwald gern vorstellt. Charakteristisch ist seine glatte, goldgelbe bis rötliche Oberfläche. Er reift mit Hilfe von Mikroorganismen von außen nach innen, das heißt, er hat jung einen weißlichen, krümeligen Kern, und wenn der Käse „durch" ist, hat sich sein pikantes Aroma voll ausgebildet.

Heute kommt diese in jeder Kaufhalle erhältliche Alltagsspezialität gar nicht mehr aus dem Harz, sondern zum Beispiel aus Sachsen. „Harzer Käse" ist keine geschützte Bezeichnung. Egal, passt trotzdem auf jeden Harzer Speiseteller. Dazu Graubrot, Zwiebeln und ein Harzer Bier. Meistens kommt noch dick Schmalz auf das Brot, damit hat sich das dann auch mit dem Mager-Käse erledigt, was die Kalorien betrifft. Harzer Käse wird aber auch zu Salaten oder Pfannengerichten verarbeitet, so zur Harzer Bauernpfanne (mit Kartoffeln, Zwiebeln, Speck, Knoblauch und Kümmel).

Singen kann der Käse nicht! Zwar wird er umgangssprachlich seiner Form wegen auch gern **„Harzer Roller“** genannt, doch eigentlich ist dieser Begriff einer besonders musikalischen Rasse von Kanarienvögeln vorbehalten, die in den Harzer Erzbergbaurevieren, besonders in Sankt Andreasberg, für den Verkauf gezüchtet wurden und deren Gesang „rollend“ ist. (Mehr dazu unter „Sankt Andreasberg, Exkursion in Bergbaugeschichte“). Diesen Gesang gibt es nun auch auf CD oder als mp3-Datei. Somit ist es möglich, einen Harzer Roller sowohl zu hören als auch zu essen, aber niemals denselben.

Beim **Bier** ist die Auswahl nicht üppig im Unterschied zur anderen großen deutschen Erzbergbauregion, dem sächsischen Erzgebirge. Überall präsent ist das **Hasseröder Pils.** Die Brauerei in Wernigerode gehört zum weltgrößten Braukonzern. Ein feines Harzer Traditionsbier ist das **Altenauer** aus dem Oberharz. Die Brauerei wird betrieben von der Klostergutsbrauerei Wöltingerode. Museale Köstlichkeit ist das **Wippraer Bier** aus der Traditionsbrauerei im Wippertal bei Mansfeld. Hier wird noch wie vor 100 Jahren gebraut. Das Bier in den nostalgischen Bügelflaschen gibt es in einigen Kaufhallen und Getränkemärkten in Sachsen-Anhalt und Niedersachsen.

Preiskategorien für Restaurants in diesem Reiseführer

① Auswahl von Hauptgerichten bis 12 €
② Auswahl von Hauptgerichten bis 18 €
③ Hauptgerichte über 18 €

206h-dk

Zu Goslar gehört die obergärige **Gose.** Das alkoholfreie Clausthaler aber wird in Frankfurt am Main gebraut.

Harzer **Spirituosen** sind der **Schierker Feuerstein,** ein Kräuterlikör, den ein Apotheker erfunden hat (folglich Medizin?), **Harzgeist** aus Wernigerode, der **Nordhäuser Doppelkorn, Harzer Grubenlicht** aus Bad Lauterberg sowie Liköre und Brände aus **Gernrode.** Auch Harzer **Whisky** gibt es: aus der kleinsten Spirituosenmanufaktur Norddeutschlands, der Hammerschmiede in Zorge.

Mineralwasser und Limonade kommen aus **Blankenburg** (Regensteiner, Blankenburger) und aus dem **Okertal.**

Für Kuchen und Gebäck lohnt sich immer der Weg in die örtlichen Konditoreien und Bäckereien. Berühmt sind die Kekse, Lebkuchen und Waffeln aus dem **Friwi-Werk** in Stolberg.

Feiertage, Feste und Events

→ Zu jeder Zeit

Vielfältige Begegnungen mit Landschaftsarchitektur, Natur und Kunst bieten die Anlagen der **„Gartenträume Sachsen-Anhalt“.** Dazu gehören 50 Parks und Gärten, im Harz sind es: Schlosspark Ilsenburg, Klostergärten Drübeck, Schlossgärten Wernigerode, Brockengarten, Klostergärten Michaelstein, Schlossgärten Blankenburg, Landschaftspark Spiegelsberge, Stiftsgärten Quedlinburg, Roseburg Rieder, Schloss-

256h-Zisterziensermuseum Kloster Walkenried, Günter Jentsch

Konzert im Kreuzgang des Klosters Walkenried

park Ballenstedt, Parks in Ascherleben, Landschaftspark Degenerhausen, Schlossgärten Stolberg, Rosarium Sangerhausen. Auf dem Veranstaltungsplan stehen der **Picknicktag im Juli,** Ausstellungen, Konzerte und Führungen. Alle Anlagen sind zumindest außerhalb der Veranstaltungen frei zugänglich. www.garten traeume-sachsen-anhalt.de.

Nachstehend eine **Auswahl interessanter Events im Jahresverlauf:**

- **Osterfeuer** in vielen Gebirgsorten.
- **Walpurgisspektakel** am 30. April in Bad Grund, Benneckenstein, Braunlage, Hahnenklee, Sankt Andreasberg, Schierke, Stiege, Thale, Wernigerode (Schloss) und an anderen Orten. Feuer, Hexen, Teufel.
- **Goslarer Bierfest** im Mai. Am Museumsufer wird frisch gezapft und fröhlich aufgespielt.
- **Mitteldeutscher Töpfermarkt** zu Pfingsten in Wernigerode. Gilt als einer der schönsten seiner Art in Deutschland.
- **Finkenmanöver** Pfingstmontag in Benneckenstein.
- **Ilsenburger Forellenfest** im Juni. Forellen frisch geräuchert und der neue Jahrgang im Teich.
- **Rocken am Brocken,** Ende Juli in Elend bei Sorge. Rock- und Indiefestival.
- **HarzerKlosterSommer,** Feste und Märkte in 6 einstigen Klöstern des Harzes, zwischen Juni und September.
- **Schierker Kuhball** im September in Schierke.
- **Kaisermarkt** im Oktober in Goslar. Zeitreise ins Mittelalter.
- Wernigeröder Wintermarkt und weitere **Weihnachts- und Adventsmärkte.**
- **Harzer KulturWinter,** vielfältiges Kulturprogramm im gesamten Harz.
- **Advent in den Höfen** in Quedlinburg.
- Sämtliche Feste, Märkte und Termine unter **www. harzinfo.de** und in den Touristeninformationen.

Geld

Die touristisch relevanten Angebote bewegen sich im Harz im mittleren, zuweilen auch höheren Preisniveau. **Kreditkarten** werden in Großmärkten, Hotels und an Tankstellen in der Regel akzeptiert, in kleineren Geschäften eher nicht, dort zahlt man meist mit **Debitkarten.** Auf Wanderungen sollte immer auch **Bargeld** mitgeführt werden. Viele Imbisse und kleinere Restaurants im Gebirge bieten keine Kartenzahlung an, weil oft keine Webverbindung besteht.

Gesundheit

→ Notfälle

Der Harz verfügt über eine **moderne Krankenhauslandschaft.** Größere Kliniken gibt es in Ballenstedt, Blankenburg, Clausthal-Zellerfeld, Elbingerode, Goslar, Bad Harzburg, Quedlinburg, Wernigerode und Nordhausen.

Mit Haustier unterwegs

In Ortschaften und öffentlichen Verkehrsmitteln besteht für Hunde **ganzjährig Leinenpflicht.** Ebenso im Nationalpark einschließlich des Brocken-Plateaus, in den übrigen Wäldern während der Brut- und Setzzeit zwischen 1. April und 15. Juli. Da viele freilebende Tiere auch innerstädtische **Parks und Grünanlagen** zur Aufzucht ihres Nachwuchses nutzen, sollten Hunde auch dort in dieser Zeit an der Leine geführt werden. Für den Urlaub mit Hund gibt es **tierfreundliche Hotels** sowie zahlreiche weitere Unterkünfte, die darauf eingerichtet sind. In den **Harzer Hundewäldern** können sich die Vierbeiner in eingezäunten Bereichen ungehindert austoben. Hundewälder stehen rund um die Uhr zur Verfügung und können durch Schleusen betreten werden. Es gibt sie am Ortsausgang Wildemann Richtung Clausthal-Zellerfeld sowie beim Spiegeltaler Zechenhaus. Zahlreiche **Bademöglichkeiten für Hunde** bieten die Teiche der Oberharzer Wasserwirtschaft. Badeverbote bestehen in einigen Teichen aus Gründen des Naturschutzes, diese Gewässer sind jeweils gekennzeichnet.

Information

Die Adressen der örtlichen und regionalen **Informationsstellen** werden am Ende der Ortsbeschreibungen unter „Praktische Tipps" aufgeführt. Dort können Unterkünfte, Führungen, Wanderungen und andere touristische Leistungen recherchiert und gebucht werden.

Der länderübergreifende **Harzer Tourismusverband** sitzt in Goslar. Durch ihn wird die aktuellste und informativste Website für die Harzregion redigiert.

- **Harzer Tourismusverband e.V.,** Marktstraße 45, 38640 Goslar, Tel. (05321) 34040, www.harzinfo.de.

Internet

- **www.harzinfo.de:** Harzer Tourismusverband, Goslar, sehr informativ über Harzorte, Unterkünfte, Angebote, die komplette Ergänzung zu diesem Reiseführer.
- **www.nationalpark-harz.de:** Nationalparkverwaltung, Natur schützen und erleben, Information über die Besucherzentren, Veranstaltungskalender, Unterkünfte.
- **www.harztourist.de:** Wernigerode, Urlaubsplanung für das gesamte Gebirge, Brockencam.
- **www.oberharz.de:** Reiseportal für den Oberharz.
- **www.harz-ski.de:** das Wintersportportal.
- **www.harzlife.de:** privater Online-Reiseführer.
- **www.hsb-wr.de:** offizielle Seite der Harzer Schmalspurbahnen.
- **www.harzer-wandernadel.de:** offizielle Seite des Wanderangebotes mit Verzeichnis und Fotos aller Stempelstellen.
- **www.hamburg-heide-harz.de:** sehr unterhaltsame private Seite eines Wanderers und Fotografen.
- **www.jensunterwegs.de:** informative private Seite eines Wanderers, kommentiertes Verzeichnis mit Fotos aller Stempelstellen der Harzer Wandernadel.

HarzCard

Ein Kärtchen als Türöffner: Die HarzCard gibt es in **2 Varianten,** sie kann in den Touristinformationen und weiteren Einrichtungen sowie unter www.harzcardinfo.de käuflich erworben werden und ermöglicht **kostenlosen Eintritt** in mehr als 120 Museen und Freizeiteinrichtungen (Thermen, Zoos, Höhlen und vieles mehr) im gesamten Harz. Sie ist nicht mit dem öffentlichen Nahverkehr verbunden. Eine Liste aller Partner und Leistungen gibt es ebenfalls unter www.harzcardinfo.de. Preise: Stand 2020.

Die **48-Stunden-HarzCard** gilt ab der 1. Nutzung 48 Stunden ohne Pause. Sie kostet für Erwachsene 32 €, die Kinder Card (5–14 J.) 22 €, die BambinoCard (0–4 J.) ist kostenfrei.

Die **4-Tages-HarzCard** gilt an 4 frei (auch einzeln) wählbaren Tagen innerhalb eines Kalenderjahres jeweils für den ganzen Tag. Inklusive ist eine Einzelfahrt zum oder vom Brocken. Sie kostet für Erwachsene 61 €, die KinderCard (5–14 J.) 41 €, die BambinoCard (0–4 J.) ist kostenfrei. Die **KinderCard** gilt für Kinder im Zusammenhang mit mindestens einer Erwachsenenkarte.

Zum Kartenkauf gibt es eine **Broschüre,** der alle beteiligten Einrichtungen mit ihren Angeboten vorstellt.

Gästebeitrag

Der umgangssprachlich **Kurtaxe,** offiziell Gästebeitrag genannte Obolus wird von den Kommunen erhoben, die damit touristische Infrastruktur finanzieren. Jeder Ort legt also selbst fest, in welcher Höhe der Gästebeitrag pro Aufenthaltstag zu zahlen ist. Fällig wird er für alle Besucher, die in einem solchen Ort kostenpflichtig übernachten. An- und Abreise gelten als 1 Tag. In den Harzorten bewegt sich der Gästebeitrag im Bereich **2–3 €, Kinder und Jugendliche** zwischen 6–14 bzw. 6–17 Jahren werden zumeist mit **50 %** des Gästebeitrags zur Kasse gebeten. Der Betrag ist in der Regel am Anreisetag bar an den Vermieter zu zahlen, der das Geld dann bei der Kommune abrechnet. Die Gäste erhalten eine Quittung und ihre personengebundene **Gästekarte,** mit der sie sich bei tatsächlich durchaus anfallenden Kontrollen ausweisen können. Auf der Gästekarte sind die gewährten Leistungen verzeichnet, die von Ort zu Ort sehr unterschiedlich sind. Standard sind die kostenlose oder ermäßigte **Nutzung von Freizeiteinrichtungen** und ein System von **Rabatten** auf Eintrittspreise und Fahrkarten. Auch Urlauber, die in ihrem Wohnmobil auf kostenlosen Stellplätzen übernachten, sind verpflichtet, den Gästebeitrag zu zahlen, das heißt, in der jeweiligen Touristinformation, und zwar unverzüglich, was ja durchaus anstrengend sein kann. Andernfalls riskieren sie ein Bußgeld. Informationen über die Höhe der Kurtaxe gibt es auf den touristischen Webseiten der Urlaubsorte (nicht immer auf der Startseite) oder telefonisch in den Touristinformationen.

Mit Kindern unterwegs

→ Kindertipps, S. 10

Der Harz ist für Kinder in allen seinen Regionen ein spannendes, abwechslungsreiches und anregendes Ferienland. **Am besten: Raus in die Natur,** in den Wald, an die Bäche und Teiche, dort gibt es immer etwas zu entdecken, und es kostet kein Geld. In den Wanderbeschreibungen dieses Buches wird auch darauf eingegangen, ob die Wege für Kinder geeignet sind. Der **Löwenzahn-Entdeckerpfad** in Drei Annen Hohne zwischen Brockenbahn und Naturerlebniszentrum Hohnehof lockt mit Angeboten für

Kinder und Familien. Mit dem Stempelheft der **Harzer Wandernadel** können sich die Kleinen als Wanderprinzessin oder Wanderprinz auszeichnen lassen: 11 Stempel für Kinder bis 11.

Weitere Angebote (Auswahl) und ausführlichere Informationen zur Harzer Wandernadel gibt es jeweils in den Ortsbeschreibungen dieses Buches:

- Altenbrak: **Bergschwimmbad**
- Aschersleben: **Kriminalpanoptikum**
- Bad Grund: HöhlenErlebnisZentrum **Iberger Tropfsteinhöhle**
- Bad Harzburg: **Baumwipfelpfad und Baumwurzelpfad**
- Bad Harzburg: **Freizeitpark Krodoland**
- Bad Harzburg: **HarzWaldHaus** mit **Ameisenzoo** und einer interaktiver **Walderlebnisausstellung**
- Bad Harzburg: **Luchsgehege** an den Rabenklippen
- Bad Sachsa: **Salztalparadies,** Erlebnisbad
- Bad Sachsa: **Märchengrund,** auf Augenhöhe mit den Märchenfiguren
- **Besucherbergwerke und Bergbaumuseen** Bad Grund, Bad Lauterberg, Büchenberg (Elbingerode), Lauthental, Rammelsberg (Goslar), Sankt Andreasberg, Straßberg, Wildemann, Wettelrode (Sangerhausen)
- Blankenburg: Verstecken und Entdecken auf **Burg Regenstein**
- Blankenburg: Dem **Geheimnis der Musik** auf der Spur im **Kloster Michaelstein**
- Blankenburg: **Wald-Erlebnispfad** Heimburg, kostenlos
- Brocken: **Märchenpfad „Weißes Reh"** am Eckerloch, Wanderweg von Schierke zum Brocken, kostenlos
- Hahnenklee: **Liebesbankweg**, mit Spielgeräten
- Harzgerode: **Freibad Albertine**
- **Hochseilgärten:** Bad Harzburg, Ilsenburg, Sankt Andreasberg, Thale
- Hohnstein: Verstecken und Entdecken in der **Burgruine,** kostenlos
- Nationalpark: Wanderungen mit dem **Nationalpark-Ranger.** Veranstaltungskalender unter www.nationalparkharz.de, in Nationalparkhäusern und Touristinformationen
- Nationalparkhäuser (Besucherzentren) **Sankt Andreasberg, Schierke** und **Torfhaus,** dort gibt es für kleine und größere Kinder viel zu entdecken
- Netzkater: Bergbau-Erlebniswelt **Rabensteiner Stollen**
- Thale: **Erlebniswelt** mit Kabinenbahn, Sessellift, Spielgeräten
- Wernigerode: Spielen, Staunen, Erholen und Sport treiben im **Miniaturen- und Bürgerpark**
- Zellerfeld: Mit **EMIL als Detektiv** durch die Oberharzer Wasserwirtschaft, Angebot des Oberharzer Bergwerksmuseums
- Zellerfeld: **Robinson-Abenteuerspielplatz,** kostenlos
- **Zugfahren:** Harzer Schmalspurbahnen, Rübelandbahn, Mansfelder Bergwerksbahn, Tagesförderbahn Clausthal-Zellerfeld.

Klima und Reisezeit

Der Harz ist **zu jeder Jahreszeit** als Erholungs- und Wanderregion besuchbar. Noch immer zeigen sich die Jahreszeiten mit allen Vorzügen und Tücken. **Sonnigste Reisezeit** ist Juni/Juli, dann werden z.B. in Wernigerode um 24 °C mit täglich rund sieben Sonnenstunden erwartet. Im Januar sinkt die Temperatur auch im Vorland oft auf unter 3 °C. Im Westharz, im Oberharz und im Hochharz sind das ganze Jahr über kräftigere **Niederschläge** zu erwarten, dagegen ist es im Ostharz und Mansfelder Land trockener und sonniger. Die Durchschnittstemperatur auf dem Brocken liegt bei 3,5 °C, Tendenz steigend. Als Faustregel gilt, dass es im Unterharz im Jahresdurchschnitt etwas wärmer und trockener ist als im kühlen, feuchten Oberharz (→ auch „Klima" im Kapitel „Land und Leute").

→ Reisegepäck und Ausrüstung

Kommunikation unterwegs

Der Empfang für **Mobiltelefone** ist in den meisten Orten problemlos möglich, es gibt aber insbesondere in den höheren Wald- und Gebirgsrevieren **Funklöcher.** Die Initiative Freifunk Harz hat, beginnend in Ballenstedt, ein recht engmaschiges Netz von WLAN-Routern aufgebaut, die innerhalb von Ortschaften den Zugang über mobile Endgeräte ermöglichen. Insbesondere rund um die Rathäuser der touristischen Zentren sowie entlang von Besichtigungsrouten, in Gaststätten und Hotels gibt es Angebote für **freien WLAN-Zugang,** ebenso in den Anlagen der Gartenträume Sachsen-Anhalt (→ „Feiertage, Feste und Events").

- **Vorwahlen:** Deutschland 0049, Österreich 0043, Schweiz 0041.

LGBT+

Die Verhältnisse für Lesben, Schwule und Transgender unterscheiden sich im Harz nicht wesentlich von der in anderen ländlich-kleinstädtischen deutschen Regionen. Grundlage ist die in jüngerer Vergangenheit **verbesserte Gesetzeslage** und eine **wachsende Akzeptanz** in der Bevölkerung. Als Naherholungsgebiet für Berlin und die umliegenden Großstädte ist der Harz auch ein beliebtes Reiseziel für die LGBT-Community.

Notfälle

- **Notruf:** 110 (Polizei).
- **Notruf:** 112 (Feuerwehr, Rettungsleitstelle, Notarzt).
- **www.aponet.de, www.apotheken.de** (Apothekennotdienst, nur Postleitzahl eingeben). Über den Apothekennotdienst informiert auch die jeweilige Lokalseite der örtlichen Tageszeitung.
- **Apothekennotdienst-Hotline** 0800 0022833.
- **Ärztlicher Bereitschaftsdienst:** 116117

Öffnungszeiten

Die inhabergeführten **kleineren Läden** in den historischen Altstädten sind in der Regel montags bis sonnabends jeweils bis 18/20 Uhr geöffnet, **Kaufhallen und Supermärkte** bis 20/21 Uhr. In den ländlichen und Gebirgsregionen werden Öffnungszeiten je nach Marktlage festgelegt. Sonntagsöffnungen sind in touristischen Zentren eingeschränkt zugelassen, aber eher die Ausnahme.

Orientierung und Landkarten

Allgemein kann festgestellt werden, dass auf den offiziellen Wanderwegen eine sichere Orientierung gegeben ist, aber mit Besonderheiten. Die **Markierung** erfolgt zumeist nicht mit dem andernorts üblichen System von blauen, roten, grünen und gelben Querbalken auf weißem Grund entlang der Wege, sondern vorwiegend nur mit Wegweisern an den **Wegkreuzungen und -gabelungen,** illustriert mit einer Vielzahl von Bildern und Logos. Innerhalb dieser Abschnitte zwischen den Wegweisern wird die Markierung selten wiederholt.

Das ist in der Regel ausreichend, aber eben nicht immer. Es kommt vor, dass ein Wegweiser zwar das Ziel angibt, in der vom hölzernen Zeigefinger angewiesenen Richtung aber zwei Wege zur Auswahl stehen. Für die richtige Entscheidung ist dann eine genaue Karte erforderlich oder die Positionsbestimmung per GPS. Dabei sollten **Wanderkarten** im Maßstab 1:25.000 bis 1:50.000 zurate gezogen werden. Kostenlose Faltblätter mit Vorschlägen sind in den Touristinformationen erhältlich.

Die vom **Harzklub** betreuten rund 50.000 Wegweiser enthalten neben dem Namen des Weges und eventuellen Hinweisen auf seine Art (Rundwanderweg) den Zielort mit Symbol und Entfernung sowie – sehr hilfreich bei der Arbeit mit

112h dk

der Karte – in roter Schrift die **Wegnummer.** Diese folgt einem System, das bereits seit 1881 besteht. Es gibt 71 Wege, die jeweils mit Großbuchstaben untergliedert sind. In den Karten sind diese Nummern an den mit **roter Strichellinie** ausgewiesenen Harzklub-Wegen zu finden. So führt zum Beispiel der Weg 22 A zum Gasthaus Plessenburg, die 22 B zur Steinernen Renne und die 22 C zum Ottofelsen. Auf dem Brocken treffen sich 9 E/11 C und 10 E/11 D. **Stempelstellen** der Harzer Wandernadel werden mit ihrer Nummer ebenfalls vermerkt (blauer Stempel). Zahlreiche Schilder sind bereits mit den **UTM-Koordinaten** des Standortes versehen. Diese dienen der Orientierung mittels Smartphone oder GPS-Gerät und sind eine wesentliche Information bei Unfallmeldungen.

Punktgenaue Orientierung per **GPS** bringt zweifellos viele Vorteile. Dennoch sollte man auf die gute alte (das heißt, eine möglichst neue) **Wanderkarte** nicht verzichten. Nicht überall ist der Empfang optimal, manchmal kommt schlicht gar nichts an, außerdem können Akkus erschöpft sein. Für die Umplanung von Wandertouren unterwegs ist die ausgebreitete Karte, am besten aus wasser- und reißfestem Material, noch immer die beste Wahl. Auch der **Kompass** hat noch nicht ausgedient. Eine praktikable Grundausstattung bietet das Sortiment des **Wernigeröder Schmidt-Buch-Verlages:** Oberharz, Mittlerer Harz, Südharz, Ostharz, Brocken, Harzer Hexenstieg, jeweils 1:30.000, Harzer Wandernadel Tourenkarte 1:50.000.

[<] Kloster Walkenried ist ein Etappenziel des Harzer Baudensteigs

Insbesondere im Hochharz und im Oberharz müssen Wanderer darauf eingestellt sein, dass kurzfristig **Wege gesperrt** sein können. Gründe dafür sind drohende Gefährdungen durch umstürzende Bäume (→ Exkurs „Zwischen Baum und Borke", S. 60), Fällungen von Bäumen und andere Waldarbeiten. Nicht immer wird bereits am Einstieg zu den Wanderwegen darauf hingewiesen oder eine **Umleitung** hinreichend markiert. Die Folge für Besucher ist, Wanderwege vor Ort umplanen zu müssen, eventuell auch mit der Konsequenz, dass die Gaststätte oder das Verkehrsmittel später erreicht werden. Auch darauf sollte man vorbereitet sein: mit Wanderkarte und Proviant.

Aktuelle Informationen über gesperrte Wege gibt es unter www.harz-wanderkarten.de.

Ein Hinweis zum **Sprachgebrauch:** Unter **Steig** oder (niederdeutsch) **Stieg** versteht man im Harz einen normalen Wanderweg mit wechselnden, aber nicht außergewöhnlichen Anforderungen, im Unterschied zu der etwa im Elbsandsteingebirge benannten „Stiege", mit der immer ein Bergpfad höheren Schwierigkeitsgrades gemeint ist.

Post

Filialen der Deutschen Post gibt es in allen größeren Städten sowie in Altenau, St. Andreasberg, Benneckenstein, Elbingerode, Bad Grund, Hasselfelde, Herzberg, Ilsenburg, Bad Lauterberg, Stolberg, Thale. Porto D: Postkarte 0,70 €, Brief ab 0,85 €, Ausland: Postkarte 1 €, Brief ab 1,10 €.

Waldbrandgefahr

Im Sommer 2022 erfassten zwei weitflächige Waldbrände das Brockengebiet. Die Feuerwehr war jeweils **tagelang im Einsatz,** um die Brände zu löschen. Für Wanderer, die einen Waldbrand entdecken, gelten folgende Regeln:

- **In Sicherheit bringen,** gegen die Windrichtung, möglichst hangabwärts
- **Rauchentwicklung oder Feuer melden** unter Notruf 112 (Lage des Brandortes, eigener Standort, möglichst die GPS-Daten, Hinweise zum Anfahrtsweg, Angaben zu Verletzten, Angaben zur eigenen Person)
- **Brandbekämpfung** nur bei Entstehungsbränden, soweit es die eigene Sicherheit erlaubt; in jedem Fall der Feuerwehr melden – bei Ankunft der Feuerwehr **bemerkbar machen**

Rauchen

Es besteht **Rauchverbot** in öffentlichen Einrichtungen und Verkehrsmitteln sowie von Febr. bis Okt. im gesamten Nationalpark, darüber hinaus auch in den sonstigen Wäldern. **Kippen gehören niemals in die Natur!** Einige Ferienwohnungen werden exklusiv für Raucher angeboten (www.pensionen-im-harz.de).

☒ Ein Muss für alle Bergbau-Interessierten ist das ehemalige Erzbergwerk Rammelsberg

Reisegepäck und Ausrüstung

Für die Wanderungen im Harz genügt **normale Wanderbekleidung.** Zur ständigen Ausrüstung gehören regenfeste Kleidung und feste Schuhe. Auf dem **Brocken** und anderen Gipfeln kann es deutlich kälter und windiger sein als im Tal. Darauf sollten sich Wanderer einstellen (Kopfbedeckung, Windjacke).

Grundsätzlich sollte für jede Wanderung **ausreichend Proviant** mitgenommen werden, dazu gehören unbedingt **alkoholfreie Getränke,** auch dann, wenn der Besuch einer Gaststätte geplant ist. Zudem ist es wichtig, besonders in höheren Lagen, sich mit der Bekleidung auf **Wetterwechsel** einzustellen (Kopfbedeckung!). Außerdem gehören Pflastersortiment, Elastikbinde und persönliche Medizin in den Rucksack. Praktisch sind eine Reflektorfolie für Autofenster als feuchtigkeitsabweisende **Sitzunterlage** und ein kleines Handtuch.

→ Klima und Reisezeit
→ Orientierung und Landkarten

Sicherheit

Der Harz ist ein **sicheres Reisegebiet** ohne für die Region signifikante Kriminalität. Es gelten die allgemeinen Regeln für die Diebstahlsicherung von Autos und Fahrrädern. In den Waldgebieten, die noch durch abgestorbene Fichten dominiert werden, besteht eine Gefährdung durch umstürzende Bäume und herabfallende Äste. In besonders betroffenen Gebieten weisen **Schilder** darauf hin; Wanderer sind zu Vorsicht und Eigenverantwortung aufgerufen (→ Exkurs „Zwischen Baum und Borke", S. 60.

→ Verhaltenstipps

Sport und Aktivitäten

→ Camping
→ Orientierung und Landkarten

Ein dichtes Netz **markierter Wege** ermöglicht sowohl ausgedehnte Tageswanderungen als auch kürzere Spaziergänge im Grünen. Zur Auswahl stehen über **8000 Kilometer,** von leicht bis anspruchsvoll, Wald- und Gebirgspfad, Waldweg und Forststraße. Einige ausgewählte Wanderungen werden in diesem Buch vorgestellt. Weitere lassen sich anhand von Wanderkarten planen.

Bergbau für Besucher

In den Städten des Oberharzes, im Rammelsberg von Goslar, in Elbingerode, Straßberg und Sangerhausen vermitteln **Besucherbergwerke** die reiche Geschichte des Bergbaus im Harz. Eines der bedeutendsten deutschen Bergbaumuseen besucht man in Zellerfeld.

Die Besucherbergwerke können in der Regel **im Rahmen von Führungen** besichtigt werden. Bergmännische Schutzbekleidung erhalten die Besucher vor Ort. Zuvor muss jeder sich selbst darauf einrichten, dass unter Tage eine konstante Temperatur von 8–11 °C und eine hohe Luftfeuchtigkeit herrschen. Wanderschuhe und strapazierfähige, wärmende Bekleidung sind Voraussetzung für die Fahrt in den Schacht. Mit „Fahrt" wird im Bergbau übrigens jede Fortbewegung unter Tage bezeichnet, also auch die zu Fuß.

Zahlreiche **Zeugnisse des Bergbaus** sind **über Tage** zu sehen. Darauf wird, ebenso wie auf die Bergwerke, in den

380h dk

Ortsbeschreibungen hingewiesen. Hervorzuheben sind hier das zum Weltkulturerbe zählende Oberharzer Wasserregal (→ Exkurs „Die Oberharzer Wasserwirtschaft", S. 96), die Anlagen bei Elbingerode und die Schachthalde „Hohe Linde" bei Sangerhausen.

Ein sehr umfangreiches Angebot an bergmännischer **Fachliteratur** und an **Souvenirs** halten das Bergbaumuseum Zellerfeld sowie das Bergwerksmuseum Rammelsberg bereit. Broschüren und Minerale werden natürlich auch andernorts angeboten.

Fernwanderwege

- **Harzer Hexen-Stieg:** 94–107 km in 5–7 Etappen quer durch den Harz, Osterode – Brocken/Brockenumgehung – Thale, Markierung: weiße Hexe auf Grün, www.harzer-hexen-stieg.de
- **Selketal-Stieg:** 72 km in 5 Etappen entlang der Selke und in ihrem Einzuggebiet, Stiege – Quedlinburg, Markierung: rotbraun mit stilisierter Burg Falkenstein (→ „Wandern im Selketal", Ortsbeschreibung Stiege), www.selketalstieg.de
- **Harzer Grenzweg:** 91 km entlang der ehemaligen innerdeutschen Grenze: Grenzturm Rhoden – Vienenburg – Brocken – Sorge – Bad Sachsa – Grenzmuseum Tettenborn, Markierung: grünes Band auf Deutschlandkarte, www.gruenes-band-harz.de
- **Harzer Förster-Stieg:** 60 km in 4–6 Etappen durch den Naturpark Harz (Niedersachsen): Goslar Kaiserpfalz – Bad Grund – Riefensbeek-Kamschlaken Kohlungsplatz, Markierung: Eichenblatt, www.försterstieg.de
- **Harzer Baudensteig:** 97 km in 6 Etappen von Baude zu Baude auf der Südseite des Harzes: Bad Grund Hübichplatz – Lerbach – Sieber – Bad Lauterberg – Bad Sachsa – Wieda – Walkenried Zisterzienserkloster, Markierung: braun mit zwei Bauden, www.harzerbaudensteig.de

107h dk

381h dk

■ **Südharzer Dampfloksteig:** 42 km in 3 Etappen durch den Naturpark Südharz: Sophienhof – Nordhausen, Markierung: rote Dampflok auf Weiß, www.region-suedharz-kyffhaeuser.de

■ **Harzer Teufels-Stieg:** 26 km in 1–2 Etappen durch den Hochharz: Bad Harzburg – Brocken – Elend, Markierung: weißer Teufel auf Grün (→ Beschreibung unter Bad Harzburg), www.bad-harzburg.de

■ **Karstwanderweg Südharz:** 239 km in zahlreichen Varianten für Etappen und Einzelwanderungen durch die Gipskarstlandschaft des Südharzes, Osterode Pferdeteich/Bad Grund (HöhlenErlebnis-Zentrum Iberger Tropfsteinhöhle) – Pölsfeld bei Sangerhausen, Markierung: roter Balken mit weißem K, www.karstwanderweg.de

Wanderungen in diesem Buch

Die Orts- und Landschaftsbeschreibungen dieses Buches enthalten eine Vielzahl von Vorschlägen für Wanderungen. Einige ausgewählte, exemplarische Touren werden ausführlicher beschrieben.

Hochharz

■ Mit dem Teufel zum Brocken (**Teufelsstieg,** 13 km)

■ **Heinrich-Heine-Weg** zum Brocken (12 km)

■ **Übersicht:** Wege zum Brocken

⌃ Landschaft bei Benneckenstein, Blick aus der Harzquerbahn

‹ Im Hochseilgarten von Thale

- Mit Heine zum **Ilsestein** (Rundweg 14 km)
- **Zum Ottofelsen und zur Steinernen Renne** (mehrere kleinere Touren)
- **Trudenstein, Ahrensklint und Brockenbett** (Rundwanderung 18 km)
- Über den **Hohnekamm ins Ilsetal** (12 km)
- **Klippenweg ins Eckertal** (Rundweg 14 km)
- Durch das **Eckerloch auf den Brocken** (Rundweg 10 km)

Das Josephskreuz bei Stolberg

382h ls

Oberharz

- **Spiegeltaler Teiche** (Rundweg 12 km)
- Wandern am **Iberg** (Rundweg 12 km, Varianten für weitere Strecken)
- **Goetheweg, Torfhausmoor** (Rundweg 18 km)
- **Am Rehberger Graben und im Odertal** (Rundweg 14–16 km)
- Wandern zu den **Klippen** (Rundweg 12 km)

Unterharz

- **Rosstrappe** (4 km)
- Wandern im **Bodetal** – von Thale nach Treseburg (10 km)
- Übersicht **Selketalstieg** (70 km)
- **Von Mägdesprung nach Alexisbad** (8 km)
- Zu den **Gegensteinen der Teufelsmauer** (Rundweg 6 km)
- Durch das **Elendstal zu den Schnarcherklippen** (Rundweg 9 km)
- Übersicht **Harzer Hexen-Stieg** (Varianten, 94–107 km)

Südharz

- Übersicht **Südharzer Dampfloksteig** (42 km)
- Zur **Sösetalsperre** (Rundwanderung 8 km)

Winter im Harz

Die Höhenlagen des Harzes gelten noch immer als relativ schneesicher. **Wintersport** ist dann in seiner ganzen Vielfalt erlebbar. Zentren sind die Bergstädte des Oberharzes, vor allem Sankt Andreasberg und Altenau, sowie Braunlage, Benneckenstein, Hahnenklee, Hohegeiß und Schierke. Es gibt 500 km gespurte Loipen, Skiabfahrts- und Rodelhänge.

Überblick Buchungsportale

Als Ergänzung zu den sorgfältig zusammengetragenen Unterkunftsempfehlungen in diesem Buch können **Buchungsportale** wie Booking.com, hrs.de, Agoda.com oder AirBnB.de dazu genutzt werden, aktuelle Preise und die Bewertungen anderer Reisender einzusehen sowie Unterkünfte direkt zu buchen.

Die Plattformen arbeiten mit **Unterkünften aller Art** zusammen und machen diese für Reisende leicht auffindbar. Bewertungen, Fotos und Filtermöglichkeiten nach zahlreichen Details helfen bei der Auswahl. Auch der Kontakt zwischen Vermietenden und Unterkunftssuchenden sowie die Bezahlung können über die Plattformen abgewickelt werden.

Eine gewisse **Vorsicht** ist bei der Benutzung dennoch geboten. Wann immer möglich, sollten die Angaben mit **zusätzlichen Quellen** überprüft werden. Sind die Bewertungen wirklich auf allen Plattformen und Suchmaschinen so gut? Sind sie so zahlreich, dass ein Missbrauch unwahrscheinlich ist? Weshalb genau fanden die Bewertenden die Unterkunft gut und stimmt das mit meinen Interessen überein? Häufig hilft die jeweils eigene Internetseite der Unterkunft, Google Street View oder ein Anruf, um genauere Informationen zu bekommen.

Wem einzelne Aspekte besonders wichtig sind, der sollte auf jeden Fall genau prüfen – z.B. ob der versprochene „geschlossene Parkplatz" wirklich so beschaffen ist, dass man das vollgepackte Auto dort stehenlassen möchte. Auch der angepriesene **„Bestpreis"** und die durch die Plattformen suggerierte **knappe Verfügbarkeit** lösen sich bei einem Anruf vielleicht in Luft auf, weil die Vermietenden einen eigenen günstigen Preis bieten, um sich die teure Vermittlungsprovision an die Plattform zu sparen.

Während die Plattformen also eine praktische Hilfe bei der Reiseplanung sein können, empfiehlt sich doch häufig ein kritischer zweiter Blick!

Unterkunft

→ Camping

Vom Privatquartier bis zum Fünf-Sterne-Hotel (Goslar, Ilsenburg, Bad Lauterberg, Bad Sachsa) steht eine breite Palette an Unterkünften zur Auswahl. Eine umfassende **Übersicht** bieten die vom Harzer Tourismusverband in Goslar herausgegebenen Prospekte sowie dessen Website www.harzinfo.de. Eine Auswahl von Adressen ist unter den Ortsbeschreibungen zu finden. Dazu gehören auch Campingplätze, Wanderer- und Jugendunterkünfte.

Die **Preiskategorien der Unterkünfte** → Kasten nächste Seite.

Am beliebtesten sind **Ferienwohnungen** und **Ferienhäuser.** Davon gibt es eine gute Auswahl schon für weniger als 60 € pro Nacht für zwei Personen.

Unter www.harzinfo.de sind **„Qualitätsgastgeber Wanderbares Deutsch-**

Preiskategorien für Unterkünfte in diesem Reiseführer

Die Angaben beziehen sich dabei auf die Unterbringung für zwei Personen in einem Doppelzimmer in der Hauptsaison inkl. Frühstück bzw. auf eine Ferienwohnung mit Küche für zwei Personen.

① bis 60 €
② 60–90 €
③ über 90 €

land“ aufgelistet, die Auswahl kann nach Übernachtungspreis vorgenommen werden. Das Prädikat zeichnet besonders wandererfreundliche Gastgeber aus.

Verhaltenstipps

→ Sicherheit
→ Kapitel „Land und Leute/Umwelt und Naturschutz“

Im Nationalpark

Im Nationalpark gelten besondere Regeln, deren Einhaltung angepasst auch für die weiteren Waldgebiete nur empfohlen werden kann:

- Es gilt **Wegegebot.** Auf den beschilderten Wanderwegen bleiben.
- **Rauchen, Grillen, offenes Feuer und Feuerwerkskörper** sind verboten
- **Camping** ist verboten
- **Lärm** vermeiden
- **Müll** mit nach Hause nehmen
- **Hunde** anleinen
- Der Betrieb von **Drohnen** ist untersagt

☑ Rangieren im Brockennebel

269h dk

- **Nichts aus der Natur entnehmen,** auch keine Beeren und Pilze
- **Radfahren** ist auf Waldwegen zumeist erlaubt, **Reiten** auf entsprechend markierten Wegen

Innerhalb des gekennzeichneten Bereiches des Nationalparks gelten die für diese höchste Schutzkategorie der Natur üblichen Regeln. Deren grundlegende lautet: **Wegegebot.** Innerhalb des Nationalparks können alle erkennbaren Wege, innerhalb der Kernzone alle ausgewiesenen Wege begangen werden, und die anderen folglich nicht.

Weitere **Regeln** lauten: Nichts liegenlassen und nichts mitnehmen. Die Überbleibsel des Picknicks gehören wieder in den Rucksack, auch jeglicher weiterer Müll wird daheim entsorgt. Pflanzen und Pflanzenteile (also auch Pilze und Beeren) sowie Tiere dürfen nicht entfernt werden. Offene Feuer (von Februar bis Oktober auch Zigaretten) sind verboten. Hunde sind anzuleinen. Nicht gestattet ist das Campen außerhalb der ausgewiesenen Plätze.

Fotografieren

Beim Fotografieren in der Öffentlichkeit sind die **Persönlichkeitsrechte** („Recht am Bild") von Abgebildeten sowie die **Urheberrechte** von Künstlern und Architekten zu beachten. Hilfreiche Faustregeln lauten: **Personen fragen,** bevor man den Fotoapparat auf sie richtet, fremde Kinder grundsätzlich nicht fotografieren. Für Bau- und Kunstwerke gilt die „Panoramafreiheit" an öffentlichen Wegen, Straßen und Plätzen. Das heißt, man darf alles fotografieren, was von dort aus zu sehen ist (und nicht etwa von der Leiter am Gartenzaun). Bei Kunstwerken ist zu beachten, dass sie sich nicht nur temporär, sondern **dauerhaft** am jeweiligen Ort befinden müssen. In Museen, Kirchen und anderen Räumen gelten deren Regeln.

Verkehrsmittel

- Die **Harzer Schmalspurbahnen** verkehren auf drei Strecken über 140 km und bedienen dort 40 Stationen: **Harzquerbahn** (Nordhausen – Ilfeld – Eisfelder Talmühle – Benneckenstein – Drei Annen Hohne – Wernigerode), **Selketalbahn** (Eisfelder Talmühle – Stiege – Alexisbad – Gernrode – Quedlinburg, Abzweige: Stiege – Hasselfelde, Alexisbad – Harzgerode) und **Brockenbahn** (Drei Annen Hohne – Schierke – Brocken). Infos unter www.hsb-wr.de.

Gebirgsnahe Verbindungen bieten in Sachsen-Anhalt die Regionalexpresslinien des Bahnbetreibers **Abellio** auf den Strecken (ausgewählte Haltestellen):

- Magdeburg – Halberstadt – Quedlinburg – Thale
- Magdeburg – Halberstadt – Blankenburg
- Magdeburg bzw. Halle/Saale – Wernigerode – Ilsenburg – Goslar
- Halle/Saale – Halberstadt
- Halle/Saale – Lutherstadt Eisleben – Sangerhausen – Berga/Kelbra – Nordhausen

Der **Harz-Berlin-Express** (HBX) verkehrt auf der Strecke: Berlin (mehrere Bahnhöfe) – Potsdam – Genthin – Magdeburg – Halberstadt, dort Zugteilung nach Quedlinburg – Thale sowie Wernigerode – Ilsenburg – Goslar. Für die Strecke Berlin – Genthin gilt ein Sonder-

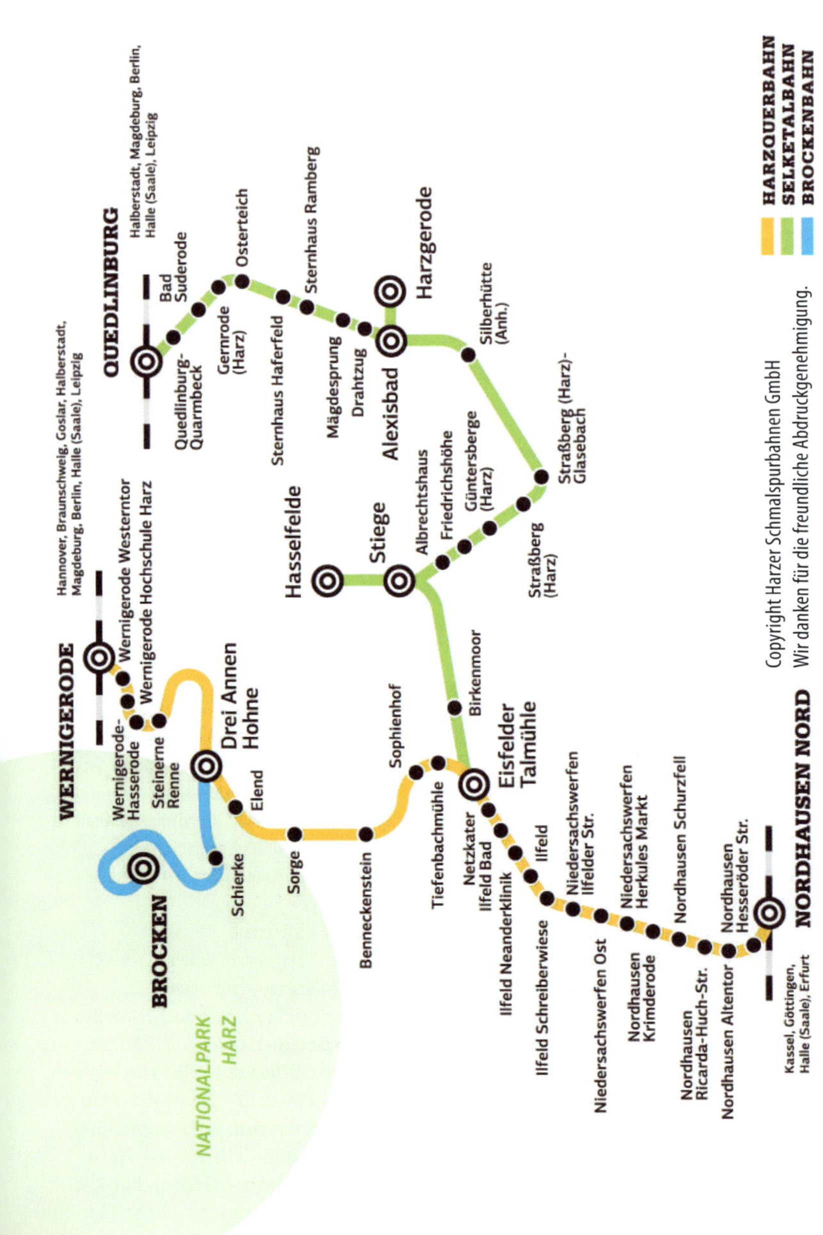
WERNIGERODE
Hannover, Braunschweig, Goslar, Halberstadt, Magdeburg, Berlin, Halle (Saale), Leipzig
Wernigerode Westerntor
Wernigerode Hochschule Harz
Wernigerode-Hasserode
Steinerne Renne
Drei Annen Hohne
BROCKEN
Schierke
Elend
Sorge
Benneckenstein
Sophienhof
Tiefenbachmühle
Eisfelder Talmühle
Netzkater
Ilfeld Bad
Ilfeld Neanderklinik
Ilfeld
Ilfeld Schreiberwiese
Niedersachswerfen Ilfelder Str.
Niedersachswerfen Ost
Niedersachswerfen Herkules Markt
Nordhausen Krimderode
Nordhausen Schurzfell
Nordhausen Ricarda-Huch-Str.
Nordhausen Hesseröder Str.
Nordhausen Altentor
NORDHAUSEN NORD
Kassel, Göttingen, Halle (Saale), Erfurt
NATIONALPARK HARZ
Birkenmoor
Hasselfelde
Stiege
Albrechtshaus
Friedrichshöhe
Güntersberge (Harz)
Straßberg (Harz)
Straßberg (Harz)-Glasebach
Silberhütte (Anh.)
Alexisbad
Harzgerode
Drahtzug
Mägdesprung
Sternhaus Ramberg
Sternhaus Haferfeld
Osterteich
Gernrode (Harz)
Bad Suderode
Quedlinburg-Quarmbeck
QUEDLINBURG
Halberstadt, Magdeburg, Berlin, Halle (Saale), Leipzig
HARZQUERBAHN
SELKETALBAHN
BROCKENBAHN

tarif, Ländertickets bzw. Quer-durch-das-Land-Ticket gelten nur auf der Strecke Genthin – Thale/Goslar.

Der niedersächsische Betreiber **erixx** verkehrt auf den Strecken:

- Braunschweig – Wolfenbüttel – Vienenburg – Oker – Goslar
- Braunschweig – Wolfenbüttel – Vienenburg – Bad Harzburg
- Hannover – Hildesheim – Bad Harzburg

Die **Deutsche Bahn Regio Nord** fährt auf den Strecken:

- Braunschweig – Seesen – Gittelde/ Bad Grund – Osterode am Harz – Herzberg
- Göttingen – Herzberg – Bad Lauterberg – Bad Sachsa – Walkenried – Ellrich – Nordhausen

Tickets und Tarife

Das attraktivste Angebot für Urlauber ist das **Harzer Urlaubs-Ticket (HATIX).** Mit dem Meldeschein des Gastgebers nach Zahlung des Gästebeitrags (→„Information/Gästebeitrag") in den Urlaubsorten der Landkreise Harz, Goslar und Göttingen (Altkreis Osterode) sowie einigen Orten des Landkreises Mansfeld-Südharz kann man die Linienbusse (und die Straßenbahnen in Halberstadt) während des Urlaubs frei nutzen. Wenn es die Fahrzeugkapazität erlaubt, können auch Fahrräder kostenlos mitgenommen werden. Streckenplan und weitere Infos unter www.hatix.info.

Die folgenden Informationen sind demnach nur für Gäste interessant, die nicht kostenpflichtig übernachten und demzufolge keinen Gästebeitrag zu zahlen brauchen.

In Sachsen-Anhalt und Thüringen gelten gemeinsam die jeweiligen **Landestickets,** in beiden Bundesländern auch das **Sachsen-Ticket** der Deutschen Bahn. Das **Niedersachsen-Ticket** gilt auch in Bremen und Hamburg.

Einen **Verbundtarif** für das gesamte Gebirge plus Vorland **gibt es nicht.** Das **Deutschlandticket** (monatlich 49 Euro) gilt unabhängig von den Verkehrsverbünden in allen Regionalzügen und Linienbussen.

Der Verbundtarif **Region Braunschweig** gilt in allen Nahverkehrsmitteln im **Nordwesten** des Harzes (Vienenburg, Seesen, Langelsheim, Hahnenklee, Oberharz, Braunlage/Sankt Andreasberg, Torfhaus, Bad Harzburg). Näheres unter www.vrb-online.de.

Im **Südwesten** gilt der Verkehrsverbund **Süd-Niedersachsen.** Er umfasst im Harz: Bad Grund, Osterode, Herzberg, Bad Lauterberg.

Der **Nordosten** des Gebirges (Wernigerode, Halberstadt, Quedlinburg) wird von den Harzer Verkehrsbetrieben (www.hvb-harz.de) in der **Verkehrs- und Tarifgemeinschaft Ostharz** (VTO) befahren, das heißt, im HVB gilt der VTO.

Zeitungen

- **Goslarsche Zeitung:** Goslar, Lokalseiten Bad Harzburg, Oberharz, Braunlage.
- **Mitteldeutsche Zeitung:** Halle/Saale, Lokalseiten Quedlinburg.
- **Volksstimme:** Magdeburg, Lokalseiten Halberstadt, Wernigerode.
- **Thüringer Allgemeine:** Erfurt, Lokalseiten Nordhausen

HENTZ
NEVGEBORN
44

383h dk

9 Land und Leute

[<] Renaissancehaus (1563) Rittergasse 44 in Stolberg. Rind, Ziege, Messer und Kochlöffel verzieren das Portal der einstigen Garküche und Kneipe. Unter den Fächerrosetten im leicht vorkragenden Obergeschoss sind Schiffskehlen zu sehen, eine markante Verzierung niederdeutscher Fachwerkhäuser. Sie erinnert an umgekehrte Schiffskiele. Bemerkenswert ist auch, dass die Farbmuster der Rosetten und Schiffskehlen sich nicht wiederholen, sondern mit Rot, Gelb und Blau einen eigenen Rhythmus erzeugen. Stolberg im Südharz, Geburtsstadt von Thomas Müntzer, dem wohl bekanntesten Protagonisten des Deutschen Bauernkrieges vor 500 Jahren, zeichnet sich durch farbenfrohe Fachwerkhäuser aus der Zeit der Renaissance aus. Über der Stadt liegt das Schloss derer von Stolberg, einem der wirkungsmächtigsten Grafengeschlechter der Harzregion. Johann Gottfried Schnabel schuf in Stolberg mit der „Insel Felsenburg" eine Auswandererutopie, die von Ludwig Tieck in der Romantik wiedererzählt und von Arno Schmidt als eines der wichtigsten Werke der deutschen Literatur gewürdigt wurde

Geografie und Geologie

Der Harz ist ein **deutsches Mittelgebirge,** das die Bundesländer Sachsen/Anhalt, Niedersachsen und Thüringen verbindet. Er ist 110 km lang und 30–40 km breit. Mit dem Brocken (1141 m) ist er das **höchste Gebirge Norddeutschlands.** Zum Vergleich: Die Schwäbische Alb ist etwa genau so breit, aber länger (180 km) und niedriger (1015 m). Nach der höchsten Erhebung sortiert, steht der Harz in der Liste der deutschen Mittelgebirge nach Schwarzwald (1493 m), Bayerischem Wald (1455 m) und Erzgebirge (1214 m) an vierter Stelle.

Am und im Gebirge liegen im Westen die **Landkreise** Goslar (137.000 Einw.) und Göttingen (mit dem einstigen Landkreis Osterode am Harz, 320.000 Einw.), im Norden der Landkreis Harz (244.000 Einw.), im Osten der Landkreis Mansfeld-Südharz (132.000 Einw.) und im Süden der Landkreis Nordhausen (81.000 Einw.).

Naturräumlich gliedert sich das Gebirge in den **Hochharz** um den Brocken, mit Bergen ab 800 m, den **Ober- oder Westharz** mit Bergen ab 600 m und den **Unter- oder Ostharz** mit Bergen ab 400 m. Der Begriff „Oberharz“ bezeichnet zugleich die historisch begründete Einheit der **sieben Bergstädte** Clausthal, Zellerfeld, Altenau, Sankt Andreasberg, Bad Grund, Wildemann und Lautenthal. Gebräuchlich ist auch eine naturräumliche Gliederung in Ober-, Hoch, Mittel- und Unterharz sowie Östliche Harzabdachung.

Das Gebirge wird von Granit, Tonschiefer, Grauwacke und im Süden von Gips und Dolomit gebildet. Hinzu kommen Kiesel- und Quarzitschiefer, Sandstein, Hornfels, Porphyrit und Rotliegend. Es gilt als das **geologisch vielfältigste deutsche Mittelgebirge.** Entstanden ist der Harz im **Oberkarbon** vor 320 bis 300 Mio. Jahren als Teil eines Gebirgszuges, der sich über große Teile des heutigen Mitteleuropa erstreckte. Zum Vergleich: Die Alpen sind rund 100 Millionen Jahre alt. Er ist ein Pultschollengebirge, das von Westen nach Nordosten recht steil, nach Süden allmählich abflachend ausgeformt ist. Salopp gesagt, ist es ein gemischter „Gesteinsbrocken“ aus dem Erdaltertum, der vor allem durch Ablagerung (Sedimentation) entstand und durch Zerstörung und Abtragung (Erosion) seine heutige Form erhielt.

Charakteristisch für die landschaftliche Vielfalt des Harzes sind die steilen **Bergketten,** die **Blockhalden** auf den Hängen, **Hochebenen** mit Mooren und Klippen sowie lange, schmale **Kerbtäler.**

Nach dem Brocken ist der nächsthöhere touristisch relevante **Gipfel** der Wurmberg (971 m) in Niedersachsen. Zwischen beiden Gipfeln liegen die brockennahen Heinrichshöhe (1045 m), Königsberg (1033 m) und Kleiner Brocken (1018 m). Weitere bedeutende Erhebungen sind der Bruchberg (927 m) und die Achtermannshöhe (924 m) in Niedersachsen, Großer Winterberg (906 m) und Hohnekamm (900 m) in Sachsen-Anhalt, Rehberg (893 m) und Quitschenberg (881 m) sowie der Höhenzug Auf dem Acker (865 m), wiederum in Niedersachsen. Höchster Berg im Thüringer Teil des Harzes ist der Große Ehrenberg (635 m).

Die wichtigsten **Flüsse** sind die Söse, Innerste, Grane, Oker und Ilse (Oberharz), Holtemme, Warme und Kalte Bode, Selke (Unterharz). In zwei Dutzend **Talsperren** (mit Vorsperren) wird das Wasser von Harzer Flüssen gestaut. Sie dienen der Trinkwasserversorgung, dem Hochwasserschutz und der Energiegewinnung. Hinzu kommen rund 30 bis heute intakte **Stauteiche** des für den Bergbau angelegten Oberharzer Wasserregals (→ Exkurs „Die Oberharzer Wasserwirtschaft", S. 96).

Klima

Häufige Wetterwechsel, größere Niederschläge und etwas niedrigere Temperaturen kennzeichnen den Mittelgebirgscharakter des Harzes. Der **Brocken** ist die **Wetterküche** des Gebirges. Während an seiner Nordwestflanke deutlich häufiger Niederschläge (bis 1600 mm im Jahr) fallen als im Flachland, liegen der Osten und Süden im Regenschatten (bis 600 mm). **Quedlinburg** gilt als eine der trockensten Städte Deutschlands. Die jahresdurchschnittliche Temperatur auf dem Brocken beträgt 3,5 °C (→auch Kapitel „Klima und Reisezeit/Praktische Reisetipps von A bis Z", S. 350).

384h dk

Der Brocken gilt als die Wetterküche des Harzes

Flora und Fauna

Pflanzenwelt

Fichtenwälder dominieren die höchsten Lagen des Harzes, ab 800 m, dazu Ebereschen, Birken und Weiden. Sehr vielfältig und besonders auf dem Brocken von seltenen Pflanzen geprägt ist die **Moos- und Flechtenflora.** Kräftige **Farnteppiche** und vielfältige **Pilze** gedeihen in den Wäldern des Hochharzes.

Zu den **außergewöhnlichen Pflanzen auf dem Brocken** gehören das gelb blühende Brockenhabichtskraut, die violette Bergheide, die in Deutschland nur hier vorkommende, aus Asien stammende Brockenanemone mit weißen Blütenblättern und gelbem Herzen sowie der ausdauernde Tannenbärlapp. Rund die Hälfte der in Deutschland beheimateten Moosarten gedeiht auch in den höheren Lagen des Harzes.

Auch die **mittleren Lagen** zwischen 700 und 800 m werden durch Fichten bestimmt, eine Folge der für den Bergbau angelegten Monokulturen (→ Exkurs „Zwischen Baum und Borke“, S. 60). Der natürliche Mischwald, vor allem Rotbuche und Bergahorn, kehrt allmählich zurück. An den Harzrändern wachsen vor allem Buchenwälder, auch Eichen, Ebereschen und Birken.

Blumen und Kräuter in farbenprächtiger Zahl gedeihen auf den **Bergwiesen.** Hier sind die Bärwurz, die Perückenflockenblume, das Knabenkraut und weitere Kräuter beachtenswert. Die Nationalparkverwaltung weist darauf hin, dass diese interessanten Pflanzen auch am

385h dk

Wegrand zu entdecken sind, denn gerade dort, an lichten Standorten, finden sie beste Lebensbedingungen. Pflanzenfreunde müssen also nicht die Wege verlassen und Pflanzen zertreten, um an diesen Naturschätzen teilzuhaben. Ein lebendiges „Museum" der Mittel- und Hochgebirgsflora bietet der **Brockengarten** auf dem Berggipfel.

Tierwelt

Entsprechend **vielgestaltig** ist die Tierwelt. Rothirsch, Reh und Wildschwein sind hier zuhause. Zur Erfolgsgeschichte wurde die seit dem Jahr 2000 betriebene Wiederansiedlung des **Luchses** im Harz. Gut eingerichtet hat sich die scheue **Europäische Wildkatze.**

In den **Buchenwäldern** brüten der seltene Schwarzspecht und der Schwarzstorch. Auerhuhn, Raufußkauz, Sperlingskauz sowie eine artenreiche Singvogelwelt sind in den **Bergmischwäldern** zu Hause. Hier ist für Naturfreunde, die sich nicht zu den Spezialisten zählen, sondern einfach Tiere und Pflanzen im Freien entdecken und erleben möchten, die beste Gegend, sich überraschen und bezaubern zu lassen, und das, ohne die Wege verlassen zu müssen.

An den **Blockhalden** fühlt sich der Wanderfalke wohl, der nun wieder im Harz brütet. Hier befindet sich eines der wenigen isolierten Brutvorkommen der Ringdrossel. Sie brauchen die Abwechslung von locker bewaldeten Blockhalden und Hochmooren.

Für das Ökosystem existenziell und für die Forschung hoch spannend, weil noch mit einigen ungeklärten Fragen verbunden, sind die **Insekten** des Harzes, darunter manche, die als Spezialisten für extreme Lebensräume gelten, so die Schneemücke in den Brockenhalden und die aus der Arktis stammende Smaragdlibelle.

Umwelt- und Naturschutz

Der länderübergreifende (Niedersachsen und Sachsen-Anhalt) Nationalpark Harz umfasst mit 25.000 Hektar rund 10 Prozent der Fläche des Harzes. Hier leben rund 7200 Tier- und Pflanzenarten. Zudem gibt es drei Naturparks mit mehreren Landschafts- und Naturschutzgebieten sowie im Süden das Biosphärenreservat Gipskarstlandschaft Südharz (→ gleichnamigen Exkurs, S. 324). Seitdem es im Sommer 2022 zu zwei großflächigen **Waldbränden** im Brockengebiet gekommen war, steht der Nationalpark besonders in Sachsen-Anhalt zunehmend in der Kritik, die sogar so weit führt, ihn generell infrage zu stellen. Die **Regeln des Nationalparks,** ins-

◁ Diese stattliche Traubeneiche steht am Löwenzahn-Entdeckerpfad in Drei Annen Hohne

besondere der Umgang mit dem sogenannten „Totholz“, werden durch einige Stimmen des Landes und der Kommunen als **Brandrisiko** sowie als **Hindernis für Brandschutz und Brandbekämpfung** bewertet. Dagegen steht das Nationalpark-Konzept eines Waldes im Wandel: die „toten“ Fichten als Teil des Ökosystems, Lebensgrundlage für Tiere, Wasserspeicher, Schattenspender und Humus für einen artenreichen, lebensfähigen Mischwald. Die Nationalparkverwaltung verweist auf Erkenntnisse der Forschung, wonach Totholz kein Brandbeschleuniger sei.

Im Brockenhaus und den anderen **Nationalparkhäusern** (→ Praktische Tipps in den Ortskapiteln) werden umfassende Informationen über Natur und Umweltschutz besucherfreundlich dargeboten. Wanderungen mit den Nationalparkrangern ermöglichen das fachkundige Naturerlebnis vor Ort.

Geschichte und Wirtschaft

Bereits in der **Urzeit** vor 700.000 Jahren waren die Harzränder besiedelt, wurde im Wald gejagt. In der **Bronzezeit** siedelten keltische Stämme am Harz. Frühester Bergbau wird für die Zeit um das Jahr 300 datiert, aber schon in der Bronzezeit vermutet. Erstmals beurkundet wird der Harzgau im Jahr 814, der Name ist auf „Wald“ zurückzuführen.

Karl der Große erklärte den Harz zum Reichsbannwald, das heißt, die Nutzung war dem Landesherren vorbehalten. Ab dem **9. Jahrhundert** entstanden durch Rodung mehrere Siedlungen, die noch heute an der Namensendung „-rode“ erkennbar sind (beispielsweise Harzgerode, Wernigerode). Herausragende Bedeutung im Heiligen Römischen Reich unter der Herrschaft der Ottonen erlangten **Königspfalzen** Goslar und Quedlinburg (→ jeweilige Ortsbeschreibung). Während Goslar als die zentrale Pfalz des Reiches galt, wurde Quedlinburg als Osterpfalz aufgesucht. Über die Hoftage gerieten beide Orte mehrfach zu Zentren der Reichspolitik.

Im 12. Jh. begannen die Zisterziensermönche aus dem Kloster Walkenried, den **Bergbau** systematisch auszuweiten und dafür große Teile des Waldes zu erwerben. Über 200 Jahre prägte der Erzbergbau die Wirtschaft und Kulturlandschaft des Harzes. Erst das allmähliche Versiegen der bekannten Erzvorkommen, der Holzmangel und nicht zuletzt die europäische Pestepidemie um 1350 setzten dem ein vorläufiges Ende. Anfang des 16. Jh. wurde der Bergbau vielerorts wieder aufgenommen. Dazu wurden mittels der Privilegien der vom Landesherren erlassenen **Bergfreiheit** vor allem aus dem Erzgebirge erfahrene Arbeitskräfte angeworben. Zu diesen Privilegien gehörten Gewerbefreiheit, Religionsfreiheit, Steuerfreiheit (bis auf den Bergzehnt an den Landesherren), eigene Gerichtsbarkeit und die Befreiung vom Militärdienst. Halberstadt, Quedlinburg und Aschersleben schlossen sich 1326 zum **Halberstädter Dreistädtebund** zusammen, der rund 150 Jahre bestand. Neben Goslar und Osterode wurden sie auch Mitglieder der **Hanse.**

Vom Beginn des 13. Jh. an residierte das **Hochadelsgeschlecht zu Stolberg,**

386h dk

eines der einflussreichsten im Heiligen Römischen Reich, auf Schloss Stolberg im Südharz. 1429 konnte es auch die Grafschaft Wernigerode im Nordharz erwerben. 1645 erfolgte eine Teilung der Erblinien in *Stolberg-Wernigerode* und *Stolberg-Stolberg,* die sich später weiter verzweigte. Im 18. Jh. musste sich das Haus *Stolberg-Wernigerode* dem Königreich Preußen sowie das aus Stolberg-Stolberg hervorgegangene Haus *Stolberg-Roßla* dem Kurfürstentum Sachsen unterordnen.

Das Mansfelder Land und die Kyffhäuserregion waren Zentren des **Bauernkrieges 1524/25.** In Frankenhausen wurde dessen letzte entscheidende Schlacht geschlagen. Während des **Dreißigjährigen Krieges** wurden große Teile des Harzes verwüstet und entvölkert. Zugleich verschlangen die zahlreichen Gruben und Hütten so viel Holz, dass ab 1700 der Harzwald großflächig abgeholzt wurde (→ Exkurs „Zwischen Baum und Borke", S. 60). In diese Zeit fällt die erste Verordnung zum Wald- und Naturschutz im Harz. 1718 erließ der Stolberger Graf *Christian Ernst* eine Verfügung, die das Zerstören des Brockenwaldes unter Strafe stellte.

⌃ Tagesförderlok im Ruhestand am Weltkulturerbe Schacht Ottiliae in Clausthal

Der Harz wurde nun immer stärker zum Reiseziel für **Naturfreunde,** insbesondere Dichter und Maler (→ Exkurs „Der Harz in der Literatur, Literaten im Harz“, S. 73).

Im 19. Jh. erlebten die Städte im Harzvorland einen tiefgreifenden Wandel durch die **Industrialisierung,** zugleich gewann der **Tourismus** eine rasant wachsende Bedeutung. 1899 wurde gegen die Bedenken aus Sicht des Naturschutzes die Brockenbahn in Betrieb genommen. Vor dem Ersten Weltkrieg gab es Initiativen zum Schutz des Gebirges, der in etwa mit dem heutigen Nationalparkstatus vergleichbar wäre. Sowohl diese als auch weitere Bemühungen in den 1930er Jahren scheiterten jeweils an den folgenden Weltkriegen.

Während der **NS-Zeit** wurde der Harz zu einem Rüstungsstandort ausgebaut. Dazu zählten kriegswichtige Betriebe in den Städten, in denen Zwangsarbeiter beschäftigt wurden, und die Außenstellen mehrerer Konzentrationslager, so des KZ Mittelbau-Dora bei Nordhausen.

Das Oberkommando der Wehrmacht erklärte noch am 8. April 1945 den Harz zur Festung. Obwohl der Harz durch Truppen der US-Armee eingenommen wurde, übernahm ab Juni/Juli 1945 die sowjetische Armee vom Brocken an östlich die Verwaltung. Somit verlief die Zonengrenze und ab 1949 bis 1990 die **deutsch-deutsche Staatsgrenze** quer durch den Harz (→ Exkurs „Der Harz im Kalten Krieg“, S. 338).

Mit der Auflösung der Länder als Verwaltungsstruktur in der **DDR** im Jahr 1952, infolge der II. SED-Parteikonferenz, die den „planmäßigen Aufbau des Sozialismus“ beschloss, und der Einrichtung von 14 Bezirken sowie der Hauptstadt Berlin als zentral geleitete Struktur wurden die Harzorte den Bezirken Magdeburg (Halberstadt, Wernigerode), Halle/Saale (Aschersleben, Eisleben, Quedlinburg) und Erfurt (Nordhausen, Sondershausen) zugeordnet (in Klammern stehen jeweils die Kreise). Der Harz westlich der Staatsgrenze gehört zum Bundesland Niedersachsen.

Seit der **Wiedervereinigung** ist der Harz wieder grenzenlos erlebbar. Die Bundesländer Sachsen/Anhalt und Thüringen wurden wiedergegründet. Das **Touristische Zukunftskonzept Harz 2025** sieht das Potential des Harzes vor allem in der aktiven Wahrnehmung als erlebbare Landschaft, romantisch anmutende Fachwerkstädte, Kulturlandschaft, Bergbaustädte und -stätten, Wintererlebnisort sowie in den Bereichen Gesundheit und „Märchen und Mythen“. In diesem Sinn soll die Infrastruktur gepflegt und ausgebaut werden.

Zunehmend ist der Harz als das „deutscheste Gebirge“, so das *Heine* entlehnte geflügelte Wort, das Reiseziel ausländischer Besucher. Goslar, Quedlinburg, Wernigerode, der Brocken und Burg Falkenstein stehen international an vorderster Stelle im Harztourismus.

▷ Das Wetter mal wieder typisch Harz, aber Spielen mit Brockenblick macht immer Spaß. Umsonst und draußen, so ist es Brauch

011hdk

Sitten und Bräuche

Die mit dem Hexenglauben verbundenen Feste und Bräuche um die **Walpurgisnacht** (30. April) sind deutschlandweit bekannt. Hexen und Teufel tanzen auf ihren Besen, lassen den lieben Gott alt aussehen und vertreiben den Winter.

Am Ostersonnabend brennen auf den Bergen die **Osterfeuer,** die das Böse vertreiben und die Dorfleute zusammenrücken lassen. Aus dem Bergbau kommt die Pfingsttradition des **Finkenmanövers** in Thale, Benneckenstein und Hohegeiß, ein Sangeswettbewerb der Finken, die einst den Bergmann in die Tiefen begleiteten. In Wildemann und Sankt Andreasberg wird am Pfingstmontag (wenn es das Wetter hergibt) das **Vieh ausgetrieben.** So beginnt die Saison auf der Weide.

Einige weitere Feste werden in den Harzdörfern ähnlich wie andernorts in Deutschland, aber eben doch wieder etwas anders gefeiert. Dazu zählen Dorf-, Köhler- und Schützenfeste.

Mundarten

Erzgebirger fühlen sich im Oberharz plötzlich wie daheim. Die Ansiedlung von Bergleuten aus dem sächsischen **Erzgebirge** im 16. Jh. prägte dort eine Mundart aus, die bis heute gepflegt wird. Eine Vorstellung davon vermittelt der Wildemanner Mundartweg, etwa mit dieser Station: Frida, wuhnt dein neier Freind immer noch in dn Haisel mit dn Blick offs Gefängnis? – Nä, saht es treihartzich, jetzt wuhnt har mit Aussicht off sänn Haisel! Das würde jede Frieda im erzgebirgischen Johanngeorgenstadt

258h-dk

oder Eibenstock nicht wesentlich anders formuliert haben. Die **erzgebirgische Sprachinsel im Oberharz** hält sich ausdauernd zwischen den Meeren. Das Oberharzerische wird dabei zum Ewerharzerischen.

Die so reichhaltige wie komplizierte **Mundartlandschaft** des Harzes ist mit wenigen Strichen nicht zu skizzieren. In keiner anderen deutschen Gebirgslandschaft gibt es eine derartige sprachliche Vielfalt. Deshalb zunächst tröstend: Hochdeutsch geht immer, auch in allen nur denkbaren Näherungsformen wird es verstanden, gewürdigt und beantwortet. Den meisten Besuchern begegnen die makellosen Mundarten doch nur noch in selteneren Augenblicken, etwa an der Bushaltestelle, beim Bäcker oder Zahnarzt. Man höre sich vor Ort um. Es gibt auch Mundartgruppen, die dieses Kulturerbe pflegen.

Jodlergruppe auf dem Bergbauernmarkt in Zellerfeld

Allgemein lässt sich der Harz in ein von Hochdeutsch und ein von Niederdeutsch geprägtes Gebiet teilen. Niederdeutsch, hier das Ostfälische als **Harzer Platt** (das sich unterscheidet vom mecklenburgischen oder vorpommerschen Platt), wird im nordwestlichen Harz und dessen Vorland gesprochen, nördlich der gedachten Linie Bad Lauterberg – Aschersleben. Was wohl zuerst auffällt, ist die Wandlung des g zum j; den Leuten jefällts in Jernrode. Das hört man so aber auch in Halle/Saale. Dagegen wird es in dieser Qualität nur noch selten zu erleben sein: „Gespräke, sau dei Ilsenbörger hohen Oebeners am twintigsten Octower un ock etlige Dae drop in 1768. Jahre holen hebbet, un drumme drükken lahten: dat dei Sahke, davon sei esproken, önen und ören Nahkomen bekant bliewen möge." Das ist der Titel eines in Wernigerode verlegten barocken Buches, das in der Universitäts- und Landesbibliothek Sachsen/Anhalt liegt und online gelesen werden kann.

Architektur

In der tausendjährigen Kulturlandschaft sind Baudenkmale aus der Zeit der **Romanik** bis zum Historismus erhalten geblieben. Zu den ältesten Bauwerken zählen die Krypta der Wipertikirche in Quedlinburg, die Krypta des Nordhäuser Doms und die Stiftskirche in Gernrode sowie die Ulrichskapelle der Kaiserpfalz in Goslar. Romanische Bauwerke von europäischem Rang sind auch die

☐ Hornburg, im Vorwerk: Fachwerkhäuser mit Fächerrosetten und Bogenfries

387h dk

119h dk

Liebfrauenkirche Halberstadt und die Stiftskirche St. Servatii in Quedlinburg. Meisterwerke der **Gotik** sind der Halberstädter Dom, das Rathaus von Goslar und das Zisterzienserkloster Walkenried. Zu den Perlen der **Renaissance** in Deutschland gehören im Harz das Schloss Quedlinburg, das Rathaus von Nordhausen, die Städte Hornburg und Stolberg. **Barocke Pracht** ist in den Schlössern und Parks Blankenburg und Ballenstedt zu erleben, ebenso in der Marktkirche von Clausthal. Bedeutendstes Bauwerk des **Historismus** ist das Schloss Wernigerode. Für die klassische architektonische **Moderne** sind zu nennen das Lichtspieltheater in Aschersleben, die Elisabethkirche in Ballenstedt, die Stadtsparkasse (heute Volksbank) in Sangerhausen und das Diakonissen-Mutterhaus Elbingerode. Der erste Neubau eines Bahnhofs in der DDR (1963) als exemplarisches Bauwerk der Nachkriegs-moderne steht in Sangerhausen.

Charakteristisch für die Städte sind die **Fachwerkhäuser** in ihrer schier unbeschreiblichen Vielfalt und Schönheit. Im Fachwerkbau werden das fränkische, das alemannische und das niedersächsische Fachwerk unterschieden, letzteres dominiert auch den Harz und zeichnet sich durch besonders reiche Schmuckformen aus. Die Fachwerkhäuser wur-

⌃ Fächerrosette und Schiffskehle an einem Fachwerkhaus in Stolberg

⊡ Die im Jahr 1931 geweihte Elisabethkirche in Ballenstedt war einer der letzten Kirchenbauten im Geist des Bauhauses, bevor es von den Nazis geschlossen wurde

den zuerst in der Ständerbauweise errichtet, dabei reichen die lasttragenden Ständer vom Sockel bis zum Dach. Ältestes Denkmal dieser Bauweise im Harz ist der Ständerbau (Fachwerkmuseum) von 1350 in Quedlinburg. In der Spätgotik und Renaissance wandelte sich die Konstruktion zur Geschossbauweise, so konnten vorkragende Geschosse gebaut werden. Die Ständerfüße und Balkenköpfe boten sich für farbenfrohe Bemalungen oder plastische Verzierungen an, Brüstungsfelder und Blendarkaden wurden ausgemalt oder mit geometrischen Schnitzereien verziert: Sterne, Sonnen, Friese von Fächerrosetten und die für Hornburg charakteristischen Flechtbänder. Alle diese Formen können in großer Zahl und Vielfalt bewundert werden. Im Barock kam Verschalung (Verkleidung) auf, gern mit dem im Harz vorrätigen Schiefer. Auch Giebel und Mansardendächer bestimmten nun das Antlitz der Fachwerkhäuser. Fachwerkstädte sind Quedlinburg, Wernigerode, Stolberg, Osterode, Goslar, Hornburg und Osterwiek. Architektonisch außergewöhnlich interessant sind zudem Nordhausen und Halberstadt.

Typische Bauten der **Oberharzer Volksarchitektur** sind die in Reihe errichteten, niedrigen holz- oder schieferverkleideten Bergmannshäuser in Zellerfeld, Sankt Andreasberg und Altenau. Einziger ornamentaler Schmuck sind hier in der Regel die farbig bemalten Schnitzereien in der Tür, die besonders in Clausthal und Zellerfeld zu entdecken sind. Der klassische Rhythmus dieser Bergmannshäuser lautet: drei Fenster – Tür – ein oder drei Fenster – Tür – drei Fenster. Innerhalb des Hauses abgeteilte Wohnungen wurden, wenn möglich, vermietet.

401h dk

Literatur

Über den Ehrenplatz des Harzes in der deutschen Literaturgeschichte informiert der **Exkurs** „Der Harz in der Literatur, Literaten im Harz", S. 73. **Literaturmuseen** sind das Klopstock-Haus in Quedlinburg, das Novalis-Museum in Oberwiederstedt bei Mansfeld und das Gleim-Haus in Halberstadt. Unter dem Titelstichwort „Harz" bietet der aktuelle Buchhandel mehr als 1000 Titel. Eine kleine Auswahl wird im Anhang empfohlen.

Ein eigenes Kapitel sind die zahlreichen, mit mehr oder weniger literarischen Ambitionen verfassten **Reiseführer.** Als frühestes Werk dieser Art gilt das **„Taschenbuch für Reisende in den Harz"**, es erschien 1806 und wurde auch von den Harzreisenden *Heine* und *Andersen* genutzt. Verfasser war der aus Sondershausen am Kyffhäuser gebürtige Bibliothekar und Sagensammler *Friedrich Gottschalck* (1772–1854). Er ordnete seine Ortsbeschreibungen alphabetisch und versah sie, wie man das heute immer noch macht, mit vor Ort recherchierten **praktischen Informationen.** Das Buch erfuhr bis 1843 mehrere Neuauflagen und wurde im Jahr 2011 vom Wernigeröder Schmidt-Buch-Verlag als Reprint der Erstausgabe herausgegeben; die 3. Auflage 2015 ist vergriffen.

Wer sich noch tiefer in den historischen Harz einlesen möchte, findet im **Deutschen Textarchiv** (www.deutsches textarchiv.de), einer frei zugänglichen interdisziplinären Fundgrube von Gedrucktem zwischen 1600 und 1900, zum Beispiel das mehrbändige Werk „Die Geschichte des Eisens" (ab 1884) von *Ludwig Beck* sowie *Alfred Brehms* „Illustrirtes Tierleben" (ab 1863), beide mit unzähligen Verweisen auf den Harz. Im virtuellen Regal dieser Bibliothek steht auch *Franz Ludwig von Cancrins* „Beschreibung der vorzüglichsten Bergwerke in Hessen, in dem Waldekkischen, an dem Haarz, in dem Mansfeldischen, in Chursachsen, und in dem Saalfeldischen" (1767).

Bildende Kunst

Neben den Literaten kamen die Maler und Zeichner in den Harz. *Caspar David Friedrich* (1774–1840), *Carl Gustav Carus* (1789–1869), *Carl Blechen* (1798–1840) und *Ludwig Richter* (1803–1884), um nur die bekanntesten im 19. Jahrhundert zu nennen. *Matthäus Merian d. J.* (1621–1687) schuf für die von seinem Vater begründete „Topographia Germaniae" auch Stadt- und Landschaftsansichten aus dem Harz, die in der Mappe „Herzogtum Braunschweig-Lüneburg" (1654) publiziert wurden. Wie für die deutsche Literatur, ist der Harz auch für die deutsche **Landschaftsmalerei** von zentraler Bedeutung.

[>] Die Krugbrücke über der Ilse in Ilsenburg wurde im 18. Jahrhundert aus Granit erbaut. Gegenüber der Brücke wohnte das Künstlerpaar Crola. Bemerkenswert sind die gut sichtbaren Spuren der Spalttechnologie im Granit

Als künstlerischer Entdecker des Harzes gilt der mit *Gleim* und *Lessing* befreundete **Pascha Johann Friedrich Weitsch** (1723–1803). Er unternahm 1780 gemeinsam mit dem Maler **Johann Heinrich Ramberg** (1763–1840) eine Harzreise, aus der ein Album mit Landschaftsansichten hervorging.

Der im vorpommerschen Greifswald gebürtige und in Dresden beheimatete **Caspar David Friedrich** unternahm 1811 von Ballenstedt eine Harzreise, auf der Skizzen mit Bleistift und Radierungen entstanden. Eines seiner Hauptwerke und das bekannteste Gemälde mit einem Harzmotiv ist „Der Watzmann" (1825, Alte Nationalgalerie Berlin) – im Vordergrund der Alpenlandschaft ragt unverkennbar der Trudenstein auf. „Das Kreuz im Gebirge" (1822, Schlossmuseum Gotha) dagegen zeigt nicht den Ilsestein – dort wurde das eiserne Kreuz erst drei Jahre nach Friedrichs Harzreise errichtet.

Carl Blechen, Professor für Landschaftsmalerei an der Berliner Kunstakademie, ein Wegbereiter des Impressionismus, unternahm 1833 eine Harzreise. *Hermann Zschoche* („Caspar David Friedrich im Harz", Dresden 2008) zufolge lassen sich rund 50 Arbeiten Blechens mit dieser Reise in Verbindung bringen. Im Bildtitel zwar deutlich, motivlich aber nicht eindeutig zuzuordnen ist „Berggipfel im Harz", das mit „explodierenden Formen" (*Börsch-Supan*) in glühendem Licht weit über seine Entstehungszeit hinausweist.

Ludwig Richter aus Dresden wanderte 1836 von Ballenstedt aus in den Harz.

402h dk

Juliane und die Engel des Aprill

Buchstäblich in letzter Minute vor dem Ruin bewahrt wurde das **Renaissanceschloss Stolberg.** Nachdem es über sieben Jahrhunderte Sitz des Grafengeschlechts von Stolberg und der Fürsten zu Stolberg-Stolberg gewesen war, hatte es seit 1948 der Lehrergewerkschaft der DDR als Erholungsheim gedient und zuletzt jahrelang leergestanden. Stolberger Bürger alarmierten die Deutsche Stiftung Denkmalschutz, die 2002 das Bauwerk übernahm und seitdem restauriert. Auf der Baustelle ist neben anderen auch das Deutsche Fachwerkzentrum Quedlinburg tätig. Noch sind die Bauarbeiten nicht abgeschlossen, aber der Fürstenflügel aus dem 16. Jahrhundert, die barock ausgestattete Schlosskapelle mit spätgotischem Netzgewölbe sowie der Schlossgarten können wieder besichtigt werden. Eine sehenswerte Ausstellung führt durch die prächtigen Räume und in die Kulturgeschichte dieses Baudenkmals. Sensationell sind die freigelegten und restaurierten **Fresken** im Treppenhaus. Sie wurden im Jahr 1710 von einem *Francesco Aprill* geschaffen, von dem sonst kaum etwas bekannt ist. Gute Laune macht dieser *Aprill:* So sieht man Engel nicht alle Tage. Palme, Zeder, Lorbeerbaum und Zypresse sowie die ruhende Schwangere auf zwei einander gegenüberliegenden Fresken symbolisieren das ewige Leben. Mit den Wandbildern, Skulpturen und Stuckreliefs bildet das Treppenhaus ein Gesamtkunstwerk.

403h dk

▷ Skulptur der Juliane von Stolberg-Wernigerode von Bernd Göbel vor dem Schloss Stolberg

Der Maler und Zeichner der Romantik und des Biedermeier schuf Ansichten für den Band „Harz" in der populären Reihe „Das malerische und romantische Deutschland" des Leipziger Verlegers *Georg Wigand*. Dafür besuchte er die Teufelsmauer bei Weddersleben, Burg Regenstein, das Bodetal, Burg Falkenstein, Stolberg, Ilfeld, die Gegend um Bad Sachsa und nicht zuletzt die Ruine Scharzfeld.

Mit dem Harz eng verbunden war das Ilsenburger Künstlerpaar **Elisabeth** (1809–1878) und **Georg Heinrich Crola** (1804–1879). Sie kam aus Berlin, er aus Dresden; in Ilsenburg wohnten sie in einem Fachwerkhaus an der Krugbrücke, gegenüber dem Schloss. Eine Tafel erinnert dort an das malende Paar. Ihr umfangreiches Werk, vor allem Landschaftsgemälde, soll im Schlossflügel des Klosters Ilsenburg einen musealen Platz bekommen.

Zu den großen Künstlern der Romantik im Harz gehört der in Stolberg gebürtige **Ernst Helbig** (1802–1866), der als Landschaftsmaler besonders in der Gegend zwischen Ilsenburg und Quedlinburg tätig war.

Wichtige Maler im Harz waren **Heinrich Brandes** (1803–1868) aus Braunschweig, **Wilhelm Steuerwaldt** (1815–1871) aus Quedlinburg, der in Düsseldorf studiert und dann im Klopstockhaus gewohnt hatte, der Ilsenburger **Robert Riefenstahl** (1823–1903), der in Wernigerode ansässige **Otto Illies** (1881–1959) und in besonderer Weise der zwar auch weltreisende, aber zeitlebens im Harz ansässige **Wilhelm Pramme** (1898–1965).

Eine Einzelgängerin der Kunst war die Quedlinburger Expressionistin **Dorothea Milde** (1887–1964). Sie zeichnete mit schwarzer Tuschefeder intensiv erlebte, dunkle Landschaften. Ab 1914 entstanden auch Holzschnitte. Ihre künstlerisch kreativste Zeit erlebte sie in den 1920er Jahren. Der Bruch kam, als die Künstlerin mit Anfang 40 wegen Schwerhörigkeit ihr Lehramt aufgeben musste. Bis zu ihrem Tod lebte sie als Hundezüchterin am Stadtrand. Ihr künstlerischer Nachlass wird im **Gleim-Haus in Halberstadt** aufbewahrt.

In Wernigerode geboren wurde der Maler **Karl Oppermann** (1930–2022). Nach seinem Ausstellungsdebüt in Berlin war er in europäischen und lateinamerikanischen Städten tätig. Im Alter kehrte er in den Harz zurück, malte immer wieder auch Brockenmotive und gründete den Verein „Kinderatelier Harz". Ein von ihm gestiftetes Konvolut von Gemälden ist in der **Hochschulbibliothek Wernigerode** öffentlich ausgestellt, das Bild „Endspiel" auf dem Campus am Domplatz in Halberstadt. Flucht, Vertreibung und Migration waren Oppermanns gesellschaftskritische Themen.

Das **Harzmuseum** in Wernigerode präsentiert die umfangreichste Sammlung von Kunst im Harz aus dem 19. Jahrhundert sowie der Wernigeröder Künstlerkolonie. Das war eine lose Vereinigung von Malern und Grafikern unter dem Dach des Kulturbundes der DDR in den Jahren 1946 bis 1950.

Weitere Kunstmuseen im Harz sind die Lyonel-Feininger-Galerie in Quedlinburg, das Mönchehausmuseum in Goslar und das Kunsthaus Meyenburg in Nordhausen. Sie alle widmen sich der Kunst zwischen Klassischer Moderne und Gegenwart.

Film

Der sagenhafte und landschaftlich so attraktive Harz war schon oft Filmschauplatz und Drehort. Den Produktionen verleiht er charmantes Lokalkolorit ohne Heimattümelei. Auf einige Filme, vorwiegend **Märchen,** wird in den Ortsbeschreibungen hingewiesen. Herausragend sind die Filme „Die Geschichte von der Gänseprinzessin und ihrem treuen Pferd Falada" (1989, Burg Falkenstein), „Jorinde und Joringel" (2011, Burg Falkenstein), „Prinz Himmelblau und Fee Lupine" (2016, Burg Falkenstein), „Das singende, klingende Bäumchen" (2016, Heers bei Burg Regenstein), „Hans Röckle und der Teufel" (1974, Quedlinburg), „Till Eulenspiegel" (1975 und 2014, Quedlinburg u.a.; die deftige Filmsatire von 1975 nach der Vorlage von *Christa* und *Gerhard Wolf,* eine der besten Leistungen der DEFA-Geschichte, wird auf Burg Arnstein bei Aschersleben eröffnet).

Unter der Rubrik „Mord und Totschlag" ist an erster Stelle die Krimireihe „Harter Brocken" (ab 2015, Sankt Andreasberg) zu nennen. Als „Polizeiruf 110" wurde der umstrittene Halloweenschocker „Hexen brennen" (2022, Wernigerode, Schierke, Brockengebiet) gesendet. Im Vorabendprogramm lief „Heiter bis tödlich. Alles Klara" (2012–2017, Quedlinburg, Gernrode, Thale u.a.).

Zu den bekanntesten, auch im Harz gedrehnten Kinofilmen gehören „7 Zwerge. Der Wald ist nicht genug" (2006, Quedlinburg, Wernigerode, Goslar), „Die Päpstin" (2009, Ilsenburg, Gernrode), „Black Death" (2010, Teufelsmauer, Blankenburg), „Das kleine Gespenst" (2013, Wernigerode, Quedlinburg), „Der Medicus" (2016, Quedlinburg, Elbingerode, der Harz als englische Landschaft), „Monuments Men" (2014, Altenau, Clausthal-Zellerfeld, Lautenthal, Bad Grund, Goslar, Halberstadt), „Heidi" (2015, Quedlinburg, Halberstadt), „Tschick" (2016, Burg Regenstein) sowie „Die kleine Hexe" (2018, Blankenburg).

404h dk

◁ In vielerlei Gestalt, im Harz immer dabei

Musik und Theater

Der **Rundfunk-Jugendchor Wernigerode** wurde 1951 durch den Musik- und Chemielehrer **Friedrich Krell** (1928–2020) an einer Wernigeröder Oberschule gegründet und ist heute Teil des Landesgymnasiums für Musik. Er gilt seit Jahrzehnten als einer der besten Jugendchöre Deutschlands. Bekannt wurde er u.a. durch seine Interpretationen von Volksliedern aus der Sammlung „Des Knaben Wunderhorn" von *Achim von Arnim* und *Clemens Brentano* (1805/08) in Kompositionen von *Johannes Brahms.*

- **www.landesgymnasium.de**

In den meisten großen Kirchen und auf den Freilichtbühnen werden den Sommer über auch Konzerte gegeben. Ein Klassikfestival sind die **Braunlager Maikonzerte,** jährlich in Braunlage, Sankt Andreasberg und andernorts.

- **www.braunlager-maikonzerte.de**

Von Klassik bis Jazz reicht das Programm des **Internationalen Musikfests Goslar,** das sich alljährlich durch junge und renommierte Künstler an außergewöhnlichen Stätten in Goslar und Umgebung auszeichnet.

- **www.musikfest-goslar.de**

Der Pflege historischer Kirchenmusik und der Musikgeschichte des Harzes hat sich der **Quedlinburger Musiksommer** verpflichtet. Die Konzerte in der Stiftskirche St. Servatii sowie in kleineren Kirchen mit internationalen Künstlern stehen jährlich unter einem Motto und erlauben sich auch Ausflüge in den Jazz. Schön an diesen Sommern ist, dass sie bis zu den Weihnachtskonzerten dauern.

- **www.quedlinburger-musiksommer.de**

Populären Glanz der Musikgeschichte lässt mit 3 Konzerten im Herbst das noch junge **HarzClassixFestival** in Clausthal-Zellerfeld aufleuchten. Die Konzerte stehen unter den Titeln „Große Chormusik", „Best of Sinovaria" (mit Talenten aus Bayern und China) und „Wiener Klassik und Romantik".

- **www.oberharz.de**

Eine der schönsten Naturbühnen Deutschlands ist das **Bergtheater Thale.** Die bedeutendsten **Theaterbühnen** des Harzes bieten das **Theater Nordhausen** (mit Spielstätten in Sondershausen) und das **Nordharzer Städtebundtheater** mit Sitz in Quedlinburg und Halberstadt. Letzteres veranstaltet jährlich die **Halberstädter Domfestspiele.**

Etwas andere Klänge gibt es immer drei Tage lang im August auf einer Wiese in Elend am Fuß des Brockens zu hören. Eine schier unglaubliche Erfolgsgeschichte erlebt das Festival unter dem poetischen Titel **„Rocken am Brocken in Elend bei Sorge".** Hier reicht sich die Indie- und Rockszene das Mikrofon vor mehr als sechstausend Gästen. Auf dem „Akustik-Pfad" können sie dann mit einem Extraticket auch noch an der Hand eines Rangers durch den Nationalpark wandern.

389h dk

10
Anhang

[<] Roland am Quedlinburger Rathaus, Symbol städtischer Souveränität im Mittelalter mit wechselhafter Geschichte. Die Äbtissin ließ ihn 1477 zerstören, im 19. Jahrhundert stellte die Stadt ihn wieder auf. Zu seinen Füßen liegt das Quedlinburger Stadtwappen als Mosaik. Der Harz-Reisende Ludwig Sternaux erinnerte sich 1915 an die Spaziergänge mit seiner in Quedlinburg gebürtigen Mutter: „Da ich ein Junge war und mir die Mutter ihn zeigte, stolz, ein Kind der Stadt, da schien der ungefüge Held mir riesengroß, schien Uhlandsche Ballade in Stein. Und jetzt? Mit leichter Rührung betrachtet der Mann das uralte Stadtzeichen einstiger freier Gerichtsbarkeit und wundert sich im Stillen, wie klein und unscheinbar es mittlerweile geworden. Erst wenn Abend und Nacht es in ihre Schatten nehmen, wird das Steinbild wieder groß. Dann hält es Zwiesprach mit der Vergangenheit, und das tote Auge, das soviel Leid und Glück gesehen, erwidert gelassen den Blick der goldenen Sterne ihm zu Häupten …“
(Ludwig Sternaux: Sommer im Harz, Berlin 1917)

Literaturtipps

Belletristik

→ Exkurs: „Der Harz in der Literatur", S. 73

- *Heinrich Heine:* **Die Harzreise 1824.** Mehrere Ausgaben, auch antiquarisch in der bewährten klassischen Rechtschreibung, z.B. Reclam, Leipzig 1972.
- *Hans-Christian Andersen:* **Schattenbilder von einer Reise in den Harz.** Insel Verlag, Frankfurt am Main 2002. Nach der noch nicht durch den Autor geglätteten Erstausgabe.
- *Joseph von Eichendorff:* **Harzwanderung.** Husum Verlag 2010.Bildband zum Reisetagebuch des Dichters der Romantik von 1805.
- *Johann Christian Kestner:* **Reise auf den Harz.** Wehrhahn Verlag, Hannover 2013. Tagebuch einer Reise 1763/64.
- *Georgios M. Bizyenos:* **Die Folgen der alten Geschichte.** Peust & Gutschmidt Verlag, Göttingen 2006. Harznovelle von 1884, deutsch und griechisch.
- *Elke Strauchenbruch:* Mächtige Frauen am Harz. Ostfalia, Osterwieck 2022. Geschichtsorte des 9. bis 11. Jh. und die Frauen, die diese geprägt haben.
- *Thomas Rosenlöcher:* **Die Wiederentdeckung des Gehens beim Wandern.** Edition suhrkamp, Berlin 2011. Eine Harzreise auf *Heines* Spuren beginnt am Tag der deutschen Währungsunion, 1. Juli 1990.
- *Jana Thiele:* **Gebrauchsanweisung für den Harz.** Piper-Verlag, München 2014. Geschichten und Spezialitäten des Gebirges und seiner Menschen.

Kulturgeschichte

- *Hermann Zschoche:* **Caspar David Friedrich im Harz.** Verlag der Kunst, Dresden 2008. Kunstwissenschaftlicher Blick auf *Friedrichs* Harzreise 1811.
- *Christian F. Schröder:* **Abhandlungen vom Brocken und dem übrigen alpinischen Gebürge des Harzes.** Schmidt-Buch Verlag, Wernigerode 2014. Reprint der Ausgabe des frühen Reisebegleiters von 1785.
- *Rainer Müller, Hans-Joachim Franzke:* **Oberharz. Tiefe Gruben und hohe Rücken.** Verlag Quelle & Meyer, Wiebelsheim 2014. Geologisch-kulturgeschichtliche Exkursion.
- *Wilfried Liessmann:* **Historischer Bergbau im Harz.** Verlag Springer, Berlin 2010. Kurzführer durch die Bergbaugeschichte.
- *Cord-Friedrich Berghahn* u.a. (Hg.): **Literarische Harzreisen. Bilder und Realität einer Region zwischen Romantik und Moderne.** Verlag für Regionalgeschichte, Bielefeld 2008. Beiträge eines Symposiums.

Wanderkarten

- **Rad- und Wanderkarte „Zum Brocken",** 1:25.000, mit Ortsplänen. Karthographische Kommunale Verlagsanstalt, Nordhausen.
- **Wander- und Freizeitkarten Der mittlere Harz, Der Oberharz, Der Ostharz, Der Südharz,** 1:30.000, Schmidt-Buch-Verlag, Wernigerode.
- **Rad- und Wanderkarte Biosphärenreservat Karstlandschaft Südharz,** 1:25.000, Verwaltung des Biosphärenreservates.
- **Wander-, Ski- und Radwanderkarte Nationalpark Harz,** 1:35.000, Barthel Verlag, Borsdorf.
- **Der Harz in 4 Teilen (Oberharz, Mittlerer Harz, Ostharz, Südharz),** 1:30.000, Schmidt Buch Verlag, Wernigerode.
- **Luchs-Wanderkarten** aus dem Schmidt Buch Verlag Wernigerode: Selketal, Bodetal, Klosterwanderweg, Bad Harzburg, Bad Lauterberg, Elbingerode und Rübeland, Bad Sachsa, Sankt Andreasberg, Altenau, 1:25.000 – 1:30.000.

Zugspitze, Foto: Aneta Niemitz

Register

E

F

G

H

I

J

K

L

Der Autor

Detlef Krell, Jahrgang 1958, lebt in Dresden. Er ist Inhaber des Neisse Verlages und auch Verfasser der Reiseführer Sächsische Schweiz mit Dresden, Erzgebirge und Oberlausitz im Reise Know-How Verlag sowie im Neisse Verlag Herausgeber der Edition Gellen mit kulturhistorischen und literarischen Wiederentdeckungen auf den Ostseeinseln Rügen und Hiddensee.

autor-ls

Fotonachweis

- Rainer Siegers (rs), S. 101
- Lothar Spenger (ls), S. 358, 394
- Marko Sandro Schüren (mss), S. 231
- Harzer Tourismusverband M. Gloger, S. 28, 177
- Stiftung Kloster Ilsenburg, S. 45
- Zisterziensermuseum Kloster Walkenried, Günter Jentsch, S. 316, 177
- HöhlenErlebnisZentrum Günter Jentsch, S. 102
- Goslar marketing, S. 138
- www.fotolia.de © Uwe Graf, S. 216
- www.fotolia.de © larsmatthias, S. 323
- www.fotolia.de © Phoenixpix, S. 335
- Alle weiteren: Detlef Krell (dk)

Danksagung

Der Autor bedankt sich bei *Silvia,* seiner ständigen Begleiterin.